BIBLIOTHÈQUE
DE L'ECOLE
DES HAUTES ÉTUDES

PUBLIÉE SOUS LES AUSPICES

DU MINISTÈRE DE L'INSTRUCTION PUBLIQUE

SCIENCES PHILOLOGIQUES ET HISTORIQUES

TRENTE-CINQUIÈME FASCICULE

MÉLANGES PUBLIÉS PAR LA SECTION HISTORIQUE ET PHILOLOGIQUE DE L'ÉCOLE
DES HAUTES ÉTUDES POUR LE DIXIÈME ANNIVERSAIRE DE SA FONDATION

PARIS

F. VIEWEG, LIBRAIRE-ÉDITEUR

7, RUE RICHELIEU, 67

1878

MÉLANGES

D'HISTOIRE ET DE PHILOLOGIE

PARIS

F. VIEWEG, LIBRAIRE-ÉDITEUR

RUE RICHELIEU, 67

MÉLANGES

PUBLIÉS

PAR LA SECTION HISTORIQUE ET PHILOLOGIQUE

DE

L'ÉCOLE DES HAUTES ÉTUDES

POUR

LE DIXIÈME ANNIVERSAIRE DE SA FONDATION

PARIS

IMPRIMERIE NATIONALE

———

M DCCC LXXVIII

A

MONSIEUR VICTOR DURUY

MEMBRE DE L'INSTITUT

ANCIEN MINISTRE DE L'INSTRUCTION PUBLIQUE

FONDATEUR

DE L'ÉCOLE PRATIQUE DES HAUTES ÉTUDES

On a commencé, il y a une quinzaine d'années, à se préoccuper en France des réformes et des perfectionnements que pouvait appeler notre enseignement supérieur. Il y a eu sur ce sujet, d'un intérêt capital, beaucoup d'écrits et de discours; il n'y a eu que bien peu d'actes. Le plus important a été la fondation, par décret en date du 31 juillet 1868, rendu conformément au rapport de M. Duruy, de l'École pratique des hautes études. Après dix ans accomplis, une institution peut être jugée. Nous n'avons rien à dire des sections consacrées aux sciences mathématiques, physico-chimiques et naturelles. La section des sciences historiques et philologiques, qui présente aujourd'hui ce volume en hommage à son fondateur, peut lui rendre et se rendre à elle-même ce témoignage, qu'elle a été une création viable, utile et bien entendue.

Dans la pensée de M. Duruy, l'École (nous entendons toujours par là spécialement notre section) devait remplir à peu près les fonctions attribuées, dans les universités allemandes, à ce qu'on appelle les *séminaires* historiques et philologiques. Elle devait être dans un rapport étroit avec l'enseignement de la Sorbonne et du Collège de France, et en compléter les cours par des *conférences* où les étudiants, sous la direction de répétiteurs, prendraient la parole, auxquelles ils apporteraient des travaux conçus d'après un plan commun et soumis à la critique de tous. Rien de plus libre que cette sorte d'enseignement supérieur mutuel, où le répétiteur était à peine au-dessus des autres membres de la conférence, où aucune condition d'entrée n'était exigée, où on était amené et retenu par le seul amour de la science, où l'on ne recherchait aucun diplôme, aucun grade, aucun avantage matériel. Ce fut dans cet esprit et avec ces vues que l'École s'installa, comprenant un personnel jeune et plein d'ardeur, habilement choisi par les deux ou trois premiers collaborateurs que M. Duruy s'était donnés. Elle n'avait pas de local ; dans la première conception de son fondateur, elle en avait à peine besoin : c'était chez eux, ou dans les bibliothèques, dans les musées, dans les archives que les répétiteurs devaient guider leurs élèves, nécessairement peu nombreux. Comme du Collège royal, lors de son institution, on pouvait dire de l'École qu'elle était « bâtie en hommes ». Ces hommes, qu'avait groupés l'adhésion aux mêmes idées, se mirent résolument et librement à l'œuvre, et bientôt la véritable physionomie de l'École se dégagea et s'affermit.

Dès l'origine, elle avait eu pour président, pour directeur, M. Léon Renier. Ce choix, heureux entre tous, décida de son avenir. Grâce à M. Renier, l'enseignement de l'École prit dès le premier jour et sut défendre contre toutes les tentations et les tentatives son caractère rigoureusement scientifique et vraiment pratique en même temps. Grâce à lui, elle ne se recruta que parmi des hommes animés de l'esprit qui avait inspiré ses débuts. Grâce à lui enfin, elle eut une installation matérielle, plus que modeste, mais qui suffisait à ses premiers besoins, et qui avait l'immense avantage de la placer au milieu même de la bibliothèque de l'Université. Cette installation s'est agrandie depuis ; elle s'agrandira encore ; mais à moins qu'une dotation magnifique ne vienne nous fournir des ressources spéciales considérables, elle ne devra pas être déplacée ; en tout cas, elle aura beaucoup contribué à la prospérité de l'École pratique.

Dans ces conditions favorables, les lignes un peu vagues du plan primitif se précisèrent de plus en plus. On renonça à établir entre l'École et les autres institutions d'enseignement supérieur, conçues dans un esprit différent, des relations systématiques. On dépassa d'ailleurs dès le début sur plusieurs points, on franchit de plus en plus par la suite les limites de leur domaine. Les conférences existèrent par elles-mêmes et affirmèrent hardiment leur méthode propre. Les jeunes répétiteurs, entrés à l'École presque en camarades des élèves, devinrent avec les années des maîtres de plus en plus considérés ; au lieu de les renouveler fréquemment, comme on en avait eu l'intention, on les laissa constituer une tradition durable. Presque tous tinrent à honneur de justifier le choix qu'on avait fait d'eux par des travaux conçus dans l'esprit de l'École et sortis, pour la plupart, des conférences mêmes. Ainsi, et par les contributions que fournirent bientôt les élèves, se fonda cette *Bibliothèque de l'École des hautes études*, dont le présent recueil forme le xxxve fascicule, et qui a établi si solidement, en France comme à l'étranger, la réputation scientifique de notre section. Si l'on parcourt ces volumes, on est frappé autant de l'extrême variété des sujets qu'ils traitent que de l'unité de la méthode dans laquelle ils sont traités. La linguistique générale, l'étude du sanscrit, du zend, du grec, du latin, de l'ombrien, des langues romanes, la mythologie, l'égyptologie, l'histoire grecque, romaine, française, la géographie historique, l'histoire du droit, la littérature indienne, persane, grecque, latine, y sont représentées plus ou moins abondamment. A côté des premiers maîtres qui ont secondé M. Renier dès la fondation, MM. Bergaigne, Tournier, Guyard, Maspero, Paris, Monod, Thévenin, Robiou, Morel, Bréal, et de ceux qui, comme M. Thurot, sont venus s'adjoindre à eux un peu plus tard, nous trouvons sur la liste des collaborateurs les noms d'élèves qui sont devenus répétiteurs à l'École, comme MM. Havet, Arsène Darmesteter, Châtelain, James Darmesteter, Giry, et enfin ceux d'élèves dont plusieurs sont aujourd'hui des maîtres ailleurs, et qui ont puisé dans l'enseignement de l'École l'initiative ou l'affermissement de leur vocation scientifique, comme MM. Longnon, Bauer, Joret, de Lasteyrie, Grébaut, Le Coultre, l'abbé Auvray, Huart, Regnaud, Berend, Fagniez. Pourquoi faut-il que précisément dans cette dernière série nous ayons à nommer deux morts, deux de ceux qui donnaient, qui avaient déjà réalisé les plus brillantes espérances, Léopold Paunier et Camille de la Berge! Dans tous ces écrits de sujets si divers, on retrouve les mêmes traits caractéristiques : la recherche de la vérité scientifique par les procédés de la critique la plus sévère, sans aucun parti pris historique, politique ou philosophique, l'emploi exclusif de documents de première main, et en même temps la connaissance exacte de l'état de la science, en France et à l'étranger. Quelques traductions d'ouvrages allemands, écrits précisément dans l'esprit que l'Ecole cherche à propager, se sont jointes aux mémoires originaux : les noms de Max Müller, Curtius, Diez, Sohm, Mommsen, Bücheler, Lepsius, disent assez que nous avons choisi de bons modèles.

Par la publication de sa Bibliothèque, à laquelle elle apporte un soin jaloux, l'École donne, pour ainsi dire, un enseignement extérieur; mais son activité et son utilité se montrent surtout dans son enseignement intérieur. Il ne comprend pas, cette année, moins de cinquante-trois conférences par semaine (dont beaucoup d'une heure et demie) sur les sujets généraux que nous allons énumérer :

SUJETS DES CONFÉRENCES.	DIRECTEURS ET RÉPÉTITEURS. MM.	Nombre.
Philologie et antiquités grecques...	WEIL, TOURNIER, GRAUX.....	6
Antiquités..................	RAYET................	2
Philologie latine.............	THUROT, HAVET, CHÂTELAIN....	4
Épigraphie et antiquités romaines...	DESJARDINS.............	2
Histoire..................	MONOD, ROY, THÉVENIN, GIRY...	9
Grammaire comparée.........	BRÉAL................	1
Langues et littératures celtiques...	GAIDOZ................	2
Langues romanes............	PARIS, A. DARMESTETER......	4
Langue sanscrite............	HAUVETTE-BESNAULT, BERGAIGNE.	4
Langue zende...............	J. DARMESTETER...........	2
Langue persane et langues sémitiques.	GUYARD, CARRIÈRE, DERENBOURG.	10
Archéologie orientale..........	CLERMONT-GANNEAU.........	2
Philologie et antiquités égyptiennes...	MASPERO, GRÉBAUT.........	4
Langue allemande............	HEUMANN..............	1

Naturellement, le sujet spécial de chaque conférence change à peu près tous les semestres; comme il n'y a ni programme, ni examen, chaque directeur d'études ou répétiteur est le maître de choisir et de distribuer le travail; il a égard au nombre, à l'avancement, aux dispositions des élèves. Dès le début, une liberté à peu près absolue a été l'un des principes essentiels de l'École; elle est à peine limitée par les réunions trimestrielles où les membres du personnel enseignant se communiquent le résultat de leurs travaux. Le Conseil supérieur de la section, présidé par M. Renier, composé de MM. Defrémery, Maury, Waddington et Bréal, est avec l'assemblée des directeurs et répétiteurs dans une telle communauté d'idées qu'il n'a pas à faire sentir son autorité; il se préoccupe surtout d'être auprès des pouvoirs supérieurs l'intermédiaire et l'interprète de l'École.

Les élèves passent officiellement trois ans à l'École, et sont répartis, pour chaque conférence, en trois années distinctes; la thèse qui leur donne droit au titre d'élève diplômé, — titre recherché, bien que purement honorifique, — doit être présentée avant la fin de la quatrième année. Dans la pratique, ils restent souvent plus longtemps, et, en général, ils se décident le plus tard qu'ils peuvent à quitter un milieu où ils trouvent toujours à s'instruire, où les conseils leur sont prodigués, où leurs premiers travaux sont appréciés avec une sévérité bienveillante et salutaire. Beaucoup d'entre eux font de réels sacrifices pour prolonger leur séjour. Une aide matérielle, qui leur a manqué longtemps, vient de leur être accordée : le conseil municipal de la ville de Paris, comprenant que la grande cité, qui fait tant pour l'enseignement primaire et secondaire, devait faire quelque chose pour les études supérieures, a voté des bourses pour les élèves désignés par la section. Il n'est pas douteux que cet intelligent appui ne fournisse à bien des jeunes gens privés de fortune les moyens de suivre une vocation que l'École n'encouragera jamais si elle ne l'a pas reconnue comme sérieuse.

Il ne nous appartient pas de faire l'éloge de notre section, d'exposer ce qu'elle a fait pour les progrès de la science : il nous suffira de rappeler qu'en 1873 elle a obtenu, à l'Exposition universelle de Vienne, dans la classe de l'enseignement supérieur, un diplôme d'honneur, le seul qui ait été décerné à un établissement scientifique français. Mais il nous sera permis de dire que, si elle fait beaucoup, on ne fait pas assez pour elle, ou plutôt qu'on ne lui demande pas tous les services qu'elle pourrait rendre. Dans le système de notre enseignement supérieur, l'École des hautes études n'est pas un rouage actif, enchevêtré aux autres, leur prêtant et leur empruntant du travail : c'est un petit mécanisme à part, qui reçoit son mouvement presque au hasard et ne le propage pas, et qui semble être considéré comme une curiosité plutôt que comme une pièce efficace. C'est là un état de choses très-regrettable, qui a empêché l'École de prendre tout le développement dont elle serait bien rapidement susceptible. Elle est prête à fournir, à qui saura l'utiliser, des ressources qu'on ne soupçonne pas; mais si on persiste à la laisser de côté comme on l'a fait, elle risque, en travaillant dans le vide, de voir son fonctionnement s'allanguir et se désorganiser.

Toutefois, ce danger n'est pas imminent. L'École vit par ses propres forces. Sans place hiérarchique, sans utilité matérielle pour ses élèves, sans privilèges, elle a su, par la seule qualité de son enseignement, par l'élévation de ses tendances, par la sincérité de son travail, s'assurer depuis dix ans un recrutement modeste, mais suffisant, dans l'élite de la jeunesse studieuse de la France et même de l'étranger. Si toutes les espérances qu'on a pu concevoir au début ne se sont pas réalisées, la faute n'en est pas à l'École, mais aux circonstances extérieures. Elle a livré tout ce qu'on pouvait attendre d'elle; et on peut dire que, au moins dans l'ordre purement scientifique, elle a réalisé complètement ce que se proposait en la fondant le ministre éclairé, passionné pour le bien, vraiment ami de la science, auquel elle est heureuse d'offrir aujourd'hui l'expression désintéressée de sa profonde reconnaissance. Elle associe à cette reconnaissance M. Armand du Mesnil, directeur de l'enseignement supérieur au ministère de l'instruction publique, qui, après avoir activement coopéré à la fondation de l'École, n'a cessé depuis lors de la suivre, de la protéger, de la défendre, et auquel il n'a pas tenu qu'on ne lui ait fait une plus large place et une sphère d'action mieux définie.

Le volume que nous présentons à M. Duruy a été improvisé. L'idée de ce recueil a été soumise à la réunion des directeurs d'études et répétiteurs dans la séance du 14 avril 1878 : dès les premiers jours de juin, le manuscrit presque entier était à l'impression. C'est ce qui explique pourquoi plusieurs de nos collègues, malgré leur bonne volonté, n'ayant rien de prêt, ont dû s'abstenir. C'est ce qui motive aussi la brièveté de la plupart des mémoires. Grâce à l'intérêt qu'a pris à notre œuvre M. le directeur de l'Imprimerie nationale, nous avons pu être prêts pour le jour voulu. M. le Ministre de l'instruction publique, de son côté, a voulu s'associer à l'hommage rendu à son prédécesseur en levant plusieurs difficultés qui nous auraient arrêtés. On a fait en sorte que tous les mémoires contenus dans le recueil eussent trait plus ou moins directement à Rome ou à l'empire romain : ce n'était pas une tâche bien difficile, malgré la diversité de nos études : l'empire romain n'est-il pas le centre de l'histoire du monde, l'aboutissement de l'histoire ancienne, le point de départ de l'histoire moderne? Nous avons voulu par là que ce volume fût pour ainsi dire plus spécialement dédié à celui auquel nous l'offrons, et rappelât que le fondateur de l'École des hautes études est en même temps l'auteur de l'*Histoire des Romains*.

LES LIGURES

ET L'ARRIVÉE DES POPULATIONS CELTIQUES

AU MIDI DE LA GAULE ET EN ESPAGNE,

PAR L. F. ALFRED MAURY.

L'étude comparative des anciens idiomes de l'Europe et la découverte de vestiges de l'homme et de divers produits de son industrie paraissant antérieurs à toute histoire ont ramené, depuis un quart de siècle, l'attention des érudits sur les premières migrations dont cette partie du monde a été le théâtre. On a entrepris de refaire l'ethnologie de l'antiquité, en s'efforçant de l'établir sur des bases plus solides et surtout plus larges. On est ainsi parvenu à quelques données précises, qui mettent sur la voie de solutions pour plusieurs des questions que cette science soulève. Mais dans la restitution ainsi tentée du plus lointain des passés, on procède encore trop souvent dans le brouillard, faute de moyens de déterminations chronologiques. Si l'on réussit à saisir, dans ces couches de populations qui se sont superposées avec le temps, un ordre relatif, on n'a que rarement découvert des points de repère susceptibles d'être rattachés à des dates approximatives, et voilà ce qui enlève à l'ethnologie ancienne de l'Europe beaucoup de son intérêt, pourquoi on ne saurait guère en appliquer les résultats à l'étude des monuments des âges les plus reculés.

Cette pénurie de données chronologiques frappe surtout quand on considère l'histoire des races qui peuplèrent la Gaule, l'Espagne et l'Italie, et tel est le motif qui nous fait recueillir jusqu'aux moindres indices de nature à fournir des éléments de synchronismes pour la date des migrations qu'elles ont opérées.

Entre ces populations, il en est une dont l'origine est demeurée plus obscure encore que celle des nations qui l'avoisinaient; ce sont les Ligures, ou, pour les désigner par l'appellation qui leur fut d'abord appliquée, les Ligyens (Λίγυες), comme disaient les Grecs. Le nom de Ligures usité chez les Latins dénote l'emploi du mot *Ligus* pour la forme primitive de ce nom au nominatif singulier [1].

Pendant longtemps on a vu dans les Ligures une race issue d'un rameau à part de l'humanité. Certains auteurs les prirent pour les frères des Ibères; mais, depuis peu, des érudits qui ont plus approfondi la question se sont prononcés contre de telles opinions, et M. d'Arbois de Jubainville, dans un fort savant ouvrage intitulé: *Les premiers habitants de l'Europe*, a présenté des arguments puissants, et qui me semblent décisifs, en faveur de l'origine indo-européenne de cette antique population. Ses vues ont été adoptées par M. Ernest Desjardins, dans sa *Géographie historique et administrative de la Gaule romaine*, où les caractères de la race ligure font l'objet d'un examen spécial.

Les rapprochements établis par M. d'Arbois de Jubainville ne démontrent pas seulement l'affinité générique des Ligures avec leurs voisins les Celtes, ils nous apportent encore la preuve qu'il existait entre les idiomes des deux peuples une ressemblance de mots dénotant une étroite parenté d'origine. Si nous ne connaissons pas la langue ligure, nous en pouvons du moins discerner le type par les noms géographiques propres à l'ancienne Ligurie. Or il est à noter que c'est en Gaule, en Bretagne, en Espagne et dans les contrées arrosées par le Danube, que nous retrouvons les analogues des noms géographiques fournis par la Ligurie. Ces noms appartiennent en grande majorité, par les éléments dont ils sont formés, au vocabulaire celtique, qui avait laissé, au temps de la domination romaine, son empreinte sur nombre d'appellations géographiques des contrées que je viens de citer. Plusieurs de ces noms ont une physionomie si accusée, qu'on en reconnaît la provenance, lors même qu'on n'en peut donner avec certitude le sens, car ils ne s'observent que là où il y a eu des Celtes.

---

[1] Voyez d'Arbois de Jubainville, *Les premiers habitants de l'Europe*, p. 221 et suiv. Paris, 1877.

Entre les noms ligures qui me semblent pouvoir être rapprochés des noms celtiques, je choisis ici les plus significatifs.

Le vocable dont l'origine ligure est le mieux établie est *Bodincus;* c'était le nom que les Ligures, au dire de Pline (*Hist. nat.* III, viii [16]), donnaient au Pô (*Padus*); il signifiait, dans leur idiome, *sans fond.* M. d'Arbois de Jubainville [1] a montré que ce mot doit être rapproché du grec βαθύς, du gallois *bodi* et du sanscrit *badhus.* Nous retrouvons dans ce vocable ligure le radical qui entre dans le nom, manifestement celtique, d'un des petits golfes ou estuaires de l'Écosse, le firth du Forth, que Ptolémée (II, iii, § 5) appelle *Boderia* (Βοδερία εἴσχυσις), et ce même radical nous ramène au nom de *Bodensee,* donné par les Allemands au lac de Constance, remarquable par sa profondeur. La terminaison du vocable *Bodincus* caractérise un assez grand nombre de noms géographiques gaulois, tels que *Agedincum, Lemincum, Vapincum, Aquincum, Obrinca* (Ὄβριγκα), etc. Ce qui vient à l'appui de l'origine celtique du mot *Bodincus,* c'est que nous le voyons entrer en composition dans le nom d'une ville placée sur le Pô, *Bodincomagus,* citée par Pline, et que relate une inscription latine découverte en Provence (Orelli, *Inscr. lat. sel.* n° 4737); or cette terminaison *magus* est, comme on sait, celle d'un grand nombre de villes de la Gaule et des contrées celtiques, et quoique l'on ne soit point encore fixé sur sa signification, on s'accorde à y reconnaître un radical celtique.

Si nous passons maintenant à des noms portés par des localités de la Ligurie, nous rencontrons des ressemblances non moins frappantes. Les Ligyens ou Ligures formaient, au commencement de notre ère, de petites tribus qui étaient cantonnées dans les vallées des Alpes maritimes, des Alpes Cottiennes et de l'Apennin septentrional; elles vivaient au voisinage les unes des autres et avaient longtemps formé des ligues pour défendre leur indépendance. Au temps où ces Ligures n'avaient point encore subi le joug des Romains et été affaiblis par le contact des colonies marseillaises, ils avaient fondé quelques villes, dont plusieurs demeurèrent des cités florissantes; telles

---

[1] *Ouvrage cité,* p. 224.

étaient : *Genua* (Gênes), que Strabon nous représente comme ayant été l'*emporium* des Ligures; les deux villes d'*Albium*, *Albium Ingaunum* (Albenga) et *Albium Intemelium* (Vintimiglia); la ville des *Taurini*, appelée sous l'empire *Augusta Taurinorum*, et *Ticinus* (Pavie). M. d'Arbois de Jubainville a fait voir que ces noms sont indo-européens; j'ajoute que leurs équivalents, si l'on excepte le nom de *Ticinus*, se retrouvent dans la Gaule. La physionomie en est tellement celtique que l'on ne saurait admettre ici une similitude tenant à une affinité générique d'idiomes; quand il n'existe qu'une telle parenté entre deux langues, leurs vocables de même sens ou de sens rapproché offrent, sans doute, des radicaux identiques, mais les formes des dérivés, voire même de ces radicaux, diffèrent quelque peu, à raison des substitutions de lettres dues à la prononciation propre à chacune d'elles. L'identité existe-t-elle entre les mots, c'est une preuve que les deux langues ne sont séparées que par des différences dialectales. Or comment n'être pas frappé de rencontrer dans ces vallées des Alpes, habitées par des peuplades ligures, quelques-uns des noms géographiques particuliers aux contrées celtiques? Sans revenir sur ceux que je viens de mentionner, j'en rappellerai de non moins décisifs. Cette localité nommée *Ocelum*, que mentionne César, au commencement de ses *Commentaires* (*De bello Gallico*, I, 10), et qu'enregistre Strabon (IV, p. 148; V, p. 180, éd. C. Müller), porte une appellation qu'on trouve, en l'Espagne au temps des Romains, donnée à une ville précisément bâtie sur un fleuve, le *Durius* (Douro), dont le nom n'a pas une forme moins celtique (*Itin. Ant.*, 434, 439). Ce nom de Durius[1], que les anciens ont aussi écrit Doria (Δωρίας, Δούριας), est également celui de deux cours d'eau qui arrosent la contrée où s'élevait la ville d'*Ocelum*, la *Duria major*, aujourd'hui *Dora Baltea*, et la *Duria minor*, aujourd'hui *Dora Riparia*. Ce nom de Duria ou Doria est si bien celtique que nous le rencontrons jusqu'en Hibernie, où il était appliqué à une rivière, le Dour, Δοὺρ ποταμός (Ptolémée, II, II, § 4). Le Var (en latin *Varus*, en grec Οὔαρος), qui séparait, au commencement de notre ère,

---

[1] L'*Itinéraire d'Antonin* porte *Ocelo Duri;* on a identifié tour à tour cette localité avec Fermosel, Toro et Zamora. Voy. éd. Parthey et Pinder, p. 364.

la Ligurie de la Province romaine (Pline, *Hist. nat.*, III, vii [5]), était dans le principe occupé sur ses deux bords par des populations ligures. Toute l'étroite région montueuse que traverse ce fleuve torrentiel demeura ligure, et ne passe pas pour avoir jamais été occupée par les Celtes proprement dits. On ne saurait donc supposer que les Celtes lui aient imposé son nom. Si l'on déniait au vocable *Var* une origine ligure, il faudrait en chercher l'étymologie soit dans le phénicien, soit dans le grec; mais ni l'une ni l'autre de ces langues ne fournit de mot d'une telle forme pouvant convenir à un cours d'eau, tandis que nous trouvons précisément en une contrée celtique, la Calédonie, un estuaire appelé *Varar*; il est mentionné par Ptolémée (II, III, § 5) : c'est le firth de Cromarty (Ουάραρ εἴσχυσις[1]).

Les noms des peuplades ligures et de petites tribus avoisinantes nous ont été conservés tant par Pline, qui transcrit l'inscription du trophée d'Auguste, que par des monuments épigraphiques, entre lesquels se place en première ligne l'inscription de l'arc de triomphe de Suse. Quelques-uns de ces noms sont cités dans César et d'autres historiens anciens. Sans doute, les noms de plusieurs de ces populations ne trouvent point ailleurs leur analogue et ne sauraient, en conséquence, être regardés comme caractérisant des nations de même descendance que les Gaulois; mais il en est aussi dont la physionomie celtique est bien accusée; tels sont : les *Velauni*, homonymes des *Vellauni* dont parle César (cf. *Vellauni*, *Vellaunodunum*, *Segovellauni*); les *Gallitæ*, qui s'appellent presque comme les Gaulois (*Galli*); les *Esubiani*, quasi-homonymes des *Esuvii*, peuple de la Gaule occidentale[2]. Les noms de *Brigiani*, *Nemalauni*, *Oxybii*[3], nous offrent des radicaux entrant fréquemment dans la composition des noms géographiques gaulois.

[1] Le nom de *Varus* se retrouve dans celui d'un cours d'eau de la Gaule cispadane, la Verza, indiquée dans la Table de Peutinger sous le nom de *Varusa*. La forme sous laquelle ce vocable de rivière s'offre en Calédonie nous fait supposer qu'il est identique aux noms d'*Arar*, *Araris*, *Ararius*, et qu'il implique l'idée de rapidité. Le nom d'*Ararius* étant devenu *Aar* en allemand, la forme *Arar* a pu devenir *Var* en ligure.

[2] Voyez E. Desjardins, *Géographie historique et administrative de la Gaule romaine*, t. II, p. 490, 638.

[3] Le nom d'*Oxybii* peut être rapproché des noms celtiques ayant

Autre rapprochement qui ne me paraît pas moins concluant : *Cemelium* était le nom de l'*oppidum* d'une des peuplades ligures des bords du Var, les *Vediantii* ou *Vediantes*[1]; ce nom s'est conservé, quelque peu altéré, dans celui de Cimiez. Il est visiblement dérivé du mot qui désignait la hauteur où l'*oppidum* était placé, car on y discerne le radical *cem*, qui entre dans le nom de Κέμμενον, écrit par les Latins *Cebenna*, et qui désignait la chaîne des Cévennes, laquelle en a tiré son appellation. Le même radical se retrouve dans les idiomes néoceltiques avec le sens de *dos*, de *courbure*[2]. Le nom de *Vesulus* que portait le mont Viso, une des montagnes de la Ligurie (Servius, *ad Æneid.* XI, 709), peut être rapproché de divers noms des contrées celtiques et de formes voisines.

Ainsi ce n'est pas seulement chez des tribus auxquelles on pourrait à la rigueur dénier le caractère liguriques, c'est chez celles qui habitaient en plein pays ligure que les vocables celtiques sont à signaler. D'ailleurs, les *Taurini*, qui portent presque le même nom qu'une population celtique du Norique, les *Taurisci*, sont qualifiés positivement, par Strabon, de Ligures[3].

Il est difficile d'admettre que des populations en quelque sorte enchevêtrées les unes dans les autres, comme l'étaient les petites tribus des Alpes, lesquelles constituèrent le royaume de Donnus et de son fils Cottius, aient parlé des langues tout à fait différentes, et c'eût été le cas si les Celtes n'avaient eu aucune affinité d'idiome avec les Ligures. Du celticisme de ceux-ci on peut produire une preuve plus décisive, et c'est cette preuve qui me ramène précisément à la détermination de l'élément chronologique qui fait l'objet principal de ce travail.

pour préfixe *ux* dans les transcriptions grecques ou latines, *Uxantis*, *Uxella*, *Uxellodunum*, *Uxellum*, où apparaît un radical *ux* ou plutôt *uch* (voy. A. Fick, *Vergleichendes Wörterbuch der Indogermanischen Sprachen*, 3ᵉ édit., t. I, p. 763), très-probablement identique au radical *oc* dans *Ocellum* et impliquant l'idée d'élévation. Un grand nombre de localités portent en France les noms d'*Ussel*, *Usseau*, *Uzel*. (Voyez Roget de Belloguet, *Ethnogénie gauloise*, glossaire, 2ᵉ édit., n° 356, p. 352.)

[1] Voyez E. Desjardins, *ouvrage cité*, t. II, p. 256, 257.
[2] Diefenbach, *Celtica*, I, p. 121, 123.
[3] Le nom de *Segusio* (Suse), localité située à la frontière des *Taurini*, est aussi tout celtique.

Justin, l'abréviateur de l'histoire qu'avait composée le Voconce Trogue-Pompée, nous apprend (XLIII, III, § 15; IV, § 2) que les Phocéens avaient fondé la colonie de Marseille, au pays des Ligures, sur le territoire d'un peuple appelé *Segobrigii*, les Ségobrigiens, sur lesquels régnait un certain Nannus. Or, le nom de *Segobrigii* est essentiellement celte, et l'on en retrouve les deux éléments composants, *sego* et *briga*, dans une foule de noms de la Gaule, de l'Espagne et de la Bretagne, ainsi que l'a déjà remarqué M. d'Arbois de Jubainville, qui ne voit dans ce nom qu'un vocable indo-européen. L'identité est trop complète pour qu'on ne reconnaisse pas ici la preuve d'une étroite affinité d'idiome. Le nom même du roi des Ségobrigiens que nous donne Justin, et qu'on lit aussi dans Aristote, sous la forme *Nannos* (Νάννος; cf. Athen. XIII, 576), paraît n'être qu'une variante du nom de Ninnos, inscrit sur des deniers d'argent gaulois découverts dans les montagnes du Jura. Celui du successeur de Nannos, Comanos, relaté également par Justin, nous est fourni par le vocable *Coman*, que portent des deniers d'argent de la ligue des montagnards des Alpes contre Arioviste et les Germains.

De tous ces faits il me semble résulter que les Ligures ou Ligyens parlaient un dialecte celtique, qu'ils étaient de même souche que les Gaulois, ou avaient été celtisés par eux dès une époque reculée, fort antérieure à la fondation de la colonie phocéenne de Marseille. Les envahisseurs celtes n'avaient pu manquer d'absorber ou de modifier profondément la population qui occupait avant eux la région comprise entre les Alpes au nord et la Méditerranée au sud, et qui s'étendait, dans le principe, de la Macra jusqu'au Rhône. Or, la présence des Ligures en ces parages se rattache à un événement important dans l'histoire des migrations des populations méditerranéennes.

Thucydide (VI, II), parlant des anciens habitants de la Sicile ou Trinacrie, nous dit qu'après avoir été habitée par les Cyclopes et les Lestrygons, cette île fut envahie par les Sicanes, peuple ibère que les Ligyens avaient chassé des bords du fleuve Sicanos. Diodore de Sicile (V, VI) et Denys d'Halicarnasse (I, XXII) ont eu également connaissance de la tradition relatée par Thucydide; ils l'avaient vraisemblablement puisée chez Philiste de Syracuse, lequel écrivait au commencement du iv⁰ siècle avant notre ère. On a proposé pour ce fleuve Sicanos différentes identifications, ne le retrouvant pas parmi les cours d'eau que mentionnent Strabon, Pline, Pomponius Méla et les historiens anciens. M. d'Arbois de Jubainville, reprenant une assimilation déjà proposée par Grotefend et J. F. Gail, veut voir dans le Sicanos la *Sequana*, autrement dit la Seine. Cette opinion nous semble peu admissible. Comment les logographes, les antiques historiens auxquels Thucydide a emprunté ce qu'il rapporte touchant les Sicanes, auraient-ils pu citer une rivière de la Gaule, quand c'est à peine s'ils connaissaient ce pays, vaguement désigné par eux sous le nom de *Celtique*, et auraient-ils étendu à cette contrée le nom d'Ibérie, beaucoup mieux défini dans leur esprit? Parce que l'Ibérie, telle que la représentaient d'abord les Grecs, s'avançait jusqu'aux bouches du Rhône, cela n'autorise pas à comprendre toute la Gaule sous cette dénomination. D'ailleurs l'extension du nom d'Ibérie à la région sise au nord des Pyrénées orientales, reposait certainement sur le fait, observé par les Grecs, que la population de cette partie de la Gaule était de même race que les Ibères, ainsi que le démontre la forme des noms de lieux mentionnés par les anciens dans la contrée répondant au Roussillon. Quelques érudits ont admis que le Sicanos est identique au *Secoanos* (Σηκόανος) qu'Artémidore, cité par Étienne de Byzance, donnait pour une rivière du territoire de Marseille. Mais le Secoanos n'est pas le Sicanos, et quand on voit le même Artémidore faire dériver du premier de ces noms celui des Séquanes (Σηκόανοι), on est fondé à supposer que cet auteur, qui n'avait sur la géographie de la Gaule que des notions fort inexactes, parlait de la Seine (*Sequana*), tout au moins de la Saône (*Sauconna*), qu'il supposait arroser le territoire des Marseillais [1], parce qu'il avait appris que cette rivière se rencontrait au nord de la colonie phocéenne.

Nous n'avons aucune raison de rejeter le témoignage formel de Thucydide, nous disant que le Sicanos était un fleuve de

[1] M. Ernest Desjardins (*ouvrage cité*, t. I, p. 173) a émis l'opinion que le Secoanos pourrait être l'*Arc;* mais le nom de *Lar*, porté au moyen âge par cette rivière, ne confirme pas une telle assimilation.

l'Ibérie, car nous trouvons ailleurs la confirmation de ce qu'il avance. Festus Avienus, l'auteur du poëme des *Ora maritima*, bien qu'ayant écrit au IV° siècle de notre ère, nous offre un tableau géographique composé d'éléments empruntés à des périégèses et à des périples datant du IV° et du V° siècle avant notre ère. Eh bien, il mentionne le fleuve Sicanus, près duquel il place une *Civitas Sicana* (*Ora marit.* v. 467, 469, 479, 480, 486), où l'on reconnaît la *Sicané* (Σικάνη), ville d'Ibérie, dont parlait Hécatée de Milet (ap. Steph. Byz. *s. h. v.*). Le lieu où Avienus parle de ce fleuve Sicanus et de la ville qui en tirait son nom montre clairement qu'il s'agit ici du *Sucro*, le Xucar actuel. Il s'ensuit que le Sicanos était bien réellement un fleuve d'Ibérie. Or, dans la région de la Péninsule qu'arrose le Xucar [1], dans cette partie que les anciens désignaient sous le nom de Celtibérie, à raison du mélange de Celtes et d'Ibères qu'offrait la population, se trouvaient, à l'époque romaine, deux villes appelées *Segobriga* : la première, la Ségorbe actuelle, et qui nous a laissé des monnaies; la seconde, renommée par l'abondance, en son territoire, de la pierre spéculaire (*specularis lapis*), que l'on y exploitait. Ainsi voilà précisément dans la région de l'Espagne où coule le Xucar, c'est-à-dire le Sicanos, deux villes portant le nom du peuple ligure, que les Phocéens avaient rencontré à leur débarquement sur le sol où ils fondèrent la colonie de Massalia. Ne faut-il pas reconnaître dans ces *Segobrigenses* que mentionne Pline (III, III [4]) les descendants des Ligures qui avaient expulsé les Sicanes? Nulle part ailleurs qu'en la partie de l'Ibérie ici indiquée il n'est question de villes du nom de Segobriga, et il est à noter que le naturaliste romain qualifie le territoire de ces mêmes *Segobrigenses* de *caput Celtiberiæ*. Tout annonce que dans le principe ce peuple, subsistant encore au I° siècle de notre ère, occupait un territoire assez étendu. Les Ligures avaient dû envahir une partie du domaine possédé auparavant par les Ibères, et, en venant s'établir à leur voisinage, ils se mêlèrent partiellement avec eux. Festus

---

[1] Ce fleuve devait être d'autant mieux connu des Grecs, qu'il traversait la route allant de Gadès en Italie. (Voyez *Itinér. Anton.*, 400, p. 192, édit. Parthey et Pinder. — Orelli, *Inscript. latin. sel.* n° 5210. *Itinéraires de Vicarello.*)

Avienus, en parlant du fleuve de Tartesse, c'est-à-dire du *Bœtis* (le Guadalquivir), dit qu'il prend sa source au *Ligysticus lacus*. Donc l'amas d'eau d'où sort le grand fleuve de l'Andalousie avait reçu d'abord son nom des Ligyens ou Ligures, l'ethnique *ligystique* en étant incontestablement formé. Ce peuple devait s'étendre alors du Xucar au cours supérieur du Guadalquivir. Une autre preuve qu'il existait bien réellement une population ligyenne dans cette partie de l'Espagne, c'est que Étienne de Byzance, qui avait compilé, on le sait, d'antiques données géographiques, mentionne *Ligystiné* (Λιγυστίνη) comme une ville de l'Ibérie occidentale, peu éloignée de Tartesse. On s'explique conséquemment que Festus Avienus, en reproduisant un tableau de la manière dont les Grecs se représentaient l'Europe occidentale au IV⁰ et au V⁰ siècle avant notre ère, ait placé les Ligyens, *Pernix Ligus* (*Ora marit.* v. 196), au voisinage des Cempses, peuple pyrénéen dont les âges postérieurs ne gardaient plus qu'un vague souvenir (voy. Dionys. Perieg. v. 338). Il y a donc tout lieu d'admettre que les Ligyens furent une des premières, sinon la première, des populations celtiques qui envahirent l'Espagne, et on comprend alors qu'ils en aient chassé les Sicanes, qui, après une longue pérégrination, devaient aller s'établir en Trinacrie.

Suivant Hellanicus de Lesbos (ap. Dionys. Hal. I, xxii), l'émigration des Sicules, qui suivit de près celle des Sicanes, était antérieure de trois générations à la guerre de Troie. Philiste de Syracuse, en situation de recueillir des traditions plus précises, plaçait l'événement quatre-vingts ans seulement avant cette guerre; il affirmait que les Sicules, dont le nom valut à la Trinacrie l'appellation de *Sicile*, étaient des Ligyens ayant à leur tête un chef nommé *Siculos*. On peut en inférer que les Sicules étaient un mélange de Sicanes et de Ligyens, chassés des cantons de l'Italie qu'ils avaient d'abord envahis par les Ombriens et les Pélasges (voy. Festus, v° *Sacrani*)[1]. Or remarquons que les habitants de la Sicile sont déjà mentionnés sous le nom de Σικελοί dans l'*Odyssée* (XX, 383; cf. XXIV, 211, 366, 389), poème qui désigne aussi l'île sous celui de Σικανίη

---

[1] Ce sont visiblement les Ligyens qui ont apporté en Sicile le nom de *Ségeste*, que l'on trouve porté par une ville de Ligurie, *Segesta Tigulliorum* (Pline, *Hist. nat.* III, 7).

(XXIV, 307). Donc l'établissement des Sicules et, conséquemment, celui des Sicanes en Sicile sont antérieurs à la rédaction de l'*Odyssée*. On est dès lors en droit de faire remonter au delà du x° siècle avant notre ère l'arrivée en Ibérie, dans la contrée qu'arrose le Sicanos ou Xucar, des Ségobrigiens, autrement dits des Ligyens ou Ligures; et, comme il ressort de ce que j'ai dit plus haut que ceux-ci appartenaient à la famille celtique, c'est donc au plus bas à cette date qu'il faut reporter la migration des populations celtiques à l'occident de l'Europe.

Une question se pose naturellement ici : les Ligyens s'étaient-ils, de l'Ibérie, avancés dans la contrée qui prit d'eux le nom de Ligurie, et qui était originairement comprise entre le Rhône et la Macra, ou étaient-ce les Ségobrigiens, établis au commencement du vi° siècle avant J.-C. aux environs de Marseille, qui avaient pénétré en Espagne? Si l'on accepte la tradition que Tite-Live nous a conservée sur l'expédition de Bellovèse au nord de l'Italie, tradition qu'il ne me semble pas qu'on soit autorisé à rejeter, on devra admettre que, dès l'an 590 environ avant notre ère, les Ligures étaient déjà fixés dans la Gaule cisalpine; et l'histoire de la fondation de Marseille sur le territoire ligure prouve que, moins d'un quart de siècle auparavant, ils se trouvaient dans ce que nous appelons la Provence. Une très-ancienne tradition, se rapportant, selon toute apparence, à l'Hercule phénicien, c'est-à-dire au dieu Melcarth, et à laquelle Eschyle fait allusion dans son *Prométhée* (Eschyl. éd. Ahrens, p. 92), plaçait l'intrépide armée des Ligyens sur la route qu'avait suivie le dieu pour se rendre d'Ibérie, où il avait vaincu Géryon, en Tyrrhénie; ce qui montre clairement que, suivant l'antique légende, les Ligyens s'étendaient sur les bords de la Méditerranée, entre l'Espagne et la Toscane; et, en effet, Strabon (IV, 1, p. 152, éd. Müller) voit dans la plaine de la Crau le théâtre du combat que Hercule avait livré contre les barbares, combat où Zeus vint au secours du héros divin, dont les flèches étaient épuisées, en accablant ses ennemis d'une pluie de pierres. Le mythe de l'expédition d'Hercule en Ibérie devait avoir été apporté aux Grecs par les Phocéens établis dans la Gaule méridionale, et ceux-ci paraissent l'avoir reçu des Phéniciens, dont la domination précéda, sur le littoral de la Provence, celle des Grecs. Voilà donc qui nous reporte au moins au vii° ou viii° siècle avant notre ère, et prouve que la présence des Ligyens en Ligurie datait d'une époque fort reculée. Ajoutons, en passant, que le nom de Crau (prononcez *craou*), qu'a conservé le théâtre des exploits d'Hercule (les *Campi lapidei* de Pline [1]), a une étymologie celtique et signifie *pierreux* [2]; ce qui est un nouvel indice que les Ligyens parlaient un idiome celtique, car ce nom paraît remonter à une haute antiquité.

Si l'on fait attention qu'en pénétrant dans la Gaule, les populations celtiques, venues de l'Est et du Nord-Est, durent longer les bords des grands fleuves qui constituaient à l'origine les principales artères de communication, on devra admettre que, pour se rendre en Provence, elles avaient suivi la Saône et le Rhône, et l'on sera dès lors conduit à croire qu'elles s'étaient rendues sur le territoire de Marseille avant de gagner l'Espagne. Il y a donc lieu de supposer que les Ségobrigiens sur lesquels régnait Nannos étaient les frères aînés et non les enfants de ceux des bords du Sicanos. Les Ségobrigiens durent suivre en sens inverse la route que suivit plus tard Annibal pour se rendre sur les bords du Rhône, et leur migration nous apparaît comme l'avant-garde de celle des Celtes proprement dits. Ne l'oublions pas, d'ailleurs, les peuples que les Grecs connurent sous le nom de *Celtes* et les Romains sous celui de *Galli* ne constituaient pas plus que toutes les races primitives et barbares une nation dans le sens moderne du mot; c'était un ensemble de tribus offrant une communauté de langue, d'habitudes, et une notable ressemblance de type physique, mais gardant cependant chacune une existence séparée, se désignant chacune par un nom particulier. Ce sont les Grecs qui paraissent avoir les premiers imposé à la masse de toutes ces peuplades un nom collectif, lequel était emprunté à celui qu'avait adopté l'une d'elles, celle que la proximité de territoire avait d'abord mise en relation avec leurs co-

---

[1] Voy. sur les *Campi lapidei*, E. Desjardins, ouv. cité, t. I, p. 194, 195.
[2] Ce mot *crau* (prononcez en provençal *craou*) se retrouve dans le gallois *craig*, le gaélic *creag*, l'armoricain *krag*, et il a fourni le nom de *Graiæ* donné aux Alpes qui séparaient la Gaule de la Ligurie. (Voyez Diefenbach, *Celtica*, I, p. 104, 105.)

lonies du midi de la Gaule[1]. De même, le nom de Bretons, *Britones*, fut étendu par les Latins à toutes les tribus d'Albion congénères de la petite nation ainsi appelée, qui, de la Gaule belgique, avait pénétré dans l'île. Presque partout, les choses se sont passées ainsi pour les dénominations qui ont été appliquées aux nations.

Malgré leur unité ethnique, les tribus celtiques, on le sait par de nombreux témoignages, étaient fréquemment en lutte entre elles, et l'une imposait son joug à l'autre. On s'explique de la sorte que les Celtes, nouveaux envahisseurs, aient repoussé les tribus ligyennes qui les avaient précédés, les aient refoulées dans les vallées des Alpes et de l'Apennin, où elles se virent bientôt condamnées à une vie dure et misérable, cultivant un sol ingrat et demandant encore plus au brigandage qu'à la chasse et à la pêche les moyens de subsister[2]. Telle est la peinture que nous fait des Ligyens Diodore de Sicile, et qu'on retrouve presque avec les mêmes couleurs dans Festus Avienus (*Ora marit.* v. 136 et suiv.). Le poète latin nous les représente comme ayant été contraints par l'arrivée des Celtes d'abandonner la contrée plus fertile qu'ils avaient d'abord occupée[3]; aussi une hostilité marquée subsista-t-elle longtemps entre les Celtes et les Ligures; ce que dit Diodore en fait foi; et les premiers prêtèrent contre les seconds du secours aux Grecs de Marseille. (Voyez Justin, XLIII, IV; Polybe, XXXIII, VII, VIII.)

---

[1] Voyez ce que dit Strabon, V, XIV, p. 157, éd. Müller.

[2] «Ligures qui Apenninum tenuerunt, latrones, insidiosi, fallaces, mendaces,» écrit Nigidius, ap. Serv. *ad Æn.* XI, 715.

[3] Festus Avienus désigne manifestement les Alpes, que les anciens poëtes, à raison des neiges dont elles étaient couvertes, avaient dépeintes comme une chaîne de montagnes septentrionales, quand il écrit :

> Rigidæque rupes atque montium minæ
> Cœlo inseruntur,

et l'on reconnaît par la suite de la description qu'après cette Ligurie soi-disant hyperboréenne, on arrivait aux bords de la Méditerranée, car il est question d'une mer qui s'étendait jusqu'à *Ophiusa* et où se trouvait la Sardaigne. Cette île d'*Ophiusa*, dont parlent Pline (III, 11) et Pomponius Méla (II, VII, 200), fut confondue avec les OEstrymnides, le nom de ces îles ayant été donné par les premiers poëtes et périégètes aux îles voisines de la côte d'Espagne, lesquelles servaient vraisemblablement d'entrepôt au commerce des Phéniciens, lorsque ceux-ci allaient prendre

Festus Avienus, qui copie les indications vagues et inexactes de l'antique cosmographie des Grecs, assigne au pays des Ligyens une fausse orientation, et cela a conduit certains modernes à supposer qu'il existait des Ligures dans l'Europe septentrionale. Le poète latin s'imaginait que, lorsqu'on s'avançait sur mer au nord des îles OEstrymnides, autrement dit des Cassitérides, on rencontrait le pays des Ligyens. Cette erreur tient à deux causes. La première, c'est que les anciens se représentaient inexactement l'orientation de l'Irlande; ils supposaient que l'Hibernie et les îles Cassitérides, qui sont les Sorlingues et la pointe de Cornwall, étaient situées au nord de l'Espagne et à l'ouest de la chaîne des Pyrénées, qu'ils faisaient courir du sud au nord, au lieu de l'orienter de l'est à l'ouest. La seconde cause, c'est que le nom d'*OEstrymnides,* que nous transmet Avienus, ne fut pas appliqué tout d'abord aux Cassitérides, mais aux îles situées en face de la côte orientale de l'Espagne, où les Phéniciens allaient chercher les métaux, avant qu'ils eussent poussé leur navigation jusqu'aux Sorlingues. Le poète, qui mêle des données de différents âges, a confondu

dans la Péninsule les métaux qu'ils allèrent chercher plus tard jusqu'aux Sorlingues. C'est à quoi fait allusion Avienus quand il dit (*Ora marit.* v. 154, 155):

> ... hæc dicta primo OEstrymnis est
> Locos et arva OEstrymnicis habitantibus.

De même que les Cassitérides se confondent, dans les récits des navigateurs, avec la presqu'île de Cornwall, Ophiusa, l'OEstrymnide primitive, se confondait avec le continent ibérique voisin; voilà pourquoi le poète, qui ramasse toutes les données de cette vague géographie, compare pour l'étendue Ophiusa au Péloponèse :

> Ophiusa porro tanta panditur latus
> Quantam jacere Pelopis audis insulam
> Graiorum in agro.

Ophiusa représente si bien dans cette cosmographie poétique la côte d'Espagne, qu'il est question à son sujet du *Jugum Veneris,* selon toute apparence le cap de Creuz, près duquel était placé le temple de Vénus mentionné par Strabon (IV, 1, p. 148, éd. Müller), et qui a valu son nom à Port-Vendres. Les *Ora maritima* parlent ensuite de deux petites îles inhospitalières, qui doivent avoir été celles que les anciens appelaient les *Ebuses* (Iviça et Formentera), et d'où il fallait cinq jours de navigation pour se rendre aux Colonnes d'Hercule.

les premières OEstrymnides avec les secondes; or, en suivant l'ancienne terminologie, il était exact de dire qu'on rencontrait le pays des Ligures au nord-est des OEstrymnides[1]. Mais quand toutes ces notions se brouillèrent, il en résulta un vrai chaos dans la façon dont on représenta la carte de l'Europe occidentale, et c'est de ce chaos qu'Avienus nous a conservé l'image. Comme on supposait que le littoral septentrional de la Gaule s'étendait au nord de l'Hibernie, les navires qui se

[1] Le nom d'*OEstrymnides* paraît avoir fait allusion à l'agitation furieuse (οἴστρημα) que présentait la mer d'alentour. Les parages de l'Espagne étaient si peu connus des auteurs grecs, au v° siècle avant notre ère, qu'on pouvait encore confondre à cette époque les Baléares et le continent qui leur fait face. Hérodote (III, 115) déclare ignorer en quelle région se trouvaient les îles Cassitérides, d'où l'on rapportait l'étain, et cette ignorance s'explique d'autant plus facilement que les Phéniciens, qui importaient les métaux précieux de l'ouest de l'Europe, cachaient soigneusement leur itinéraire, ainsi que le remarque Strabon (II, v, p. 146, édition Müller). Les notions inexactes qu'avaient les auteurs qu'Avienus prend pour guides, et dont Étienne de Byzance nous donne aussi quelques extraits, font comprendre comment on confondit, d'une part, sous le nom d'*Ophiusa* (Ὀφιοῦσα, l'île des Serpents), différents groupes d'îles, telles que les *Columbretes* et les petites Baléares, avec la côte d'Espagne, qui en est peu éloignée, et, de l'autre, ces mêmes îles avec les Cassitérides ou Sorlingues, auxquelles on appliqua pour ce motif le nom d'OEstrymnides. Deux passages d'Avienus le montrent au reste suffisamment. Le poëte, en parlant des Cempses et des Sæfes, qui étaient des populations des montagnes du nord-ouest de la Péninsule, les place dans l'île d'Ophiusa :

> Cempsi atque Sæfes arduos colles habent
> Ophiusæ in agro.
> (*Ora marit.* v. 195, 196.)

Le promontoire que les anciens appelaient *OEstrymnide* est représenté comme étant peu éloigné des Colonnes d'Hercule :

> Et prominentis hic jugi surgit caput
> OEstrymnin istud dixit ævum antiquius.
> (*Ibid.* v. 90, 91.)

La description qui suit fait comprendre que l'océan Atlantique, qu'on rencontre au delà du détroit de Gadès, fut désigné dans le principe par un nom signifiant *mer furieuse* (*sinus OEstrymnicus*), dénomination qui passa aux îles Cassitérides. Ce nom tomba en désuétude quand les côtes de Bretagne et d'Hibernie eurent été plus explorées; voilà pourquoi il ne se retrouve plus chez les auteurs postérieurs à ceux dont Avienus et Étienne de Byzance nous ont conservé des fragments.

rendaient pour aller chercher l'étain aux Cassitérides et gagnaient de là quelque port de la Manche, ainsi que nous l'apprend Diodore de Sicile (V, xxxviii), étaient regardés comme mettant le cap au septentrion. Les chargements de ces navires étaient transportés par terre jusqu'à Marseille. Alors qu'on était encore absolument ignorant, chez les Grecs, de la configuration du nord de l'Europe, comme on entendait dire que ces marchandises remontaient par eau, on en concluait que les bâtiments pouvaient se rendre directement en Ligurie. On sait, en effet, par Strabon, que le commerce se faisait par la Seine, la Saône et le Rhône. Au reste, des confusions analogues à celles dont l'emplacement respectif assigné aux OEstrymnides et à la Ligurie était l'objet peuvent être constatées dans les vieilles traditions poétiques sur le voyage des Argonautes.

Quoique les Ligyens ou Ligures nous apparaissent comme les anciens habitants des pays qui s'étendaient du Rhône à la Macra, le caractère indo-européen de leur idiome prouve suffisamment qu'ils n'ont pas été les premiers occupants de cette partie du littoral de la Méditerranée. La contrée devait être déjà habitée avant eux, et ils avaient, selon toute apparence, absorbé la population indigène. C'est ce mélange qui dut modifier chez les Ligures le type celtique, et en constituer un quelque peu différent. Mais cette nation reçut certainement, à plusieurs reprises, des infusions de sang celtique, car un courant d'émigration celtique semble avoir continué durant des siècles à verser en Ligurie des tribus venues d'au delà des Alpes. Quand on compare les noms de diverses villes de cette contrée à ceux de l'Helvétie celtique, on est frappé de la ressemblance, parfois même de l'identité, qu'ils présentent. Ainsi on trouve en Helvétie, comme dans la région sur laquelle s'étendait la Ligurie primitive, un *Eburodunum* (Yverdun et Embrun); le nom d'*Aventicum* (Avenches) est quasi-identique avec celui des *Avantici*, peuplade des Alpes Cottiennes, et il ne diffère que par l'insertion de la nasale, généralement supprimée dans les idiomes du midi de la France, du nom des *Avatici*, l'un des peuples de la Ligurie occidentale. Le nom d'une ville ligure, *Ingaunum*, se rapproche fort par le suffixe de celui d'une ville de l'Helvétie *Agaunum* ou *Acaunum*. Plutarque nous apprend (*Marius,* c. xix) que les Ligures, ou du moins une partie d'entre eux, se désignaient par le nom d'Ambrons, qui était précisément celui que portait l'une des quatre peuplades des Helvètes, celle qui se joignit aux Teutons, lors de leur fameuse irruption. Il semble donc probable que les Ligures étaient originaires de l'Helvétie, et leur nom même de Ligyens, déjà connu d'Hésiode (ap. Strabon, VII, iii, p. 249, éd. Müller), a toute l'apparence d'être celtique, car il se rapproche fort de certains vocables géographiques que nous fournissent les contrées celtiques : Λοῦγοι, *Lugii,* peuple de la Germanie voisin des Helvicomes, et qui paraît avoir été allié aux Celtes; Λοῦγοι, peuple de la Calédonie; *Liger,* la Loire; *Lugdunum,* etc.

Les Ligyens, qu'ils aient imposé leur nom aux populations qu'ils rencontrèrent tant au sud-est de la Gaule qu'au nord de l'Italie et avec lesquels ils se fondirent, ou qu'ils aient reçu cette appellation après s'être établis dans leur nouvelle patrie, n'en finirent pas moins par constituer une nation particulière, que les anciens ont distinguée des Celtes; ils continuèrent pourtant de se mêler à eux sur bien des points, et nombre de leurs tribus ont été tour à tour regardées comme celtiques ou comme ligures. Tel a été notamment le cas pour les *Salluvii* ou *Salyes.* Ceci nous explique pourquoi le nom de Ligurie fit place à celui de Celtique, pour désigner le territoire de Marseille et la contrée qui s'étend entre le Rhône, la Durance et la Méditerranée.

Seules, certaines petites peuplades des Alpes et de l'Apennin, les *Deciates,* les *Oxybii* notamment, conservèrent leur indépendance. Les plus barbares de ces tribus, celles que l'on désignait sous le nom de *Ligures Comati* ou *Capillati* (Pline, *Hist. nat.* III, vii), ne furent subjuguées par les Romains, qui avaient déjà, dès la fin du iiie siècle avant notre ère, soumis les autres peuplades (Florus, II, iii), qu'en l'an 24 avant Jésus-Christ. (Dion Cassius, LIV, 24.) C'est chez ces Ligures indépendants que durent se conserver davantage les habitudes et les traditions qui remontaient aux indigènes que les Ligures-Celtes avaient envahis. Mais, au commencement de notre ère, toute trace de cette antique population, qu'on peut appeler les Proto-Ligures, avait disparu. Les montagnards de la Ligurie ne parlaient plus qu'un dialecte celtique, qu'ils finirent par abandonner pour le latin, promptement corrompu dans leur bouche, et d'où sont sortis les patois piémontais, génois et dauphinois. On a vu souvent les descendants d'anciennes populations aborigènes abandonner leur premier idiome pour adopter celui des populations plus puissantes qui les enveloppaient. C'est ce qui a eu lieu pour les Kurdes, pour les tribus du Mahreb, pour diverses tribus finnoises de la Russie.

A l'époque où *Genua* prenait son nom, où le Pô recevait l'appellation de *Bodincus*, où s'élevaient les oppida d'*Albium Ingaunum* et d'*Albium Intemelium*, les anciens indigènes de la Ligurie avaient déjà adopté, au moins pour la plupart, la langue de leurs envahisseurs, descendus des Alpes et vraisemblablement originaires de l'Helvétie. Ce durent être des Proto-Helvètes qui imposèrent aux Alpes leur ancien nom d'*Albes*, changé ensuite en celui d'*Alpes*, sans doute parce que ce nom fut apporté aux Romains par les Étrusques, qui substituaient le *p* au *b* : Τὰ γὰρ Ἄλπια καλεῖσθαι πρότερον Ἄλβια, écrit Strabon (V, v, p. 168, éd. Müller). En effet, l'origine helvetico-ligure de la forme *Albe* ressort d'un grand nombre de noms visiblement dérivés du même radical, et qui appartiennent à la contrée que ce peuple avait occupée : *Alba Helviorum*, *Alba Augusta* (Aups), *Alba Pompeia*, etc. Ce vocable, qui a laissé des traces dans les dialectes néo-celtiques et dans une multitude d'appellations géographiques, est incontestablement celtique, et comme il était aussi ligure, il nous fournit une nouvelle preuve du *celticisme* de l'idiome des Ligyens[1], dès une haute antiquité. Ce sont vraisemblablement les Sicules ou Sicano-Ligyens qui ont porté le même vocable en Italie.

L'ensemble de ces considérations nous fait voir que l'émigration ligure a été au nord-ouest de l'Italie l'avant-garde de la grande émigration celtique, qui continua pendant plusieurs siècles. Les tribus de cette race s'avançaient rapidement, et il n'y a pas lieu de s'étonner qu'un peuple établi sur le territoire où s'éleva Marseille, les Ségobrigiens, ait poussé une expé-

---

[1] Dans les langues germaniques, la racine *alb*, *alf*, *elf*, *elv*, veut, au contraire, dire *eau*. Voyez Roget de Belloguet, *Ethnogénie gauloise*, glossaire, 2ᵉ édition, p. 122.

dition jusqu'au cœur de l'Espagne. C'était là le propre des tribus celtiques de se transporter parfois à de grandes distances, en quête d'un sol plus fertile et d'un séjour plus approprié à leurs besoins. Les Gaulois poussèrent de ces expéditions lointaines en Grèce et jusqu'en Asie Mineure. César, au premier livre de ses *Commentaires,* nous montre ces mêmes Helvètes, qui me semblent avoir été les frères des Ligures, s'apprêtant à gagner le pays des Santons et à traverser toute la Gaule. Les noms que gardaient diverses populations de la Cisalpine, *Cénomans, Lingons, Sénons,* se retrouvent, dans la Transalpine, portés par des peuples qui en étaient fort éloignés. On sait que les *Boïi,* les *Tectosages,* se sont pareillement transportés à de grandes distances. Ces tribus émigrantes traînaient à leur suite dans des chariots leurs femmes, leurs enfants et leurs richesses. Ainsi doivent en avoir agi les Sicules quand, repoussés par les aborigènes et les Pélasges, ils s'avancèrent jusqu'en Sicile. (Dionys. Hal. I, XXII.) La rapidité de ces migrations, qu'attestent au reste celles des populations barbares qui apparaissent en Occident au commencement de notre ère, par exemple des Goths, des Vandales, des Lombards, montre qu'il a pu ne pas s'écouler un bien long espace de temps entre l'établissement des Celtes-Ligures aux embouchures du Rhône et leur invasion en Espagne; mais, à quelque date qu'on fasse remonter celle-ci, on voit qu'elle est antérieure au moins de neuf à dix siècles au commencement de notre ère.

L'HISTOIRE ROMAINE

DANS

LE DERNIER TIERS DES ANNALES D'ENNIUS[1],

PAR L. HAVET.

Joseph Scaliger s'écriait, en parlant d'Ennius : *Utinam hunc haberemus integrum, et amisissemus Lucanum, Statium, Silium Italicum, et tous ces garçons-là!*[2]. Ce que Scaliger exprimait sous cette forme originale, c'est un regret purement littéraire; mais la perte des écrits du vieux poète n'est pas moins à déplorer, soit au point de vue du philologue, soit au point de vue du grammairien ou du linguiste. Le principal ouvrage d'Ennius, son grand poème des *Annales,* ou, selon un nom inventé par des littérateurs de l'époque impériale, sa *Romaïde*[3], eût été aussi bien précieux pour l'historien.

Il racontait en dix-huit livres[4] l'origine, la fondation, les accroissements, les périls, le triomphe définitif de Rome. Il renfermait d'abord les vieilles légendes mythologiques sur les dieux

---

[1] Consulter, outre l'édition d'Ennius par M. Vahlen (*Ennianae poesis reliquiae,* Lipsiae, Teubner, 1854, xciv-238 pages in-8°), les articles de M. Théodore Bergk, *Neue Jahrbücher für Philologie und Pädagogik,* LXXXIII (1861), p. 316, 495 et 617.
[2] Ce passage du Scaligerana a été relevé fort à propos par M. Patin (*Études sur la poésie latine,* tome II, p. 32); il eût pu ne pas citer comme une conjecture sérieuse la plate correction de La Monnoye (*et tous ces* Gascons-*là*), d'autant plus malencontreuse que Scaliger, par le lieu de sa naissance et par sa mère, était lui-même un Gascon.
[3] Diomedes, III (*Grammatici Latini,* ed. Keil, I, p. 484, ligne 6). Texte restitué par M. Reifferscheid dans les *Neue Jahrbücher für Philologie und Pädagogik,* tome LXXIX (1859), p. 157.
[4] Diomedes, *ibid.* (ligne 4).

et demi-dieux, sur Saturne [1], sur Énée et ses ancêtres [2], sur Romulus ; puis venait la mythologie humaine, la légende d'Horatius Coclès [3], par exemple ; ensuite l'histoire positive, la surprise du Capitole par les Gaulois [4], la guerre avec Pyrrhus [5] et le discours d'Appius Claudius Caecus contre les partisans de la paix [6]. Ces récits des vieux temps, qui formaient le premier tiers du poème (six livres), ne concordaient pas toujours avec les légendes que nous ont conservées Tite-Live ou Denys d'Halicarnasse. Ennius ne parlait point encore de la descendance fabuleuse d'Énée ; il ne nommait point Ascagne, Silvius, Aeneas Silvius, Latinus Silvius ; Alba, Atys, Capys, Capetus, etc. : pour lui, Énée était le père d'Ilia et le grand-père de Romulus [7]. Ailleurs, au contraire, Ennius avait admis des traditions que les historiens ont écartées, mais qui sur sa foi ont failli passer pour authentiques. C'est dans Ennius, selon toute apparence, que Cicéron [8] a puisé la légende du *dévouement* du troisième Décius, renouvelant [9] dans la guerre de Pyrrhus l'exemple donné par son grand-père dans la guerre des Latins et par son père dans la guerre des Étrusques : nul autre que Décius en effet ne pouvait prononcer dans le livre VI

---

[1] Varro, *De lingua Latina*, V, 42. — Nonius Marcellus, p. 197 Merc. — Charisius, I (*Gramm. Lat.*, ed. Keil, I, p. 72, ligne 13).

[2] Philargyre, commentaire des *Géorgiques* de Virgile, III, 35.

[3] Festus, p. 178 Mueller. M. Vahlen a heureusement corrigé le chiffre du livre d'Ennius, et fait voir qu'il ne s'agit pas du combat des Horaces contre les Curiaces.

[4] Macrobius, *Saturnalia*, I, IV, 17. Ici encore, il paraît nécessaire de corriger le chiffre du livre.

[5] Nonius Marcellus, p. 226 ; Festus, p. 286 et 313. — Cicero, *De divinatione*, II, LVI, 116. — Cicero, *De officiis*, I, XII, 38 ; Servius, commentaire sur l'*Énéide* de Virgile, XII, 709.

[6] Cicero, *Cato major* (*De senectute*), VI, 16.

[7] Servius sur l'*Énéide*, I, 273, et VI, 778. Dans le beau récit conservé par Cicéron (*De divin.*, I, XX, 40), Ennius montre Ilia racontant un songe à sa sœur, fille d'*Eurydice qu'a aimée son père*; or, Leschès et l'auteur des ἔπη Κύπρια appelaient *Eurydice* la femme d'Énée (Pausanias, X, 26).

[8] *Tusculanes*, I, XXXVII, 89. *De finibus*, II, XIX, 61.

[9] En réalité, il courut seulement un bruit d'après lequel Décius devait à son tour se *dévouer*; Pyrrhus avisa ses soldats de le prendre vif, et avertit Décius des traitements fâcheux qu'une telle folie lui attirerait. (Voir Zonaras, V, 8.)

des *Annales* la formule du *dévouement* : « Dieux, écoutez mon vœu sans retard : pour le peuple romain, en termes formels, au milieu du combat par le fer, de ma pleine volonté, je fais abandon de ma vie. »

> Div[i], hoc audite parumper,
> Ut pro Romano populo, prognariter, armis
> Certando, prudens, anima[m] de corpore mitto [1].

Ainsi, si nous possédions en entier les six premiers livres des *Annales*, nous y trouverions de vieilles légendes, tantôt conservées sous leur forme la plus simple et la plus ancienne, tantôt développées par l'imagination du poète ou de ses garants.

De toute façon, nous serions éclairés sur la filiation des récits sérieux et des fables ; nous serions ainsi plus à l'aise pour chasser de l'histoire la mythologie, et de la mythologie l'évhémérisme.

Ce premier tiers des *Annales* n'est pourtant pas la portion la plus regrettable de l'œuvre. Ennius y racontait des événements fabuleux ou défigurés par le temps, tandis que dans les livres suivants il traitait en détail des faits contemporains. Après avoir glissé légèrement[2] sur la première guerre punique (sur laquelle il eût pu être renseigné par des témoins oculaires[3], mais qui déjà avait été mise en vers par Naevius), il racontait la guerre d'Hannibal, la guerre de Philippe, la guerre d'Antiochus, la guerre d'Étolie ; or Ennius avait vingt ans lors du siège de Sagonte, trente-sept lors de la bataille de Zama, quarante-deux lors de la bataille de Cynoscéphales, quarante-neuf lors de la bataille de Magnésie, cinquante lors de la prise d'Ambracie. Avec la brillante campagne de Fulvius Nobilior se terminait le quinzième livre des *Annales*, et le poème lui-même, auquel les livres XVI à XVIII furent ajoutés plus tard[4]. Ainsi huit livres (si l'on

---

[1] Nonius Marcellus, p. 150.
[2] Cicero, *Brutus*, XIX, 76.
[3] La première guerre punique finit en 241, deux ans avant la naissance d'Ennius. Celui-ci naquit en 239, un an après le consulat de Marcus Sempronius Tuditanus et de Gaius Claudius Centho. (Cicero, *Brutus*, XVIII, 72.)
[4] Plinius, *Hist. nat.* VII, XXVIII, XXIX, 101. Voir page 32, note 2.

admet avec M. Vahlen que le livre VII traitait de la première guerre punique), les livres VIII à XV, étaient consacrés à des événements accomplis pendant la jeunesse ou l'âge mûr d'Ennius. Il devait les bien connaître, car il était lié avec les personnages les plus considérables de l'État. C'était Caton, qui, en 204, l'avait amené à Rome[1]. Il avait l'amitié de Scipion le premier Africain[2] et entretenait des rapports familiers avec son cousin Nasica[3]. Il eut pour ami et pour protecteur le vainqueur de l'Étolie, Marcus Fulvius Nobilior[4], et plus tard son fils Quintus, qui lui donna la cité romaine[5]. Fier de ces liaisons illustres, il en consigna le souvenir dans son poème et, s'il faut en croire une opinion attribuée[6] au célèbre Aelius Stilon, le maître de Varron, il se peignit lui-même sous les traits de Servilius Géminus, personnage instruit, aimable et discret, ami d'un homme de rang supérieur au sien qui ne craignait de lui confier ni les bagatelles ni les grands secrets.

Ennius, qui ne devint citoyen romain qu'à cinquante-cinq ans[7], ne put avoir lui-même une part qui compte aux événements de son temps; en 204, lorsque Caton, alors questeur, le ramena de Sardaigne, il servait dans cette île en qualité de simple centurion[8]. Mais il accompagna les premiers généraux de Rome dans leurs campagnes. Claudien[9] se trompe manifestement quand il rapporte qu'Ennius aurait suivi Scipion en Espagne, car Scipion quitta l'Espagne pour la Sicile en 205, et Ennius ne fut introduit dans la société romaine qu'en 204 ou 203. Du moins rien n'empêche de croire Claudien quand

---

[1] Cornelius Nepos, *Cato*, I, 4. Jérôme, addition à la chronique d'Eusèbe, an 1777 d'Abraham.

[2] Cicero, *Pro Archia*, IX, 22.

[3] Cicero, *De oratore*, II, LXVIII, 276.

[4] Cicero, *Pro Archia*, XI, 27; *Tuscul.*, I, II, 3. — Pseudo-Victor, *De viris illustribus*, LII.

[5] Cicero, *Brutus*, XX, 79.

[6] A. Gellius, XII, IV, 5.

[7] Il fut inscrit en 184 dans une colonie (Potenza ou Pesaro dans l'*ager gallicus*), par Quintus Fulvius Nobilior. (Cicero, *Brutus*, XX, 79; T. Livius, XXXIX, LXIV, 10.)

[8] Silius Italicus, XII, 395.

[9] *De consulatu Stilichonis*, III, *praef.*

il fait faire à Ennius la campagne de Zama, et il est certain qu'Ennius accompagna Fulvius Nobilior en Étolie [1].

Il est clair qu'Ennius, témoin oculaire d'une partie des faits qu'il raconte, renseigné sur les autres par un Caton ou un Scipion, devait être sur bien des points plus digne de foi ou plus complet que nos sources. Malheureusement les débris de son œuvre sont si peu considérables et si émiettés, qu'on a grand'peine à en tirer parti, et que trop souvent, au lieu d'éclairer l'histoire par Ennius, il faut se contenter d'éclaircir Ennius par l'histoire.

Cette besogne a été faite et bien faite par M. Vahlen dans l'introduction étendue qu'il a placée en tête de son *Ennius*, il y a vingt-quatre ans. Une grande partie de son travail est très-solide, et jusqu'ici n'appelle point de modifications importantes, de sorte qu'il serait peu utile de refaire après lui un travail d'ensemble; mais dans les derniers livres une erreur grave, commise sur un certain fragment [2], a engendré d'autres erreurs. Je me propose d'examiner ici les fragments du dernier tiers des *Annales*, c'est-à-dire des livres XIII à XVIII, en tirant parti des matériaux offerts par l'édition Vahlen, d'un travail de critique publié en 1861 par M. Bergk dans un recueil allemand [3], et de quelques remarques qui ne paraissent pas encore avoir été présentées.

Livres XIII et XIV.

Les deux livres XIII et XIV étaient consacrés à la guerre d'Antiochus.

On sait qu'Hannibal fut de ceux qui poussèrent le plus vivement Antiochus à faire la guerre aux Romains. Toutefois, une anecdote rapportée par Aulu-Gelle [4] fait voir qu'Hannibal ne se faisait pas d'illusions sur les troupes dorées du roi asiatique. « Crois-tu, Hannibal, que ceci suffise pour les Romains? — Oui certes, si avides qu'ils soient. » On peut conclure de

---

[1] Voir à la page précédente les notes 4 et 5.
[2] Le fragment où il est question du roi Épulon : voir pages 33 et 34.
[3] Voir page 21, note 1.
[4] Gell., V, 5, d'après des « *libri veterum memoriarum.* »

là qu'Hannibal dut exhorter Antiochus à se composer une armée plus sérieuse et à différer l'entrée en campagne. C'est ce qu'Antiochus exposait lui-même dans le treizième livre des *Annales*[1] :

> Hannibal audaci cum[2] pectore de me hor[i]tatur
> Ne bellum faciam; quem credidit esse meum cor
> Suasorem summum et studiosum robore[3] belli.

Ces conseils de prudence donnés par Hannibal paraissent avoir été inconnus des historiens.

En 190, une armée commandée par le fils d'Antiochus menaçait Pergame; la garnison eut occasion de faire une sortie heureuse et de tailler en pièces des ennemis surpris et dispersés. Ce brillant fait d'armes eut pour spectateurs tous les habitants, hommes et femmes, massés sur les remparts[4]. Ennius avait peint dans le livre XIII l'empressement des dames de Pergame :

> Matronae moeros complent spectare faventes[5].

On rapporte conjecturalement au livre XIII un vers d'Ennius sur Xerxès[6] :

> Isque Hellesponto pontem contendit in alto.

A la veille de la guerre, en effet, Antiochus fut considéré

---

[1] Gell., VI (VII), 11 : «Scripsit autem Caesellius Q. Ennium in XIII. (*variante* XII.) annali... dixisse... : «Nam in XIII. annali... dixit.»... Antiochus est qui hoc dixit, Asiae rex.» — Nonius, p. 195 : «Ennius annali lib. XIII.»

[2] Variante *dum*.

[3] M. Bergk veut que *robore* soit pour *roboris*, comme *mage* pour *magis*, *plure vendere* pour *pluris*.

[4] T. Liv., XXXVII, xx, 14 : «Spectaverant enim e moenibus Pergami non viri modo sed feminae etiam.»

[5] Servius, commentaire sur Virgile, *Georg.*, I, 18. — Philargyre, commentaire sur Virgile, *Georg.*, IV, 230 : «Apud Ennium in XIII. (*variante* XVI.).» Philargyre a *melos* au lieu de *moeros*.

[6] Varro, *De lingua Latina*, VII, 21 : «Xerxes quondam... nam ut Ennius ait : «Isque», etc.

comme un nouveau Xerxès[1]; et la nouvelle qu'il avait passé l'Hellespont fit sensation[2]. — Deux passages que les sources attribuent au livre XIII peuvent être rapportés, comme le précédent, aux préliminaires de la guerre. Ils sont dirigés contre les devins :

... Satin vates verant aetate in agenda[3]?
....

Quo res sapsa loco sese ostentatque jubetque[4].

Ils étaient probablement prononcés à l'occasion des prodiges de l'an 192, des six chevreaux nés d'une ventrée, de l'enfant à une main, de la pluie de terre, et surtout du bœuf qui prononça les mots *Roma cave tibi,* et que les aruspices ordonnèrent de bien soigner[5].

Le livre XIV racontait une bataille navale, évidemment la victoire remportée sur la flotte d'Antiochus par le préteur Lucius Aemilius Regillus, en 190, près du promontoire de Myonnèse.

Les Romains, surpris par le voisinage des ennemis, commencèrent à se préparer en tumulte; le préteur apaisa cette effervescence dangereuse, prit le premier la mer avec le vaisseau amiral, de façon à recevoir, au fur et à mesure, chaque navire prêt à combattre, et à lui assigner sa place. Grâce à son sang-froid, la flotte se trouva complétement prête avant que l'ennemi fût en vue, et put s'avancer en ordre de bataille[6]. Ennius avait peint en beaux vers les flots unis de couleur changeante, et la masse silencieuse des navires volant

---

[1] Florus, I, 24 = II, 8 : «Xerxen atque Darium cogitarent, quando perfossi invii montes, quando velis opertum mare nuntiaretur... In Antiocho vicimus Xerxen...» Voir les pages 33, 37 et 42.
[2] T. Liv., XXXV, xxiii, 10. — XXXV, xxxv, 7.
[3] Gell., XVIII, ii, 16 : «Dictum esse a Q. Ennio id verbum in tertio decimo annalium.»
[4] Festus et Paul. p. 325 et 324 Mueller. Festus : «In lib. XIII.»
[5] T. Liv., XXXV, xxi, 3-5.
[6] T. Liv., XXXVII, xxix, 4-7.

au seul frémissement des rames et de l'écume vers l'ennemi invisible :

> Verrunt extemplo placide mare marmore flavo ;
> Caeruleum spumat sale[1] conferta rate pulsum[2].
> ....
> Labitur uncta carina, volat super impetus undas[3].

Placide, dans le premier vers, est la leçon des sources. L'adverbe est ici plein de sens, et c'est bien à tort que M. Vahlen, après Parrhasius, a voulu lire *placidum.*

Soudain les Romains aperçurent les vaisseaux ennemis, qui venaient à leur rencontre, rangés en longue file sur deux de front[4]. Ennius avait noté ce moment dramatique[5] :

> Cum procul aspiciunt hostes accedere ventis
> Navibus velivolis..................

On remarquera que dans Ennius la flotte romaine se sert de ses rames et que la flotte d'Antiochus marche à la voile. Ces détails, vraisemblablement exacts, ne sont pas dans Tite-Live. Du combat de Myonnèse lui-même il nous reste un fragment insignifiant :

> Litora lata sonunt[6]......................

La bataille de Magnésie, qui mit fin à la guerre, était certainement chantée dans le chant XIV ; deux fragments de ce

---

[1] *Mare* dans Aulu-Gelle.
[2] Gell., II, xxvi, 21 : «Ex annali quarto decimo Ennii.» Le second vers aussi dans Priscien, V, viii, 45 : «In XIII. (*variante* XVII.), annalium.»
[3] Macrobius, *Saturn.*, VI, 1, 51 : «Ennius in quarto decimo.»
[4] T. Liv., XXXVII, xxix, 7 : «Inter Myonnesum et Corycum promontorium erant, cum hostem conspexere.»
[5] Macrobius, *Saturn.*, VI, v, 10 : «Ennius in quarto decimo.» — Dans Servius, commentaire sur Virgile, *Aen.*, I, 224, le Cassellanus donne «*Ennius : nauiūs ueliuolas.*» La comparaison du passage de Macrobe montre qu'il y a là un bourdon; il faut lire *nauibus ueliuo[lis;...naues ueliuo]las.*
[6] Priscianus, IX, vii, 38 : «In XIIII. (*variantes* VIII., XIII.).»

chant paraissent faire partie de ce passage. L'un est fort insignifiant au point de vue historique :

> Horrescit telis exercitus asper utrimque[1].

L'autre n'est guère plus intéressant à ce point de vue. C'est un discours d'exhortation adressé par un chef à ses soldats, très-probablement le discours du consul Lucius Scipion aux Romains :

> Nunc est ille dies cum gloria maxima sese
> Nobis ostendat, si vivimus sive morimur[2].

Il y avait dans l'armée romaine deux mille hommes de troupes auxiliaires, formées de volontaires macédoniens et thraces, qui, pendant la bataille de Magnésie, furent commis à la garde du camp[3]. Le chant XIV paraît avoir fait mention des volontaires thraces; du moins Ennius y nommait[4] une arme des Thraces, la *rupia* ou plutôt sans doute la *rumpia*[5]; il est malheureusement impossible de déterminer à propos de quelle circonstance. On ne peut dire non plus quels sont les guerriers dont Ennius mentionnait la mort et les funérailles :

> Omnes occisi obcensique sub nocte serena[6].

[1] Macrobius, *Saturn.*, VI, iv, 6 : «Ennius in quarto decimo.»
[2] Priscianus, X, ii, 8 : «Ennius in XIIII. annalium.»
[3] T. Liv., XXXVII, xxxix, 12.
[4] Gell., X, xxv, 4 : «Positumque hoc vocabulum in Q. Ennii annalium XIIII.» — Il n'est guère possible que le livre XIV ait raconté les combats livrés contre les Thraces en 188 (T. Liv., XXXVIII, 40 s.).
[5] La *rupia* des manuscrits d'Aulu-Gelle est la même arme que la *rumpia* de Valérius Flaccus (VI, 98), et que la *rhomphaea* ou ῥομφαία. Le mot grec a été latinisé deux fois, la première fois par voie populaire et la seconde fois par voie savante. La latinisation populaire est *rumpia*; la quantité de la seconde syllabe a été modifiée (sans doute sous l'influence de l'accent, ce qui indiquerait d'accentuer en grec ῥόμφαια, et non ῥομφαία ou ῥομφαῖα); l'o bref est devenu *u*, dans une syllabe fermée par une liquide, comme dans *Umbri, umbilicus, gummi, uncus, cunchis, cungrum, cultus, bulbus, ampulla, cothurnus, amurca, purpura*; l'*h* contenue dans le φ grec a été supprimée de même que dans *ampulla*. La latinisation savante est *rhomphaea*. *Rumpia* et *rhomphaea* sont donc deux mots différents, bien que de même étymologie; ils sont entre eux à peu près comme *ampulla* et *amphorula*, ou comme en français *blocus* et *blockhaus*. La double naturalisation d'un même nom d'arme a son intérêt pour l'histoire militaire.
[6] Festus, p. 201 : «Ennius quom ait l. XIIII.»

M. Vahlen attribue à Antiochus vaincu un fragment de discours[1] :

> Infit : «O cives, quae me fortuna + fero sic[2]
> Contudit indigno, bello confecit acerbo[3]!»

Je ne sais trop si le vocatif *cives* serait bien placé dans la bouche d'un roi asiatique.

Livres XV et XVI.

Le livre XIV devait se terminer avec la défaite d'Antiochus et l'année 190. Le livre XV devait raconter les événements de l'année 189, c'est-à-dire avant tout la guerre d'Étolie et la prise d'Ambracie. Ennius avait accompagné là le consul Marcus Fulvius Nobilior[4]. Il était donc témoin oculaire, et il semble qu'il ait décrit en grand détail les exploits qu'il avait vus de si près. Ce dernier point, toutefois, n'est pas bien sûr. Le Pseudo-Victor nous dit[5] qu'Ennius parla en termes magnifiques de son protecteur Nobilior; mais il est possible que ce passage ait trait à un autre poème que les *Annales*, l'*Ambracia*, qui paraît avoir été une *fabula praetextata* ou tragédie romaine. A vrai dire, il est fort probable qu'Ennius s'étendit sur les louanges de son héros dans l'un et dans l'autre poème, et qu'il ne craignit point de se répéter. — Les fragments sûrement authentiques du livre XV sont peu nombreux; nous devons en outre négliger ici un vers sur l'arc-en-ciel, qui n'intéresse point l'histoire[6].

Nonius a conservé un vers assez insignifiant sur les machines construites pour un siège :

> Malos defindunt, fiunt tabulata falaeque[7].

Il s'agit évidemment d'Ambracie. Contre Samé, dans l'île de

---

[1] Priscianus, X, v, 26 : «Ennius in XIIII.»
[2] On a conjecturé *ferox sic*, *ferocem*.
[3] Les mss., sauf un, ont *acervo*.
[4] Voir page 24, notes 4 et 5.
[5] *De viris illustribus*, LII, 3 : «Quam victoriam per se magnificam Q. Ennius amicus ejus insigni laude celebravit.»
[6] Priscianus, VI, xiv, 74 : «Ennius in XV. annali.»
[7] Nonius, p. 114 : «Ennius lib. XV.»

Céphallénie, on employa le même matériel de siège qui avait déjà servi contre Ambracie[1].

Il faut encore rapporter à Ambracie une description d'assaut que Priscien cite deux fois comme tirée du quinzième livre[2] :

> Obcumbunt multi letum ferroque lapique
> Aut intra muros aut extra praecipe casu.

L'assaut en question n'eut point pour résultat la prise de la place. Ambracie, en effet, ne fut pas prise de vive force; elle ouvrit ses portes par capitulation honorable[3], circonstance qui permit aux ennemis de Fulvius de faire déclarer par un sénatus-consulte *Ambraciam vi captam non videri*[4]. Il s'agit d'un assaut glorieux peut-être, mais, en définitive, infructueux, que Polybe ne mentionne pas dans ce qui nous a été conservé de son récit, non plus que Tite-Live dans sa narration tirée de Polybe; Fulvius, au rapport de ce même Tite-Live, le fit valoir devant le sénat pour obtenir le triomphe, et rappela qu'après l'escalade des murs un combat acharné, où trois mille ennemis périrent, avait duré pendant une journée entière[5]. Le triomphe de Fulvius ne fut célébré que plus de deux ans après sa victoire, le 23 décembre 187[6], et nous ignorons si la composition du livre XV des *Annales* lui est antérieure ou postérieure; en tout cas, le récit d'Ennius dut nécessairement être conforme à la version de son protecteur et non à celle de la cabale ennemie[7].

---

[1] T. Liv., XXXVIII, xxviii, 10 : «Apparatum omnem tormentorum machinarumque travectum ab Ambraciae oppugnatione habebat.»

[2] Priscianus, VI, xviii, 95 : «Ennius in XV. annali.» Le premier vers encore VI, xii, 66 : «Ennius in XV. annali.»

[3] T. Liv., XXXVIII, ix, 9. — Polybius, XXII, xiii, 9.

[4] T. Liv., XXXVIII, xliv, 6.

[5] T. Liv., XXXIX, iv, 10 : «Ubi a prima luce, cum jam transcendisset muros miles, usque ad noctem diu anceps proelium tenuerit, ubi plus tria milia hostium sint caesa.»

[6] T. Liv., XXXIX, v, 13.

[7] On peut se demander où Tite-Live a puisé le discours qu'il prête à Fulvius. Ce n'est point dans sa facilité rhétorique, puisqu'il y fait invoquer par Fulvius un combat dont lui-même n'a pas parlé. Ou bien il y avait quelque part un souvenir écrit du langage que Fulvius tint réellement, et cette rédaction devait être d'accord avec le récit officieux d'Ennius; ou bien le discours de Fulvius n'avait point laissé de trace écrite,

Il ne semble guère que les deux vers conservés par Priscien puissent s'appliquer à une autre ville qu'Ambracie; à la rigueur pourtant, on pourrait les rapporter à Samé, place qui fut occupée de nuit par escalade[1].

Les *Annales* se terminaient, à l'origine, avec le livre XV, soit que ce livre ait été composé immédiatement après les événements qu'il racontait, et qu'ainsi le poète n'eût plus rien à dire, soit qu'Ennius ait trouvé ingénieux de finir par la glorification de son protecteur et de faire de son triomphe l'aboutissement de l'histoire romaine. Plus tard, enthousiasmé par les hauts faits d'un certain « T. Caecilius Teucer » et de son frère, il se décida à composer un seizième livre pour célébrer ces exploits obscurs, sans doute avec un peu d'exagération poétique[2].

Ce seizième livre traitait de la guerre d'Istrie, qui eut lieu en 178 et 177, onze et douze ans après la prise d'Ambracie. Il n'est pas probable qu'Ennius ait pris la peine de raconter à la fin du livre XV ou au commencement du livre XVI les événements des dix années intermédiaires. Il considérait sans doute son livre XVI comme un ouvrage nouveau plutôt que comme une suite des quinze premiers livres, et peut-être, à l'origine, le publia-t-il avec un titre à part et sans numéro d'ordre. Par une coïncidence curieuse, Florus aussi raconte la guerre d'Istrie de 178 immédiatement après la guerre d'Étolie de 189; après la guerre d'Istrie, vient dans son récit la guerre de Galatie, conduite en cette même année 189 par le collègue de Fulvius, Gnaevus Manlius Vulso[3]. Florus écri-

---

et alors il faudrait que Tite-Live (ou l'annaliste copié par Tite-Live) l'eût composé d'après ce même récit officieux d'Ennius.

[1] T. Liv., XXXVIII, xxix, 10-11 : « Romani nocte per arcem..., muro superato, in forum pervenerunt. Samaei, postquam captam partem urbis ab hostibus senserunt, cum conjugibus ac liberis in majorem refugerunt arcem. Inde postero die dediti, direpta urbe, sub corona omnes venierunt. »

[2] Plinius, *Hist. nat.*, VII, xxviii, xxix, 101 : « Fortitudo in quo maxime exstiterit inmensae quaestionis est, utique si poetica recipiatur fabulositas. Q. Ennius T. Caecilium Teucrum fratremque ejus praecipue miratus propter eos sextum decimum adjecit annalem. » Voir page 35.

[3] Florus. I, 25 ss. (II, 9 ss.).

vait souvent de mémoire, comme le prouvent ses nombreuses bévues. Dans le récit même de la guerre d'Istrie, on voit qu'il n'avait pas le texte de Tite-Live sous les yeux; il confond la journée où les Romains reprirent leur camp en 178, et où le roi des Histres s'enfuit ivre sur un cheval [1], avec la journée où le consul Claudius Pulcher prit la ville de Nésactium en 177, et où le roi se perça de son épée [2]. Il est probable qu'en vrai rhéteur, plus soucieux de chercher des prétextes à déclamation que de poursuivre la précision historique, il disposa les faits dans l'ordre que lui suggérait le souvenir du poème d'Ennius. Ainsi dans la liste des sources de Florus il faudrait inscrire les *Annales*. C'est là peut-être qu'il avait puisé l'idée de comparer Antiochus à Xerxès [3].

Un seul passage est à la fois positivement attribué au livre XVI et manifestement relatif à la guerre des Histres; c'est un vers [4] où se trouve le nom de leur roi Épulon, qu'on connaît par Tite-Live et Florus [5]. Il s'était enfermé, avec les principaux des Histres, dans l'oppidum de Nésactium [6], et il y

---

[1] T. Liv., XLI, IV, 7. Voir page 38, note 2.
[2] T. Liv., XLI, XI, 6.
[3] Voir les pages 27, 37 et 42.
[4] Festus, p. 330 : «Ennius lib. XVI.» O. Mueller donne à tort le chiffre VI; le chiffre XVI a été vérifié par M. Keil. — Varro, *De lingua Latina*, VI, 82 : «Ennius.»
[5] T. Liv., XLI, XI, 1 : «Aepulo.» Florus, I, 26 (II, 10) : «Apulo.»
[6] Je dois des renseignements sur cette localité à mon maître, M. Ernest Desjardins. *Nesactium* ou Νέσακτον (T. Liv., XLI, XI, 1 ; — Plinius, *Hist. nat.*, III, XIX, XXIII, 129 ; — Ptolemaeus, III, 1, 27 ; — anonymus Ravennas, V, 14, et IV, 31) était certainement au nord-est de Pola, entre cette ville et le fleuve *Arsia*, qui, sans être nommé, est indiqué dans le récit de Tite-Live (XLI, XI, 3). Le passage de Pline nous apprend que l'on trouvait Nésactium immédiatement après Pola en venant de Tergeste (Trieste) et avant d'arriver au fleuve Arsia, au temps de Pline limite de l'Italie : «Oppida Histriae civium Romanorum Aegida, Parentium, colonia Pola, quae nunc Pietas Julia...; abest a Tergeste $\overline{CV}$; mox oppidum Nesactium, et nunc finis Italiae fluvius Arsia.» Cette situation est confirmée par les deux passages de l'Anonyme de Ravenne : «Arsia, Nesatium, Pola» (cf. Guido, 116 : «Arsia, Nesacium, Pola»). — «Arsia, Nessatio, Pola» (cf. Guido, 20 : «Arsia, Nissacium, Pola»). L'Anonyme, en ce qui touche l'énumération des stations, est calqué sur la *Table de Peutinger* : celle-ci (segment IV, A, 1) présente entre l'Arsia et Pola une station sans nom, qui ne peut être que Nésactium. La distance de Pola

avait résisté aux attaques tentées en 178 par les consuls Marcus Junius Brutus et Aulus Manlius Vulso. En 177, le consul Gaius Claudius Pulcher recommença le siège avec d'autres troupes, disposa des machines d'attaque, et enfin s'avisa d'une manœuvre qui mit fin à la résistance. Au pied des murs de la place coulait un fleuve (l'*Arsia*) qui barrait le passage aux assiégeants et qui abreuvait les assiégés. Claudius creusa un nouveau lit et, après un long labeur, réussit à détourner le fleuve. Les Histres virent avec stupeur l'eau manquer soudain[1]; frappés d'épouvante, ils se mirent sauvagement à supprimer les bouches inutiles. Les Romains les virent jeter par-dessus les murailles les cadavres des enfants et des femmes, et profitèrent de cet accès de folie furieuse pour aller, en escaladant le mur, prendre leur part du carnage. Ennius ne pouvait négliger des scènes si dramatiques; le vers qui nous est resté nous montre le roi barbare assistant du haut des rochers escarpés[2] à quelque spectacle terrible, sans doute au miracle accompli par les ingénieurs romains :

Quos ubi rex Epulo spexit de cotibus celsis[3]... »

Un autre fragment appartient à coup sûr à la guerre des Histres, qui y sont nommés; mais il ne peut être attribué au

est vi milles, celle de l'Arsia viii milles : cela nous conduit (les distances données par la *Table* dans cette région sont exagérées) dans le val Bado, vers les bourgades de Barbana, de Mormorano et celles d'Altura et de Montecchio, où ont été trouvées des ruines et des inscriptions malheureusement insignifiantes (*Corp. inscr. lat.*, tome V, p. 2, n°s 1, 2, 3, 4, 5, et p. 1015, n°s 8126-8130). Nésactium était chef-lieu d'une cité, car la station sans nom de la *Table* est indiquée par le signe caractéristique en forme de double guérite; Ptolémée, d'ailleurs, nomme Nésactium parmi d'autres villes de l'Istrie qui étaient des chefs-lieux de cités.

[1] T. Liv., XLI, xi, 4 : « Ea res barbaros miraculo terruit abscisae aquae. »

[2] Ces rochers sont à noter pour retrouver l'emplacement exact de Nésactium. Peut-être faut-il les identifier avec *montibus obstitis* (ou mieux *obstipis*) *obstantibus unde oritur nox* dont parlait le livre XVI, cité par Festus, p. 193.

[3] Le ms. de Varron donne ...*uos epulo postquam spexit*, et celui de Festus donne : *Quos ubi rex...ulo spexit de contibus celsis*. Varron cite sans doute de mémoire : de là *Epulo postquam* au lieu de *ubi rex Epulo*.

livre XVI que par une correction de chiffre[1]. Il s'agit de la résistance héroïque opposée par un tribun à une multitude d'assaillants :

> Undique conveniunt velut imber tela tribuno;
> Configunt parmam; tinnit hastilibus umbo
> Aerato sonitu galeae. Sed nec pote quisquam
> Undique nitendo corpus discerpere ferro;
> Semper abundantes hastas frangitque quatitque;
> Totum sudor habet corpus, multumque laborat
> Nec respirandi fit copia; praepete ferro
> Histri tela manu jacientes sollicitabant.

Le tribun chanté ainsi par Ennius est connu par Tive-Live, qui raconte ainsi sa belle défense et sa mort[2] : *Hunc, in vacua castra impetu facto, Histri, cum alius armatus iis nemo obviam isset, in praetorio instruentem atque adhortantem suos oppresserunt. Proelium atrocius quam pro paucitate resistentium fuit, nec ante finitum est, quam tribunus militum quique circa eum constiterant interfecti sunt.* Il appartenait selon Tite-Live à la troisième légion. Mais le texte de l'historien présente une difficulté grave. Il donne au tribun le nom de *M. Licinius Strabo*, tandis que, d'après Macrobe, le tribun d'Ennius s'appellait *Coelius* ou *Caelius*[3]. Il n'est point croyable que dans la petite guerre d'Istrie deux tribuns différents aient eu des aventures et exécuté des exploits si semblables; il faut donc croire que l'un des deux auteurs (que ce soit Tite-Live ou Ennius) a mis un nom pour un autre. D'autre part, il est impossible de rencontrer le *Caelius* qu'Ennius, au dire de Macrobe, avait chanté dans le livre XVI, sans songer aux frères *Caecilius*, qui, d'après Pline[4], furent les deux héros de ce même livre. Comme les noms de *Caelius* et de *Caecilius* sont fréquemment confondus dans les manuscrits, rien n'est plus naturel que de considérer le tribun cité par Macrobe comme identique à l'un des deux frères cités par Pline. — En somme : 1° *Caelius* et *Caecilius* sont ici deux formes d'un

---

[1] Macrobius, *Saturn.*, VI, III, 3. Le ms. de Paris a le chiffre *XII*, les autres le chiffre *XV*. Le morceau est traduit de l'*Iliade*, II, 102 ss.
[2] T. Liv., XLI, II, 9 ss.
[3] Les mss. de Macrobe, qui nous fait connaître ce nom, donnent les deux formes. Le ms. de Paris a *celii* par un *e* cédillé, c'est-à-dire *Caelii*.
[4] Voir page 32, note 2.

même nom, l'une correcte et l'autre incorrecte, et 2° le tribun qu'Ennius avait appelé *Caelius* ou *Caecilius* est le même homme que Tite-Live appelle *M. Licinius Strabo*. On comprend ainsi une chose, au premier abord assez surprenante, à savoir que l'héroïque *Caelius* de Macrobe et l'héroïque *Caecilius* de Pline semblent avoir été laissés dans l'ombre par Tite-Live.

Ces mêmes remarques vont nous permettre, en outre, et de faire une correction dans le texte de l'historien et d'établir que le nom du héros d'Ennius est *Caelius* et non *Caecilius*. Tite-Live, dans son récit de la guerre d'Istrie, nomme deux fois [1] deux tribuns militaires, très-vraisemblablement deux frères, qui, comme *M. Licinius Strabo*, appartenaient, suivant lui, à la troisième légion : *T. et C. Aelii*. On ne possède, pour cette partie du livre XLI, que la copie exécutée au xvie siècle, par Grynaeus, du manuscrit unique et fort incorrect de la cinquième décade, et l'on ignore dans quelle mesure Grynaeus s'est permis de corriger le texte qu'il copiait [2]. Dans ces conditions, on peut sans témérité lire *T. et C. Caelii* [3]. Dès lors, il saute aux yeux que le *Titus Caelius* de Tite Live est le même que le Titus Caecilius Teucer ou mieux Titus *Caelius* Teucer de Pline; que le frère de *Titus Caelius Teucer*, dont Pline parle sans dire son prénom, s'appelait *Gaius*; que l'un des deux frères est le *Caelius* d'Ennius dans Macrobe; qu'enfin la confusion commise par Ennius ou par Tite-Live a consisté à prendre l'un pour l'autre deux tribuns d'une même légion. Et nous pouvons regarder comme à peu près acquis à l'histoire les points suivants : 1° la troisième légion, qui servit contre les Histres en 178, avait trois tribuns, nommés *T. Caelius Teucer, C. Caelius, M. Licinius Strabo*; 2° les deux premiers étaient frères; 3° deux membres de l'illustre famille des *Caecilius Denter*, introduits par Hardouin dans le texte de Pline aux lieu et place des « Caecilius Teucer », sont des personnages absolument fictifs.

Macrobe nous apprend [4] que l'épisode de Pandarus et Bi-

---

[1] T. Liv., XLI, 1, 7; XLI, IV, 3.
[2] Madvig, *Emendationes Livianae*, 2e édition, p. 592.
[3] La faute CAELII pour CCAELII dans le premier passage peut être attribuée à une distraction du copiste, et la répétition de cette faute dans le second passage à une fausse correction de Grynaeus.
[4] *Saturnalia*, VI, II, 32 : «Ex libro quinto decimo Ennii.»

tias, dans Virgile[1], est imité d'Ennius, *qui induxit Histros duos in obsidione erupisse porta et stragem de obsidente hoste fecisse.* Le mot important ici est *Histros.* Le livre d'Ennius serait le livre XV, où il était question de la guerre d'Étolie et non de la guerre des Histres. Il faut donc croire, ou bien qu'ici encore le chiffre donné par les manuscrits de Macrobe doit être remplacé par le chiffre XVI, ou bien que des Histres prirent part à la guerre contre Fulvius et furent enfermés dans Ambracie assiégée. M. Bergk penche pour l'hypothèse d'une altération de chiffre, par la raison que, s'il s'agissait du siège d'Ambracie, Macrobe eût dû nommer cette ville et ne pas dire *in obsidione* tout court. Cette raison ne paraît pas convaincante : *in obsidione* équivaut à *in quadam obsidione,* et, dans ce sens, n'a pas besoin de complément; si l'on rejette cette explication, le complément *Nesactii* ne serait pas moins indispensable que le complément *Ambraciae.* Il est plus naturel de ne rien changer au témoignage des manuscrits de Macrobe, et d'admettre qu'il y avait des Histres dans Ambracie et qu'Ennius parlait d'eux. Tite-Live ne dit rien d'un secours donné par les Histres aux Étoliens; il en est autrement de Florus, qui écrit, au commencement de la guerre d'Istrie[2] : *Histri secuntur Aetolos; quippe bellantes eos nuper adjuverant.* Or, ainsi qu'on l'a vu[3], Florus paraît s'être inspiré du poème d'Ennius précisément à propos de la transition entre les guerres d'Étolie et d'Istrie. Ici encore c'est Ennius qu'il suit, de sorte que son témoignage nous renseigne à la fois sur les faits eux-mêmes et sur ce qu'en disaient les *Annales.* En conséquence, nous laisserons l'épisode des deux Histres dans le quinzième livre. — A cet épisode se rapporte sans doute, comme l'a reconnu Mérula, un fragment cité par Servius. Virgile, précisément dans l'épisode qu'il a tiré d'Ennius, dit *armati ferro*[4]; Servius remarque, à propos de cette expression, qu'il semble avoir suivi Ennius[5], lequel a dit :

.....succincti corda machaeris.

---

[1] *Aen.,* IX, 672 ss.
[2] Florus, I, 26 (II, 10).
[3] Voir les pages 27, 33 et 42.
[4] *Aen.,* IX, 678.
[5] «Ut Ennium sit secutus.» Point d'indication de livre.

Un autre fragment cité par Servius dans son commentaire sur Virgile [1], comme le précédent sans indication de livre, doit être rapporté au livre XVI et à la guerre d'Istrie. Lorsque les Romains, dans la campagne de 178, reprirent sur les Histres leur propre camp, ils trouvèrent les barbares noyés dans le vin et dans le sommeil, et en égorgèrent huit mille sans faire de prisonniers. Le roi des Histres (sans doute Épulon) était, comme les autres, gorgé de vin; on le jeta sur un cheval et il put s'enfuir [2]. Voici le passage d'Ennius :

> Rex deinde citatus
> Convellit sese.

M. Bergk a signalé, comme se rapportant peut-être à la guerre d'Istrie, un fragment corrompu du livre XVI, conservé par Festus, à propos de la signification du mot *regimen* [3] :

> Primus senex † bradyn in regimen bellique peritus.

Il faudrait lire *Primus senex Bradylis*; *Bradylis* serait un nom d'homme, identique au nom illyrien *Bardylis*. Malheureusement, on ne voit pas comment construire *regimen*, dont le sens est ici le point essentiel.

Nombre de fragments du livre XVI ont trait visiblement à des faits de guerre, mais sans qu'on puisse les rapporter à des événements déterminés :

> Ingenio forti dextra latus pertudit hasta [4].

> Tamen induvolans secum abstulit hasta
> Insigne [5].

> Concidit, et sonitum simul insuper arma dederunt [6].

> Tum timido manat ex omni corpore sudor [7].

---

[1] *Aen.*, XI, 19.
[2] T. Liv., XLI, iv, 7 : «Rex tamen Histrorum temulentus ex convivio, raptim a suis in equum impositus, fugit.»
[3] Festus, p. 278 : «Ennius l. XVI.»
[4] Priscianus, X, v, 26 : «In XVI.»
[5] Macrobius, *Saturn.*, VI, 1, 53 : «Ennius in XVI.»
[6] Macrobius, *Saturn.*, VI, 1, 24 : «Ennius in XVI.»
[7] Macrobius, *Saturn.*, VI, 1, 50 : «Ennius in XVI.»

Qui clamor oppugnantis, vagore volanti[1].

Hic insidiantes vigilant, partim requiescunt
[Con]tecti gladiis, sub scutis ore faventes[2].

Prandere jubet horiturque[3].

Navorum imperium servare est induperantum[4].

On a en outre un fragment du préambule où Ennius expliquait sa résolution de continuer ses *Annales* au delà de leurs limites primitives[5] :

Quippe vetusta virum non est satis bella moveri,

et divers fragments qu'il ne paraît pas utile de reproduire ici[6].

Livres XVII et XVIII.

Il résulte d'un passage de Pline cité plus haut[7] qu'Ennius, après avoir arrêté son poème au livre XV, fit en manière de supplément le livre XVI. Il ne conçut donc pas tout de suite le projet de pousser son poème jusqu'à dix-huit livres : il peut se faire même qu'il ne se soit jamais proposé cette limite, et que la mort seule l'ait empêché d'écrire un livre XIX. Néanmoins le plus probable est qu'il s'arrêta volontairement au chiffre XVIII. De cette façon, les *Annales* avaient trois fois six livres, comme l'*Iliade* en a quatre fois six, et comme plus tard l'*Énéide* en eut deux fois six. A la vraisemblance qui ré-

---

[1] Festus, p. 375 : «Ennius lib. XVI.»
[2] Philargyre, sur Virgile, *Georg.*, IV, 230 : «In XVI. Ennius.» Cf. Servius, sur Virgile, *Georg.*, I, 18.
[3] Diomedes, I (*Grammatici Latini*, ed. Keil, t. I, p. 282, 22) : «Ennius sexto decimo annalium.»
[4] Festus, p. 169 : «lib. XVI.»
[5] Festus, p. 257 : «lib. XVI.»
[6] 1° Gell., IX, xiv, 5 ; — 2° Macrobius, *Saturn.*, VI, 1, 17 ; — 3° Nonius, p. 219 Merc. ; — 4° Priscianus, V, iii, 17 ; Servius, sur Virgile, *Aen.*, VI, 685 ; *Grammatici Latini*, ed. Keil, t. IV, p. 491, 27 ; — 5° Festus, p. 333 ; — 6° Festus, p. 229, et Paul, p. 228 ; — 7° Priscianus, VI, xviii, 93 ; — 8° Festus, p. 258 ; — 9° Macrobius, *Saturn.*, VI, iv, 19 ; — 10° Charisius, I (*Gramm. Lat.*, ed. Keil, t. I, p. 132, 6).
[7] Voir page 32, note 2.

sulte du nombre 18 lui-même s'ajoute celle qu'on peut tirer de l'étude des dates.

Le poème primitif en quinze livres a dû être achevé dans l'intervalle d'une dizaine d'années qui sépara la guerre d'Étolie de la guerre des Histres, et plutôt au commencement de cet intervalle qu'à la fin, vers 187 ou 186. Ennius, qui, à ce qu'il paraît, n'avait pas songé à chanter les petits événements de cette période, sentit sa verve se réveiller à l'occasion des exploits accomplis en Istrie par les deux frères Caelius; il dut donc composer son premier supplément, le livre XVI, peu de temps après la guerre des Histres, c'est-à-dire dès 177 ou 176.
— Il travaillait encore aux *Annales* à soixante-six ans, c'est-à-dire en 173 ou 172[1]. S'il fallait en croire les mss. d'Aulu-Gelle, c'est du livre XII qu'il aurait été alors occupé; depuis longtemps on a reconnu que ce chiffre était faux. Il est tout à fait invraisemblable que de 173 à la date de sa mort, juillet 169[2], Ennius ait eu le temps d'écrire les livres XII, XIII, XIV et XV, de se reposer pendant un long intervalle, puis d'écrire encore les livres XVI, XVII et XVIII; c'est encore plus invraisemblable aujourd'hui qu'on sait que la composition du livre XVI fut déterminée par des événements de l'an 178, et que, par conséquent, le livre XV devait, dès cette date, être fini depuis longtemps.

Le livre auquel Ennius travaillait en 173 ou 172 ne peut être que le dix-septième ou le dix-huitième, beaucoup plus probablement le dix-huitième, parce qu'il a pu aisément arriver à un copiste d'Aulu-Gelle d'écrire *XII* pour *XIIX*, ou bien *duodecimum* pour *duodevicesimum*. Ainsi le dernier livre des *Annales* a été écrit au plus tard en 172 : Ennius n'a donc

---

[1] Gell., XVII, xxi, 43 : «Claudium et Tuditanum consules secuntur Q. Valerius et C. Mamilius [*an* 239], quibus natum esse Q. Ennium poetam M. Varro in primo de poetis libro scripsit cumque, cum septimum et sexagesimum annum haberet, † duodecimum annalem scripsisse, idque ipsum Ennium in eodem libro dicere.»

[2] Cicero, *Cato major* (*De senectute*), V, 14; *Brutus,* XX, 78. Jérôme (*Chronique* d'Eusèbe, an d'Abraham 1849) indique la date 168; un an de plus ou de moins ne ferait pas grand'chose ici, mais le témoignage de Jérôme est sans valeur auprès du témoignage très-précis et très-formel de Cicéron. — Ennius mourut, d'après le passage du *Brutus*, au temps des Jeux Apollinaires; or ceux-ci avaient lieu en juillet.

plus travaillé à son poème en 171 ou 170 et pendant les six premiers mois de 169. De ce fait on peut conclure avec beaucoup de probabilité qu'il avait résolu de s'en tenir à dix-huit livres.

Si Ennius, dans le livre XVIII, disait son âge, c'était, autant qu'on peut le conjecturer, en prenant définitivement congé des lecteurs des *Annales*. Il comparait sa vieillesse[1] à celle d'un glorieux coursier qui se repose :

> Sicut fortis equus, spatio qui saepe supremo
> Vicit Olympia, nunc senio confectus quiescit.

Maintenant, quel pouvait être le contenu historique des livres XVII et XVIII? Le livre XVI, composé vers 177-176, avait chanté les événements de 178-177 ; le livre XVII dut être écrit vers 175-174, et le livre XVIII le fut en 173 ou 172 ; le poète ne comptait pas continuer son œuvre. La première idée qui vient à l'esprit, c'est qu'Ennius dut remplir les deux derniers livres avec les événements accomplis de 176 à 174 ou 173, bien que ces événements ne soit pas des plus importants. Il est malheureusement impossible de vérifier cette hypothèse, car les fragments des deux livres en question ne sont pas nombreux, et aucun ne présente un trait qui puisse être tant soit peu caractéristique, sauf peut-être un vers où il est question d'une caverne[2] :

> Tum cava[3] sub monte[4] late[5] specus intus patebat.

Les autres, ou bien sont obscurs[6], ou ne paraissent rien con-

---

[1] Cicéron, auquel on doit ce passage (*Cato major*, V, 14), dit positivement que la comparaison est dans Ennius lui-même. Il ne donne pas le chiffre du livre.
[2] Nonius, p. 222 : «Ennius annalium lib. XVII.» Priscianus, VI, xiv, 75 : «Ennius in XVII. annalium.» Festus, p. 343 : «Ennius.» Cf. Servius, sur Virgile, *Aen.*, VII, 568 : «Ennius... sub monte specus alte.»
[3] *Concava* Nonius, *tum causa* Festus.
[4] *Montis* Nonius.
[5] *Latet* Nonius, *alte* Festus.
[6] Philargyre, sur Virgile, *Georg.*, IV, 188 et Paul (Festus), p. 144 ; cf. Servius, sur Virgile, *Aen.*, XII, 657.

tenir qui intéresse l'histoire[1], ou enfin ont trait à des faits de guerre quelconques :

> It eques et plausu cava concutit ungula terram[2].

> Tollitur in caelum clamor exortus utrimque[3].

> ....Dux ipse vias[4].

Toutefois, il suffit de réfléchir pour voir que l'hypothèse est, par elle-même, assez invraisemblable. Si l'on admet, comme je l'ai fait plus haut, que le livre XV finissait avec la guerre d'Étolie, et que le livre XVI commençait avec la guerre d'Istrie, il en résulte qu'il y avait dans le récit d'Ennius un vide d'une dizaine d'années; alors il serait étrange qu'il eût tenu à raconter en deux livres les petits faits des années 176 à 174. Ces faits tiennent tous dans le livre XLI de Tite-Live, qui renferme en outre la guerre d'Istrie. Si, au contraire, on veut qu'il n'y ait pas eu de lacune entre le récit de la guerre d'Étolie et celui de la guerre d'Istrie, il faudra croire que les deux livres XV et XVI embrassaient les treize années 189 à 177, et que les deux livres XVII et XVIII embrassaient seulement trois ou quatre ans. Cela est on ne peut moins vraisemblable, surtout si l'on songe que la première de ces deux périodes a vu des événements beaucoup plus importants que la seconde. De toute façon, il est presque incroyable que les livres XVII et XVIII aient été la continuation du livre XVI.

En conséquence, je conjecture que ces deux livres étaient un supplément rétrospectif, destiné à relier les événements du livre XV à ceux du livre XVI. Le livre XVII, entre autres choses, devait contenir la campagne conduite par Gnaevus Manlius Vulso dans la Galatie en 189; c'est dans Ennius que Florus aura puisé l'idée bizarre de la raconter après la guerre des

---

[1] Livre XVII : 1° Macrobius, *Saturn.*, VI, II, 28; — 2° Nonius, p. 134.
Livre XVIII : 1° Nonius, p. 63; — 2° Gell., XIII, xxi (xx), 14, et II, xxvi, 11.

[2] Macrobius, *Saturn.*, VI, 1, 22 : «...in XVII.»

[3] Macrobius, *Saturn.*, VI, 1. 21 : «Ennius in XVII.» Les mss. ont *utrisque*.

[4] Priscianus. VI, 1. 6 : «Ennius in XVII. annali.»

Histres[1]. Dans le livre XVIII était sans doute racontée la réconciliation qui eut lieu, en 179 [2], entre Fulvius Nobilior et son ennemi Marcus Aemilius Lepidus. La noble conduite de Lepidus fut en effet, nous dit Cicéron, consignée par écrit dans des livres d'annales, et célébrée par un grand poète, *summi poetae voce*[3]; ce grand poète est indubitablement Ennius, le protégé de Fulvius Nobilior.

L'étude qui précède ne peut jeter de jour que sur des détails bien minces; elle contient bien des *peut-être*, des *sans doute*, des *vraisemblablement* et des *à peu près*; enfin elle n'aboutit pas à une conclusion d'ensemble. Mais pour construire l'histoire aucun débris n'est sans valeur. Je serais satisfait si j'avais fourni quelques grains de poussière à ceux qui savent en faire du ciment.

---

[1] Voir pages 27, 33 et 37.
[2] T. Liv., XL, 46.
[3] Cicero, *De provinciis consularibus*, IX, 21. Cicéron qualifie Ennius de *summus poeta* dans le *De oratore*, I, XLV, 198; cf. *De optimo genere oratorum*, I, 2.

LES PEINTURES
DES TOMBEAUX ÉGYPTIENS
ET
LA MOSAÏQUE DE PALESTRINE,
PAR G. MASPERO.

Les chambres accessibles des tombeaux égyptiens sont décorées, à l'ordinaire, de peintures représentant les scènes de la vie civile et domestique. « Le prince Khnoumhotpou, fils de Nouhri, dit une inscription de Beni-Hassan, a fait ceci en monument de soi-même, dès l'instant qu'il commença de travailler à son tombeau, rendant son nom florissant à toujours, et se figurant lui-même pour jamais en sa syringe funéraire, rendant le nom de ses familiers florissant, et figurant, chacun selon son emploi, les ouvriers et les gens de sa maison; il a réparti entre les serfs tous les métiers et a montré tous les subordonnés (?) tels qu'ils sont[1]. » On les voit tous, en effet,

[1] Ce début de la longue inscription de Beni-Hassan, décomposé en ses membres constituants, doit être disposé comme il suit :

C'est d'abord une proposition au passé, ⸺ «Il a fait ces choses, en commémoration de lui-même, quand il commença de construire son

Khnoumhotpou et ses enfants, les pêcheurs, les artisans, les bergers, les prêtres. Les paysans labourent, sèment, récoltent; le potier tourne ses vases et les cuit au four; les tisserands sont accroupis devant la trame; les danseurs exécutent leurs pas les plus brillants : c'est la vie égyptienne saisie sur le vif et fixée, depuis cinquante siècles, sur une muraille d'hypogée. Chaque paroi forme comme un tableau dont les parties, distribuées en registres, montent et s'étagent du sol jusqu'au plafond. Quelquefois, les scènes n'ont aucun lien entre elles et représentent des actions indépendantes, accomplies à différents moments de l'année, en des endroits différents. Quelquefois, l'ordre dans lequel elles sont rangées est tel qu'on y doit reconnaître, malgré les défauts de la perspective, une composition d'intention et d'effet voulu. Le peintre s'est placé sur le Nil, par exemple, et a reproduit tout ce qui se passait entre lui et l'extrême horizon. Au bas de la paroi, le Nil coule à pleins bords : des bateaux passent, des matelots, montés sur des canots de papyrus, échangent des coups de gaffe ou

---

tombeau, » litt. « la fois première de construire son tombeau, » où est posé, d'une manière générale, le terme qu'il s'agit de développer. Viennent ensuite quatre membres de phrase à ce temps présent, qui, de même que le temps en ⲉ du copte, équivalait, selon les circonstances, à un présent réel ou à un participe présent. Ils sont parallèles deux à deux et commencent, le premier et le troisième, par [hiéro.], le second et le quatrième par [hiéro.]. Les régimes de ces verbes parallèles sont également parallèles quant au sens exprimé. Le premier membre en [hiéro.] se rapporte au *nom* du propriétaire du tombeau [hiéro.]; le second, au nom de ses familiers [hiéro.]. Le premier membre en [hiéro.] se rapporte à la personne même du propriétaire, [hiéro.], qui s'est représenté lui-même; le second (le pronom [hiéro.] n'est pas exprimé derrière le verbe, peut-être par inadvertance du scribe) se rapporte à la personne de ses artisans, qu'il a représentés, chacun selon son métier. Le développement est clos par deux membres de phrase au passé [hiéro.] et [hiéro.]. Je crois qu'il est difficile de trouver un exemple plus évident de parallélisme complet. Quant au sens matériel *représenter, figurer*, que je donne ici à [hiéro.], il n'y a qu'à examiner les planches de Champollion et de Lepsius, pour voir combien il est justifié; Khnoumhotpou s'est *représenté* lui-même dans son tombeau ainsi que tous les gens de sa maison.

chassent l'hippopotame et le crocodile, tandis que des bouviers baignent leur troupeau. Au-dessus, la berge et les terrains qui avoisinent le fleuve : des esclaves coupent des joncs, d'autres construisent des barques, d'autres, cachés dans les herbes, tendent le filet et prennent des oiseaux. Au-dessus encore, les champs et le labour, des paysans qui vont à leurs travaux, des bœufs qu'on mène paître. Enfin, dans le haut, les collines nues et les plaines ondulées du désert, où des lévriers forcent la gazelle, où des chasseurs court vêtus abattent le gibier à coups de flèche. Chaque registre répond à un des plans du paysage; seulement, le peintre, au lieu de mettre les plans en perspective, les a séparés les uns des autres et superposés.

Barthélemy admit le premier que la grande mosaïque de Palestrine avait été fabriquée après le voyage d'Hadrien en Égypte[1]. Je n'ai pas à m'occuper de la question de date : c'est affaire aux archéologues qui font profession d'étudier l'antiquité romaine. Mais Barthélemy et tous ceux qui sont venus après lui ont considéré que la mosaïque de Palestrine était une sorte de paysage historique dans lequel un artiste d'époque impériale avait essayé de représenter à sa guise l'aspect de l'Égypte et les singularités du désert africain. Le Nil baigne le bas du tableau. Il a recouvert la vallée entière et s'est étendu jusqu'au pied des montagnes. Des villas sortent de l'eau, des obélisques, des fermes, des tours de style gréco-italien, plus semblables aux fabriques des paysages pompéiens qu'aux monuments des Pharaons; seul, le grand temple situé au second plan, sur la droite, et vers lequel se dirigent deux voyageurs, est précédé d'un pylône auquel sont adossés quatre colosses osiriens, et rappelle l'ordonnance générale de l'architecture égyptienne. A gauche, des chasseurs, portés sur une grosse barque, poursuivent l'hippopotame et le crocodile à coups de harpon. A droite, une compagnie de légionnaires, massée devant un temple et précédée d'un prêtre, paraît saluer au passage une galère qui file à toutes rames, le long du rivage. Au centre, des hommes et des femmes à moitié nues chantent

---

[1] *Explication de la mosaïque de Palestrine*, par M. l'abbé Barthélemy, à Paris, chez H. L. Guérin, et L. F. Delatour, rue Saint-Jacques, à Saint-Thomas-d'Aquin. M DCC LX.

et boivent, à l'abri d'un berceau sous lequel coule un bras du Nil. Des canots en papyrus montés d'un seul homme, des bateaux de formes diverses, circulent entre les scènes et comblent les vides de la composition. Le désert commence derrière la ligne des édifices; ici l'eau forme de larges flaques que surplombent des collines abruptes. Des animaux réels ou fantastiques, poursuivis par des bandes d'archers égyptiens à tête rase, occupent la partie supérieure du tableau; les noms sont écrits en gros caractères au-dessus de chaque espèce, et permettent de reconnaître quelques-uns des monstres décrits par les naturalistes anciens : le crocottas, les thoantes, l'onocentaure, le crocodile-panthère. L'Afrique était dès lors une terre de prodiges, que l'imagination des voyageurs peuplait d'êtres fabuleux.

Si, après avoir considéré la mosaïque de Palestrine, on feuillette quelqu'un des volumes de Champollion ou de Lepsius, on sera frappé de la ressemblance qu'elle offre avec certains tableaux gravés et peints sur les tombeaux égyptiens. C'est la même disposition : dans le bas, des scènes d'inondation et de vie civile; dans le haut, des scènes de chasse au désert. Parfois, entre le Nil et la montagne, l'artiste a représenté des pâtres, des laboureurs, des gens de métier [1]; parfois, il a fait succéder brusquement la région des sables à la région des eaux et supprimé l'intermédiaire [2]. Les détails sont presque identiques des deux parts; il n'est pas jusqu'aux monstres de l'artiste européen qui ne trouvent leur analogue dans l'œuvre des peintres égyptiens. Parmi les animaux réels que chassent les princes de Beni-Hassan, on rencontre plus d'une bête imaginaire : des quadrupèdes à la tête et au cou de serpent, tigrés de fauve 𓂀, une espèce de griffon ailé blanc 𓂀, un loup à museau courbé, à oreilles carrées, à queue droite 𓃥 [3]. L'impossibilité où je suis de donner les figures m'empêche

---

[1] Cf. par exemple, dans Champollion, *Notices manuscrites*, t. II, p. 338-345 et p. 359-366, les peintures de deux des principaux tombeaux des Beni-Hassan.

[2] Par exemple, au tombeau de Ptahhotpou, sous la V⁰ dynastie (Dümichen, *Resultate der archäologisch-photographischen Expedition*, Theil I, pl. VIII. Berlin, 1869, in-fol.).

[3] Champollion, *Notices*, t. II, p. 339 et 360; Rosellini, *Monumenti*.

d'instituer la comparaison trait à trait; mais qui voudra la faire reconnaîtra que la mosaïque de Palestrine et les peintures égyptiennes reproduisent un même sujet, ou plutôt un même ensemble de sujets, traités d'après les conventions et les procédés de deux arts différents.

On sait, par des documents certains, que, dès une haut antiquité, les tombeaux égyptiens étaient visités par les voyageurs et par les curieux. Les graffiti nous apprennent qu'à la xxe dynastie, les scribes qui passaient par Beni-Hassan ne manquaient pas d'entrer dans les hypogées de Khnoumhotpou et d'Ameni-Amenemhâït; ils les prenaient, par erreur, pour des monuments du temps de Khéops[1]. Les inscriptions grecques du tombeau de Séti Ier montrent qu'à l'époque impériale on allait, comme de nos jours, au Bab-el-Molouk. Hadrien et

---

[1] Champollion, *Notices*, t. II, p. 423-425. Comme ces graffiti n'ont jamais été étudiés, je crois qu'il n'est pas inutile d'en donner ici le texte et la traduction. — N° 1. «C'est ici la venue du scribe royal *Amenmes*. Quand je suis allé pour voir la chapelle du Râ-Khouwou le Véridique, elle a été trouvée semblable, en son intérieur, au ciel, lorsque le soleil s'y lève, et approvisionnée en encens frais pour la chapelle du Râ-Khouwou le Véridique.» — N° 2. «C'est ici l'allée qu'a faite le scribe *Aah-râ*(?), pour voir la chapelle du Râ-Khouwou le Véridique; elle a été trouvée, en son intérieur, comme le ciel quand le soleil s'y lève.» — N° 3. «C'est ici la venue qu'a faite le scribe habile de ses doigts (?) ... *Roï*, pour voir la chapelle

ses compagnons de voyage et, d'une manière générale, tous les Occidentaux, artistes ou simples touristes, qui parcouraient la vallée du Nil, pouvaient donc voir et copier, comme nous faisons, les scènes de vie civile et domestique retracées dans les salles accessibles des syringes égyptiennes. Je ne sais si d'autres l'ont fait, mais quand je considère, 1° que la mosaïque de Palestrine représente des scènes de la vie égyptienne, 2° que ces scènes sont disposées de la même manière que les scènes analogues des tombeaux égyptiens, je ne puis m'empêcher de conclure que l'artiste auquel nous devons la mosaïque l'a fait pour son compte. Je ne veux pas dire par là qu'il a reproduit purement et simplement un tableau spécial qu'il avait vu dans un hypogée; mais je crois ne pas trop m'avancer en affirmant qu'ayant à rendre des scènes de la vie égyptienne, il s'est souvenu des peintures égyptiennes qu'il avait rencontrées au cours de son voyage.

En d'autres termes, la mosaïque de Palestrine n'est pas une œuvre originale due à la fantaisie d'un artiste gréco-romain; c'est l'interprétation, par un artiste gréco-romain, d'œuvres égyptiennes remontant aux anciennes époques. Le dessin et la composition de chaque scène particulière sont conçus dans l'esprit des peintres d'Occident; le sujet de la plupart des scènes et la composition de l'ensemble sont empruntés aux œuvres des peintres d'époque pharaonique.

de Râ..... (*sic*), véridique. Il l'a trouvée de beaucoup (?) plus belle que toute autre chapelle, et il a dit : « [Milliers de ....], et de cruches de bière..... » — N° 4. [hiéroglyphes]. «C'est ici la venue qu'a faite le scribe *Thoutii* (?) pour voir la belle chapelle du Râ-Knouwi véridique. Elle a été trouvée belle extrêmement, plus que [tout temple de ?] Phtah, en encens frais, et approvisionnée de parfums..... la chapelle dans laquelle est le Râ-Knouwi véridique.» La variante [signe] donne la raison de la transcription Σοῦφ-ι-ς de Manéthon.

LES TABELLARII,

COURRIERS PORTEURS DE DÉPÊCHES CHEZ LES ROMAINS[1],

PAR M. ERNEST DESJARDINS.

On lit dans le *Lexicon* de Forcellini : « TABELLARIUS, *absolute* γραμματοφόρος, *qui tabellas, seu litteras perfert.* »

Le mot *tabellae*, d'où les *tabellarii* tiraient leur nom, indique les tablettes de bois sur lesquelles on écrivait ; *litterae* ou *epistulae* désigne toute sorte de correspondance, sans que la forme matérielle en soit spécifiée. Ces dépêches étaient donc écrites, soit sur des tablettes enduites d'une cire dont la couleur différait de celle du bois[2], et que le *stylum* enlevait en traçant des caractères se détachant ainsi nettement sur le fond ; soit sur du parchemin ou du papier (*papyrus*, *charta*), qu'on roulait ou qu'on pliait en paquet, *fasciculus*.

On ne comprend guère que M. Mommsen ait jugé utile de distinguer le *tabellarius*, porteur de dépêches (*tabellae*), du *tabularius*, teneur de livres, agent comptable et homme de bureau[3] : personne, que nous sachions, dans ces derniers temps du moins, ne s'était avisé de les confondre. Le même savant croit pouvoir affirmer que les *tabellarii* étaient des courriers au service exclusif de l'Empereur, c'est-à-dire de l'État[4].

---

[1] Cette étude est le résumé de trois leçons professées, en 1878, à l'École des Hautes Études, dans le cours d'*Épigraphie et d'antiquités romaines* aux élèves de seconde année.

[2] On possède plusieurs spécimens de ces tablettes, qui portent des caractères cursifs encore lisibles, quoique le temps ait donné au bois et à la cire une teinte à peu près uniforme. Ce ne sont pas des *epistulae*, mais leur forme et les procédés dont on avait usé pour écrire sur les tablettes qui nous sont parvenues sont évidemment les mêmes : voyez, entre autres, les fameuses *tabulae ceratae* conservées au musée de Pest, et publiées par M. Zangemeister, *C. I. L.*, III, p. 922-966.

[3] *Hermes*, 1866, p. 342.

[4] *Id. ibid.*

En admettant que cela fût vrai pour l'époque impériale, — et nous démontrerons plus loin qu'il n'en était rien, — il est évident que, sous la République, si nous les voyons employés par les grands magistrats, c'était là un service assez restreint et même plus exceptionnel que régulier. La plupart des textes qui mentionnent les *tabellarii* nous les montrent, en effet, comme des courriers au service de simples particuliers ou d'entreprises, comme celle des fermiers de l'impôt (*conductores, publicani*), qui les entretenaient à leurs frais.

I

La plus ancienne mention connue des *tabellarii* remonte au temps de la seconde guerre punique. Strabon[1] rapporte que *Picentia*, l'antique capitale des *Picentes*, au sud de la Campanie, ayant été châtiée par les Romains, à cause de sa défection et même de sa trahison, pendant le séjour d'Hannibal à Capoue, les habitants furent chassés de leur ville, dispersés dans des bourgades, et qu'au lieu du service militaire, on les réserva pour la corvée de « courriers » et de « porteurs de dépêches » : ἀντὶ δὲ στρατείας ἡμεροδρομεῖν καὶ γραμματοφορεῖν ἀπεδείχθησαν ἐν τῷ τότε δημοσίᾳ. Il s'agit évidemment ici d'un service public, quoique le texte soit fort incertain pour ces trois derniers mots. On peut traduire le grec ἡμεροδρόμοι par *cursores*, « coureurs », et γραμματοφόροι par *tabellarii*, « porteurs de dépêches »; il faut dire toutefois que le terme employé par Tite-Live, dans un passage relatif aux événements accomplis en Macédoine vers le même temps (en 200 avant notre ère), est *speculator*[2] : « ...*Speculator*, — *hemerodromos* vocant Graeci, ingens, die uno, cursu emetientes spatium, — contemplatus regium agmen ex specula quadam, praegressus [ex Euripo], nocte media Athenas pervenisset[3]... » Le terme de *stator* a dû être également employé pour désigner les courriers

---

[1] V, IV, 13, *in fine*.
[2] Il est inutile de faire remarquer que le mot *speculator* a eu un tout autre sens sous l'Empire, employé pour désigner des espions militaires, et par suite un corps spécial d'éclaireurs.
[3] XXXI, 24.

porteurs de messages privés[1]. On rencontre aussi le synonyme *celeripes*[2]. Mais les *tabellarii* agents d'un service public se rencontrent dans la fameuse inscription de Polla du val di Diano, comme occupant des stations espacées sur la route que M. Mommsen a désignée sous le nom de *via Popilia*, et dont il fait remonter, avec toute raison, la date à l'an 132 avant notre ère[3]. Cette inscription commence ainsi :

VIAM · FECEI · AB · REGIO · AD · CAPVAM[4] · ET
IN · EA · VIA · PONTEIS · OMNEIS · MILLIARIOS
TABELARIOSQVE · POSEIVEI, etc.

Cette précieuse indication nous prouve qu'il y avait, dès le second siècle avant notre ère, des postes de *tabellarii* (ce que nous appelons des facteurs) sur les routes de la République, postes placés évidemment de distance en distance, pour la transmission des dépêches. Nous ne savons s'il existait déjà, pour les messages secrets, des courriers franchissant eux-mêmes tout l'intervalle, depuis le départ jusqu'à l'arrivée, et pouvant raconter comme en ayant été témoins les événements consignés dans les *fasciculi* dont ils étaient porteurs. Il semble, d'après le passage si souvent cité de Suétone sur l'organisation nouvelle de la poste par Auguste, que ce fut là une innovation de cet empereur[5]. Mais aucun doute n'est possible sur l'existence d'un service public de dépêches sous la République, par des courriers appelés *tabellarii*, quoique l'on fasse d'ordinaire honneur au premier des empereurs de l'organisation régulière de la transmission des messages de l'État. On doit

---

[1] Cicéron lui-même semble se servir indifféremment de ce terme ou de celui de *tabellarius* : voyez *Ep. fam.*, II, XVII, 1 : «Litteras a te mihi stator tuus reddidit Tarsi.» Le mot «huissier» traduit évidemment fort mal l'expression du texte latin (éd. Le Clerc); cf. *ibid.*, X, XXI : «praesto mihi fuit stator ejus.»

[2] Cic. *Epist. ad Attic.*, IX, VII : «Venit autem eo ipso die celeripes, quem Salvius dixerat; attulit uberrimas tuas litteras.»

[3] *C. I. L.*, I, n° 551, p. 154.

[4] Il s'agit d'une route créée, comme on voit, au temps du tribunat de Tib. Gracchus, voie qui se rendait de Capoue à *Regium*, dans le *Bruttium*, par la montagne.

[5] Voy. *Aug.*, XLIX, et cf. plus loin, p. 50.

supposer, — sans parler de l'*evectio* ou du *cursus publicus*, *vehicularium munus*, qui constituait, sous un autre nom, un service officiel, peu régulier il est vrai, déjà au IIe siècle [1] avant notre ère, — que les chefs militaires dirigeant au loin des guerres importantes, comme Pompée en Asie et César en Gaule, avaient à leur disposition des moyens sûrs et prompts de transmettre, en tout temps, de leurs nouvelles au Sénat [2]. Il n'en était cependant pas de même pour les gouverneurs de province en temps de paix. Nous voyons en effet, par les lettres de Cicéron, lorsqu'il était proconsul de Cilicie, que ce haut fonctionnaire a recours aux *tabellarii* des publicains pour transmettre les lettres qu'il adresse à sa famille ou à ses amis. Il écrit à Atticus [3] : « Je viens de rencontrer, pendant que nous étions en marche, les courriers des publicains, qui retournaient en Italie. Je me suis souvenu de ce que vous m'avez recommandé, et j'ai fait arrêter ma litière en pleine campagne, pour vous écrire ce peu de mots; je pourrai, plus tard, vous mander, avec plus de détails, ce que j'ai à vous dire. » Ce passage nous apprend donc : 1° qu'un gouverneur de province, — cependant tout-puissant en vertu de l'*imperium* qui lui était conféré, — était contraint, en temps ordinaire, d'avoir recours à l'obligeance des *tabellarii* de l'entreprise privée des publicains, ou fermiers de l'impôt, pour transmettre de ses nouvelles à Rome; et 2° que les *conductores* avaient un service, entretenu évidemment à leurs frais, pour l'expédition de leurs dépêches et sans doute pour le transport des sommes qu'ils avaient encaissées. Cependant les proconsuls, ayant l'*evectio*,

---

[1] Voyez plus loin, p. 58, note 4.
[2] Pour César, le fait est connu : Cicéron écrit à son frère Quintus (*Epist. ad Q. fr.*, II, xiv) : « Ego, quum Romam venero, nullum praetermittam Caesaris *tabellarium*, cui litteras ad te non dem. »
[3] *Epist. ad Att.*, V, xvi : « Etsi in ipso itinere et via discedebant *publicanorum tabellarii*, et eramus in cursu, tamen surripiendum aliquid putavi spatii, ne me immemorem mandati tui putares. Itaque subsedi in ipsa via, dum haec, quae longiorem desiderant orationem, summatim tibi perscriberem. » — Cf. *Epist. fam.*, V, xxi : « Acceperam tuas litteras autem satis celeriter, Iconii, per *publicanorum tabellarios*; » — Cic., *Epist. ad Att.*, V, xv, 3 : « Tu autem saepe dare *tabellariis publicanorum* poteris. » — Coelius écrit à Cicéron, alors en Cilicie (*Epist. fam.*, VIII, vi) : « Breviores has litteras, properanti *publicanorum tabellario*, subito dedi. »

c'est-à-dire le droit de faire circuler, à l'aide de réquisitions, leurs envoyés officiels, devaient avoir, à plus forte raison, des courriers spéciaux pour l'envoi de leurs messages; mais les départs de ces *tabellarii* étaient sans doute limités à certaines époques fixes, en dehors desquelles ils étaient contraints de recourir à toutes les occasions qui s'offraient à eux[1]. Nous savons, d'ailleurs, qu'ils avaient aussi leurs messagers privés, et qu'ils les dépêchaient jusqu'à destination pour porter leurs lettres : « Philogène, votre affranchi, écrit Cicéron, de Laodicée, à Atticus, est venu me saluer, et, comme il m'a dit qu'il s'embarquait pour retourner près de vous, je lui remets cette réponse à celles de vos lettres qui me sont parvenues par le courrier de Brutus[2]. »

Or Brutus était alors proconsul d'Asie, et il semble bien que ce *tabellarius* fût un de ceux auxquels ce gouverneur avait droit pour la transmission de ses dépêches officielles: seulement, comme ils étaient peu nombreux sans doute, et qu'ils avaient leur service très-nettement défini, ils ne pouvaient en être détournés pour les correspondances personnelles. Il fallait de quarante à cinquante jours à un *tabellarius* pour se rendre de Cilicie à Rome[3], et il est bien évident qu'ils ne franchissaient pas tout cet espace à pied et en bateau, mais qu'ils prenaient souvent des chevaux; aussi bien, *tabellarius* n'était-il pas, en ce cas, synonyme de *cursor* ou de *celeripes*. La difficulté principale n'était pas de trouver des *tabellarii* fai-

---

[1] Cicéron est souvent fort embarrassé pour expédier ses lettres (*Epist. ad Att.*, I, XIII) : « Quibus epistolis sum equidem abs te lacessitus ad scribendum, sed idcirco sum tardior quod non invenio fidelem *tabellarium;* quotusquisque est qui epistolam paullo graviorem ferre possit nisi eam pellectione relevarit. » Ainsi la difficulté n'était pas seulement la dépense, mais l'indiscrétion des courriers.

[2] *Epist. ad Att.*, VI, II : « Quum Philogenes, libertus tuus, Laodiceam, salutandi causa, venisset, et se statim ad te navigaturum esse diceret, has ei litteras dedi, quibus ad eas rescripsi quas acceperam a Bruti *tabellario.* » En dehors de ces occasions, il nous apprend lui-même qu'il est fort en peine de faire parvenir ses lettres à ses amis, en Gaule, quand ils n'étaient pas auprès de son frère (*Epist. fam.*, VII, IX) : « Quia cum Quinto fratre meo non eras, quo mitterem, aut cui darem [epistolas] nesciebam. »

[3] Cic., *Epist. ad Att.*, V, XIX. Dans cette lettre, il s'agit d'un intervalle de 48 jours, que Cicéron ne paraît pas trouver trop long.

sant tout le voyage et remettant eux-mêmes au destinataire la dépêche qu'ils avaient reçue de l'expéditeur, mais bien de rencontrer des hommes sûrs et discrets[1]. On avait recours aussi à l'obligeance des plaideurs qui se rendaient dans les provinces pour leurs affaires privées, et, pour faire tenir ses lettres au gouverneur, cette voie paraissait d'autant plus sûre que les porteurs avaient intérêt à bien s'acquitter de leur commission; s'il s'agissait pour Cicéron de correspondre avec Cornificius, qui était alors en Afrique, il n'avait pas d'autre occasion de lui faire passer ses lettres : « Itane praeter litigatores, nemo ad te meas litteras[2] ? ». De même, il écrit de Rome à Atticus qu'il n'avait guère de moyens de lui faire parvenir ses lettres en Épire et à Athènes[3]. L'expédient le plus sûr était encore d'envoyer un de ses esclaves ou un de ses affranchis[4]. En Italie, la correspondance, pour ceux qui n'étaient pas de grands personnages, n'était pas beaucoup plus facile. Comme il n'y avait certainement pas de service organisé pour les besoins privés, le moyen le plus usité chez les particuliers paraît avoir été de confier les lettres à leurs gens, qui rapportaient la réponse[5]; on profitait aussi des esclaves de ses amis[6]; mais, indépendamment des *tabellarii publici*, réservés au service de l'État et qui avaient, comme nous l'avons vu plus haut, leurs stations sur les routes principales, indépendamment des *tabellarii publicanorum*, qui étaient aux gages des entrepreneurs de la ferme des impôts, il y avait des *tabellarii* qu'il était loisible à tout particu-

---

[1] Voyez plus haut la note 1 de la page 55, et cf. Cic., *Epist. ad Att.*, V, xvii (il était alors en Cilicie) : « Paucis diebus habebam certos homines quibus darem litteras. »
[2] *Epist. fam.*, XII, xxx; cf. les autres lettres à Cornificius.
[3] *Epist. ad Att.*, I, v, cf. ix.
[4] Coelius écrit à Cicéron, alors en Cilicie (*Epist. fam.*, VIII, viii) : « Libertum Philonem istuc misi et Diogenem Graecum, quibus mandata et litteras ad te dedi. » Cf. *ibid.*, III, ix.
[5] Cicéron écrit, de *Formianum*, à Atticus (II, xi) : « Quoique j'espère de vous voir bientôt, je vous envoie cet esclave, auquel j'ai ordonné de revenir vers moi : vous lui donnerez donc une lettre bien remplie. — Quanquam jam te ipsum expecto, tamen isti puero, quem ad me statim jussi recurrere, da ponderosam aliquam epistolam. »
[6] Cicéron écrit à son fidèle Tiron (*Epist. fam.*, XVI, ix) : « Servus Cn. Planci, Brundisii... mihi a te expectatissimas litteras reddidit. »

lier riche d'entretenir chez lui à ses frais, pour se donner le luxe d'une active correspondance. Il est très-probable qu'on trouvait à louer des courriers portant aussi le nom de *tabellarii*. C'est dans ce sens, selon nous, qu'il faut entendre ce passage d'une lettre de Cicéron à Atticus : « Si, n'ayant rien à vous apprendre, je vous envoyais des *tabellarii*, ce serait ridicule; mais, lorsque je trouve quelqu'un qui se rend à Rome et que ce sont surtout des gens à moi, je ne puis m'empêcher de profiter des occasions[1]; » et cet autre, dans une lettre à sa femme : « Je voudrais que vous pussiez organiser des *tabellarii* réguliers, afin de recevoir tous les jours quelques-unes de vos lettres[2]. » Cicéron, qui expédiait d'ordinaire ses lettres par ses affranchis, par ses esclaves à lui ou par ceux de ses amis, n'avait certainement pas, parmi ses serviteurs, de *tabellarii* de profession; s'il considère comme ridicule d'en envoyer à Atticus lorsqu'il n'a rien d'important à lui mander, s'il forme amicalement le souhait d'établir un service régulier de courriers pour correspondre tous les jours avec sa femme *Terentia* (ce qui n'est d'ailleurs qu'une façon aimable de parler), c'est qu'on devait pouvoir s'en procurer facilement et qu'il devait y avoir des espèces de bureaux de facteurs publics, des offices de *tabellarii*, où ceux-ci se tenaient toujours prêts à toute réquisition des particuliers qui avaient le moyen de les bien payer. Mais c'était là sans doute une prodigalité, considérée par le grand orateur, quoiqu'il fût loin d'être pauvre, comme fort au-dessus de ses moyens. Il est probable que Cassius avait ses *tabellarii* à lui; car Cicéron lui écrit de Rome : « Vous avez d'étranges messagers; ce n'est pas qu'ils m'offensent, mais lorsqu'ils me quittent, ils me pressent de leur donner mes lettres, et lorsqu'ils arrivent, ils ne m'en apportent point; ils auraient plus d'égards pour moi s'ils m'accordaient du moins un peu de temps pour écrire; mais ils arrivent tout prêts, coiffés déjà de leurs grands chapeaux de voyage, et disent que leurs cama-

---

[1] *Epist. ad Att.*, VIII, xiv : « Sed si, dedita opera, quum causa nulla est, *tabellarios* ad te cum inanibus epistolis mitterem, facerem inepte; euntibus vero, domesticis praesertim, ut nihil ad te dem litterarum, facere non possum. »

[2] *Epist. fam.*, XIV, xviii : « Velim *tabellarios* instituatis certos ut quotidie aliquas a vobis litteras accipiam. »

rades les attendent à la porte[1]. » Antoine avait aussi les siens[2] : mais, à l'époque de confusion qui précéda et qui suivit les guerres civiles, il est bien probable que tous les grands personnages s'arrogèrent le droit d'user des *tabellarii publici* de l'État, dont l'existence, tout au moins depuis la fin des guerres puniques, est, comme on vient de le voir, aussi indubitable que celle des *tabellarii publicanorum* et des *tabellarii privati*. Les *tabellarii* ne sont donc nullement une création imputable à Auguste. Voyons quelle a été la part de cet empereur dans l'organisation du service des dépêches.

II

Il n'entre ni dans notre dessein, ni dans le cadre restreint de cette étude, d'esquisser une histoire de la Poste chez les Romains : cette histoire a été faite[3]. On sait, depuis la découverte et la publication des lettres de Fronton à Marc-Aurèle, que la Poste officielle (*evectio, cursus publicus, vehicularium munus*) existait, d'une façon peu régulière il est vrai, dans les provinces, au temps de Caton l'Ancien[4]. Mais, avant d'avoir

---

[1] *Epist. fam.*, XV, XVII : «Praeposteros habes *tabellarios*; etsi me quidem non offendunt, sed tamen, quum a me discedunt, flagitant litteras; quum ad me veniunt, nullas afferunt. Atque id ipsum facerent commodius, si mihi aliquid spatii ad scribendum darent; sed petasiti veniunt : comites ad portam expectare dicunt.... » Cassius écrit d'Asie à Cicéron (*Epist. fam.*, XII, XII) : «Scripsi ad te, *tabellariosque* complures Romam misi... » Mais alors on ne peut considérer Cassius comme un simple particulier; c'était l'an 42.

[2] Voy. Cic., *Philipp.* II, 31 : «Quis tu? A Marco *tabellarius*.»

[3] Naudet, *De l'administration de la Poste chez les Romains*, dans les *Mémoires de l'Acad. des Inscript.*, t. XXIII, 2ᵉ partie de la nouvelle série, 1858, p. 166-240.

[4] *Fronton. Epist.*, p. 150 de l'éd. de Rome. Caton s'exprime ainsi : «Nunquam ego evectionem datavi, quo amici mei, per symbolos, pecunias magnas caperent.» Cf. Naudet, *op. cit.* p. 169. Notre vénéré et savant maître traduit *symboli* par «signature», et il ajoute en note (*loc. cit.*, note 2) «cachet, empreinte de cachet,» et il fait remarquer que, même avec un ordre d'*evectio*, on ne comprendrait pas que ces personnages en eussent pu tirer des moyens d'amasser «de grands biens.» Ce fait ne s'explique qu'en raison de l'absence de relais et par la prestation en nature exigible, sans doute, des habitants, avec tous les abus commis alors par les personnages revêtus d'un caractère officiel, en qualité, soit de magistrats,

connaissance de ce texte, il était facile de soupçonner l'organisation d'un service régulier de dépêches en Italie; du moins l'inscription du val di Diano le prouve avec la dernière évidence.

Suétone, au chapitre XLIX de sa Vie d'Auguste, s'exprime ainsi : « Pour être instruit plus promptement et plus facilement de ce qui se passait dans chaque province et pour y faire parvenir ses ordres, il (Auguste) organisa d'abord un service de jeunes gens sur les voies militaires, puis bientôt un service de voitures, moyen commode pour savoir, au besoin, de la bouche même des porteurs de dépêches, des nouvelles du pays d'où ils viennent [1]. » On remarquera que les *tabellarii* ne sont pas mentionnés dans ce passage : mais ces *juvenes* qui se transmettent les dépêches sur les routes, où leurs postes sont disposés à des intervalles assez courts, paraissent bien être les mêmes que les *tabellarii* de l'inscription de la *via Popilia* de l'an 132 avant J. C.; aussi, la véritable innovation d'Auguste dut-elle consister moins dans l'organisation d'un service, plus régulier peut-être, des courriers à pied, que dans l'établissement de relais de poste (*mansiones* ou *mutationes*), où les messagers venus des points éloignés de l'Empire, c'est-à-dire de toutes les provinces, trouvaient des *vehicula* et des mulets pour accomplir promptement leur

soit en vertu d'une mission, comme pour ceux qui avaient obtenu du Sénat ces *legationes liberae* dont parle Cicéron (*De lege agr.* I, 3; II, 17). On a d'autres textes que celui de Caton qui établissent l'existence d'une *vehiculatio*, sinon organisée et permanente, du moins propre à offrir, à un moment donné, des moyens rapides de transport pour les magistrats et les chefs militaires et pour la transmission des dépêches officielles. Voy. Tite-Live, XXVII, 7 : «... per dispositos equos. » — César, *De B. civ.* III, 11 : «Mutatis ad celeritatem jumentis.» — *Ibid.*, 101; cf. *De B. Hisp.* 11; Plutarque, *Cato maj.*, 12, etc. M. Naudet (*op. cit.* p. 172-173) établit, par d'autres textes, que toutes ces dispositions étaient irrégulières, temporaires, et qu'il n'y avait pas, à proprement parler, de poste aux chevaux et aux mulets établie avant Auguste; mais cela n'empêche nullement l'existence d'un service de dépêches par des courriers à pied ou à cheval.

[1] «Quo celerius ac sub manum annunciari cognoscique [Imp. Augustus] posset quid in provincia quaque gereretur, juvenes primo, modicis intervallis, per militares vias, dehinc vehicula disposuit : commodius id visum est, ut, qui a loco perferunt litteras, iidem interrogari quoque, si quid res exigant, possint.»

voyage, porter leurs messages les plus urgents à destination, afin de pouvoir les remettre eux-mêmes à l'Empereur et, au besoin, l'instruire de ce qu'ils avaient vu.

Cette institution ne tarda pas à donner naissance à une administration nouvelle, régulière et fixe, qui n'existait certainement pas sous la République [1], et qu'on appela la *vehiculatio*. On dut exiger, pendant les premiers siècles, des propriétaires et des possesseurs [2] ou détenteurs limitrophes des grandes voies

[1] On ne voit apparaître, du moins sous la République, aucun service régulier et permanent de voitures. On sait qu'en 173, le consul L. Postumius, ayant forcé les Prénestins à lui tenir des chevaux prêts pour son départ de leur ville, *jumenta cum exiret inde praesto essent* (Tite-Live, XLII, 1), l'usage s'établit, pour les *legati* (envoyés en mission par le Sénat), de réquisitionner des chevaux dans les villes qu'ils traversaient. Nous voyons toutefois qu'en 170, pour honorer Micythonius, le député des Chalcidiens, le Sénat loua des voitures pour le faire reconduire commodément jusqu'à Brindes, *vehicula Micythonii publice locata* (Tite-Live, XLIII, 8), ce qui semble exclure l'idée d'un service public organisé, ainsi que le remarque judicieusement M. Naudet (*op. et loc. cit.*, p. 172); cependant il n'est parlé dans ce passage que de la location des voitures et nullement des *jumenta*, qui pouvaient fort bien être réquisitionnés; mais la réquisition ne suppose pas nécessairement un service régulier : ce serait plutôt le fait d'un service exceptionnel. On sait que le fameux Ventidius d'Asculum, qui acquit une si grande renommée en Orient comme lieutenant d'Antoine, avait été loueur de voitures et de mulets et qu'il avait la clientèle des magistrats se rendant dans leurs provinces (Aulu-Gelle, XV, iv, 3) : «...eum [Ventidium] qui sordide invenisse [victum] comparandis mulis et vehiculis quae magistratibus, qui sortiti provinciam forent, praebenda publice conduxisset.» Mais cela ne suppose pas davantage l'existence d'une poste permanente. Ce sont ces mêmes voitures que César employait pour ses courses les plus rapides : «Longissimas vias incredibili celeritate confecit expeditus [Julius Caesar], meritoria rheda, centena passuum millia in singulos dies.» (Suétone, *Caes.*, 57.) Or, pour faire ainsi 148 kilomètres par jour, il fallait bien, tout en louant des voitures, qu'on trouvât des relais de chevaux disposés sur sa route, et il est probable que ces chevaux étaient réquisitionnés; mais rien ne prouve que ces relais fussent permanents. Il n'en fut plus de même après Auguste. Il est indubitable que Tibère, longtemps avant son avénement à l'empire, faisant deux cents milles (296 kil.) en vingt-quatre heures pour aller voir son frère Drusus, malade en Germanie (Pline l'Ancien, VII, xx), devait disposer de relais bien pourvus.

[2] Il n'est pas inutile de rappeler ici la différence juridique qui existait à Rome entre les propriétaires citoyens romains, ayant le *dominium ex jure Quiritium* sur leurs *agri privati*, et les simples *possessores* de l'*ager locatus* ou *vectigalis*, qui, bien que transmissible et aliénable, ne perdait

dites *viae militares*, une réquisition dont la fameuse médaille de Nerva, datée de l'an 96, nous fait connaître la suppression [1], ce qui signifie que l'État se chargea dès lors des frais de ce service. Mais laissons de côté la grande administration de la poste des voitures et des chevaux, telle que nous la voyons établie, surtout à partir du règne de Trajan, avec ses *praefecti vehiculorum*[2], ses *tabularii a vehiculis*[3], ses *ab vehiculis*[4], ses *a commentariis vehiculorum*[5], etc., pour nous occuper exclusivement des courriers, porteurs de dépêches ou facteurs, désignés, sous l'Empire, par le terme unique de *tabellarii*. Nous tiendrons compte

---

jamais sa qualité d'*ager publicus*, toujours recouvrable au nom des droits imprescriptibles du Peuple Romain, seul vrai et éternel propriétaire, tant que cette terre n'avait pas été convertie en *ager privatus ex jure Quiritium*, à la suite d'une vente publique faite à un citoyen romain par les magistrats, délégués de l'autorité, c'est-à-dire du Peuple Romain.

[1] Ce grand bronze (voy. Eckhel, VI, p. 408; cf. Spanheim, II, p. 561; Cohen, *Med. imp.*, I, p. 479, n. 122, et pl. XIX) porte, au droit, le *buste de Nerva lauré*, à droite, avec cette légende : IMP NERVA CAES AVG P M TR P COS III P P et, au revers, deux mules en sens contraire et paissant : derrière, on voit les deux timons d'un char avec les traits et les harnais et cette légende : VEHICVLATIONE ITALIAE REMISSA S· C. On remarquera que c'est aussi de mulets qu'il est question dans le passage d'Aulu-Gelle cité plus haut.

[2] Voy. le PRAEF·VEHICVL·A·COPIS AVG | PER·VIAM FLAMINIAM | CENTENARIO, etc., c'est-à-dire « préfet de la poste pour le transport des troupes par la *via Flaminia*, aux appointements de 100000 sesterces » (Orelli, n. 2648); on sait que cet emploi fut exercé par Macrin avant son avénement à l'empire (Dio Cass. LXXVIII, 11) : πρὸς μὲν τοῖς τοῦ Σεβήρου ὀχήμασι τοῖς τὴν κατὰ τὴν Φλαμινίαν ὁδὸν διαθέουσιν ἐπετάχθη. Cf. l'inscription de *T. Appaeus Alfinus Secundus*, qui fut PRAEF.VEHICVL, après avoir été *subpraefecto* de la flotte prétorienne de Ravenne et avant d'être *procurator*, c'est-à-dire gouverneur de la petite province équestre des *Alpes Atractianae* (Orelli, n. 2223; cf. notre *Géogr. hist. et adm. de la Gaule rom.*, t. I, p. 71, note 3); celle de *L. Baebius Iuncinus* qui fut PRAEF·VEHICVLORVM, après avoir commandé, en qualité de *praefectus*, une aile de cavalerie auxiliaire et avant d'être nommé *juridicus Ægypti*, c'est-à-dire assistant du gouverneur ou *praefectus Aegypti* (Grüter, p. 373, n. 4). Cf. encore l'inscription, ligorienne, il est vrai, mais seulement interpolée, de *L. Mussius Aemilianus* (voy. L. Renier, *Mél. d'épigr.*, p. 224). Les *praefecti vehiculorum* appartiennent toujours à l'ordre équestre.

[3] Grüter, p. DXCII, n. 3.

[4] *Id.*, p. XCII. n. 4.

[5] *Id. ibid.*

toutefois des textes où ce terme se trouve rapproché des mots *vehicula, cursus publicus*, etc.

Mais il importe, pour la pleine intelligence du sujet, de définir d'abord le terme de *diploma*, qui se rencontre lié souvent aussi à celui de *tabellarius*. La première définition du mot *diploma* dans Forcellini, « *Litterae principis aut magistratus, quibus aliquid alicui conceditur,* » est beaucoup plus exacte, dans les termes généraux où elle est ici renfermée, que celle qui en forme le complément restrictif : « *Facultas utendi in itinere cursu publico, quae et evectio dicitur.* » Le terme *diploma*, sous la République déjà, a eu des acceptions très-différentes ; il s'applique, tantôt à un simple *passeport* [1], tantôt à une lettre signée des magistrats de Rome ou des proconsuls et propréteurs de province, donnant assurément de grands privilèges, qui devaient se résumer en un mot : droit de réquisitions illimitées [2].

Sous l'Empire, ce terme conserva des acceptions variées : il s'employait pour désigner le témoignage écrit d'une concession impériale. Néron donne un « diplôme » de droit de cité à des éphèbes pour avoir bien dansé la pyrrhique [3]. Dans la confusion qui suivit la chute de Néron, les consuls donnent

[1] C'est bien le sens qu'il faut lui attribuer dans deux passages de Cicéron : dans le premier (*Epist. fam.*, VII, XII), il écrit, l'an 45, à Ampius, ennemi de César, en butte à des poursuites et ne demandant qu'à quitter l'Italie en toute sécurité : *Diploma statim non est datum.* Il espère pouvoir l'obtenir de Pansa : *...perceleriter se ablaturum diploma.* Cf. cet autre passage (*Epist. ad Attic.*, X, XVII), écrit en 49, avant la guerre de Pharsale, à Atticus, qui s'était formalisé de ce que son ami lui avait demandé s'il avait son *diploma* : « De diplomate admiraris, quasi nescio cujus te flagitii insimularem. Negas enim te reperire qui mihi id in mentem venerit. Ego autem, quia scripseras te proficisci cogitare (etenim audieram nemini aliter licere); eo te habere censebam, et quia pueris diploma sumpseras. Habes causam opinionis meae. »

[2] Il est bien évident que, dans sa harangue *in Pisonem* (XXXVII), lorsque Cicéron reproche au gouverneur de la Macédoine toutes les exactions auxquelles il s'est livré et qu'il ajoute : *Mitto diplomata tota in provincia passim data*, il ne peut s'agir, comme dans les deux cas précédents, d'un simple passeport, mais bien de toutes les prérogatives attachées à l'*evectio*, et que le passage de Caton, cité plus haut, nous fait entrevoir : *quo amici mei magnas pecunias caperent.* C'est la même faveur entraînant les mêmes abus ; seulement le mot *diploma* n'est pas employé par Caton.

[3] Suétone, *Nero*, 12 : « Diplomata civitatis Romanae obtulit. » Cf. id. *Aug.* 50.

à des « esclaves publics », qui portaient à Galba les décrets du Sénat, des diplômes revêtus de leurs sceaux, et ces diplômes parurent suffisants pour que les magistrats municipaux de toutes les cités que traversaient ces courriers missent à leur disposition des voitures, des chevaux, et facilitassent les relais; Nymphidius, le préfet du prétoire, s'indigne que ce privilège de signer les diplômes lui ait été ravi [1]. Il faut reconnaître cependant que le sens le plus généralement adopté sous l'Empire est celui qui entraîne les prérogatives les plus étendues au point de vue du *cursus publicus* et donne droit à l'*evectio*, c'est-à-dire droit de disposer des voitures et des chevaux. Coenus, ancien affranchi de Néron, trompe les Vitelliens sur l'issue de la bataille de *Bedriacum* en leur apportant la fausse nouvelle de la victoire d'Othon, et cela dans l'espoir de pouvoir utiliser les *diplomata* revêtus du sceau de cet empereur, qui n'avaient plus de valeur du jour de sa chute, et de se faire transporter rapidement et sans frais à Rome [2]. Il est probable que les gouverneurs de provinces recevaient de la chancellerie impériale ces diplômes en blanc et qu'ils les remplissaient en y ajoutant le nom de l'empereur régnant et leur propre sceau [3].

On sait que Trajan, qui s'est occupé de réorganiser la poste impériale [4], fit, autant qu'il le put, cesser les abus qui résultaient de ce droit des gouverneurs de province, légats ou proconsuls, de délivrer des diplômes donnant l'*evectio*. Pline le consulte à cet égard et se justifie presque d'avoir usé de ce privilège, dans sa province de Bithynie et de Pont, pour trans-

---

[1] Plutarque, *Galba*, VIII, 3 : Τῶν δ' ὑπάτων οἰκέτας δημοσίους προχειρισαμένων τὰ δόγματα κομίζοντας τῷ αὐτοκράτορι καὶ τὰ καλούμενα διπλώματα σεσημασμένα δόντων, ἃ γνωρίζοντες οἱ κατὰ πόλιν ἄρχοντες ἐν ταῖς τῶν ὀχημάτων ἀμοιβαῖς ἐπιταχύνουσι τὰς προπομπὰς τῶν γραμματηφόρων, οὐ μετρίως ἠγανάκτησεν [Νυμφίδιος], κ. τ. λ.

[2] Tacite, *Hist.* II, 54 : «Causa fingendi fuit ut diplomata Othonis, quae negligebantur, laetiore nuncio revalescerent et Coenus, quidem rapide in Urbem vectus,» etc.

[3] M. Cluvius Rufus, gouverneur d'une des provinces d'Espagne, en 69, ne sachant lequel des deux partis embrasser, de celui d'Othon ou de celui de Vitellius, «diplomatibus nullum principem præscripsisset.» (Tacite, *Hist.* II, 65.)

[4] Aurel. Victor, *De Caesar. Ulp. Trajan.*, XIII, 5.

mettre à l'Empereur lui-même les dépêches fort urgentes du roi Sauromates[1]. Ces diplômes étaient envoyés de Rome et n'étaient valables que pour un temps; aussi Trajan se faisait-il un devoir d'expédier les nouveaux bien avant que le délai des anciens fût expiré[2]. C'est en tremblant que Pline confesse au maître qu'il a pris sur lui de donner un *diploma* à sa femme, partie précipitamment pour aller auprès de sa grand-mère, qui venait de perdre son mari. Avant d'en venir à cet aveu, il a soin de dire : « Usque in hoc tempus, Domine, neque cuiquam diplomata commodavi, neque in rem ullam, nisi tuam, misi[3]. » C'est une précaution oratoire. Les chefs militaires qui rejoignaient leur corps ne pouvaient faire usage des chevaux du *cursus publicus* s'ils n'étaient munis d'un diplôme en quittant Rome : on se rappelle Pertinax, le futur empereur, alors simple tribun légionnaire, forcé par le légat de Syrie de se rendre à pied d'Antioche au camp, parce qu'il avait voulu user du *cursus publicus* sans être en règle à cet égard[4].

Il existait un bureau dans la chancellerie impériale pour l'expédition de ces diplômes, soit que l'Empereur les délivrât directement, soit qu'il en fît expédier aux gouverneurs de provinces pour qu'ils pussent les employer, mais on vient de voir avec quelle discrétion. Nous trouvons, dans les inscriptions, un affranchi qui s'intitule : *a diplomatibus*[5].

Nous avons vu que les prestations en nature pour les voitures et les chevaux furent supprimées par Nerva : il semble donc que les frais du *cursus publicus* dussent être supportés par

---

[1] Pline, *Epist.* X, xiv (éd. de Mommsen, LXIV).
[2] *Id. ibid.* X, LV (Momms. XLVI).
[3] *Id. ibid.* X, CXXI (Momms. CXX).
[4] Capitolin, *Pertinax*, 1 : « A praeside Syriae, quod sine diplomatibus cursum usurpaverat, pedibus ab Antiochia ad legationem iter facere coactus est. » Cf. Modestin. ap. *Digest.* XLVIII, x, 27; Venul. *ibid.* XLV, 1, 37; Sénèque, *De clem.* I, x, 3.
[5] Muratori, p. DCCCLXXXV, n° 4. *Molac* (ex Donio) :

T·AELIVS AVG·LIB
SATVRNINVS
A DIPLOMATIBVS
SARDONYCHI
ALVMNO
FIDELISSIMO

le fisc. Il est à croire cependant que, sous Trajan, ils le furent par les magistrats se rendant dans leurs provinces, puisque Hadrien les en exempte en imputant au fisc la dépense de la *vehiculatio* [1]; cette mesure fut renouvelée par Antonin [2] et par Septime-Sévère [3]. Ce n'étaient pas seulement les courriers de profession, mais aussi les soldats porteurs des nouvelles du camp, qui avaient le *diploma* et jouissaient de l'*evectio* ou du *cursus publicus*. Macrin, après sa défaite, déguisé en simple soldat, ayant fait couper sa barbe, se fit transporter à travers toute l'Asie Mineure pour se rendre d'*Aegae*, en Cilicie, jusqu'au port voisin de Nicomédie [4]. A l'époque de Maximin, le service des relais du *cursus publicus* était si bien fait que la nouvelle de la mort de cet empereur parvint d'Aquilée à Rome en quatre jours [5].

De cet ensemble de textes il résulte : 1° que, des diverses acceptions du terme *diploma*, la plus usitée était celle qui supposait l'*evectio*, c'est-à-dire le droit de disposer des voitures et des chevaux de la poste impériale, soit à l'aide de la réquisition, ce qui eut lieu jusqu'à Nerva, soit aux frais du fisc, ce qui eut lieu depuis son règne; 2° que les dépenses des relais furent à la charge des porteurs de *diplomata* sous Trajan; 3° qu'Hadrien et ses successeurs imputèrent cette dépense au fisc, qui se trouva dès lors avoir à sa charge l'entretien des relais et les déboursés courants du service, et qui dut pourvoir au transport des personnages officiels, mesure qui paraît

---

[1] Spartien, *Hadr.* 7 : «Statim cursum fiscalem instituit ne magistratus hoc onere gravarentur.»

[2] Tel doit être du moins, selon nous, le sens de la phrase de Capitolin (*Antoninus Pius*, 12) : «Vehicularium cursum summa diligentia sublevavit.»

[3] Spartien, *Sept. Sev.* 14 : «Quum se vellet commendare hominibus, vehicularium munus a privatis ad fiscum traduxit.» Il semblerait, d'après ce passage, que les particuliers, et non plus seulement les personnages officiels, eussent joui de la faculté d'user, en certains cas, de la *vehiculatio*, sous Septime-Sévère.

[4] Xiphilin, LXXVIII, 39 : εἰς Αἰγὰς τῆς Κιλικίας ἐλθὼν ὀχημάτων τε ἐνταῦθα, ὡς καὶ στρατιώτης τις τῶν ἀγγελιαφόρων, ὧν ἐπέσῃ, καὶ διεξήλασε διὰ τῆς Καππαδοκίας, κ. τ. λ.

[5] Capitolin, *Duo Maximini*, 25 : «... nuntius... tanto impetu, mutatis animalibus, cucurrit, ut quarta die Romam veniret.»

s'être étendue, sous Septime-Sévère, aux particuliers, sans doute par une extension abusive des concessions de diplôme; 4° que les abus attachés au privilège du diplôme sous la République et surtout dans les provinces, abus qui pouvaient entraîner des réquisitions illimitées en nature et en argent, n'avaient pu exister, comme l'a très-judicieusement fait observer M. Naudet[1], qu'en raison même de l'absence de tout service régulier; 5° que ces mêmes abus avaient fait place, lors de la création du nouveau service, sous Auguste, à une réglementation judicieuse dans l'octroi des diplômes par la chancellerie impériale et dans la fixation des privilèges qu'ils donnaient aux porteurs; 6° que les concessions de Nerva, la sévère administration de Trajan, les libéralités d'Hadrien et de Septime-Sévère durent amener une telle complication dans le service, que l'administration des postes, sous les Antonins, confiée aux *praefecti vehiculorum* et à leurs agents, prit un développement exceptionnel[2].

Parmi les textes relatifs aux *diplomata* du *cursus publicus*, il en est quelques-uns qui associent le privilège attaché aux diplômes à la mention des *tabellarii* porteurs de dépêches; nous les rappellerons à leur date dans le chapitre suivant. Mais ces textes nous permettent, dès à présent, de comprendre que c'était au diplôme lui-même, et non à l'importance de la personne qui en était pourvue, qu'était attaché le privilège, puisque nous voyons des affranchis et même des esclaves publics jouir des mêmes avantages, quant à la *vehiculatio*, que les magistrats et les plus hauts personnages de l'État.

Deux inscriptions, dont il sera parlé plus bas, nous présentent le nom *tabellarii* associé au terme *diploma*; il est probable que celui de *diplomarius*, qui figure sur l'un de ces monu-

---

[1] *Op. cit.* p. 170 et suiv.
[2] C'est, en effet, de l'époque des Antonins que sont datées la plupart des inscriptions que nous possédons touchant ce service : celles de Muratori (p. mxxiv, n° 4), d'Orelli (2223), de Grüter (ccclxxiii, n° 4); celle de L. *Mussius Aemilianus* (voy. L. Renier, *Mél. d'épigr.* p. 224 et suiv.), relatives aux *praefecti vehiculorum*; celle des affranchis *M. Ulpius Crescens* et *M. Ulpius Saturninus*, l'un *ab vehiculis*, et l'autre *a commentariis vehiculorum* (Grüter, p. xcii, n° 4); enfin celle du *tabularius a vehiculis* (*id.* p. dxcii, n° 3).

ments[1], ne s'appliquait qu'aux courriers, et cela se comprend aisément, puisque les *tabellarii* de l'Empereur devaient être pourvus en tout temps, c'est-à-dire d'une façon permanente, de leur *diploma*, sans doute pour se faire reconnaître au moment où les dépêches leur étaient livrées, et pour pouvoir, au besoin, requérir la *vehiculatio*; il en résulterait que *diplomarius* ne désignerait pas indistinctement tous les *tabellarii*, mais ceux-là seulement qui étaient attachés à la poste officielle, et nous verrons bientôt qu'il y en avait d'autres, malgré l'opinion soutenue par M. Mommsen.

Sous le bénéfice des observations qui précèdent, il ne nous reste plus qu'à étudier la question des *tabellarii*, dégagée de tout ce qui regarde l'administration générale des postes, les *diplomata* et la *vehiculatio*.

III

Nous avons vu qu'avant Auguste, il n'existait pas de service officiel régulier, et que, sous la République, il y avait trois et peut-être quatre sortes de *tabellarii* ou porteurs de dépêches et de lettres : 1° ceux qui étaient aux ordres des magistrats, et dont les stations, en Italie du moins, étaient espacées le long des grandes voies; 2° les *tabellarii* des entreprises publiques, confiées à de riches traitants qui avaient les fermes de l'État, tels que les *publicani* ou *conductores* de l'impôt; 3° les courriers des particuliers, véritables domestiques faisant partie de leur *familia*, et 4° peut-être les *tabellarii publici* qu'une agence spéciale louait aux particuliers pour un temps ou simplement pour un voyage.

Quant à ceux que l'État mettait à la diposition des magistrats, soit en Italie, soit dans les provinces, ils avaient un caractère certainement officiel, et c'était pour eux qu'étaient faites les *stationes* le long des routes. Ces *stationes* constituaient de véritables relais de courriers. C'est dans ce sens qu'il faut entendre cette phrase du *De bello Hispanico* au chapitre II : *Simulque quod tabellariis, qui a Cn. Pompeio dispositi omnibus locis*

---

[1] Cf. Forcellini, à ce mot. Le seul exemple cité dans son *Lexicon* est tiré de cette inscription. Voy. la planche jointe au présent travail.

essent, qui certiorem Cn. Pompeium de Caesaris adventu facerent. Il semble, d'après cela, que ces relais dussent être permanents : ils l'étaient certainement en Italie, comme cela ressort de l'inscription de l'an 132, relative à la *via Popilia*. Mais la disposition de ces stations de *tabellarii* devait être plutôt transitoire dans les provinces, en ce qu'elle dépendait des besoins et était exclusivement soumise aux ordres des proconsuls ou des propréteurs pourvus d'un gouvernement provincial.

Examinons d'abord les renseignements fournis par les textes classiques ; nous verrons ensuite ceux que renferment les documents épigraphiques.

§ 1. — Lorsque la poste impériale fut créée par Auguste, le service des courriers de l'État reçut nécessairement un caractère de fixité et de régularité qui est nettement marqué par le passage déjà cité[1] de Suétone. Il est indubitable pour nous que ces *juvenes* disposés *modicis intervallis per militares vias* ne sont autres que des *tabellarii*. Les mots qui suivent, *dehinc vehicula disposuit* [Augustus], n'impliquent nullement que les relais de courriers à pied eussent cessé d'exister, mais cela signifie que l'on employa pour les dépêches urgentes les voitures et les chevaux. Il ne faudrait pas croire non plus que les deux services, bien que simultanés, fussent irrévocablement séparés. Nous pensons, au contraire, que, pour les cas exceptionnels et peut-être même pour les dépêches courantes de la haute administration, on autorisa les *tabellarii*, qui n'avaient été jusqu'alors que des coureurs à pied, *celeripedes*, *statores* (termes synonymes de *tabellarii* dans Cicéron), à faire usage de la *vehiculatio*, et il est évident que c'est à cette époque surtout qu'ils durent être pourvus, quelques-uns d'entre eux du moins, d'une façon sans doute exceptionnelle, puis, plus tard, définitive et permanente, d'un *diploma*, à eux concédé dans cette fin.

Un passage fort curieux de Xiphilin nous prouve que, par suite d'une tolérance qui ne pouvait avoir un caractère général, ces *tabellarii*, courriers de l'État, se chargeaient aussi des correspondances privées. Il ressort en effet de ce passage que

---

[1] Voy. plus haut, p. 59. note 1.

Néron, ayant employé exclusivement les *tabellarii*, γραμματοφόροι, à porter partout la nouvelle de la mort de ses nombreuses victimes, ces funèbres messages leur donnèrent tant d'occupation que le transport de la correspondance privée demeura pour un temps suspendu [1].

Le texte de Plutarque cité plus haut [2], et qui est relatif aux messages adressés par les consuls à Galba, après la mort de Néron, nous fait voir des esclaves publics, οἰκέται δημόσιοι, convertis, pour la circonstance, en γραμματοφόροι (mot dont la traduction en latin par le terme *tabellarii* ne donne lieu à aucune contestation), accompagnés d'une escorte militaire et pourvus de diplômes exceptionnels, intimant l'ordre aux magistrats municipaux de faciliter partout la promptitude des relais de chevaux et de voitures.

Ce texte donne lieu à plusieurs remarques :
1º Ces esclaves publics ne sont pas des *tabellarii* réguliers;
2º ils vont eux-mêmes jusqu'à destination; 3º ils ont avec eux des soldats pour faire respecter, non leur personne, mais les diplômes scellés du sceau des consuls, διπλώματα σεσημασμένα; 4º ces soldats devaient être pris nécessairement dans les cohortes urbaines, qui obéissaient au *praefectus Urbi*, sans doute d'accord avec les consuls; puisque le *praefectus praetorio*, Nymphidius, s'irrite que les diplômes n'aient pas été revêtus de son sceau à lui, σφραγίς, et qu'il n'ait pas été invité à fournir l'escorte militaire, στρατιῶται. Elle n'était donc pas composée de soldats pris parmi les cohortes prétoriennes. Sa colère et son dépit, οὐ μετρίως ἀγανάκτησεν, se conçoivent d'ailleurs, car on pouvait croire qu'il y allait, pour l'auteur de la bonne nouvelle, non-seulement de la conservation d'une haute position et des faveurs du nouvel empereur, mais du salut : l'événement le montra bien.

Plutarque emploie, dans le récit de la chute d'Othon [3], pour

---

[1] Xiphilin (Dion Cass.), LXIII, 11 : Διέτρεχον γὰρ γραμματοφόροι, μηδὲν ἄλλο διαγγέλοντες ἢ ὅτι τόνδε ἀπέκτεινεν, ὁ δὲ τέθνηκεν. Ἔξω γὰρ δὴ τῶν βασιλικῶν γραμμάτων, οὐδὲν ἰδιωτικὸν διεπέμπετο. Il est bien difficile de considérer ἰδιωτικόν comme désignant les autres correspondances officielles.
[2] Voy. p. 63, note 1.
[3] *Otho*, IV, 1.

un cas presque semblable, — il s'agit des nouvelles apportées à cet empereur des progrès de Vitellius, — non le mot de γραμματοφόροι, mais celui de πτεροφόροι, sans doute pour mieux marquer la rapidité du message.

Le cas de *Coenus*, — cet ancien affranchi de Néron[1], qui utilisa les diplômes périmés d'Othon, pour se faire donner la *vehiculatio*, — n'a rien à faire avec la question des *tabellarii*. Cet exemple prouve seulement que les *diplomata* étaient délivrés à des personnes de toute condition et non pas seulement à des magistrats et à des porteurs de dépêches.

Mais le service public des *tabellarii*, organisé le long des routes pour le transport des messages officiels, n'empêche nullement l'existence simultanée des courriers des publicains; et, bien que nous n'ayons aucun texte qui les mentionne, comme nous en avons de très-nombreux qui nous font connaître les vastes entreprises des fermiers de l'impôt, il est indubitable que les *conductores* avaient, comme sous la République, leurs *tabellarii*. Quant aux *tabellarii* des particuliers, les textes abondent pour établir leur existence. Pline a-t-il à envoyer à Sparsus, un de ses amis, le manuscrit d'un de ses discours, il attend qu'il ait trouvé un *tabellarius* diligent et sûr[2]. Il ne peut s'agir ici que d'un courrier se chargeant de dépêches particulières, attendu que Pline n'exerçait alors aucune magistrature. C'est donc sans aucune raison que M. Mommsen croit qu'« il n'y eut sans doute jamais sous l'Empire d'autres *tabellarii* que les *tabellarii Augusti*[3]. » Bien différent du premier est le *tabellarius* que Pline envoie à Trajan du fond de la province de Bithynie et de Pont, pour porter les lettres du roi *Sauromates*, en facilitant la rapidité de sa course à l'aide d'un diplôme[4]. Voici donc un texte qui nous montre le *tabellarius* de profession pourvu du *diploma vehiculationis*, que n'eurent jamais, bien entendu, les *tabellarii* des particuliers.

Le *tabellarius* n'était pas toujours un esclave ou un affranchi;

---

[1] Voy. plus haut, p. 63, note 2.
[2] Pline, *Epist.* VIII, III : «Communicaturus tecum [orationem] ut primum diligentem *tabellarium* invenero.» Cf. *ibid.*, II, XII.
[3] *Hermes*, 1866, p. 342.
[4] *Epist.*, X, XIV (éd. Mommsen, XLVI) : «..... festinationem *tabellarii*, quem ad te cum epistolis misit, diplomate adjuvi.»

c'était souvent aussi un soldat. *Adventus*, qui devint consul, puis préfet de la Ville sous Macrin, avait eu les débuts les plus humbles : il avait passé de l'emploi de *speculator* et d'*explorator* dans la garde prétorienne à celui de *tabellarius*[1]. Il s'agit ici d'un soldat qui, après un certain temps de service, devient courrier civil, et non d'un soldat transformé, par exception, en porteur de dépêches et pourvu, en cette qualité, d'un diplôme de *vehiculatio*, comme nous avons vu que cela se pratiquait précisément à la même époque; témoin l'exemple de Macrin lui-même[2] : il est vrai que Xiphilin emploie, dans ce passage, le terme ἀγγελιαφόρος et non celui de γραμματοφόρος.

Ces renseignements tirés des textes classiques vont se trouver complétés et éclaircis par le témoignage des inscriptions.

§ 2. — Les monuments épigraphiques nous font connaître une certaine hiérarchie et nous révèlent l'existence d'une administration régulière dans le service des courriers. Outre ceux de ces monuments qui concernent les simples *tabellarii* civils et les *tabellarii castrenses*, affranchis ou esclaves, pour les dépêches de l'Empereur ou de l'État et pour les grandes administrations publiques (*tabellarii ex officio annonae*, par exemple), nous avons des chefs du bureau ou de la station des courriers (*praepositi tabellariorum*, *praepositi tabellariorum stationis vigesimae hereditatium*) et un adjudant, ce qui prouve que les courriers étaient embrigadés et militairement enrégimentés, comme nos agents inférieurs des postes, des télégraphes et des chemins de fer; nous connaissons en effet un *optio tabellariorum patrimonii*, « adjudant des courriers du domaine privé et héréditaire des empereurs. »

Pour commencer par les simples *tabellarii*, il nous sera permis de dire, à notre tour, un mot de la fameuse plaque de bronze en forme de miroir, c'est-à-dire pourvue d'un fichet (voy. la planche), qui est aujourd'hui conservée au Musée national de Naples. Ce précieux monument provient de Rome[3];

---

[1] Xiphilin (Dion Cass.), LXXVIII, 14 : ..... ἐν τοῖς διόπταις τε καὶ ἐρευνηταῖς μεμισθοφορηκότα, καὶ τὴν ἐν αὐτοῖς τάξιν λελοιπότα, ἔς τε τοὺς γραμματοφόρους τελέσαντα.....

[2] Voy. plus haut, p. 65, note 4.

[3] Voy. Muratori, p. mxv, n° 1 : « *Romae. Misit Joh. Joseph Ramagi-*

il a été gravé dans l'ouvrage de Gasp. Aloïs. Oderici e S. J.[1] et souvent publié depuis lors[2], sans avoir jamais été, selon nous, bien compris. Cette plaque de bronze, gravée des deux côtés, porte les deux inscriptions suivantes, qui n'ont évidemment aucun rapport entre elles :

1	2
THOANTIS	DE
TI·CAESARIS	STATIONE
AVG	CAESARIS·AVG
DISPENSATORI	TABELLARIS
5 AB TORIS	5 DIPLOMARI
	DISCEDE

Il importe, avant tout, de remarquer que la forme des caractères et l'ornementation qui décore ces deux faces sont très-différentes et ne semblent pas dues à la même main; nous ajouterons même que les *a* (Λ, Λ) et les *m* (ℳ) de la seconde ne peuvent appartenir au Ier siècle et difficilement même au IIe, étant plutôt caractéristiques du IIIe. S'il est impossible de méconnaître le nom de l'empereur Tibère dans la première, *Ti. Caesaris Au(gusti)*, il est certain pour nous, au contraire, que les noms *Caesaris Aug(usti)* de la seconde désignent simplement un empereur quelconque, et doivent se traduire par ces mots : « de l'Empereur[3]. » La première doit se lire et se traduire ainsi : « (*Officina* ou *statio*) *Thoantis, (servi) Ti(berii) Caesaris Augusti, dispensatori(s) ab toris*. — (Officine ou bureau) de Thoas, esclave de l'empereur Tibère, préposé au service des lits de table[4]. » C'était donc l'indication ou l'enseigne placée sur la porte d'une espèce d'office, près des salles de festin, dans le palais de l'empereur Tibère, à Rome.

L'autre inscription, gravée au revers, doit se lire : « *De sta-*

nius. Cette copie est inexacte et porte TOBIS pour TORIS à la 5e ligne de la première inscription.

[1] *Dissertationes et adnotationes in aliquot inedita veter. inscript.*, t. IV.

[2] Muratori, *loc. cit.*; Morcelli, *De stilo inscr. lat.*, I, p. 421 (inexactement); Orelli, 2917; Mommsen, *I. R. N.*, p. 395, n° 6903 (cf. *Hermes*, 1866, p. 343-344); Forcellini, *ad voc.* TABELLARIUS, etc.

[3] Cette observation nous a été suggérée par un de nos auditeurs de seconde année, M. René de la Blanchère.

[4] *Torus* est le coussin sur lequel s'appuyaient les convives, et, par extension, tout le mobilier de la table des repas.

tione Caesaris Aug(usti) tabellari(s) diplomari(s) discede; » et elle ne peut exprimer qu'une invitation adressée aux gens de service ou aux passants : « Éloignez-vous du bureau réservé aux courriers pourvus du diplôme (de la poste) de l'Empereur. »

Il paraît bien difficile d'admettre que cette plaque ait pu être employée simultanément pour deux fins si différentes et ait séparé deux services dont la contiguïté ne serait guère compréhensible; il eût été, d'ailleurs, matériellement impossible que la seconde inscription, — dont le but est évidemment de débarrasser les abords du bureau des courriers impériaux afin que leur arrivée et leur départ ne rencontrassent aucun obstacle et ne souffrissent aucun retard, — eût été placée de telle sorte que l'autre face indiquât l'accès de l'office de table. Si l'on ajoute à ces considérations l'époque beaucoup plus basse des caractères employés dans la seconde inscription, on conviendra sans peine, avec nous, que cette plaque de bronze a servi à deux usages très-différents et à deux époques distinctes; en d'autres termes, qu'on a utilisé une ancienne plaque, en la retournant pour y inscrire un *avis* au public, à l'entrée du bureau des courriers, près de la porte du palais d'un empereur quelconque, au IIe ou au IIIe siècle. L'appendice en fichet dont cette plaque était pourvue lui assignait un usage restreint qui a dû la faire conserver et la destiner spécialement à être fichée au-dessus d'une barrière de bois. On a dû cacher le revers portant l'ancienne inscription à l'aide d'une étoffe ou d'un montant de bois. Quant à l'invitation adressée au passant de débarrasser l'accès du bureau, nous en avons d'autres exemples non moins curieux. M. Léon Renier possède, dans son cabinet, à la Sorbonne, une petite plaque de bronze qu'il prend lui-même plaisir, — en appuyant, non sans quelque malice, sur la dernière ligne, — à expliquer aux importuns qui l'assiègent trop souvent; aussi a-t-il eu soin lui-même de la clouer sur sa porte :

FL XYST *Fl(avius) Xyst(us)*
EX· P· P· LE ET *ex p(rimi) p(ilaribus). Le(ge) et*
RECEDE *recede.*

« Ici Flavius Xystus, des primipilaires[1]. Lis et va-t'en. » — Pour

---

[1] Cette inscription, qui provient de Lambèse, avec ses abréviations. inu-

en revenir à la tablette de bronze du bureau des courriers, on remarquera que les *tabellarii* y sont qualifiés de *diplomarii*, ce qui prouve bien que l'usage s'était établi de pourvoir les *tabellarii* d'un diplôme. Or, si ces courriers n'eussent été que des *celeripedes*, ou coureurs à pied, on ne comprendrait pas tout d'abord la nécessité de les munir d'un diplôme dont la seule utilité semble avoir été la prérogative de la *vehiculatio* gratuite. Il est cependant probable que les courriers à pied étaient aussi porteurs de diplômes. C'est ce que semble prouver l'inscription de *Vitalis*, récemment découverte dans le voisinage de Tunis, et dont Sidi-Mohamed, fils de Mustapha-el-Khasnadar, et neveu de l'ancien bey Achmet, a adressé l'estampage à l'Académie des inscriptions. M. Léon Renier, en la communiquant à cette compagnie, à la séance du 23 février 1866, en a donné la lecture et l'explication, avec la merveilleuse clarté et le savoir pénétrant qu'on lui connaît[1]. Nous demandons cependant la permission d'en reproduire le texte ici :

```
    FL. ANTIGONA                         VITALIS. AVG. N.
                         D. M. S          TABELLARIVS
  VIVIT· ET· CONVIVATVR                 VIVIT ET CONVIVAT
DVM SVM VITALIS ET VIVO EGO· FECI· SEPVL CRHVM (sic)
ADQVE MEOS VERSVS DVM TRANSSEO PERLEGO ET· IPSE· (sic)
DIPLOMA· CIRCAVI TOTAM REGIONE. PEDESTREM· (sic)
ET CANIBVS PRENDI LEPORES ET DENI QVE VVLPIS
POSTEA POTIONIS CALICES PERDVXI· LIBENTER
MVLTA IVVENTVTIS FECI QVIA SVM MORITVRVS
QVISQVE SAPIS IVVENIS· VIVO TIBI· PONE SEPVLCRHVM (sic)
```

M. L. Renier a fait sur les sept lignes ou vers qu'on vient de lire toutes les observations qu'ils peuvent suggérer; nous nous arrêterons seulement aux mots *Vitalis, Aug(usti) n(ostri) tabellarius*, qui nous paraissent désigner « un esclave de l'Em-

sitées à la bonne époque, révèle, en outre, sa basse origine (du IV siècle) aussi bien par la forme des lettres que par l'existence du service des *primipilares*, devenus des espèces de sous-intendants chargés de fournir le blé aux troupes.

[1] *Comptes rendus de l'Académie des inscriptions et belles-lettres*, 1866, nouv. série. t. II. p. 47-51.

pereur qui est courrier, » et non « un courrier de l'Empereur qui est esclave. » La nuance a quelque importance ici. Le monument a été trouvé près de Carthage, et il semble que ce *Vitalis* ait exercé son métier ou rempli son service de *tabellarius* en Afrique. D'où il résulte qu'il n'aurait pas été du nombre de ces courriers dont le bureau était aux portes du palais impérial, à Rome. On peut concevoir, en effet, que l'Empereur ait eu, dans les provinces, des esclaves pourvus d'un emploi dans la poste officielle et qui étaient destinés à voyager toujours dans le même pays, les courriers de tout l'Empire étant défrayés par le fisc. Mais l'intérêt principal de cette inscription est dans le troisième vers :

Diploma circavi totam regione pedestrem,

que M. Renier traduit : « J'ai parcouru, en portant des diplômes, toutes les contrées où l'on peut aller à pied. » M. Wilmanns[1] affirme qu'on lit sur la pierre DIPlOMA·CIRCAVI· et il lit en un seul mot, en rectifiant le texte : *diplomacircavi*, lecture que nous croyons préférable à celle qui, par la division de ce texte en deux mots, oblige à sous-entendre, comme le propose M. Renier, *ferens* avant *diploma*. En tout cas, nous croyons, d'après les analogies et les observations exposées plus haut, que *diploma circavi*, qu'on en fasse deux mots ou un seul, ne saurait signifier que Vitalis « portait des diplômes ; » mais bien qu'il « voyageait muni d'un diplôme ; » ce qui lui aurait donné, d'après ce qui a été dit précédemment, le droit, en certaines occasions, de requérir la *vehiculatio;* ce serait, en tout cas, une expression équivalente à celle de *tabellarius diplomarius* de l'inscription de Naples. Mais, d'autre part, la fin du même vers, *totam regione pedestrem*[2], semble faire entendre que Vitalis voyageait toujours à pied : il faudrait croire, en ce cas, que le diplôme avait une autre utilité, et que, pour les *tabellarii* coureurs à pied qui en étaient porteurs, elle leur donnait le caractère officiel qui permettait de leur confier les dépêches, les faisait recon-

---

[1] *Exempla inscr. lat.*, n° 589.
[2] M. Renier a parfaitement établi, à l'aide d'exemples, que la suppression de l'*m* dans *regione*, pour *regionem*, était tolérée dans la poésie facile de cette époque.

naître et respecter partout, et leur communiquait peut-être aussi certains avantages matériels, ce qui n'aurait pas exclu, bien entendu, le droit exceptionnel à la *vehiculatio* pour les messages urgents. C'est dans ce sens que M. Mommsen l'entend : le *diploma*, dit ce savant, « étant une lettre ouverte adressée aux employés de la poste qui se trouvent sur le parcours, pour attester le droit du porteur à employer la poste impériale et pour déterminer les limites de ce droit : ce serait une espèce de *firman* de voyage [1]. »

Le *Successus* qui figure dans une autre inscription de Naples [2] était un esclave des deux empereurs alors régnants, ayant l'emploi de *tabellarius*.

Si les textes nous ont fait connaître des *tabellarii* affranchis ou anciens soldats prétoriens, il faut avouer que les inscriptions, ainsi que l'a remarqué M. Mommsen, nous les présentent presque toujours comme des esclaves. Seulement le savant épigraphiste de Berlin, en généralisant son observation, a perdu de vue les passages des auteurs que nous avons rapportés plus haut.

Nous trouvons dans le célèbre calendrier d'Antium, fait à l'usage d'un collège d'esclaves ou d'affranchis, un certain *Princeps*, qui était *tabellarius* [3] ; ce nom propre, employé seul, sans prénom et sans *cognomen*, se rapporte évidemment à un esclave. *Festus, tabellarius ex officio annonae,* « courrier du ser-

---

[1] *Hermes*, 1866, p. 343.

[2] Mommsen, *I. R. N.* 6395 (*descripsit*) :

·D·M·
SVCCESSVS·AVGVSTO·
RVM·TABELLARIVS·ANN
·XXXV·
PEDISECVS -⊖- INIE BITE
SVAE·

M. Mommsen lit : *defunctus in die vitae suae* (?). Le mot *pedisecus*, pour *pedisequus*, signifie « valet de pied » et doit être rapproché de l'expression qui figure au n° 6335 d'Orelli-Henzen = 1356 de Wilmanns, dans lequel nous voyons un certain *Eutyches* CAES·N̄ S̄ (*Caesaris nostri servus*) ·PEDISEQVS | STATIONI·CASSTRESE.

[3] Orelli-Henzen, 6445.

vice de l'annone, » est aussi un esclave de l'Empereur[1]. Il en est de même pour cet esclave de Domitien, le *tabellarius Placidus*, qui élève un monument à sa femme, laquelle était une affranchie de la famille *Turia Saturnina*[2].

Mais, de même que nous avons vu *Adventus*[3] passer de l'emploi militaire de *speculator* à celui de *tabellarius*, de même voyons-nous la fonction, sans doute plus relevée, de *tabellarius castrensis*, « courrier des dépêches militaires, » remplie, non plus par un esclave, mais par un affranchi de l'empereur Claude[4].

---

[1] Fabretti, *Inscr. ant.*, p. 497, n. 2; cf. Wilmanns, n. 1364 :

```
           D   M
         FLAVIAE
         COMINIAE
  VIX·ANN·XVIII·M·VI·D·XX
       FESTVS·CAES·N
        TABELLARIVS
         EX·OFFICIO
          ANNONAES
           CONIVGI
```

Le mot *conjux* n'exclut nullement la condition servile du mari.

[2] Orelli-Henzen, 6358 (*Romae*) :

```
        DIS MANIBVS
     TVRIAE·SATVRNINAE
          SORANAE
       LIBERTAE FECIT
          PLACIDVS
      IMP·DOMITIANI·AVG
        TABELLARIVS
       CONIVGI·OPTIMAE
       ET·PIENTISSIMAE
```

[3] Voy. plus haut, p. 71, note 1.

[4] Orelli, 3249; Mommsen, *I. R. N.*; Wilmanns, 1357 (*Velitrae*) :

```
         TI·CLAVDIVS
          AVG·LIB
    PHILARGYRVS·TABELLAR
      CASTRENSIS·SIBI·ET
    DOMITAE·PHILARGYRIDI  (sic)
    ET·TI·CLAVDIO·IANVARIO
        FILIS·SVIS·ET
   CLAVDIAE·PITHVSAE·LIB·SVAE
          ET·SVIS
      POSTERISQVE·EORVM.
```

Ces courriers des camps devaient tenir un rang supérieur à celui des *tabellarii* civils, et une position intermédiaire entre ces derniers et les *praepositi tabellariorum*, chefs du bureau ou de la station des courriers ordinaires. Nous voyons, en effet, un de ces « préposés » porter, au temps de Commode, le nom de *M. Ulpius Maximus*, ce qui indique que, s'il y avait eu affranchissement, il remontait au temps de Trajan [1]. C'est un simple affranchi, *M. Aurelius Alexander*, que nous trouvons pourvu du même emploi de *praepositus tabellariorum* pour le service spécial des dépêches de la *vigesima hereditatium*, c'est-à-dire de l'enregistrement et de la perception de l'impôt du vingtième sur les héritages [2]. La teneur de l'inscription qui

---

[1] Orelli, 1918 (*Florentiae*). C'est un autel à *Mithra* :

```
        SOLI · INVICTO · MITRE
        M·VLP·MAXIMVS·PRAE
        POSITVS · TABELLARI
        ORVM · ARAM · CVM
        SVIS · ORNAMENTIS
   ET·BELA·DOMINI·INSIGNIA·HABENTES
               N·IIII
        VT · VOVERAT ·  D ·  D
```

Bela sont des têtes de bélier sculptées; *dominus*, c'est *Mithra*, le bélier lui étant consacré; *habentes* est pour *habentibus* : *Aram cum suis ornamentis, et bela, domini Mithrae insignia habentibus, numero quattuor, ut voverat dono dedit*, ou plutôt *dedicavit*, et la dédicace fait suite :

```
   ARA·POSITA · ASSTANTE · SACERDOTE · SEX    (sic)
   CRVSINA·SECVNDO VT·VOVERANT·MAXIMVS
   ET·MAXIMINVS· FILI·  — IMP·COMMODO·AVG·
   PIO·FELICE·IIII·ET·VICTORINO·II·COS         (183).
```

C'est donc le père, *M. Ulpius Maximus*, le *praepositus tabellariorum*, qui éleva l'autel à Mithra, pour acquitter le vœu de ses deux fils, et la dédicace en fut faite, en 183, avec l'assistance du prêtre Sext. Crusina Secundus.

[2] Orelli-Henzen, n. 6568 (greniers du Vatican) :

```
              D   M
   M · AVR · AVG · LIB · ALEXANDER
   P·P·TABELL·ST·XX·HER·FEC·DONA
   TO · FILIO · DVLCISSIMO · ET · SIBI
   ET · SVIS · ET · CLAVDIAE · MACA
   RIAE · CONIVGI · SANCTISSIMAE
   ET·LIBERT·LIBERT·POSTER·EORVM
```

La troisième ligne doit se lire : *p(rae)p(ositus) tabell(ariorum) st(ationis) vigesimae her(editatium)*, etc.

nous fait connaître ce personnage et son emploi ne permet pas de douter qu'il y eût des *tabellarii* spéciaux pour le service de la *vigesima hereditatium;* et que, sans avoir des bureaux particuliers, ils fussent attachés au bureau ou *statio* de la perception de cet impôt. Il devait en être de même des autres services des contributions, comme la douane ou *quadragesima Galliarum, Asiae,* etc.; comme l'impôt sur les affranchissements, *vigesima libertatis,* etc. Mais quand les impôts étaient affermés, il est évident que les *tabellarii* devenaient, comme sous la République, les *tabellarii publicanorum,* des courriers au service des *conductores* ou fermiers, c'est-à-dire au service d'une entreprise privée, qui avait, il est vrai, traité avec le fisc impérial, mais qui n'en devait pas moins avoir à sa charge les frais de sa correspondance et de ses courriers.

Nous rencontrons enfin un grade au moins égal à celui du *praepositus tabellariorum,* sinon plus élevé : c'est celui de « l'*optio* (adjudant) des *tabellarii* du bureau des redevances du Patrimoine, » c'est-à-dire de cette partie du domaine que l'Empereur tenait de sa famille et qu'il possédait avant son avénement à l'empire [1]. Cet emploi est confié à un affranchi de la famille *Aurelia,* et le monument, jusqu'à ce jour unique. qui nous le fait connaître, nous révèle l'existence de *tabellarii* spéciaux

---

[1] Orelli-Henzen, 6359; cf. Wilmanns, 1353 (trouvée sur la *via Appia*); cf. *Annali dell' Instit.,* 1852, p. 311 :

HOC CEPOTAPHIVM AVr
INACHI AVG LIB OPTIOn
TABELL · ARIORVM CTAt (*sic*)
PATRIMON E AVRELIAE
MACARIAN · ETIC · ET
AVRELIAE · RODOGYNE
ET LIB · ₜB · LIBERTABVs
QVAE · POCTERICQ (*sic*)
EORVM·

On rencontre, dans cette inscription, des *s* figurés par le C lunaire des Grecs; les points séparatifs y sont mal placés; elle doit se lire : *Hoc cepotaphium Au[r(elii)] Inachi, Aug(usti) lib(erti), optio[n(is)] tabell(ariorum) sta[t(ionis)] Patrimon(ii), et Aureliae Macarianetis, et Aureliae Rodogyne(tis), et libertis libertabu[s]qu[e], posterisq[ue] eorum.* — *Cepotaphium* n'est pas synonyme de *cenotaphium :* il désigne, non une sépulture vide, c'est-à-dire un « cénotaphe », mais un tombeau entouré d'un jardin.

pour le service des domaines de l'Empereur et attachés, comme ceux de la *vigesima*, au bureau particulier de la perception et de l'administration du patrimoine personnel du prince.

En résumant l'ensemble des données fournies par les textes et les documents épigraphiques sous l'Empire, depuis Auguste jusqu'à Dioclétien, — car telle est la limite chronologique que nous avons voulu assigner à cette étude [1], — nous dirons pour conclure : 1° que le service des *tabellarii*, courriers porteurs de dépêches, reçut, de l'organisation des postes impériales sous Auguste, une réglementation fixe qu'il n'avait pas auparavant: 2° qu'ils avaient des *stationes* ou bureaux, véritables relais sur toutes les routes militaires; 3° qu'ils n'étaient établis que pour les dépêches officielles, et que les frais nécessités par un pareil service étaient supportés par le fisc; 4° que ce n'était que par suite d'une tolérance exceptionnelle qu'ils pouvaient se charger de dépêches privées; 5° que les *tabellarii* de l'Empereur ou de l'État se distinguaient en diverses catégories, selon les différents départements administratifs : domaine, enregistrement, annone, etc., ce qui n'empêchait nullement les entreprises des fermes de l'impôt, ni même les simples particuliers, d'entretenir des courriers à leurs frais; 6° que des courriers exceptionnels, militaires ou civils, ingénus, affranchis ou esclaves, pouvaient être envoyés, chargés de messages extraordinaires et urgents, et qu'ils jouissaient des mêmes prérogatives que les *tabellarii* de profession, en vertu d'un *diploma* qui leur était délivré à titre provisoire et pour une durée limitée; 7° que les *tabellarii* impériaux furent pourvus de ce *diploma*, mais à titre permanent, et que le *diploma* leur donnait le droit de requérir la *vehiculatio* et les *jumenta* dans les relais de la poste aux chevaux, pour activer les transports de certains messages urgents; 8° que ces *diplomata* devinrent, par la suite,

---

[1] Pour l'époque suivante, on peut consulter le mémoire de M. Naudet sur les *Postes romaines*, mémoire auquel nous avons eu déjà l'occasion de renvoyer souvent, non que l'on y trouve des renseignements spéciaux sur les *tabellarii*, l'auteur s'étant occupé, dans le cadre plus large qu'il avait choisi, de l'ensemble du service de la poste; mais les esprits curieux estimeront sans doute que ces deux questions, dont l'une est embrassée par l'autre, peuvent être considérées comme inséparables.

un signe de reconnaissance et comme la marque distinctive de l'emploi des *tabellarii* de l'Empereur, soit qu'ils fissent usage de la *vehiculatio*, soit qu'ils fissent leur service à pied; si bien que le terme *diplomarii* leur fut appliqué comme complément de celui de *tabellarii*; 9° que les *tabellarii* de la poste impériale étaient, d'ordinaire, des esclaves de l'Empereur, sauf toutefois les *tabellarii castrenses*, porteurs de dépêches militaires, qui appartenaient d'ordinaire à la classe des affranchis ou même à celle des ingénus, étant souvent des soldats ou d'anciens soldats; 10° que les *praepositi tabellariorum*, ou chefs des bureaux de courriers, étaient naturellement d'un ordre plus élevé que les simples courriers, et qu'ils étaient pris, en conséquence, dans la classe des *liberti* ou des *libertini*, ainsi que les *optiones* ou adjudants des courriers.

LA LÉGENDE D'ALEXANDRE

CHEZ LES PARSES,

PAR JAMES DARMESTETER.

I

Il y a deux Alexandre, celui de l'histoire et celui de la légende. Celui-ci est le seul qu'ait connu l'Europe du moyen âge, et le seul que l'Orient ait jamais connu. De son vivant déjà, la légende avait commencé : elle s'était formée, au fur et à mesure de ses courses et de ses conquêtes, dans l'imagination ébranlée de ses soldats. Alexandre avait voulu être dieu, il l'était : non, il est vrai, comme il l'avait rêvé, fils de Jupiter Hammon, conçu des embrassements du serpent mythique; homme par sa naissance, homme par sa mort, mais au-dessus de l'homme par sa vie.

Souvenirs historiques, agrandis et déformés, fables et contes flottant dans l'imagination orientale et recueillis au passage par l'imagination grecque, qui les fixait sur le nom de son héros, tous ces éléments vinrent se combiner dans le Pseudo-Callisthène, sous la main des rhéteurs d'Alexandrie. Ces contes, traduits, abrégés, paraphrasés en vingt langues, allèrent, durant des siècles, émerveiller les peuples d'Europe et d'Asie, d'Écosse en Arménie, d'Espagne en Syrie, du manoir féodal du baron français à la tente du nomade arabe.

Héros populaire en Europe et en Orient, Alexandre fut et il est, en Perse, un héros national. L'orgueil iranien refusa de voir un conquérant dans son vainqueur et fit couler dans ses veines le sang royal des Kéanides. Le Pseudo-Callisthène avait montré la voie : rédigé en Égypte, dans la cité d'Alexandre, il avait fait du héros macédonien l'héritier des souverains d'Égypte, le fils du roi magicien Nectanebus. Alexandre devint, en Perse, le fils de Dârâb, roi des rois. Dârâb, vainqueur du roi de Roum, Filiqos, lui avait imposé tribut et reçu sa fille en mariage; il la renvoya le lendemain de ses noces, mais elle était enceinte, et mit au jour un fils, qui fut élevé comme fils de Filiqos jusqu'au moment où il fut en âge de revendiquer ses droits d'héritier contre un frère puîné, né d'une autre femme, Dârâ (le Darius de l'histoire). La victoire d'Iskander n'est donc point l'écrasement d'Iran par Roum, c'est le passage d'Iran d'un maître légitime à un autre non moins légitime : ce n'est point un Roumi qui usurpe le trône de Djemshid, c'est un Kéanide qui succède à un Kéanide : « Hier au soir, dit l'Iskander de Firdousi, quand il rencontre Dârâ mourant, hier au soir quand des vieillards m'ont appris la chose, mon cœur s'est gonflé de sang et mes lèvres de plaintes. Nous sommes d'une même branche, d'une même souche, nés dans la même pourpre : pourquoi par ambition détruire notre race [1] ? » Une bénédiction s'élève de la terre d'Iran quand il monte sur le trône, car ses paroles sont toutes de justice: il la fait régner sur toute la face de l'univers, et le désert se peuple et se féconde.

Les chroniqueurs lui donnent le second rang entre les grands hommes de la Perse, entre « les dix héros qu'on célèbre comme les phénix de leurs siècles, et comme des hommes incomparables. » Fils de Dârâb, fils de Bahman, c'était « un grand roi, sage et savant, possédant la science des vertus des simples. Il avait été disciple d'Aristote, qu'il fit son conseiller d'État, de qui il tint les principes, et à qui il fit écrire l'histoire naturelle dans toutes ses parties. Il se rendit maître de la Grèce, de la Chine, de la Tartarie et des Indes [2]. »

Cette tradition nationale n'est pourtant pas spontanée. M. Spiegel a montré que la légende d'Alexandre, telle qu'elle paraît en Perse, est d'origine étrangère et n'a rien de commun avec l'épopée purement iranienne [3]. Il suffit de lire le

---

[1] *Livre des Rois*, éd. Mohl, V, p. 88, v. 342.

[2] Chardin, *Voyages*, d'après une chronique inédite (éd. Langlès, VIII, 216).

[3] Nous n'avons pu nous procurer le premier ouvrage de M. Spiegel sur la légende d'Alexandre (Leipzig, 1851); mais il a repris le sujet dans ses *Antiquités iraniennes*, II, 582 (Leipzig, 1873); c'est à ce dernier ouvrage que nous renvoyons.

récit de Firdousi, en faisant abstraction des épisodes musulmans, pour y reconnaître un écho fidèle du Pseudo-Callisthène. On a d'ailleurs le témoignage direct de la plus estimée des chroniques persanes, le *Modjmil-ut-Tewarikh*. « Les philosophes grecs ont beaucoup de traditions sur la sagesse, les discours et le tombeau d'Alexandre; elles ont été traduites en arabe, et Firdousi en a mis une partie en vers [1]. » Donc dans cette partie de son œuvre, Firdousi ne suit pas ses sources ordinaires, les ballades populaires, les contes des Dih-kans, les récits du *Livre des Souverains* : ce ne sont pas des voix iraniennes dont il nous fait entendre, comme dans le reste de son livre, le lointain écho.

Cependant, tout en reconnaissant que la légende persane, sous sa forme classique, est étrangère et non nationale, peut-être faut-il admettre qu'à tout le moins le nom du héros s'était maintenu vivant dans la pensée populaire, de sorte que le jour où les récits grecs s'introduisirent en Iran, ils éveillaient des souvenirs lointains, mais puissants : la Perse aurait-elle pu reconnaître en lui un héros national, si elle l'avait oublié tout entier et avait dû rapprendre son histoire à une source étrangère? Une croyance nationale ne s'importe pas du dehors et doit avoir germé dans le sol même où elle croît; n'est-ce pas parce que la Perse se rappelait Alexandre, parce qu'elle l'avait admiré et aimé, qu'elle accueillit avec tant d'enthousiasme les récits du dehors qui parlaient de sa gloire? N'est-ce pas parce qu'elle n'avait jamais séparé son nom de sa propre histoire qu'elle put les rattacher si étroitement l'un à l'autre dans la suite? Cette continuité de la légende, ou du moins du souvenir, il est impossible de l'établir directement, il est impossible de prouver que le nom d'Alexandre était resté un nom populaire en Perse à travers les douze siècles de révolutions politiques et religieuses qui séparent sa mort de l'instant où la légende s'offre à nous pour la première fois et déjà formée de toutes pièces. Mais il est une branche de la famille iranienne, depuis longtemps séparée de la famille, qui a conservé un souvenir direct, semble-t-il, du conquérant : ce sont les Guèbres ou Parsis, c'est-à-dire les derniers représentants de la religion

---

[1] J. Mohl, *Livre des Rois*, préface, XLIX, n.

qui régnait en Perse quand parut Alexandre. Ce souvenir rappelle bien peu celui qu'il a laissé en Iran : le héros admiré là-bas est à Bombay un tyran exécré et maudit. Mais cette différence même semble un indice que nous avons là une source indépendante, et il importe de la remonter aussi loin qu'il sera possible.

II

« Je n'ai rien trouvé de plus sensé dans les enseignements des Guèbres, écrit Chardin, que le mal qu'ils disent d'Alexandre le Grand. Au lieu de l'admirer et de révérer son nom, comme font tant d'autres peuples, ils le méprisent, le détestent et le maudissent, le regardant comme un pirate, comme un brigand, comme un homme sans justice et sans cervelle, né pour troubler l'ordre du monde et détruire une partie du genre humain. Ils se disent à l'oreille la même chose de Mahammed, et ils les mettent tous deux à la tête des méchants princes : l'un pour avoir été lui-même l'instrument de tant de malheurs, comme sont l'incendie, le meurtre, le viol et le sacrilège; l'autre pour avoir été la cause, l'occasion. Ils connaissent assez que leur perte vient de ces deux usurpateurs, Alexandre et Mahammed; en quoi ils ne se trompent pas[1]. »

Le Père Gabriel de Chinon, qui avait visité les Guèbres de Perse une vingtaine d'années avant Chardin[2], nous fait connaître les raisons de leur haine. Zoroastre avait rapporté du Ciel « sept livres de Loi que Dieu envoyait à ces peuples, pour être dirigés dans le chemin du salut; sept autres, qui contenaient l'explication de tous les songes qu'on pouvait avoir, et sept autres où étaient écrits tous les secrets de la médecine et tous les moyens possibles pour se conserver longtemps en parfaite santé. Ils disent que, quand Alexandre le Grand soumit leur pays, après leur avoir fait une cruelle guerre, il envoya les quatorze livres qui traitaient de la médecine et de l'explication des songes en Macédoine, comme une rareté qui surpassait toutes celles de la nature, et, voyant qu'il ne comprenait rien

---

[1] Chardin, VIII, 378.
[2] Vers 1650.

de ce qui était écrit dans les sept autres, où était écrite toute leur loi, et que même ils étaient écrits en une langue qui n'était entendue que des Anges, il les fit brûler. Après sa mort, qui fut une juste punition de sa témérité et de sa malice, leurs docteurs, qui s'étaient sauvés du carnage et avaient fui sur les montagnes pour conserver leur vie et leur religion, se rassemblèrent, et, voyant qu'ils n'avaient plus de livre, en écrivirent un de ce qui leur était resté en mémoire de ceux qu'ils avaient lu tant de fois[1]. »

Les témoignages écrits venant des Parsis mêmes confirment les renseignements du Père de Chinon. « Des vingt et un Nosks de l'Avesta, disent les Rivaets, Iskander le Roumi fit traduire en roumi tout ce qui traitait d'astrologie et de médecine et fit brûler le reste de l'Avesta (puisse l'âme d'Iskander en brûler dans l'enfer!), et quand il eut péri, les destours s'étant assemblés en conseil réunirent tout ce qu'ils avaient retenu de mémoire; ils écrivirent ainsi le texte complet du Yasht (Yaçna), du Vispéred, du Vendidâd, du Fravashi Yasht, du petit Avesta, du Daroun, de l'Afrinagân, du Chidah-i-Vadjarkard et du Bundehesh. Ils n'écrivirent pas tout, parce qu'ils ne se rappelaient pas tout[2]. » La conquête d'Alexandre fut suivie, suivant le Kissah-i-Sandjân[3], d'une longue décadence religieuse, à laquelle mit fin la dynastie nouvelle fondée par Ardeshîr le Sassanide : « Sikander brûla les livres de la révélation; pendant trois cents ans la religion fut bas, et durant tout ce temps les fidèles furent opprimés. Après cela, durant de longues années, la vraie foi trouva protection : quand le roi Ardeshîr eut pris le sceptre, la vraie foi se trouva rétablie et son excellence reconnue à travers l'univers. » Ces textes sont récents; le dernier est de la fin du XVIe siècle, et cette tradi-

---

[1] *Relations nouvelles du Levant*, Lyon, 1671, p. 436, sqq. Le passage a été presque littéralement copié par les rédacteurs des voyages de Tavernier; seulement ils font périr Alexandre «d'une horrible maladie.»

[2] Anquetil, *Mémoires de l'Académie des inscriptions et belles-lettres*, XXXVIII, 216; Spiegel, *Journal de la Société germanique orientale*, IX, 174.

[3] Récit en vers de l'émigration des Guèbres; il en existe une traduction par M. Eastwick, dans le premier volume du *Journal of the Royal Asiatic Society (Bombay branch)*, 1844, p. 172.

tion est en telle contradiction avec tout ce que l'on sait de la politique d'Alexandre, que l'on a été quelquefois tenté de voir là une confusion établie entre la conquête d'Alexandre et la conquête arabe : ce sont les méfaits des successeurs d'Omar qui auraient été reportés au conquérant macédonien.

Rien en effet ne fut jamais plus étranger au paganisme ancien que l'intolérance à l'égard des autres religions. Le fanatisme est le privilège des religions morales, qui, s'étant fait un idéal élevé, et exclusif comme tout idéal, poursuivent tout ce qui s'en écarte d'une haine qui ne peut pardonner sans apostasie. Le paganisme, avec son large Panthéon ouvert à tout venant, vénérait les religions étrangères où il retrouvait ses dieux, et en découvrait d'autres encore qu'il avait soupçonnés sans les connaître : il savait bien que ses théologiens et ses aèdes n'avaient point épuisé tout le domaine du divin, et il prêtait une oreille curieuse à toutes les voix, si étranges qu'elles fussent, qui venaient lui parler du monde d'en haut. C'est surtout à l'époque d'Alexandre que commence à se faire sentir cette soif du divin étranger, et nul moins que lui n'était porté, par instinct comme par politique, à se faire le champion des dieux de la Grèce contre les dieux du dehors : Égyptien en Égypte, serviteur du Très-Haut à Jérusalem, il devait être serviteur d'Ormazd en Perse. Au passage de l'Euphrate, il sacrifie au Soleil, à la Lune et à la Terre; en Hyrcanie, il sacrifie aux dieux du pays suivant les rites nationaux; au-dessus des provinces conquises, il met des Perses de naissance, par suite des adorateurs d'Ormazd, ou bien des Grecs persisés, comme ce Peukastès, qui avait oublié les mœurs grecques pour celles de la Perse. Les satrapes grecs qui ont insulté la religion de leurs sujets ou les ont opprimés sont mis à mort[1]. Tous les historiens grecs s'accordent à nous montrer Alexandre préoccupé d'entrer dans les préjugés de ses nouveaux sujets et non de les choquer et de les combattre : il savait qu'il avait plus à gagner à les flatter qu'à les détruire, et que, pour recevoir les adorations comme roi des rois, il n'avait qu'à faire appel à une religion qui faisait du roi un dieu terrestre et de la gloire royale un rayon de la gloire cé-

---

[1] Rhode, *Die heilige Sage des Zendvolkes*, 1820, p. 20.

leste. Ses soldats auraient moins murmuré s'il avait persécuté, et leurs plaintes, comme le dévouement des Perses, prouvent qu'il ne fut point ce que les Parses prétendent. Ainsi en jugeait Firdousi : Dârâ mourant donne en mariage à Alexandre sa fille Roshanek (Roxane), avec l'espoir qu'elle lui donnera un fils glorieux, « qui fera revivre le nom d'Isfendiar, qui allumera le feu de Zoroastre, qui prendra en main le Zend et l'Avesta, qui observera les sorts et le feu du Sedeh, qui honorera le nouvel an et le temple du feu, et Ormazd, et la Lune, et le Soleil, et Mithra ; qui de l'eau de la sagesse lavera son âme et sa face, fera fleurir la coutume de Lohrasp, et fera régner la loi de Gushtasp. » Iskander promet d'accomplir les volontés du mourant [1]. Étant donnée la fidélité ordinaire de Firdousi aux idées et aux passions de la Perse ancienne, son attachement profond aux souvenirs de la vieille religion, sa sympathie mal dissimulée pour les Guèbres, il semble étrange qu'il ait accepté de faire d'Alexandre un protecteur de la religion de Zoroastre, si les Guèbres de son temps voyaient en lui un ennemi de leur foi. Mais si étrange que soit le fait, il n'en est pas moins certain, et peut-être faut-il voir dans l'insistance même de Firdousi une protestation indirecte contre le rôle prêté à Alexandre par les Parses de son temps et par la généralité des historiens. Car la tradition citée plus haut, si elle est très-récente sous sa forme présente, est infiniment plus ancienne que les textes produits, et les plus anciens historiens musulmans, antérieurs à Firdousi, prêtent à Alexandre absolument le même rôle que les Parsis. Hamzah d'Ispahan, qui écrit vers 961, un demi-siècle avant Firdousi, raconte que Dârâ ayant été tué par un de ses gardes, Alexandre s'empara du pouvoir et versa à flots le sang des grands et des nobles. Il tenait captifs et enchaînés 7,000 des plus nobles de la Perse, et chaque jour il en faisait périr vingt et un. A la prise de Babylone (*sic*), enviant la science des vaincus, il fit brûler tous ceux de leurs livres qu'il put saisir, et mettre à mort les mobeds, les herbeds, les savants et les sages [2]. Masoudi, qui écrit vers 943, sait aussi qu'A-

---

[1] *Schah-Nameh*, V, p. 90.
[2] Éd. Gottwaldt, p. 5, 28, 29, 31 du texte, p. 15, 41, 45 de la traduction.

lexandre a fait brûler une partie de l'Avesta et massacrer les nobles[1]. Ainsi les documents historiques les plus anciens de la Perse musulmane s'accordent avec la légende parsie; pour eux, comme pour elle, Alexandre est le destructeur et le persécuteur de la religion de Zoroastre.

Ces documents, il est vrai, ne remontent pas au delà de l'invasion arabe : le plus ancien d'entre eux lui est encore postérieur de trois siècles; mais Hamzah et Masoudi travaillent ici sur des documents guèbres ou remontant à la période sassanide, de sorte que leur témoignage doit reproduire une croyance qui existait déjà dans cette période. Or, il existe un livre parsi qui très-probablement remonte au temps de la splendeur sassanide[2], et pour qui Alexandre est déjà un être infernal comme il l'est pour les Parses modernes, le *Minokhired* : le créateur du mal, Ahriman, voulait donner l'immortalité à ses trois créatures les plus funestes, Zohak, Afrasyâb et Alexandre; Ormazd s'y opposa, pour le bien de l'univers[3]. Un livre pehlvi, de date incertaine, mais qui semble avoir appartenu également à la période sassanide, l'*Ardâ-Virâf*, décrit plus au long les ravages d'Alexandre. « Jadis le saint Zoroastre reçut la loi et la répandit dans le monde; trois cents ans durant, la loi fut pure et les hommes croyants. Mais alors, le maudit Ahriman, le Mauvais, pour détourner les hommes de la foi, suscita le maudit Alaksagdar le Roumi, qui habitait en Égypte et qui vint porter en Iran la violence, la guerre, le massacre. Il tua les princes de l'Iran, détruisit la capitale et le royaume, en fit un désert. Or, les livres sacrés, l'*Avesta* et le *Zend*, qui étaient écrits sur parchemin en encre d'or, étaient déposés dans les archives de Istakhar; et le malfaisant, le sinistre, l'impie, le démon y fit venir le funeste Alaksagdar le Roumi, qui habitait l'Égypte, et il y mit le feu. Et il tua les destours, les juges, les herbeds, les mobeds, les docteurs et les sages de l'Iran, et il sema la haine et la discorde parmi les grands et les chefs de l'Iran, et, anéanti, se précipita dans l'enfer[4]. »

La légende parsie peut donc se suivre jusqu'au cœur de la

---

[1] Éd. Barbier de Maynard, II, p. 125 ssq.
[2] Voir la préface de M. West à son édition du *Minokhired*, p. 19.
[3] Ch. VIII, 29.
[4] Éd. de Haug-West, ch. I.

période sassanide. D'autre part, si l'on considère que dans tous les documents historiques de la Perse, quels qu'ils soient d'origine, le caractère essentiel et dominant de la restauration sassanide est d'avoir été une restauration nationale et religieuse, il est probable que ce n'est pas après coup et à distance que les chroniqueurs et les Parses firent d'Ardeshîr, fils de Sassan, le réparateur des désastres et des iniquités d'Alexandre, mais que, dans la réalité des faits, les choses s'étaient passées de cette façon, c'est-à-dire qu'il s'était présenté comme ayant la mission de réparer les calamités politiques et religieuses causées par le conquérant roumi, et que par suite Alexandre, aux yeux de la partie fervente de la nation, était *le maudit* déjà à l'époque où se fonda la dynastie nouvelle, c'est-à-dire cinq siècles après sa mort.

Anquetil a émis une hypothèse qui rattache directement cette légende à un incident célèbre de la conquête d'Alexandre, l'incendie de Persépolis : « Comme Persépolis, ou le palais des rois de Perse, devait renfermer beaucoup de prêtres et de savants, des livres de tout espèce, et surtout ceux de Zoroastre, peut-être le fait rapporté dans le Rivaet du destour Barzou n'est-il que cet incendie que les docteurs parsis, pressés sur la perte de plusieurs des anciens documents de leur religion, auront amplifié, pour couvrir la négligence qu'on pouvait leur reprocher [1]. »

Le début de l'*Ardâ-Virâf* confirme l'hypothèse : Alexandre incendie la citadelle d'Istakhar, où se trouvait déposée toute la littérature sacrée. Or, Istakhar est précisément le nom persan de Persépolis. D'autre part, les Parses parlent souvent d'un château édifié par Djemshid, et où il avait construit sept ouvrages merveilleux qui subsistèrent « jusqu'au moment où le maudit Iskander détruisit le palais [2] ; » or, les ruines de Persépolis sont et ont été de tout temps pour les Perses les débris

---

[1] *Mémoires de l'Académie des inscriptions*, XXXVIII, 217.

[2] Comparer les mots de Hamzah : « Quant à ces contes des historiens qu'Alexandre aurait fondé en Iran douze villes auxquelles il donna son nom (suit l'énumération), ils sont absurdes, car Alexandre était un destructeur, non un constructeur. » (Page 41 du texte, 21 de la traduction.) Hamzah parle dans la même page d'un pont merveilleux jeté sur le Tigre par Djemshid et détruit par Alexandre.

d'un palais construit par Djemshid, et le paysan montre au voyageur, parmi les ruines, son trône colossal. La destruction soudaine de ce palais merveilleux auquel se rattachaient tant de souvenirs historiques et mythiques dut produire une impression profonde sur l'imagination populaire, plus profonde que la chute même de la monarchie. Il est des monuments qui symbolisent tout un monde et où s'incruste l'âme d'un peuple, et il est telle pierre dont la chute retentit plus profondément dans les cœurs que le bruit des hommes qui meurent, des dynasties qui passent, des trônes qui croulent. Longtemps les prêtres de Zoroastre durent venir errer avec des pleurs et des cris de colère à travers ces voûtes désolées, qui avaient abrité tant de splendeurs, tant de souvenirs des dieux et des hommes, et où à présent rôdaient de nuit des yeux brillants de bêtes fauves[1]. Mais la catastrophe de Persépolis n'aurait point suffi à transformer Alexandre en un persécuteur de la religion sainte, si la conquête n'avait été, en effet, le signal d'une décadence profonde du mazdéisme. Ce ne fut point l'œuvre d'une persécution, mais du simple rapprochement de la Grèce et de l'Orient. Les deux esprits, en se rencontrant, s'éclairèrent et s'obscurcirent l'un l'autre. L'Orient déborde sur la Grèce, et la Grèce sur l'Orient. Les idées et les rêves de l'Orient absorbés au passage par la Grèce vont fermenter dans cette grande cuve alexandrine où vont se déposer, plusieurs siècles durant, aux alentours du christianisme, tant de précipités étranges. Phénomène analogue en Orient. Euripide est applaudi à la cour sauvage des Parthes de Séleucie, et c'est au refrain d'un vers des *Bacchantes* qu'un acteur jette la tête de Crassus aux pieds de Huraodha l'Ashkanide[2]. Athéné et Mithra se disputent le revers des monnaies des rois grecs de la Bactriane. Le mazdéisme ne périt pas; les Arsacides sont disciples de Zoroastre comme l'avaient été les Achéménides avant eux, comme le furent les Sassanides après eux; mais imprégnés d'hellénisme, leur dévotion fut, sans doute, plus

---

[1] They say the lion and the lizard keep
The courts where Jemshid gloried and drank deep.
(Tableau de M. Rivière à l'Exposition de l'Académie royale de Londres, 1878.)

[2] Plutarque, *Crassus*, XXXIII.

souvent nominale que réelle, et dut offrir des mélanges singuliers, et la puissance de l'aristocratie sacerdotale était tombée avec le trône des Achéménides.

Aux regrets qu'excitait chez les Mazdéens fidèles le sentiment de cette décadence religieuse, se joignait chez beaucoup le regret de l'unité nationale perdue. C'est surtout dans la province de Perse que régnaient ces sentiments; c'était elle qui pendant des siècles avait dominé l'Iran, et elle était à présent tombée au rang de province sujette; des princes de tribu étrangère régnaient, qui se donnaient comme héritiers de Djemshid et de Dârâb, mais qui n'avaient point dans leurs veines une goutte de sang kéanide. Le grand coupable, c'était Alexandre, et à ce nom se rattachaient encore des souvenirs sanglants qui ne devaient pas contribuer à en rendre chère la mémoire aux habitants du Farsistan. Si le Macédonien avait fait souvent ostentation de générosité, ce n'était pas là, et les récits de massacres dont parlent les historiens persans et l'*Ardâ-Virâf* se trouvent confirmés par les aveux discrètement rapides de Plutarque : « La Perse est un pays très-âpre et d'accès difficile; elle était défendue par les plus nobles d'entre les Perses, Darius s'y étant réfugié... Il y eut là un grand carnage des prisonniers. Alexandre lui-même écrit qu'il ordonna le massacre, le croyant utile à ses intérêts [1]. » Ces mots de Plutarque prouvent que la page de l'*Ardâ-Virâf* est une page d'histoire.

Enfin, depuis que la Perse n'était plus à la tête de l'Iran, l'Iran était, ou paraissait aux yeux des Perses, plongé dans une irrémédiable anarchie. On racontait qu'Alexandre, au moment de mourir, craignant que l'Iran ne vînt venger ses injures sur Roum, avait voulu mettre à mort les fils des princes qu'il avait fait massacrer après sa victoire; le rusé Aristote, son premier ministre, l'avait fait changer d'avis : il valait mieux partager l'Iran entre eux; en lutte perpétuelle pour défendre leur héritage l'un contre l'autre, ils ne pourraient songer à la guerre de revanche. Alexandre suivit ce conseil; de là *les rois des tribus*, « Moulouk-ut-Tevâyif », et l'anarchie permanente [2].

---

[1] *Alexandre*, xxxvii; cf. Diodore, XVII, 70.
[2] Firdousi, V, p. 247 ssq.; Hamzah, p. 29; Masoudi, *l. c.* 133. L'*Ardâ-Virâf* fait allusion à cette tradition : « Il sema la haine et la discorde parmi les grands et les chefs de l'Iran. »

Tels étaient les sentiments qui germaient dans la province qui avait été, durant des siècles, le cœur et la tête de l'Iran religieux et politique. L'esprit national s'y enflammait de l'esprit religieux, et en retour servait à l'entretenir; le dévot et le patriote conspiraient dans la même œuvre; le mobed savait qu'il ne reprendrait son ancienne influence que quand la Perse aurait repris l'hégémonie, et les unitaires sentaient que la religion serait dans leur main l'arme la plus puissante, et que c'était le seul lien capable d'établir l'unité. Ces idées trouvèrent leur représentant et leur champion dans la personne d'Ardeshîr Babagan, de la famille des satrapes héréditaires de la Perse, qui leva l'étendard de la révolte contre son suzerain Arsacide et rétablit l'unité politique par la prédominance de la Perse et l'unité religieuse par celle du mazdéisme.

Il suit de là que, s'il est *probable* que le passage d'Alexandre avait laissé en Iran un souvenir heureux, capable à un moment donné de produire ou de favoriser le développement d'une légende héroïque et nationale, il est *très-probable* qu'il avait laissé également, principalement en Perse, c'est-à-dire dans la partie vraiment nationale de l'Iran, un souvenir tout différent, pleinement justifié, d'exécration et de haine. Il s'était donc produit en Iran un double courant de sens contraire : le courant hellénique ou étranger et le courant national; les uns sont séduits par leur conquérant, par sa générosité, par la sympathie qu'il marque à leurs mœurs, par les nouveautés de la civilisation grecque; les autres, en Perse surtout, ne se rappellent que Persépolis brûlée, les massacres qui ont signalé l'entrée du conquérant dans leur province, la perte de leur hégémonie. Les premiers sont tout prêts à accepter la légende d'Alexandre telle qu'elle leur viendra des Grecs et telle que peut-être eux-mêmes avaient dans le temps contribué à la former; les autres en créent une eux-mêmes avec leurs souvenirs et leurs ressentiments, ou, pour être plus exact, il n'y a pas ici à parler de légende, il n'y a que des souvenirs historiques, envenimés, mais fidèles en somme. Peut-être, si les documents historiques étaient plus nombreux, trouverait-on qu'au fond de cette divergence il y a une différence et une lutte de races, que la conquête d'Alexandre fut la délivrance pour les uns et l'écrasement pour les autres; les historiens persans attribuent souvent la victoire d'Alexandre aux fautes de Dârâ, à sa tyrannie, à la désaffection du peuple [1]; la division, en réalité, fut, non entre le peuple et son roi, mais entre le peuple dominant et les peuples dominés, entre le Perse conquérant et les satrapies soumises, et, pour employer les termes mêmes du premier Darius, entre «le peuple de Perse» et «les provinces,» le *Pârça kâra* et les *Dahyu* [2]; et c'est cette même cause qui explique à la fois et les succès étonnants des Grecs et la formation des deux légendes, et plus tard les succès non moins étonnants des Arabes et la chute sans retour de la religion nationale.

La légende anti-alexandrine était infiniment plus développée qu'il ne semblerait d'après les maigres renseignements des Parsis, et l'on en retrouve des débris là où l'on ne devrait guère s'attendre à en trouver, dans les récits mêmes des chroniqueurs et des poètes musulmans qui ont donné à Alexandre un caractère de sainteté qu'il n'avait pas dans la légende ancienne, et qui, l'identifiant avec le Dhu-lqarnaïn du Coran, «le prophète aux deux cornes,» ont fait de lui un saint inspiré et le compagnon du prophète Élie. Rien d'odieux comme le rôle qu'il joue dans la Chronique de Tabari. Alexandre apprend que deux conseillers de Dârâ ont le projet de tuer leur maître; il leur fait promettre des trésors s'ils réussissent. Ils essayent de le tuer dans la bataille, mais ne trouvent pas l'occasion: Alexandre est blessé et demande la paix. Dârâ refuse sur l'avis de ses deux conseillers; la lutte recommence. Alexandre effrayé prend la fuite, mais pendant ce temps le poignard des assassins travaille pour lui, et le fuyard se trouve vainqueur. Alors il peut en sécurité, comme le César de Lucain, pleurer et venger son ennemi, et les Persans, touchés de cette générosité, l'acclament. Supposez un journal publié à Persépolis après la mort de Darius par un des dibirs du roi; cette version sceptique n'y aurait pas été déplacée. Le crime de Bessus venait trop à propos pour ne pas éveiller les soupçons contre celui qui en profitait, et nous avons là une version parallèle à la version officielle et classique des historiens et du Pseudo-Callisthène,

---

[1] Tabari, trad. Zotenberg, p. 514.
[2] *Inscription de Persépolis*, I.

et qui peut-être n'est pas moins ancienne. Elle était si autorisée qu'elle s'impose, malgré les protestations de sa conscience, à Nizami; son Iskander, un prophète, un serviteur du Très-Haut, descendant d'Abraham, a quelque scrupule à accepter l'offre des satrapes; mais, comme général, il ne croit pas avoir le droit de rejeter l'avantage que lui offre la fortune, et il en profite. Il est plus difficile de savoir si ce que Nizami raconte de la destruction des temples du feu remonte à une source ancienne : il a pu aussi bien lui prêter, comme prophète et bon musulman, le mérite de cette œuvre pie que répéter les plaintes des Guèbres.

III

Si la légende anti-alexandrine a pénétré la légende alexandrine, l'inverse s'est produit également. Les Parses ont connu celle-ci, et l'ont transformée au gré de leur passion. De là le curieux récit que les Guèbres d'Ispahan faisaient au Père de Chinon sur la naissance d'Alexandre : « Ils ne le mettent pas au rang des hommes, crainte de faire tort à la renommée de leurs héros, et dire avoir été subjugués par un qui fût du nombre des mortels. Ils le font fils du démon et conçu par son moyen en cette manière :

« Ils feignent l'aïeul maternel d'Alexandre avoir été tributaire de leurs rois, et qu'ayant été sollicité par celui qu'ils nomment Dârâb, qui est sans doute Darius, à lui envoyer sa fille en mariage, pour en avoir entendu faire beaucoup d'estime, à cause de sa beauté. Il fut fort aise de cette recherche, qui ne lui pouvait être que très-avantageuse, et plus honorable. Ce roi ayant donc envoyé sa fille à ce Dârâb, le diable en devint aussi amoureux; et s'étant transformé en un tourbillon de vent, et d'une couleur aussi noire qu'on le dépeint, la fille fut enveloppée dans ce tourbillon; ce qui la rendit fort noire, et son ventre fort enflé. Elle fut conduite en cet état devant Dârâb, roi des Gaures, qui perdit tout l'amour qu'il avait pour elle, la voyant en cet horrible état. Il la renvoya à son père, et aussitôt elle enfanta un monstre de l'enfer, qui avait une figure hideuse, et surtout les oreilles d'âne. Ce fils fut nommé Alexandre, et vint ensuite en cette belle forme faire un horrible ravage dans toute l'Asie, où il s'assujettit tous les pays, par une force qui n'eût pas été appréhendée d'eux, si elle n'eût été plus qu'humaine [1]. » Il est aisé de retrouver les sources de ce récit bizarre : la première idée est tirée de Firdousi même. Dans le *Livre des Rois*, Dârâ renvoie Nahid le lendemain de ses noces, parce qu'« il trouvait que son haleine était mauvaise [2]. » Cela devient une possession du diable, le *gandagî* étant un attribut et une création d'Ahriman. On profite de l'occasion pour rattacher quelqu'un des mythes du type Borée-Oreithyia, avec moins de grâce, il est vrai, que ne l'aurait fait un poète grec. Enfin, les oreilles d'âne du conquérant sont la transformation humoristique des deux cornes dont lui ont fait présent les Arabes en l'identifiant à Dhulqarnaïn, et si, comme on le croit généralement, les cornes du prophète arabe dérivent des deux rayons lumineux dont la tradition rabbinique, d'après la Bible, fait resplendir le front de Moïse, c'est au verset 29 du chapitre XXXIV de l'*Exode* qu'Alexandre de Macédoine doit d'avoir vu s'allonger ses oreilles.

Mais une autre action, d'un sens tout différent, s'est exercée dans les derniers siècles, qui tend, au moins chez une partie des Parses, à les réconcilier avec la mémoire d'Alexandre. Dans son livre sur les miracles de Zoroastre, Edal Dâru, grand prêtre des Parses de la secte des Rasamis, absout Alexandre de l'accusation élevée contre lui [3]. Il s'appuie, dit-il, sur le témoignage du *Farhâd-Nâmeh*, ouvrage qui aurait été composé par un mobed du temps d'Ardeshîr, c'est-à-dire environ 450 ans après la mort d'Alexandre; sur le témoignage du *Dabistan*, ouvrage postérieur à l'empereur mongol Akbar, et du *Shâristan*, ouvrage analogue composé sous Akbar. Il y a sans doute erreur pour le *Dabistan*; du moins le texte connu en Europe par la traduction de Shea et Troyer ne contient rien de tel; le *Farhâd-Nâmeh* aurait besoin d'être cité d'une façon plus explicite pour que l'on sache la nature et la valeur de son témoignage; enfin, le témoignage du *Shâristan* se réduit, paraît-il, à ce fait que l'auteur du livre déclare avoir vu

---

[1] *Loc. cit.*
[2] *Livre des Rois*, V, 57.
[3] D'après Wilson, *Journal of the Bombay branch Royal Asiatic Society*, I, p. 172, note.

en songe Alexandre, qui lui affirma son innocence. Cela ne suffit pas sans doute à l'établir; cela suffit du moins à établir qu'il y a dans notre siècle un Parse qui y croit, et peut-être qu'il y en avait un au xviie siècle qui y croyait. Mais si les raisons d'Edal Dâru et de l'auteur du *Shâristan* ne sont pas bien décisives, ils pouvaient invoquer une autorité meilleure que celle d'un songe, celle d'un livre qui aujourd'hui passe, chez les Parses, ou une partie d'entre eux, pour révélé, le *Desatir*; ce livre contient les prophéties des prophètes qui ont précédé Zoroastre durant des milliards de milliards de siècles et des prophètes qui le suivront; il est écrit dans une langue que les hommes ne comprennent pas, mais accompagné d'une traduction persane et d'un commentaire. Sylvestre de Sacy a montré que cette langue, comprise de Dieu seul, comme celle des livres que brûla Alexandre, appartient, en réalité, à ce groupe de langues *allophyles,* dont la langue de *ja-va* est le type populaire. Quant au système, c'est un essai de concilier et de combiner les idées de l'Inde brahmanique, de la Perse mazdéenne et de la Perse musulmane; le livre est relativement ancien et remonte au moins au xviie siècle. Or, dans ce livre, Alexandre est un favori du Très-Haut, et à son intention un livre a été révélé à Zoroastre. « Quand les Iraniens se rendirent coupables d'actes criminels, dont l'un fut la révolte des deux ministres qui tuèrent Dârâ, le roi Sikander, fils de Dârâ, roi des rois, petit-fils de Bahman, roi des rois, de la race de Gushtasp, vint punir les Iraniens. A la fin, par l'ordre de Dieu, du consentement des mobeds, il inséra son livre dans le *Desatir*. Ce livre est le livre inspiré que le prophète Zoroastre avait demandé à Dieu d'envoyer ici-bas, afin qu'Alexandre venu, les destours pussent le lui montrer et l'attacher par là plus étroitement à la foi pure. Dieu, approuvant la requête de son prophète, révéla une partie de sa parole sous forme d'avis à Sikander, et le livre fut déposé dans le trésor royal, scellé du sceau des destours. Quand Sikander devint maître de l'Iran, Peridoukht Roushenek (fille de Darius, femme d'Alexandre) lui remit le livre. Il en entendit la lecture, applaudit à la sainte religion d'Abad, loua la grandeur de Zoroastre et la vérité de Dieu et recommanda aux mobeds d'incorporer le livre dans le *Desatir*. Sikander fit ensuite traduire les livres des Iraniens en grec, et de là dériva la philosophie rationaliste des Grecs[1]. »

Ce récit est la combinaison d'une idée musulmane et d'une idée parsie. Aux Parses l'idée que c'est de leurs livres traduits par Alexandre que dérive la science grecque; les Parsis ne le disent pas expressément, il est vrai, mais ils disent qu'Alexandre a traduit leurs livres, et Hamzah d'Ispahan, qui travaille sur des documents parsis, nous apprend qu'il transporta en Occident les sciences de l'astronomie, de la médecine, de la philosophie et de l'agriculture, dont il avait fait traduire les livres en grec et en égyptien : il était jaloux de la science des vaincus, car la science n'était cultivée nulle part ailleurs. Mais, d'autre part, l'auteur du *Desatir,* trouvant un prophète Alexandre chez les Musulmans, le tire à lui, ne veut pas le laisser en dehors de sa religion universelle. Les deux légendes, l'alexandrine et l'anti-alexandrine se fondent donc ici, mais au profit de la première; la tradition parse se noie et s'évanouit dans la légende gréco-musulmane. Ainsi, sa bonne fortune a suivi Alexandre jusqu'au bout; la longue lutte engagée autour de son nom, depuis vingt et un siècles, parmi les descendants de Gayomert, entre le parti étranger et le parti national, se termine enfin par la victoire de l'étranger : le Roumi est relevé de l'anathème; Zoroastre le revendique pour sien, et les flammes vont s'éteindre dont il brûlait dans l'enfer.

[1] *The Desatir* (Bombay, 1818, éd. Mulla Firuz), *The book of Shet the prophet Zertusht,* §§ 55 ssq.

DE L'ANALOGIE,

PAR MICHEL BRÉAL.

Du cabinet où j'écris, la vue donne sur un magasin dont l'enseigne est ainsi conçue :

PARFUMERIE DES ÉCOLES

Après que Paris aura eu le sort des capitales du monde antique, si cette inscription se retrouve et tombe entre les mains d'un archéologue, elle le conduira peut-être à des hypothèses erronées. Il pourra être tenté de classer ce document parmi ceux qui se rapportent soit aux institutions universitaires, soit aux habitudes des étudiants. C'est ainsi que dans les inscriptions éphébiques d'Athènes sont nommés les ἀλειφόμενοι, et que certains textes mentionnent les dons d'huile faits aux jeunes gens du gymnase. Rapprochement trompeur, que l'examen de la forme des lettres et la connaissance de notre état social permettraient de corriger aux Duruys et aux Reniers de l'avenir. Au lieu d'un renseignement historique, nous avons ici un fait grammatical : c'est *l'analogie* qui a suggéré le nom d'une Parfumerie des Écoles, comme il y avait déjà une Papeterie et une Brasserie des Écoles, qui doivent elles-mêmes leur nom au voisinage de la rue des Écoles.

L'analogie ne dresse pas seulement ses pièges à l'historien : elle est pour le grammairien, s'il n'y prend garde, une cause perpétuelle d'erreurs. C'est elle qui fait, par exemple, qu'en français certaines désinences grammaticales ont l'air d'être mieux conservées et plus complètes qu'en sanscrit. C'est elle qui fournit à l'industrie des mots dont l'aspect extraordinaire nous laisse interdits, comme elle met dans la bouche de l'enfant des participes que le philologue n'eût jamais trouvés de lui-même.

L'analogie joue en grammaire le rôle que dans la société a la Police, qui, prenant plus d'autorité à mesure que les États s'assoient davantage, tend à faire entrer les actes de la vie dans des formes constantes. Plus d'une fois nous pouvons regretter son intervention : car pour elle tout ce qui sort de la règle est suspect. Ne comprenant pas la cause des irrégularités qu'elle pourchasse, elle donnera le nom de licence et de désordre à tel usage plein de sens qui est un reste de la liberté des anciens temps, et qui continue à entretenir des qualités dont on constate la perte quand il est trop tard pour les rappeler, et sans s'expliquer pourquoi elles ont disparu. Si on laissait faire l'analogie, les langues deviendraient plus aisées à parler, mais elles achèteraient cet avantage au prix d'une bonne partie de leurs qualités : elles deviendraient maussades comme les grands chemins en ligne droite dans la plaine. J'ai entendu, en ma jeunesse, de fortes têtes soutenir que l'Académie devrait débarrasser la langue des exceptions. Mais il y a déjà assez de gens pour prendre le parti du grand nombre, c'est-à-dire de la régularité. Là où il y a exception, il y a encore un reste de vie originale.

Je voudrais, dans les pages qui suivent, donner quelques exemples de l'influence de l'analogie : sujet étendu et compliqué, impossible à traiter ici d'une manière complète. Il nous suffira d'en avoir fait entrevoir l'importance.

Prenons le participe français *mordu*. Si nous le comparons au participe latin *morsus*, nous voyons qu'il s'est introduit dans le mot une désinence nouvelle, car *morsus* aurait dû donner *mors*. C'est ce qu'il avait donné en effet; encore au xvi° siècle, Ambroise Paré écrit : « Je fus mors d'une vipère au bout du doigt... Lorsque la partie morse devient purpurée, noire ou verdoyante. » Mais dès cette époque on commence aussi à dire *mordu*, comme si le verbe latin avait été *morduere*, et le participe *mordutus*. C'est la forme qui a prévalu, portée et soutenue qu'elle était par un grand nombre d'autres participes qui avaient déjà adopté cette désinence. Ainsi encore le verbe *rompre* faisait autrefois au participe *roupt*, qui est le latin *ruptus*; au xiv° siècle, Oresme dit : « Adonques est l'amisté dissolue et roupte. » Encore au xvi° siècle, les fractions, en mathématiques, s'appellent les *nombres roupts*. Ce participe a survécu dans le substantif *route*, qui marque un chemin qu'on a fait en rompant la forêt et le terrain. Il subsiste aussi dans le composé *déroute*, ainsi que dans l'anglais *raout*, qui désigne une assemblée mondaine ; ce mot, revenu d'Angleterre en France, est d'origine française, puisque *une route*, dans notre vieux langage, désignait une division, une troupe, une bande (en allemand *rotte*). Le participe *rompu*, qui est d'ailleurs fort ancien, suppose un verbe *rumpuere*.

Des observations analogues pourraient être faites sur une série d'autres verbes : souvent un substantif, qui n'est pas autre chose qu'un ancien participe masculin ou féminin, nous a conservé le souvenir de l'ancienne forme. Qu'on veuille bien rapprocher *mordu* et *mors*, *tordu* et *tort*, *pendu* et *poids* (le *d* est de trop), *rendu* et *rente*, *vendu* et *vente*, *tendu* et *tente*, *pondu* et *ponte*, *fallu* et *faute*, on verra combien ces participes en *utus*, assez peu nombreux dans la langue latine, ont pullulé en français. Pour s'expliquer cette fortune particulière, il faut chercher tout d'abord quel a été le point de départ de ces formes, ensuite quelle a été la cause qui en a favorisé la propagation.

Ces formes en *utus* se retrouvent dans toutes les langues romanes : il suffit de rappeler l'italien *avuto*, *saputo*, *valuto*, *potuto*. Déjà en bas latin Diez signale, dans des chartes du vııı^e siècle, *sternutus* au lieu de *stratus*, *decernutum* au lieu de *decretum*, et, dans les lois des Barbares, *incendutum* au lieu de *incensum*, *pendutus* au lieu de *pensus*. Si nous nous demandons quel a été le point initial du mouvement, nous sommes ramenés, comme il arrive souvent en histoire, à d'assez faibles commencements. Nous trouvons, par exemple, le verbe *solvere*, avec ses composés *resolvere*, *dissolvere*, *absolvere* ; la coexistence de deux formes : *solutus* et *soltus* (d'où le français *dissous*, *absous*, à côté de *dissolu*, *absolu*), a pu contribuer à familiariser les esprits avec l'idée d'un double participe. Il y avait, en outre, quelques adjectifs verbaux, comme *tributus*, *statutus*, *imbutus*, *dilutus*, *consutus*. L'aîné de toute la famille pourrait bien être le verbe *sequor*, qui faisait déjà en latin *secutus*, tandis que le substantif verbal *secta*, « la suite, le cortège, » avec le fréquentatif *sectari*, *insectari*, représente la formation ancienne. Une circonstance qui a dû aider à la formation de ces participes, c'est la présence des parfaits en *ui*, tels que *valui, volui, conui (cognovi), habui, sapui*, qui semblaient appeler des participes en *utus*, comme les parfaits en *ivi* avaient à leurs côtés des participes en *itus*.

Dire que la grammaire a subi une déviation, c'est constater le fait, mais non l'expliquer. Une intention plus ou moins obscure a dirigé le langage. Les langues tendent à rétablir l'enchaînement des formes grammaticales, là où il a été rompu par l'action des lois phoniques : le désir de maintenir une certaine clarté dans la conjugaison et de laisser voir le rapport qui existe entre le verbe et le participe ont été ici les causes déterminantes. Entre *rompu* et *rompre*, *tendu* et *tendre*, *pondu* et *pondre*, le rapport est plus visible que si le participe est *roupt, tent, post*. C'est le désir instinctif de sauver une consonne importante du radical qui a favorisé la propagation du suffixe.

Remontons maintenant d'un degré et venons à la langue latine. L'*e* long des imparfaits en *ebam* des verbes de la troisième conjugaison, comme *legebam*, a beaucoup occupé les linguistes : Bopp, toujours plus disposé à chercher l'étymologie des désinences qu'à les expliquer par l'action réciproque des formes existantes, a été jusqu'à soupçonner dans cet *e* long la présence d'un augment. En effet, la désinence *bam* est due à l'auxiliaire *fuo*, qui, à l'imparfait, dans une période reculée, a pu faire *efuam, ebuam;* l'*e* de l'augment, se mêlant à l'*e* du thème *legĕ*, aurait donné la longue. Plus tard, Bopp a abandonné cette hypothèse ; il suppose alors que l'*e* de *legebam* a été allongé d'une façon « inorganique », pour donner au commencement du mot la force de porter le poids du verbe auxiliaire annexe. Le mot « inorganique » sert souvent, en grammaire comparée, pour expliquer ce qu'on ne comprend pas ; mais heureusement dans le cas présent on n'est pas obligé d'y avoir recours. Les imparfaits comme *legebam* ont été faits à l'imitation de *monebam, tenebam*, dont l'*e* était naturellement long. L'action de l'analogie trouvait ici une aide dans la présence d'un certain nombre de verbes qui sont à la fois de la deuxième et de la troisième conjugaison, comme *tergere, fervere, fulgere, stridere*. Ce qui prouve que la forme en *ebam* avait un penchant à sortir de ses limites et à se répandre sur les autres conjugaisons, c'est que nous avons aussi *audiebam*, *capiebam*, *veniebam*. Il faut remarquer qu'à côté de *legebam* on a encore *legĕrem*, quoiqu'ici également un verbe auxiliaire (le verbe *sum*) soit venu s'ajouter. Il est probable que la présence de l'infinitif, dont la ressemblance avec l'imparfait du subjonctif se vérifie dans toutes les conjugaisons, ainsi que dans les verbes irréguliers, a victorieusement combattu la force de l'analogie.

En ce qui concerne *legebam*, j'ajouterai que la troisième conjugaison a probablement adopté en dernier lieu cette forme d'imparfait composé : c'est celle où l'ancien imparfait (ἔλεγον) a dû se maintenir le plus longtemps, parce qu'il s'y formait le plus facilement.

Ceci m'amène à mentionner l'opinion d'un savant qui, pour avoir méconnu la force de l'analogie, a émis des doutes singuliers au sujet de l'origine des imparfaits et des futurs latins. M. le docteur H. Merguet, dans un livre intitulé : *Die Entwickelung der lateinischen Formenbildung*, déclare qu'il est impossible d'admettre dans *amabam*, *amabo*, la présence d'un verbe auxiliaire. En effet, à l'époque où ces formes ont été composées, nos langues possédaient déjà un système grammatical parfaitement développé : depuis longtemps, les noms avaient cessé d'être employés sans être revêtus d'une désinence casuelle. C'est donc un substantif pourvu de sa désinence, ou un participe, qu'on aurait dû joindre au verbe auxiliaire, et non un thème sans flexion comme *amă-*. Ainsi (poursuit M. Merguet) ont fait les langues modernes, quand elles se sont donné un futur ou un prétérit : elles ont pris l'infinitif (*amare habeo*) ou le participe (*habeo amatum*). Ainsi a fait le sanscrit lorsque, voulant se donner un parfait périphrastique, il a combiné avec le verbe « j'ai fait » un substantif à l'accusatif : *içâm cakâra*, « j'ai régné », littéralement « j'ai fait règne ». Telle est l'objection qui a été faite. A en croire quelques savants, les procédés d'imitation les plus simples, du moment qu'il s'agit de périodes relativement récentes, auraient été au-dessus du génie populaire, tandis qu'on accorde sans peine « aux créateurs du langage » les conceptions les plus hardies. C'est le contraire qui est plutôt l'expression de la vérité : le peuple invente peu, mais il imite et il combine. Les modèles comme *amator, amaturus, amans*, sans parler de *amamus, amatis*, fournissaient sans peine un thème *ama*, d'après lequel on a fait *amabam*, « j'étais amateur », *amabo*, « je serai amateur ». On a été jusqu'à contester pour des motifs pareils la présence du verbe *sum* dans les formes comme *dixi* et ἔδειξα. Mais le présent, l'imparfait, les participes, les adjectifs et substantifs verbaux mettaient constamment l'esprit en présence d'un thème *dic* ou δεικ, en sorte qu'il lui était moins difficile de pénétrer jusqu'à ce noyau du verbe pour le détacher et le faire entrer en de nouvelles formations, qu'il ne l'est à nos enfants de créer l'imparfait *je courais* à l'aide du verbe *courir*.

M. George Curtius, qui, dans son livre sur le verbe grec, critique l'exagération des idées de M. Merguet, avait lui-même donné l'exemple d'un raisonnement analogue. En son célèbre essai *Sur la chronologie dans la formation des langues indo-européennes*[1], il place l'invention de la déclinaison à une époque extrêmement tardive, parce que le nom, s'il avait été décliné, aurait dû emporter les signes des cas et des nombres dans les formes composées du verbe: ainsi *a-dik-sat*, « il montra », littéralement « il fut montreur », aurait dû donner au pluriel *a-dikas-sant*, et non *adiksant*. Je ne sais si l'éminent professeur de Leipzig a encore sur ce sujet les mêmes opinions; mais il est clair que les imparfaits où l'on a ἔλειπον au singulier et ἐλείπομεν au pluriel, les aoristes seconds où l'on a ἔλιπον au singulier et ἐλίπομεν au pluriel, avaient habitué les esprits à un verbe dont la partie antérieure reste invariable, et dont la seule partie variable est la désinence personnelle.

Le numismate, l'historien de l'art, savent très-bien que les anciens types ne sont pas abrogés tout d'un coup, et qu'ils prolongent ordinairement leur existence à côté et en concurrence des types nouveaux. Les linguistes ont quelquefois perdu de vue cette vérité d'expérience. Deux philologues américains, les frères Tafel, ont contesté l'explication généralement admise pour les formes passives latines telles que *laudamini, mone-*

---

[1] *Bibliothèque de l'École des Hautes Études*, fascicule premier. Traduction de M. Bergaigne.

mini. Bopp les avait identifiées avec les participes grecs comme τιμώμενοι, φιλούμενοι, et ce rapprochement avait paru tellement évident que personne ne s'était avisé de le révoquer en doute. Ces deux savants ont objecté que, si le rapprochement est valable pour le présent, il ne saurait rendre compte des autres temps, par exemple, du subjonctif présent *laudemini* ou de l'imparfait *laudaremini.* C'est trop se défier de l'intelligence romaine ; une fois que *laudamini* fut admis et reçu comme forme personnelle du verbe, on la fit passer par toute la filière des temps. *Laudaremini* peut sembler monstrueux à l'étymologiste, mais pour le peuple cette forme n'était pas seulement toute simple et toute naturelle, elle était imposée et inévitable.

Une fois que l'esprit s'est habitué à certains mécanismes grammaticaux, il n'a point de cesse qu'il n'y ait fait passer tous ses produits anciens et nouveaux. Une difficulté qui donne fort à faire à nos écoliers, c'est la formation des féminins : *menteur* fait *menteuse;* mais *acteur* fait *actrice; pécheur* fait *pécheresse* et *supérieur* fait *supérieure.* Si la difficulté existe pour nos écoliers, c'est qu'elle a existé autrefois pour la langue elle-même ; nos pères ont voulu donner des féminins à des adjectifs rebelles. Tantôt, comme pour *actrice,* on s'est servi de la formation latine; tantôt, comme pour *supérieure,* on a traité un adjectif en *or* comme s'il était en *us, a, um;* tantôt, comme pour *pécheresse,* on a pris un suffixe qui, par certains féminins à demi savants, tels que *comtesse, duchesse, prophétesse, abbesse,* remonte jusqu'à la désinence grecque ισσα (βασίλισσα); tantôt encore, on a accouplé aux masculins en *or,* comme *menteur,* des féminins en *euse,* qui sont sur le modèle de *odiosus, generosus.* Ainsi l'esprit, quand il s'est fait une case grammaticale, veut la voir remplie, et il la remplit au mépris de l'étymologie et de la correction. Nous voyons ici l'analogie, que nous avons d'abord observée allongeant, rangeant, uniformisant le langage, devenir productive et suppléer à des lacunes qui existaient dans le plan primitif de nos langues.

Nous employons tous les jours des féminins qui eussent été impossibles en latin : *une imagination riante, de meilleures conditions, de loyales paroles, une forte constitution, une douce pensée, une habitation commune, de grandes espérances.* Encore au xv° siècle, on écrivait *lettres royaux.* Ce ne serait pas donner une explication que de dire que la déclinaison en *us, a, um* gagne sur la déclinaison en *is, e;* l'esprit, habitué à voir l'adjectif varier au féminin, a, dès l'époque romaine, favorisé la formation qui permettait la désinence féminine. Dans l'*Appendix ad Probum,* le grammairien puriste corrige déjà ceux qui disent *tristus* au lieu de *tristis, pauperus* au lieu de *pauper.*

Une des victoires les plus complètes que l'analogie ait remportées, c'est le *s* du pluriel en anglais, qui n'est pas, comme on pourrait le croire, emprunté aux pluriels français, mais qui est d'origine anglo-saxonne. En anglo-saxon, certains thèmes se terminaient au nominatif et à l'accusatif pluriels en *as;* ainsi *fisc* « poisson », *ende* « fin » se déclinent de cette manière :

SINGULIER.

Nominatif	*fisc.*	*ende.*
Génitif	*fisces.*	*endes.*
Datif	*fisce.*	*ende.*
Accusatif	*fisc.*	*ende.*

PLURIEL.

Nominatif	*fiscas.*	*endas.*
Génitif	*fisca.*	*enda.*
Datif	*fiscum.*	*endum.*
Accusatif	*fiscas.*	*endas.*

Mais, à côté de ces noms, il y en avait d'autres dont le pluriel était formé tout autrement. Voici, par exemple, la déclinaison du féminin *dæd* « action » et du neutre *word* « parole » :

SINGULIER.

Nominatif	*dæd.*	*word.*
Génitif	*dæde.*	*wordes.*
Datif	*dæde.*	*worde.*
Accusatif	*dæde.*	*word.*

PLURIEL.

Nominatif	*dæda.*	*word.*
Génitif	*dæda.*	*worda.*
Datif	*dædum.*	*wordum.*
Accusatif	*dæda.*	*word.*

On voit que le pluriel n'a pas de *s*. Il en est de même pour toute une nombreuse classe de mots qui forment leur pluriel en *an*; nous prenons comme exemples le masculin *steorra* « étoile », le féminin *tunge* « langue », le neutre *eáge* « œil » :

SINGULIER.

Nominatif.......	*steorra*.	*tunge*.	*eáge*.
Génitif.........	*steorran*.	*tungan*.	*eágan*.
Datif..........	*steorran*.	*tungan*.	*eágan*.
Accusatif.......	*steorran*.	*tungan*.	*eáge*.

PLURIEL.

Nominatif.......	*steorran*.	*tungan*.	*eágan*.
Génitif.........	*steorrena*.	*tungena*.	*eágena*.
Datif..........	*steorrum*.	*tungum*.	*eágum*.
Accusatif.......	*steorran*.	*tungan*.	*eágan*.

Que reste-t-il de cette variété en anglais? A peu près rien. En vieil anglais *as* est déjà changé en *es* (*dayes, kynges*), et commence à être employé sans distinction des genres. Cependant, il reste encore un certain nombre de pluriels en *e* et surtout en *en*. Mais en anglais moderne la désinence *es* ou *s* s'est uniformément introduite partout. De même qu'on dit *fishes, ends*, on dit aussi *deeds, words, stars, tongues, eyes*. Ici, comme dans toute la famille indo-européenne, c'est la déclinaison vocalique qui l'a emporté, car les mots comme *fisc* étaient anciennement terminés par une voyelle, laquelle paraît encore au pluriel *fisca-s*. Le *s* a été tellement victorieux qu'il s'impose aux mots d'origine étrangère, tels que *cities, resolutions, negroes*. Il est devenu une sorte d'exposant algébrique de la pluralité, car il peut s'ajouter, comme signe indépendant, à des locutions assez complexes et même à de petites phrases ; un romancier, parlant d'un échange de compliments, dit : *How d'ye do 's were exchanged*.

Un exemple plus extraordinaire encore de la force de l'analogie dans la même langue serait, si nous pouvions nous y arrêter, le *s* du génitif singulier, qui s'est généralisé à tel point qu'il est devenu l'expression abstraite marquant la possession. Dans cette locution : *the queen of Great-Britain's navy*, nous retrouvons le *s* des génitifs comme *fisces*, mais avec un féminin et détaché de son substantif. Dans cette phrase, *our eyes' reach*

« la portée de nos yeux », le *s* possessif venant s'ajouter au *s* du pluriel, l'écriture a renoncé à le marquer. Telle est la puissance de l'analogie, qu'elle accumule les exposants sans s'arrêter aux conflits que peut produire leur rencontre.

Il est probable que l'extrême simplification de la grammaire anglaise est due au mélange de races dont la Grande-Bretagne fut le théâtre. Quand deux peuples parlant des langues différentes se trouvent en présence, le besoin de s'entendre fait qu'on sacrifie les parties trop compliquées et trop fines de la grammaire. Les exceptions, les nuances, les désinences riches et variées, sont un luxe auquel il faut renoncer ; des flexions uniformes et bien apparentes, voilà ce que le besoin d'être compris exige. Pareille chose est arrivée en Perse au temps où l'idiome arien de ce pays s'est mêlé aux idiomes sémitiques. Quand nous rencontrons une grammaire simple et logique, c'est aller au rebours de la vraisemblance que de conclure à la pureté et à l'antiquité. La régularité est à la fin, non au commencement des langues.

Suivons maintenant l'analogie sur un autre terrain : celui de la formation des mots. Ici encore nous verrons la part importante que la première conjugaison a eue en français et, à une époque plus ancienne, en latin.

Il y avait, dans notre famille d'idiomes, un suffixe *tu* formant des noms abstraits : en sanscrit, par exemple, la racine *gâ* « chanter » fait *gâtu* « chant ». Ce suffixe se retrouve en latin, où l'on a quantité de noms en *tus* (4ᵉ déclinaison), comme *actus, raptus, cultus, vultus, strepitus, tinnitus*. Il est particulièrement fréquent avec les verbes de la première conjugaison : *tractatus, ploratus, venatus, hortatus, odoratus, judicatus*. Dans tous ces exemples, à côté du substantif, nous constatons la présence du verbe dont il est tiré. On peut, à la rigueur, supposer aussi un verbe *magistrare* pour expliquer *magistratus* « la magistrature ». Mais d'où viennent *pontificatus, principatus, tribunatus, triumviratus* ? Nous voyons ici l'*a* se détacher des verbes en *are* et faire corps avec le suffixe *tus* pour former des substantifs marquant un état. Le suffixe est *affranchi*.

Un autre exemple nous est fourni par les adverbes latins en *tim*. L'ancêtre est, à ce que je crois, *partim*, qui n'est pas autre chose que l'accusatif du substantif *pars*. On trouve *partem*, accompagné d'un adjectif, dans des emplois qui nous font comprendre comment il a passé au sens adverbial. « Magnam partem ex iambis nostra constat oratio, » dit Cicéron (*Or.* 56). César, parlant des Gaulois, écrit : « Maximam partem lacte atque pecore vivunt » (*B. G.* IV, 1). Quelques adverbes de même formation sont *statim, tractim, junctim, strictim, raptim, præsertim*[1], *cursim, sensim*[2], qui peuvent être rapportés à d'anciens substantifs en *ti* : ainsi *statim* suppose un archaïque *statis*, qui répondrait au grec στάσις. Ces substantifs en *tis* ont disparu de la langue, ou plutôt ils ont fait place aux mots en *tio(n)*, tels que *statio, tractio, junctio*. Il n'en est resté que ces accusatifs dépareillés, qui, étant enlevés à leur déclinaison, se trouvaient par là d'autant plus aptes au rôle d'adverbes. A l'imitation des premiers, on a fait *exquisitim, minutim, certatim, privatim, separatim, festinatim*. Comme les verbes en *are* étaient les plus nombreux, les adverbes en *atim* se sont bientôt multipliés assez pour que l'adhérence de *l'a* se produisît : d'autre part, le sens distributif, qui lui-même vient peut-être de *partim*, s'est introduit dans ces adverbes. On a fait alors *centuriatim, manipulatim, catervatim, regionatim, gradatim, paulatim*.

La même série de faits se continue en français. Comment expliquer les adjectifs *secourable, imprenable, périssable, croyable, recevable, convenable, responsable?* Ils ont été faits d'après d'autres adjectifs en *able* qui s'appuient sur des verbes en *er* : *admirable, adorable, estimable, agréable, palpable*. Le modèle latin a été donné par les mots comme *habitabilis, insatiabilis, laudabilis, optabilis*. Cependant la forme en *ible*, à demi savante comme l'autre, fait concurrence : *possible, impossible, terrible, horrible, sensible* ont fourni le type d'après lequel ont été faits *invincible, extensible, irascible, imprescriptible, exigible, éligible*. Quant aux adjectifs latins comme *mobilis, nobilis, flebilis*, ils

---

[1] Du verbe *serere* « enchaîner ». *Præsertim* signifie littéralement « en mettant hors de pair, hors rang ». Cf. *insertim, disertim*.

[2] En voici quelques autres : *punctim, carptim, sparsim, perplexim, passim* (de *pandere*), *cæsim, cursim, confertim, contemptim, efflictim, confestim* (du verbe *fendere* « frapper », qui est dans *offendere*), *furtim, pedetentim, exsultim*.

survivent dans *meuble, noble, faible;* mais le suffixe, manquant de ce qu'on peut appeler la voyelle dominante, est resté trop mêlé au corps du mot pour s'affranchir.

Si nous pouvions poursuivre cette étude, nous verrions que l'*a* de la première conjugaison se cache en des formations où, à première vue, on ne serait pas tenté de le chercher. Ainsi les mots français *coureur, buveur, faiseur, diseur, connaisseur, vainqueur, liseur, preneur* renferment non pas le suffixe *or,* mais le suffixe *ator,* ainsi qu'on le voit par les formes provençales *conoissedor, facedor, vencedor, legedor.* De même les noms en *oir,* tels que *pressoir, comptoir, ouvroir, abreuvoir,* sont formés non de *orium,* mais de *atorium;* ainsi le mot *Oroir* (resté sous la forme *Orouer* ou *Ozouer* ou *Ozoir* dans quantité de dénominations géographiques) représente *Oratorium.*

On peut ajouter les noms en *ier,* si nombreux en français, comme *ouvrier, armurier, cuisinier, écuyer, huissier,* qui ont eu pour modèle les noms latins en *arius,* tels que *operarius, stipendiarius, aurarius;* ceux-ci sont partis eux-mêmes des mots comme *coquinarius, tabularius,* qui doivent leur *a* aux féminins *coquina, tabula.* De même encore en grec, les adjectifs comme αἱματηρός, ἰχθυηρός, κυματηρός, ὀλιχηρός, sont faits sur le type de διψηρός, τολμηρός, τυχηρός.

On peut remarquer que les suffixes les plus apparents sont ceux qui ont le plus de chance de faire fortune, parce qu'ils s'ajoutent avec le moins de peine à toute espèce de mots. Quand les Romains firent connaissance avec la langue grecque, ils y trouvèrent cette formation ailée des verbes en ιζειν; les premiers poètes latins, Livius Andronicus, Nævius, Plaute, s'en emparèrent, mais sans se donner beaucoup de peine pour la latiniser. Ils ajoutent au suffixe ιζ les désinences de la première conjugaison latine, et ils composent ainsi les verbes en *issare :* ἀτλικίζω, βαδίζω, μαλακίζω, κυμβαλίζω, σικελίζω, πυτίζω deviennent *atticissare, badissare, malacissare, cymbalissare, sicelissare, pytissare.* La langue latine, au temps de César et d'Auguste, a élagué peu à peu ces verbes, à l'exception d'un petit nombre, par exemple *comissari,* qui est un mélange de κομίζομαι et κωμάζω. On sentit la pesanteur de ces formes, qu'un âge antérieur s'était appropriées avec plus d'avidité que de goût.

Pareille chose est arrivée à l'allemand au moyen âge : on connaît ces verbes en *ieren*, qui pullulent encore aujourd'hui dans la langue de nos voisins. Il y avait en vieux français de nombreux verbes en *ier*, comme *corrigier, logier, copier, étudier, s'espacier*. L'allemand se contenta d'ajouter sa désinence infinitive *en* à l'infinitif français, en sorte qu'il eut *corrigieren, logieren, copieren, studieren, spazieren* : formation monstrueuse, puisque dans une troisième personne, *er logiert*, se trouve contenu le *r* de l'infinitif, mais à laquelle l'allemand prit tellement goût que, non-seulement il emprunta des centaines de verbes français, tels que *visitieren, traitieren, genieren, raisonnieren, notieren, plaidieren, honorieren, regalieren*, mais il ajouta le suffixe à des mots germaniques et fit, par exemple, *hofieren, stolzieren, lautieren, buchstabieren, halbieren, erlustieren, verschimpfieren*. Il ne faut pas chercher seulement la raison de ce succès dans la couleur française que ces verbes donnaient au discours ; il vient de l'extrême facilité avec laquelle un suffixe si amplement développé s'applique à tous les mots.

C'est parce que les suffixes les plus apparents sont ceux que les langues adoptent et propagent le plus volontiers, qu'on voit celles-ci favoriser les suffixes étrangers aux dépens des indigènes. Nous venons d'en avoir une preuve pour les verbes latins comme *atticisso*. En français, la même formation en ιζειν eut cette fortune particulière qu'elle est aujourd'hui de toutes la plus vivante et la plus prolifique. Aussi vaut-il la peine de remonter à son origine.

Il y avait en grec quelques substantifs en *ις*, comme ἔρις « la discorde », μῆνις « la colère », qui appartenaient à la classe de πόλις, et qui auraient dû, comme tous les mots de cette sorte, faire leur génitif en *ιος*. Et, en effet, à l'accusatif, ils font encore ἔριν, μῆνιν. Mais ces mots se sont écartés du modèle ordinaire, et ils ont fait leur génitif en δος, comme si le thème était ἐριδ, μῆνιδ. Pour produire des verbes, ils ont adopté la formation en *jω*, ce qui a donné ἐρίδjω, ἐλπίδjω, et, par le mélange des deux consonnes, ἐρίζω, ἐλπίζω. Parti de ces verbes, le modèle s'est rapidement multiplié : on a fait ἀκοντίζω, ἐμποδίζω, πολεμίζω, κυνίζω, ἑλληνίζω, νομίζω, ὁπλίζω, φιλιππίζω, et quantité d'autres. Ce sont ces verbes qui vivent encore en français : *autoriser, fertiliser, réaliser, régulari*-

ser, *ridiculiser, centraliser, fraterniser,* etc. Nous avons en outre, issus de cette formation, les noms en *iste*, qui répondent aux mots grecs comme ἀσπιστής : *helléniste, légiste, aubergiste, fleuriste, droguiste, dentiste, artiste, égoïste, nouvelliste, paysagiste*, etc. A la même origine appartiennent aussi les noms en *isme*, dont les modèles ont été les mots grecs comme οἴκτισμα, τείχισμα : *catéchisme, catholicisme, christianisme, protestantisme, polythéisme, fanatisme, mécanisme.* L'Église a fourni les premiers modèles ; mais aujourd'hui la formation est populaire. Tout le monde sait ce que c'est que *journalisme, jésuitisme, civisme, patriotisme.*

Si l'on assemblait, non pas seulement en français, mais dans toutes les langues de l'Europe moderne, les mots qui se rattachent aux substantifs en ις, ιδος, on serait confondu de la fécondité de cette formation, et si, après cela, se reportant à la modification phonétique qui a été le point de départ des verbes en ιζω, on comparait les résultats à la cause, on verrait avec quelle facilité l'esprit d'un peuple peut tirer parti d'un événement en lui-même insignifiant, et avec quelle inépuisable richesse l'analogie multiplie le type que le langage a une fois adopté.

Nous bornons ici cet examen, remettant à une autre occasion de montrer quelles sont les lois qui combattent ou qui contiennent l'analogie : car le langage, comme le monde, subsiste par des forces qui se tiennent en équilibre.

LE NOM
DE LA PROVINCE ROMAINE,

PAR ABEL BERGAIGNE.

Le mot *provincia* a en latin différentes significations. De ces emplois variés, les deux plus éloignés sont, d'une part, le sens, correspondant à celui du français « province », de « circonscription territoriale, région formant une des divisions administratives de l'empire, » de l'autre, le sens de « charge » ou de « tâche » dans l'acception la plus étendue de ces mots. Le second est bien connu par l'usage des comiques. Entre ces deux extrêmes se placent les emplois de *provincia* dans le sens d'« administration d'une province » ou dans ceux, plus généraux, de « commandement militaire » ou même simplement de « charge d'un magistrat » quelconque.

Quelle est de toutes ces significations celle qui doit être considérée comme primitive, et qui peut nous suggérer la véritable étymologie du mot?

L'usage des comiques n'est probablement qu'une extension du sens primitif. Mais il est plus invraisemblable encore que *provincia* ait désigné d'abord la province en tant que *région*, et plus tard seulement les *fonctions* exercées dans les limites de cette région.

Tout d'abord, l'histoire des mots analogues, tels que le grec διοίκησις ou le français *gouvernement*, doit plutôt nous disposer à admettre que le sens de « charge » a précédé celui de « circonscription territoriale ». Dans la langue latine même, le mot *præfectura*, dont Plaute, soit dit en passant, use plaisamment comme du mot *provincia* (*Casina*, I, 1, 11 : « Quin ruri es in præfectura tua? »), nous offre un exemple certain du même développement de sens.

Les emplois de *provincia* dans Tite-Live confirment la présomption tirée de l'analogie. Cet auteur s'en sert pour désigner, dès les premiers temps de la République, les commandements militaires distincts des deux consuls : « Consules T. Sicinius et C. Aquillius, Sicinio Volsci, Aquillio Hernici, nam ii quoque in armis erant, provincia evenit » (II, xl, an 266 de Rome; cf. *ibid.* liv; III, ii; V, xii, et *passim*). Le sens d'une telle formule est que Sicinius eut pour tâche particulière de combattre les Volsques, et Aquillius de combattre les Herniques. Elle s'explique par l'usage, que rappelle souvent Tite-Live, et auquel semble faire allusion le verbe *evenit*, de répartir entre les magistrats par la voie du sort (*sortiri provincias*, XXXII, viii; cf. VI, xxx), quand ils ne s'entendaient pas entre eux pour les choisir eux-mêmes (*comparare provincias, ibid.*), et en tout cas après l'élection, les tâches particulières auxquelles ils se trouvaient, par le fait seul de cette élection, collectivement appelés. Une tâche quelconque de ce genre, tel paraît avoir été, d'après Tite-Live, le sens le plus ancien du mot *provincia*. Et, en effet, la première province romaine, au sens vulgaire du mot, fut la Sicile : « Prima omnium, id quod ornamentum imperii est, provincia est appellata » (Cicéron, *In Verr.* act. II, lib. II, 1). Il faut donc, à moins de supposer que le mot *provincia* ne date lui-même que de l'an 512 de Rome, admettre qu'il a désigné les commandements militaires, avant de désigner les régions où s'exercèrent certains de ces commandements. Tite-Live, du reste, l'emploie dans le même sens pour les temps postérieurs à l'institution de la première province, par exemple dans l'expression *provinciam conficere*, qui paraît être une formule consacrée (XXVI, xxi; XXVII, v; XL, xxxv), pouvant servir, en cette qualité, d'argument direct en faveur de l'antiquité de ce sens.

On remarquera en outre que, dans les textes les plus anciens où figure le mot *provincia*, c'est-à-dire dans Plaute et dans Térence, le sens propre de ce mot impliqué par l'usage métaphorique et plaisant qu'en font les comiques est, non pas celui de « région », mais bien celui de « charge ». Plaute : *Captivi*, III, 1, 14 : « Ipsi obsonant, quæ parasitorum ante erat provincia. » *Pseudolus*, I, ii, 25 : « Te, cum securi, caudicali præficio provinciæ. » Cf. I, ii, 15; *Trinumus*, I, ii, 153; *Miles gloriosus*, IV, ɪᴠ, 23. — Térence : *Phormio*, I, ɪɪ, 22 : «Relinquunt quasi magistrum.» — «O Geta, provinciam cepisti duram!» Cf. *Heautontimoroumenos*, III, ɪɪ, 5. L'allusion aux commandements militaires désignés par le mot *provincia* est évidente dans les passages suivants. Plaute : *Captivi*, I, ɪɪ, 51 : «Nullumne interea nactus, qui posset tibi Remissum, quem dixti, *imperare exercitum*?» — «Quid credis? fugitant omneis hanc *provinciam*...» — *Stichus*, V, ɪᴠ, 16 : «Vide utram tibi lubet etiamnum capere, cape *provinciam*.» — «Quid istuc est *provinciæ*?» — «Utrum Fontinali an Libero *Imperium* te inhibere mavis?»

Nous conclurons de ce qui précède que, même si *provincia* était, comme on l'admet généralement, formé du verbe *vincere*, il faudrait écarter l'explication qu'en donne Festus dans l'abrégé de Paul Diacre (éd. O. Müller, p. 226) : «Provinciæ appellantur quod populus Romanus eas provicit, id est ante vicit.» Le sens étymologique n'aurait pas été «conquête» en tant que «pays conquis», mais «conquête ou victoire» en tant que «mission confiée à un général». Or, quoiqu'il fût assez dans l'esprit de la politique du sénat romain de décréter ainsi annuellement la victoire et la conquête, l'introduction dans sa langue officielle du mot *provincia*, avec le sens que nous venons de lui supposer, n'en resterait pas moins un fait assez étrange.

La forme même de notre mot est difficilement conciliable avec l'étymologie qui le rapproche du verbe *vincere*. En effet, la nasale de *vincere*, qui manque même à certaines formes du verbe, *vici, victus*, est absente de toutes les formations nominales de la même racine, *victor, victoria, pervicax*, à l'exception de celles qui se rattachent plus étroitement au verbe, comme le participe *vincens*, d'où *vincenter*, et le quasi-participe *vincibilis*.

Enfin, il ne faut pas oublier que l'usage du mot *provincia*, dans Tite-Live, n'est pas limité aux commandements militaires, et que la seule définition complète de la «province», telle qu'on peut la tirer des *Histoires*, est, comme nous l'avons dit, «tâche particulière échue, par le sort ou autrement, à un magistrat, après son élection.» L'application du mot *provincia* aux charges du *prætor urbanus* et du *prætor peregrinus* (Tite-

Live, XXV, III et *passim*) ne pourrait donc s'expliquer que par un oubli complet du sens étymologique. Un tel oubli n'aurait rien d'impossible en soi ; mais rien non plus ne nous force à l'admettre, une autre étymologie pouvant être proposée, qui rend compte du mot dans son sens le plus général, du moins en tant qu'il désigne la tâche d'un *magistrat* quelconque, sans soulever les mêmes objections que la première.

Pour cela il n'est pas nécessaire de recourir, comme l'a fait M. Jos. Budenz (*Zeitschrift* de Kuhn, VIII, p. 289), au gothique *frauja* «maître», et de supposer un mot latin correspondant, *provius*, qui aurait donné le dérivé *provincia* dans le sens de «commandement». Il suffit de substituer à *vincere* un verbe qui, lui, garde la nasale dans toutes ses formes, *vincire*, *vinxi*, *vinctus*, et appartient à une famille de mots présentant tous également la nasale, comme *vinctio*, *vinctor*, *vinctura*, *vinculum*, *vinceus*, et ce *vincia* qu'Otfried Müller, dans son édition de Festus (VINCIAM, *continentem*, p. 379), rapporte aussi à *vincire*, par cette raison, identique à celle que nous invoquons ici nous-même, qu'un dérivé de *vincere* eût été *vicia*.

Cette étymologie, qui paraît satisfaisante en ce qui concerne la forme, ne l'est pas moins pour le sens. *Provincia* aura été primitivement un synonyme d'*obligatio*. Et, en effet, il ne désigne pas, comme les mots *consulatus*, *prætura*, etc., ou comme le terme générique *magistratus*, les *dignités* dont les magistrats sont revêtus par l'élection, mais bien les *obligations* que ces dignités leur imposent et qui sont réparties entre eux après l'élection. Il serait peut-être excessif de chercher dans un sens, d'ailleurs assez rare, du préfixe *pro*, l'expression formelle de l'idée d'obligation «antérieure», c'est-à-dire contractée en principe, mais déterminée seulement par l'opération du tirage au sort, ou par le libre choix qui pouvait en tenir lieu. Ce préfixe peut n'avoir d'autre valeur que celle, d'ailleurs assez difficile à définir, du préfixe *ob* dans *obligare*.

L'idée d'«obligation» devait avoir pour les Romains dans le mot *provincia*, et c'est un argument de plus en faveur de l'étymologie proposée, une précision que le mot français par lequel j'essaye de le traduire ne peut faire suffisamment comprendre. Il faut, pour s'en rendre compte, se rappeler que tout magistrat prêtait serment avant d'entrer en charge. C'était ce serment qui le « liait ». En effet, c'est une métaphore courante, en latin comme en français, que le « lien » du serment. « Nullum VINCULUM ad *adstringendam* fidem jurejurando majores arctius esse voluerunt » (Cic. *De off.* III, xxxi). S'engager par serment, c'était « fidem *obligare* » (*id. Philipp.* V, xviii), ou « DEVINCIRE » (*id. De off.* III, xxxi).

Il est remarquable que le mot *munus*, d'après l'étymologie adoptée par Corssen (*Aussprache*, I, p. 372), vient d'une racine primitive dont le sens était également « lier », et qui, par un autre développement de sens, a donné des mots exprimant, comme *murus*, l'idée d'un assemblage de pierres reliées entre elles (ou plutôt peut-être d'une enceinte), d'où le doublet *mœnia*, *munia*. Les deux sens de *munus* s'expliquent également bien par l'idée d'obligation. Car on dit aussi en latin « liberalitate, beneficio, donis, obligare » (Cic. *Ad. Q. fr.* II, xiv), « DEVINCIRE » (Tite-Live, XXII, xxii). Le « présent » est ce qui « lie » l'« obligé » au bienfaiteur; la « charge » est ce qui « lie » le magistrat.

NOTICE

SUR

LES INSCRIPTIONS LATINES DE L'IRLANDE,

PAR H. GAIDOZ.

Nous croyons utile de faire connaître aux savants du continent les inscriptions latines d'Irlande, qui (sauf une, n° 1) n'ont pas encore été publiées hors de cette île. La tâche est d'autant plus aisée que nous n'avons qu'à les extraire du magnifique recueil des Inscriptions irlandaises que publie en ce moment Mlle Marguerite Stokes, sœur de l'éminent celtiste M. Whitley Stokes, et elle-même la première archéologue d'Irlande. Les planches qui accompagnent cette notice sont la reproduction des lithographies qui figurent dans l'ouvrage de Mlle Stokes, et qui sont presque toutes dessinées par elle, d'après les monuments ou d'après des estampages[1].

M. Hübner n'a pas jugé à propos de faire entrer ces inscriptions dans les volumes du *Corpus* consacrés à la Grande-Bretagne. Dans les *Inscriptiones Britanniæ latinæ*, il avait donné un cachet d'oculiste trouvé en Irlande, mais parce que ce cachet est conservé au Musée Britannique. Dans le Supplément consacré peu après aux inscriptions chrétiennes de la Grande-Bretagne, il s'est abstenu de comprendre celles de l'Irlande, parce que cette île n'a pas été réduite en province romaine[2].

---

[1] *Christian Inscriptions in the Irish Language*, chiefly collected and drawn by George Petrie, LL. D. edited by M. Stokes. In-4°, Dublin, 1870 et années suivantes. Six livraisons ont paru : Mlle Stokes a eu l'obligeance de nous communiquer les épreuves de la dernière livraison, qui n'a pas encore paru.

[2] «Exclusi, ut par erat, Hibernica; nam romanæ tantum provinciæ monumenta atque latinæ linguæ in ea usum indaganda mihi proposui. Hiberniam vero nunquam in provinciæ formam redactam fuisse constat.» (*Insc. Brit. christ.* p. v.) — M. Hübner a pourtant donné dans son recueil

Agricola, nous le savons par son gendre Tacite, avait médité la conquête de l'Irlande. Il pensait qu'une légion et quelques auxiliaires suffiraient à établir la domination romaine dans cette île, partagée entre des tribus divisées et souvent hostiles. Il semble même avoir noué des relations dans le pays, si l'on en juge par ce fait qu'il avait donné asile à un chef irlandais transfuge ou exilé. Quoi qu'il en soit, les affaires de la Grande-Bretagne ne lui permirent pas de réaliser ce projet[1]. L'Irlande échappa à la conquête et à la romanisation; elle garda son originalité native, sa constitution, ses croyances et sa littérature, où l'on retrouve l'esprit celtique à peu près pur de tout mélange.

Lorsque la domination romaine s'affaiblit en Grande-Bretagne, les Irlandais ou Scots, comme on les appelait alors (car ce nom ne se transporta en Calédonie que plusieurs siècles plus tard, à la suite d'une émigration irlandaise ou scote), ne furent pas parmi les derniers à inquiéter de leur piraterie les côtes de l'île sœur. Leurs flottilles de *currachs* et leurs bandes de débarquement furent sans doute plus d'une fois battues par les forces romaines, et ce sont ces petits exploits qu'ont célébrés Juvénal[2] et Claudien[3] avec des amplifications plus poétiques peut-être que réelles. Ce n'étaient pas des défaites partielles qui pouvaient arrêter les incessantes déprédations de voisins pauvres et barbares, et les Scots d'Irlande ne cessèrent, ainsi que les Pictes de Calédonie, de désoler la côte occidentale de la Grande-Bretagne : les Scots même y fondèrent d'importants établissements. C'est par ces incursions de pirates qu'il faut expliquer les quelques lots de

des inscriptions de l'île de Man, quoique cette île n'ait pas été occupée par les Romains. Si nous constatons cette inconséquence, ce n'est pas pour nous en plaindre.

[1] On ne peut regarder que comme un ingénieux paradoxe la thèse de M. Thomas Wright que les Romains auraient, après Agricola, repris son plan de conquête, et qu'ils s'y seraient établis, au moins dans le nord-est de l'Irlande. (Th. Wright, *On the Intercourse of the Romans with Ireland*, dans l'*Archæologia Cambrensis*, 3ᵉ série, t. XII, p. 296-303.) La thèse de M. Wright a été réfutée par M. Brash, dans le volume suivant du même recueil (t. XIII, p. 83-101).

[2] *Sat.* II, 159.

[3] VII, 55; VIII, 33; XXII, 251; XXVI, 417; XXXI, 90.

monnaies romaines qu'on a trouvés en Irlande, monnaies qui, presque sans exception, sont du Bas-Empire.

Tous les témoignages historiques s'accordent à prouver que la culture latine pénétra en Irlande avec les missionnaires chrétiens, avec saint Patrice surtout, dont le succès et la gloire éclipsèrent les efforts de quelques vaillants et obscurs précurseurs. Pourtant, si l'inscription de Killeen Cormac est authentique, comme le caractère chrétien en est absent, il faut admettre quelques rapports de l'Irlande avec le monde romain; ces rapports peuvent, du reste, s'expliquer par les relations commerciales dont parle Tacite lui-même[1] ou par les hasards de l'esclavage, qui, à cette époque troublée par la piraterie, jetait des épaves humaines sur les côtes les plus éloignées.

N° 1 (pl. I).

IVVENE DRVVIDES

(Petrie-Stokes, t. II, pl. I, n° 1.)

Cette inscription se trouve sur une pierre en *greenstone* (diorite) qui atteint près de deux mètres de hauteur et qui est large d'environ trente centimètres, et qui est analogue aux pierres levées que les archéologues bretons appellent des *lec'hs*. La pierre porte également une inscription oghamique, c'est-à-dire en caractères formés de coches dirigées vers l'arête de la pierre et de points marqués sur l'arête elle-même, cette arête formant comme la ligne idéale à laquelle s'attachent les caractères.

Cette pierre se trouve dans un vieux cimetière abandonné, connu sous le nom de Killeen Cormac, litt. « la petite *cella* de Cormac. » Des écrivains irlandais ont cherché à identifier le Cormac qui a laissé son nom à cette localité; mais ils ne sont arrivés qu'à des conjectures. Killeen Cormac se trouve dans la paroisse de Davidstown, comté de Kildare. On y voit, sur une sorte de tertre, des pierres provenant de murs éboulés, des pierres levées et des fragments de croix sur des pierres tombales.

---

[1] « Aditus portusque [Hiberniæ] per commercia et negotiatores cogniti. » (Tacite, *Agricola*, XXIV.)

La découverte de ce monument bilingue est due à M. l'abbé John F. Shearman, qui le décrivit le premier dans les revues savantes de l'Irlande.

C'est d'après M. l'abbé Shearman que M. Whitley Stokes publia la double inscription de Killeen Cormac dans les *Beitræge zur vergleichenden Sprachforschung*, t. V, p. 363 et suiv. (Cf. une rectification ajoutée à l'*errata* du tome suivant.)

Sir Samuel Ferguson a proposé de lire l'inscription latine *Quatuor vere Druides*. La cinquième lettre est en effet mutilée et pourrait se prêter à cette lecture. Mais cela nous donnerait un latin trop spirituel et trop élégant pour un monument barbare.

Nous lisons donc IVVENE DRVVIDES.

Cette inscription mérite de nous arrêter par des particularités importantes, si importantes qu'on est d'abord tenté de douter de son authenticité. Tel est le sentiment que M. Hübner a exprimé (préface aux *Inscriptiones Britanniæ christianæ*, p. xviii). Ce qui éveille le soupçon, ce sont les caractères vraiment épigraphiques de l'inscription, quand les autres inscriptions de l'Irlande (sauf pourtant celle de Cahir Conree) nous présentent les caractères de l'écriture cursive; c'est surtout ce mot de *Druide* qui semble se trouver sur cette pierre pour justifier l'enthousiasme dont les Druides sont l'objet depuis trois siècles. Cette inscription aurait été gravée furtivement sur la pierre, pour la plus grande gloire des Druides et de leur religion, par un *country-gentleman* lettré, ou par un antiquaire de campagne. — Cette hypothèse est probable, mais l'hypothèse de l'authenticité nous semble pourtant plus probable encore.

La barbarie du latin et la simplicité de l'inscription sont une première garantie d'authenticité : un faussaire se fût piqué de faire du bon latin, et, à supposer qu'il se fût borné à la mention toute simple « du jeune Druide », il eût écrit : IVVENIS DRVIDAE ou DRVIDIS. Une seconde garantie d'authenticité est la parfaite honorabilité de M. l'abbé John F. Shearman, qui découvrit cette pierre, et n'y remarqua d'abord que l'inscription oghamique. Ce n'est que dans une seconde visite, en 1860, qu'il reconnut les lettres à demi effacées de l'inscription latine. Une troisième garantie d'authenticité serait la concordance de l'inscription latine avec l'inscription oghamique; mais la lecture de l'inscription oghamique présente encore bien des incertitudes. — Nous acceptons donc cette inscription comme authentique.

La seule particularité qui puisse nous étonner est le redoublement du signe V dans le second mot: faute d'exemples similaires, nous ne pouvons savoir si DRVVIDES nous représente une prononciation particulière ou si le lapicide a gravé deux V par erreur, trompé par l'analogie du premier mot IVVENE.

Quoi qu'il en soit, ce fait ne doit pas nous étonner, quand nous rencontrons PVVERI dans une inscription chrétienne de la Grande-Bretagne (Hübner, n° 34). Les autres incorrections de notre inscription sont également de leur époque. L'emploi de l'*e* pour l'*i* est fréquent dans les inscriptions du temps; M. Le Blant l'a remarqué dans les inscriptions chrétiennes de la Gaule[1], et le recueil de M. Hübner en fournit d'autres exemples pour la Grande-Bretagne, notamment *cive* pour *civis*, n° 135[2]. Le même fait se rencontre également dans les manuscrits latins des anciens Irlandais[3]. La suppression du *s* final du premier mot n'a rien non plus que d'ordinaire[4].

Le lecteur sait que les prêtres des Gaulois s'appelaient Druides: ce nom, conservé par les historiens, ne se rencontre pas dans les inscriptions[5]. La forme correspondante de ce nom en ancien irlandais est *drui* ou *drai* (plus tard *draoi*), gén. *druad*; nom. pl. *druid*.

Mais de l'identité du nom il serait téméraire de conclure à l'identité de la fonction, et ce serait donner une idée fausse au lecteur français que de traduire le *drui* irlandais par le nom que nous donnons traditionnellement aux prêtres de l'ancienne

---

[1] *Manuel d'épigraphie chrétienne*, p. 196.
[2] Voyez aussi: n° 66, *speritus;* n° 63, *speretus;* n° 132, *Hec iacet*.
[3] Voyez Nigra, *Glossæ Hib. vet. Cod. Taurinensis*, p. xxvi; Reeves' *Adamnan*, p. xxvii, etc.
[4] Voyez Le Blant, p. 194, et Hübner, à l'index. (X. *Grammatica*.)
[5] On a voulu voir le mot *Druis* «druidesse» dans une inscription du pays messin (Orelli, 2200); mais cette inscription, aujourd'hui perdue, n'est connue que par d'anciennes lectures, et il n'est pas certain que le mot hypothétique *druis* y ait la valeur qu'on lui suppose. Voir Ch. Robert, *Épigraphie gallo-romaine de la Moselle*, p. 89 et suivantes.

Gaule. Ces personnages occupent en Irlande un rang trop peu élevé, la thaumaturgie domine trop chez eux, et leurs incantations sont parfois trop obscènes [1], pour qu'on puisse leur donner le nom de « druide », sans commettre une inexactitude, ou sans rabaisser l'idée que nous nous faisons des Druides de la Gaule. Pour nous, nous traduisons le mot *drui* par *sorcier* ou par *chaman*.

C'était au reste l'opinion des anciens clercs irlandais, puisque, dans les vies de leurs saints, ils emploient comme équivalent de *drui* le mot *magus*, non le mot *druida*, terme qu'ils connaissaient pourtant bien par les écrivains classiques. Dans le manuscrit irlandais des *Épîtres* de saint Paul, à Wurzbourg, la glose sur Jannès et Mambrès, deux mages égyptiens (2ᵉ *Ep. à Tim.* III, 8), est *da druith ægeptacdi*, litt. « deux druides égyptiens [2]. » Les écrivains latins de l'ancienne Irlande n'ont jamais, que nous sachions, employé le mot *druida*. Colgan l'emploie au XVIIᵉ siècle dans ses *Vies des saints irlandais*, mais c'est évidemment sous une influence classique : « Extiterunt Druidæ, quos acta nostrorum sanctorum passim vocant *magos*, non solum ante Christum natum in summa veneratione apud Hibernos, eodemque honore quo apud Gallos tempore Julii Cæsaris, juxta quod de eis scribit idem Cæsar, » etc. (Colgan, *A. S.* p. 149, n. 15.)

Il n'est, on le voit, que plus étrange de trouver sur une pierre d'Irlande ce nom qu'on ne trouve pas sous la plume des écrivains latins du même pays. Aussi supposons-nous que cette inscription est l'œuvre d'un Gaulois ou d'un Breton de Grande-Bretagne, qui aura voulu rendre cet hommage au

---

[1] Par exemple celle qui consiste à se retourner et à montrer à son ennemi la partie la moins noble de son corps (*Book of Fenagh*, p. 115 et 129). Les gens mal élevés ont conservé cette pratique, comme insulte grossière, sans se douter qu'à l'origine ce fut une *incantation*.

[2] Un des exemples les plus curieux de ce mot, dans la littérature irlandaise, est un vers où il est appliqué à Jésus-Christ. C'est dans un hymne attribué à saint Columba :

Is e mo drai Christ mac De.

« Christ, fils de Dieu, est mon sorcier, » c'est-à-dire mon appui, mon patron, maître du surnaturel. (*Miscell. Irish Arch. Soc.*, I, 6.)

jeune sage dont, sur la même pierre, l'épitaphe celtique était gravée par une main indigène.

Cette pierre est en effet un des rares monuments bilingues des Îles Britanniques, contenant à la fois une inscription latine en caractères romains, et une inscription celtique en caractères oghamiques. Plusieurs ont été trouvés en Galles. Celui de Killeen Cormac et le suivant sont encore les seuls que l'on connaisse en Irlande.

L'inscription se développe sur la tranche de la pierre, commençant à mi-hauteur du monument, se continue sur le sommet et va se terminer de l'autre côté de la pierre. Nous reportons cette inscription ici, en figurant par une ligne droite l'angle de la pierre sur lequel elle se déroule.

M. Whitley Stokes, appliquant à cette inscription la clef ordinaire de l'alphabet oghamique, la lit *Duftano safei sahattos*, et la traduit [*Lapis*] *Dubtanis sophi sapientis*, « [la pierre] de Dubtan le sage savant. » *Duftano* serait pour *Duftanos*, le génitif singulier d'un thème en *u*, ancien *Dubutanus*, signifiant « le noirâtre » et analogue, par sa formation, au mot *dub-glas*, qui glose le latin *cœruleus*. *Safei* serait le génitif de *safos* = *sab*, « sage ». Dans *sahattos* l'*h* marquerait l'hiatus produit par la chute d'un *p*; *sahattos* semble en effet, pour la forme et pour le son, identique au latin *sapiens-entis*. A cette inscription peut se comparer un passage de l'*Amra Coluimchille* : *Bái sab súithe cech dind*, « c'était un sage érudit sur toute colline. »

Nous devons ajouter que la lecture des inscriptions oghamiques est encore en grande partie conjecturale, et nous apprenons, par un passage des *Lectures on Welsh Philology* de M. Rhys (p. 214), que ce savant propose une autre lecture : *Uwanos Awi Ewacattos*; mais il ne nous dit pas sur quels arguments il fonde cette lecture. La science naît de la comparaison, et la lecture des inscriptions oghamiques ne pourra approcher de la certitude que lorsque ces inscriptions auront été réunies et publiées d'après des estampages exacts.

N° 2 (pl. IV, fig. 2).

FECIT CVNVRI

(Petrie-Stokes, t. II, pl. II, n° 3.)

Nous regardons le quatrième signe comme un monogramme formé des lettres ITC liées. On pourrait voir l'I dans la barre horizontale du T; on trouve en effet dans les inscriptions chrétiennes de la Grande-Bretagne des I horizontaux. Nous voyons pourtant plutôt l'I dans la petite haste qui s'élève perpendiculairement de l'extrémité gauche du T[1]. La ligature du T et du C ne nous paraît pas douteuse.

Cette pierre, un bloc de grès, pensons-nous (car ni Mlle Stokes ni sir Samuel Ferguson ne nous renseignent sur sa nature), se trouve sur la pente ouest d'une montagne du comté de Kerry, appelée *Cahir Conree*. La montagne tire son nom d'un fort primitif, qui occupait son sommet. *Cahir Conree* signifie en effet « le fort de Cúroi » et, d'après la légende, ce fort aurait été bâti par Curoi mac Dairi vers le Ier siècle de l'ère chrétienne.

Cette inscription porte, en outre, un signe (pl. IV, fig. 3) regardé par sir Samuel Ferguson comme une croix[2], et une inscription en caractères oghamiques. Cette inscription a été lue par le Dr Graves *Conuneatt mocui conuri*, ce qu'il traduit « Connait, fils de Cúroi. » Nous mentionnons cette lecture sans la discuter, car il faudrait prendre *ab ovo* toute la question oghamique. Le Dr Graves suppose ici l'addition de la syllabe arbitraire *un*. Il semble en effet établi que les Irlandais ont connu et pratiqué, bien avant les oisifs de nos boulevards, cet amusement cryptographique qui consiste à insérer au milieu des mots une syllabe adventive et dénuée de sens : c'est ce que

---

[1] Sir Samuel Ferguson a donné de ce monument un dessin (*Proceedings of the Royal Irish Academy*, 2° série, t. II, p. 51) qui diffère de celui de Mlle Stokes en ce qu'on voit au-dessus du T un trait perpendiculaire qui forme un I grossier mais distinct.

[2] Notons pourtant que le même signe (deux lignes formant une croix par leur rencontre) se trouve sur des pierres qui n'ont rien de chrétien, par exemple sur des pierres provenant du Mur d'Adrien, où c'est vraisemblablement une marque ou un caprice de maçon (*Lapidarium Septentrionale*, p. 39).

nous appelons du *javanais*. Le cas est certain pour la curieuse production irlandaise intitulée *Dúil Laithne*.

N° 3 (pl. II).

$\overline{\text{DNI}}$

[A]BCDEFGHIKLMNOPQRSTVXYZ &

(Petrie-Stokes, t. II, pl. V, n° 9. Kilmalkedar, comté de Kerry.)

C'est, on le voit, un abécédaire qu'un des premiers chrétiens du pays, soit missionnaire, soit indigène, s'est amusé à graver sur pierre, probablement pour l'instruction de ses prosélytes. L'historien breton Nennius dit de saint Patrice (§ 54): *Scripsit abegetoria trecenta sexaginta quinque, aut eo amplius*. La Vie irlandaise de saint Columba parle de l'alphabet de ce saint écrit sur un gâteau (*Reeves' Adamnan*, p. 358, n. 1).

Nous lisons X le signe qui suit le V et sur lequel Mlle Stokes se tait. Ce signe ne se rencontre pas dans les inscriptions, non plus que les deux suivants. Le signe final, abréviation de ET, se rencontre dans deux inscriptions qu'on trouvera plus bas.

N° 4 (pl. V, fig. 1).

OR[oit] do Muredach hú Chomocain hic dormit.

(Petrie-Stokes, t. II, pl. IX, n° 17.)

«Priez pour Muredach, petit-fils de Comocan; il dort ici.»

Oroit, du latin *orate*.

Do, préposition, signifiant «pour».

Muredach, nom d'homme, écrit aussi quelquefois *Muiredach*, anglicisé aujourd'hui *Murray*. — Sur ce nom, voir *Revue Celtique*, t. I, p. 263.

Hú, pour *ú*, dat. sing. de *ua*, en ancien irlandais *aue* ou *haue*, «petit-fils». C'est ce mot qui est écrit *O'* dans les formes anglicisées des noms celtiques d'Irlande et d'Écosse, p. ex. O'Neill, O'Donnell, etc. La lettre *h* dans *hú*, *haue*, est simplement prosthétique.

Chomocain; le *c* initial de ce nom subit l'infection aspirée par l'influence du mot précédent. *Chomocain* est pour *Comocain*, gen. de *Comocan*, nom d'homme.

Hic dormit. C'est le seul exemple trouvé jusqu'ici en Irlande de cette formule latine.

Cette inscription se lit sur une pierre tombale trouvée

dans Inis Murray. Ce nom, en ancien irlandais *Inis Muiredaich*, signifie « île de Muiredach ou Murray ». C'est une île de l'Atlantique, sauvage et pauvre, située à cinq milles de la côte du comté de Sligo. Elle portait déjà ce nom au viiie siècle, mais on ne sait rien du saint personnage dont elle a reçu le nom et dont nous avons ici l'inscription funéraire.

On a trouvé au même lieu l'inscription n° 5 et plusieurs inscriptions irlandaises, et aussi des croix et pierres sculptées. Ces débris font partie des ruines d'un monastère formé, à la mode ancienne, d'oratoires enfermés dans un mur circulaire. Ce mur est formé de pierres sans ciment, comme les forts préhistoriques qu'on trouve en si grand nombre sur la côte occidentale d'Irlande.

N° 5 (pl. VII, fig. 3).

CRVX

(Petrie-Stokes, t. II, pl. X, n° 19.)

Ceci est un fragment trouvé à Inis Murray. Le reste de la pièce contenait certainement un nom d'homme et le reste de la croix, dont nous avons seulement la tête ici.

N° 6 (pl. VI, fig. 2).

[SAN]C[T]I BRE[CA]NI

(Petrie-Stokes, t. II, pl. XII, n° 24.)

Cette pierre avait déjà été publiée par Petrie dans son *Ecclesiastical Architecture of Ireland*.

On voit sur la pierre brisée la partie supérieure de la lettre S; on a donc $\overline{\text{SCI}}$, abréviation de *Sancti*. C'est le seul exemple qu'on ait trouvé de cette formule en Irlande.

La moitié du nom a été supprimée par la brisure de la pierre, mais la localité du monument suggère une lecture certaine. Cette pierre, en effet, se trouve près du *Tempul Brecain*, ou église de Saint-Brecan, et en un endroit signalé par la tradition comme la tombe de saint Brecan. Cette église se trouve dans Aran Mór, la plus grande, comme l'indique son nom (*mór* signifie « grand »), des îles Aran, dans la baie de Galway.

Les anciennes chroniques d'Irlande parlent de plusieurs saints de ce nom, de sorte qu'il est difficile d'identifier ce personnage[1].

N° 7 (pl. V, fig. 2).

VII ROMANI

(Petrie-Stokes, t. II, pl. XIV, n° 28.)

VII Romani, c'est-à-dire *septem Romani* «les sept Romains».

Cette inscription est disposée des deux côtés d'une croix comme on en rencontre beaucoup sur les pierres tombales d'Irlande : c'est la croix latine, avec un petit cercle au croisement des deux branches, et avec des demi-cercles à l'extrémité des branches.

La pierre se trouve dans le cimetière de l'église de Saint-Brecan, à Aran Mór. Elle avait déjà été publiée par Petrie dans son *Ecclesiastical Architecture of Ireland*.

Comment sept personnes se trouvent-elles ainsi réunies sous cette appellation anonyme «les sept Romains»? On est réduit aux conjectures. Ces sept personnages sont sans doute morts ensemble, ou à peu de distance l'un de l'autre, par suite d'un accident, ou d'un naufrage, ou d'une épidémie, ou d'une bataille avec des pirates. On a en Irlande même deux autres exemples d'inscriptions funéraires collectives :

Dans cette même église de Saint-Brecan on a l'inscription irlandaise : ORARIICANOIN, *Or[oit]ar II canoin*, «priez pour deux chanoines» (Petrie-Stokes, t. II, pl. XIV, n° 29). Une pierre tombale d'Iniscealtra (*ibid.*, pl. XXVI, n° 56) porte : † ILADIDECHENBOIR, † *Ilad in dechenboir*, «tombe des dix personnes» (litt. «de la dizaine»). C'est ainsi que dans l'histoire de la Restauration on nous parle des «quatre sergents de la Rochelle», expression qui figure peut-être sur leur tombe; c'est ainsi qu'on ne fera pas l'histoire du second Empire sans nommer «les cinq».

[1] A propos de ce titre de *Saint*, il faut remarquer que tous les saints d'Irlande sont d'origine populaire, c'est-à-dire que leur sanctification, consacrée par «la voix du peuple», est antérieure à l'époque où les papes se sont réservé la prérogative de la canonisation.

Le nom de *Romani* désigne ici, non pas des Romains au sens étroit du mot, mais des habitants de l'empire romain[1].

Les anciens documents irlandais parlent fréquemment de saints personnages venus de l'étranger, de « sept moines d'Égypte », de « cent cinquante pèlerins d'outre-mer », de « trois fois cinquante *currachs* (canots) de pèlerins romains », etc.

N° 8 (pl. IV, fig. 1).

CARI

(Petrie-Stokes, t. II, pl. XI, n° 22.)

Fragment trouvé à Aran Mór dans un oratoire que Petrie suppose être celui de saint Benen (Benignus), disciple de saint Patrice.

On ne peut savoir si c'est le fragment d'un nom propre ou le latin *cari* « du cher ».

N° 9 (pl. III).

..... X̄P̄S̄

Quicumqua hunc titulum legerit orat pro Berechtuire. — « Que quiconque a lu cette inscription prie pour Berechtuire. »

(Petrie-Stokes, t. II, pl. XXX, n° 64.)

On remarque *quicumqua* pour *quicumque* et *orat* pour *oret*. Cette dernière faute se rencontre dans le colophon de l'Évangile de Mac Reguil : « Quicumque legerit et intellegerit istam narrationem *orat* pro Mac Reguil scriptori. »

L'angle supérieur du sommet gauche contenait certainement l'abréviation ĪH̄S̄, comme pendant à celle X̄P̄S̄, c'est-à-dire Jésus-Christ.

L'inscription occupe les deux côtés inférieurs d'une croix formée d'entrelacs.

Cette dalle se trouve à Tullylease, comté de Cork, dans les ruines de l'église fondée par un saint saxon, appelé concurremment par les écrivains irlandais Beretchert, Berichter et Berikert.

---

[1] Voir le bel article *Romani, Romania*, etc., par lequel M. Gaston Paris a ouvert la *Romania*, t. I, p. 1-22.

Ce monument est le seul d'Irlande où se rencontre l'abréviation $\overline{\text{XPS}}$: peut-être est-il l'œuvre de Saxons, compatriotes et compagnons de Berechtuire.

N° 10 (pl. VII, fig. 1).

PATRICII ET COLVMBE....
(Petrie-Stokes, t. II, pl. XXXVI, n° 75.)

Le mot effacé à la fin de l'inscription est sans doute le mot *crux*, car cette inscription est gravée sur la base d'une vieille croix en pierre, à Kells, comté de Meath. Ce ne peut être ici un monument funéraire. Le style de cette croix ressemble à celui de la croix du roi Flann à Clonmacnois, et de la croix de l'évêque Muiredach à Monasterboice; pour cette raison, Mlle Stokes attribue la croix de Kells au début du xe siècle. On remarque l'abréviation pour *et*, qui se rattache au signe figuré à la fin de l'abécédaire de Kilmalkedar.

Le nom de saint Patrice se rencontre aussi sur une clochette de bronze conservée au musée de l'Académie d'Irlande : PATRICI (t. II, pl. XLVI, n° 98); mais cette clochette a été fabriquée au xiiie siècle, pour remplacer une plus ancienne qui passait pour avoir été donnée à l'église de Ros Glandæ par saint Patrice lui-même.

N° 11 (pl. VI, fig. 1).

MARTINI.
(Petrie-Stokes, t. I, pl. X, n° 25.)

Nom propre au génitif, sur une pierre tombale, dans les ruines du grand monastère de Clonmacnois (comté du Roi), fondé au milieu du vi^e siècle. Ce nom, étranger à l'Irlande par son origine, s'y rencontre néanmoins plusieurs fois, par suite de la dévotion qu'on y avait pour saint Martin de Tours. D'anciennes traditions présentent saint Patrice, l'apôtre de l'Irlande, comme le neveu, par sa mère, de notre saint Martin. — Le *Lebor Brecc*, manuscrit irlandais du xive siècle, contient un sermon sur saint Martin, publié et traduit par M. Wh. Stokes dans la *Revue Celtique*, t. II, p. 381-402.

Les annales irlandaises mentionnent la mort, en 867, d'un Martin, abbé de Clonmacnois. On trouve à Clonmacnois même deux autres pierres tombales portant, l'une MARTHINE (t. I, pl. XV, n° 40), et l'autre OR DO MARTANAN (t. I, pl. XL, n° 103ᵃ), «priez pour Martanan.» Martanan, «le petit Martin», est un diminutif de Martin. Ce diminutif est formé sur la forme irlandaise *Martan*, qui se rencontre dans une inscription de Lismore, comté de Waterford, BENDACHT FOR AN MARTAIN, «bénédiction sur l'âme de Martan;» c'est la tombe d'un abbé de Lismore, mort en 878. — On rencontre aussi le nom composé de Mael-Martin, c'est-à-dire «serviteur de Martin», litt. «chauve de Martin».

N° 12 (pl. VII, fig. 2).

OR DO DVNCHAD PSPT HIC

«Priez pour Dunchad, prêtre, ici.»

(T. II, p. 74, n° 80ᵃ. Brookborough, comté de Fermanagh.)

Cette pierre a été transportée dans le musée de l'Académie royale d'Irlande. On y remarque l'abréviation du mot *prespiter*, recte *presbiter*, «prêtre».

Nous ne mentionnons que pour mémoire les inscriptions latines d'une époque très-tardive du moyen âge, et qui figurent sur des œuvres d'orfèvrerie : t. II, pl. XLV, n° 93; — *ibid.*, p. 98, n° 93ᵃ; — *ibid.*, pl. XLV, n° 94; — *ibid.*, pl. XLVIII, n° 103; — pl. XLIX, n°ˢ 104 et 105.

ABRÉVIATIONS LATINES OU D'ORIGINE LATINE.

La plus fréquente est OR, souvent OR sans le signe abréviatif, par laquelle commencent les inscriptions funéraires. On la trouve quelquefois écrite OROIT (t. I, pl. VIII, n° 21; — pl. XII, n° 30; — pl. XVIII, n° 47; — pl. XX, n° 51; — pl. LXIV, n° 153; — pl. LXXII, n° 173), avec la variante ORAIT (t. II, pl. XVI, n° 32) et ORIT (t. I, pl. XV, n° 38). On trouve aussi, mais une fois seulement, les étranges abréviations $\overline{\text{ORO}}$ (t. I, pl. XVIII, n° 46) et $\overline{\text{OT}}$ (t. I, pl. XXIII, n° 57).

Oroit est la forme hibernisée du latin *orate*.

Le nom du Seigneur se trouve placé en invocation sur plusieurs pierres et en abréviation. Il se rencontre à plusieurs cas :

DNS (*Dominus*, t. II, pl. III, n° 6), et de l'autre côté de la même pierre (*ibid.*, n° 7), en caractères dont la lecture est moins certaine, DNO (*Domino*). Reask, comté de Kerry.

$\overline{\text{DNE}}$ (*Domine*, t. II, pl. IV, n° 8), encore sur une pierre de Reask.

$\overline{\text{DNI}}$ (*Domini*), sur la pierre alphabétique de Kilmalkedar (cf. *supra*, n° 3).

$\overline{\text{EPS}}$ (t. I, pl. LXVII, n° 160).

L'inscription entière est MÆLIOHAIN $\overline{\text{EPS}}$, « Mael-Iohain, évêque. » L'abréviation $\overline{\text{EPS}}$ peut se lire indifféremment en latin, *Episcopus*, ou en irlandais, *Epscop*. Le nom Mael-Iohain signifie « le serviteur (*litt.* le chauve) de Jean ». Clonmacnois, comté du Roi.

$\overline{\text{AP}}$, *apas*, recte *abbas*, « abbé », d'où l'irlandais *abb* ou *ap*. L'inscription est TOMAS $\overline{\text{AP}}$, « Thomas, abbé » (t. II, pl. XVI, n° 34). Le trait, signe de l'abréviation, au-dessus de AP, indique que le lapicide avait en vue le mot latin, non le mot irlandais. — Église de Saint-Brecan, Aran Mór.

P... (PR?), *presbyter*, dans une inscription brisée, à laquelle manquent la dernière lettre de la seconde ligne et une troisième ligne ORDOCORMAC P... « Priez pour Cormac, prêtre » (t. II, pl. XXI, n° 42). Lismore, comté de Waterford. (Voir plus haut PSPT dans l'inscription de Brookborough.)

R est peut-être l'abréviation de *Requiescit*, dans le fragment qui porte FINDLESR (t. II, pl. XXII, n° 46). — Killpeacan, comté de Tipperary.

Inscriptions latines de l'Irlande   PL. I.

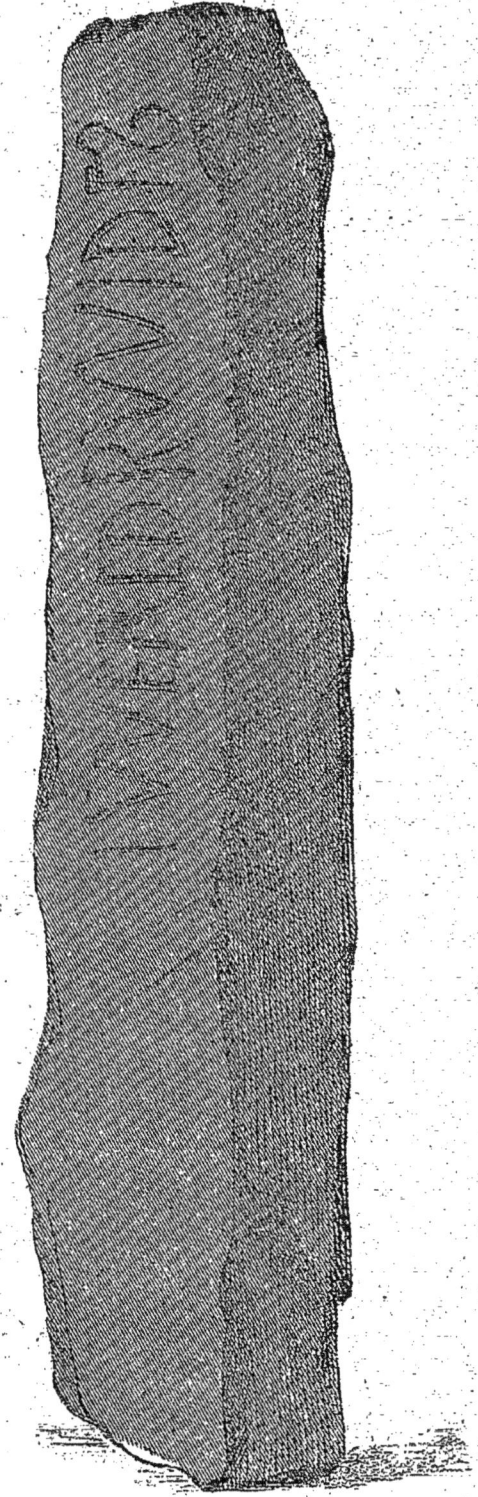

Inscriptions latines de l'Irlande PL. 1

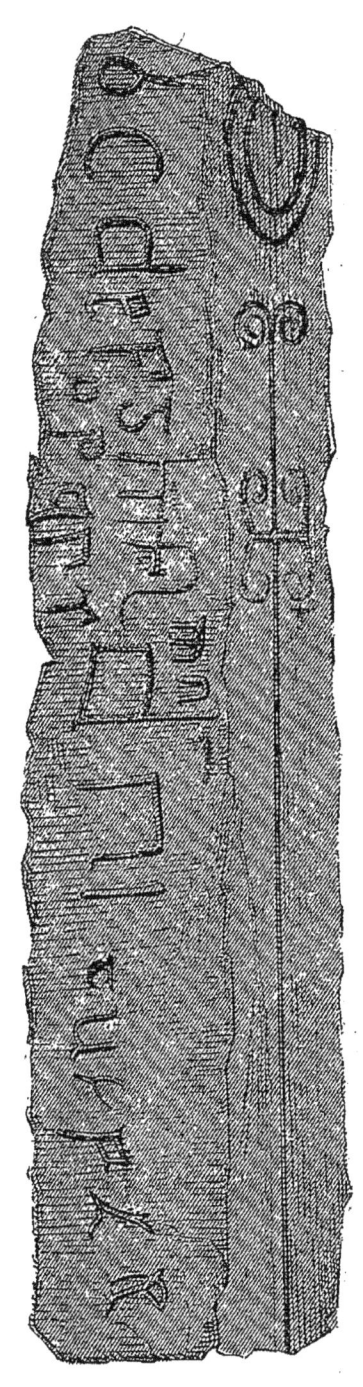

Inscriptions latines de l'Irlande PL. III

Inscriptions latines de l'Irlande

PL. IV

Inscriptions latines de l'Irlande. PL. V.

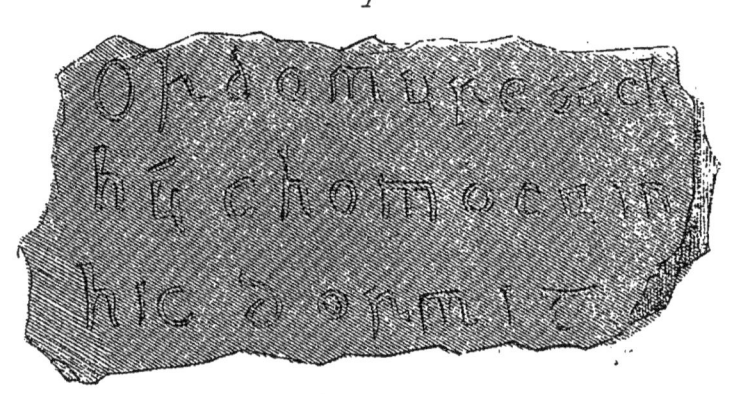

Inscriptions latines de l'Irlande   PL. VI

1

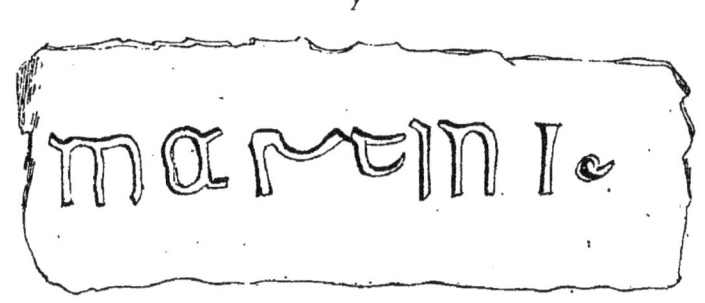

2

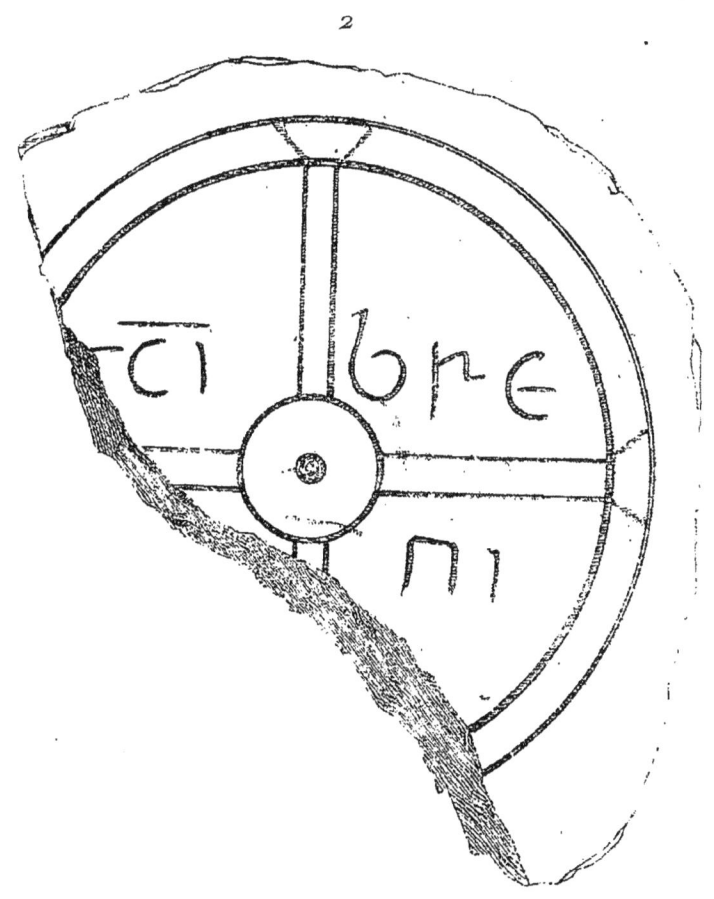

Inscriptions latines de l'Irlande   PL. VII

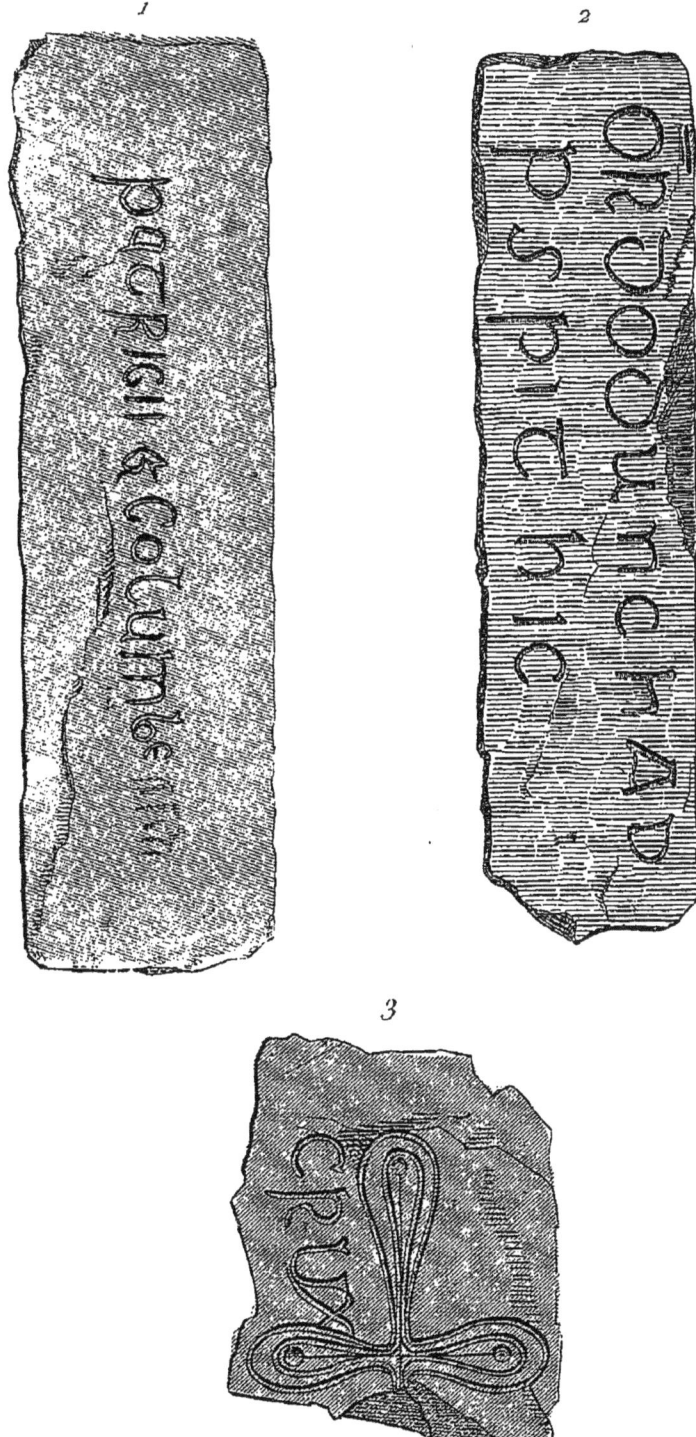

LEX
ET
CAPITULA,

CONTRIBUTION À L'HISTOIRE DE LA LÉGISLATION CAROLINGIENNE,

PAR MARCEL THÉVENIN.

Il n'est pas encore possible de publier, sur la législation carolingienne, un travail d'ensemble ayant une réelle valeur pour l'historien du droit germanique, parce que la critique des sources de cette législation n'est pas terminée. Les consciencieuses et patientes investigations de M. Boretius, professeur à l'Université de Halle, ont déblayé le terrain [1]; il est désormais relativement facile, avec un guide aussi sûr que lui, de se reconnaître au milieu de cet amas de textes, juridiques ou autres, entassés pêle-mêle par la main ignorante des compilateurs, que l'on connaît sous le nom de *capitulaires*[2]. M. Boretius était tout naturellement indiqué pour donner, dans la collection des *Monumenta* (*Leges*), une édition des capitulaires qui prît la place de l'édition de Pertz, devenue tout à fait insuffisante[3]; espérons qu'il ne tardera pas à mener sa tâche considérable à bonne fin.

La *Revue historique* a publié, l'année dernière, un travail de M. Fustel de Coulanges qui a pour titre : *De la confection des lois au temps des Carolingiens*. Il est regrettable qu'en

---

[1] *Die Capitularien im Langobarden Reich*, Halle, 1864. V. encore Beseler (*Festgaben für Homeyer*), *Ueber die Gesetzeskraft der Capitularien*, Berlin, 1871. Sohm, *Die Fränkische Reichs und Gerichts Verfassung*, 1871, p. 102 et suiv.

[2] *Beiträge zur Capitularienkritik*. Leipzig, Duncker. 1874.

[3] *Op. cit.* p. 42 et note 1, p. 80, p. 108, p. 86, note 1. Le jugement général porté par M. Boretius, quelque sévère qu'il paraisse, est juste. P. 56, note 1 : «Pertz hatte so höchst geringe Kenntniss des deutschen Rechtes, dass der Rechtshistoriker nur mit stillem Schmerze seine üblichen Einleitungen zu den einzelnen Capitularien lesen kann,» etc.

écrivant cette étude l'auteur n'ait pas connu les quelques travaux allemands où sont admises avec ou sans restrictions, en tout cas discutées, les principales conclusions présentées par M. Boretius dans son dernier ouvrage. S'il connaissait ces conclusions, il eût dû les appliquer à l'objet spécial de son étude ou les rejeter après examen. Pour n'avoir ainsi tenu aucun compte des résultats obtenus par ses devanciers, M. Fustel de Coulanges a publié un travail dans lequel on retrouve sans doute le talent ordinaire de l'écrivain, mais qui ne résout point l'une des importantes questions relatives au droit germanique. Il est à craindre, en revanche, que ce travail ne contribue à entretenir dans le grand public les idées confuses ou inexactes qui ont cours sur l'esprit de la législation germanique en général, et, en particulier, sur le rôle législatif des Carolingiens [1].

[1] Voici quelques affirmations de M. Fustel de Coulanges. P. 3 : «Pour qui a lu complètement et de suite les capitulaires de Pépin, de Charlemagne, même de Louis le Pieux, il n'est guère possible de mettre en doute que l'autorité législative n'appartînt tout entière au prince.» *Ib.* «Le vrai législateur est toujours le prince.» P. 5 : «Les capitulaires embrassaient les mêmes matières que les lois.» *Ib.* «On voit fréquemment les princes transformer leurs capitulaires en lois par leur seule volonté, ou ordonner de les écrire parmi les lois, ou enfin prescrire qu'on leur obéisse comme s'ils étaient des lois. P. 6 : «Il est incontestable que les capitulaires étaient l'œuvre des rois seuls et de leur conseil intime; ils ressemblaient à ces *edicta, decreta, constitutiones*, qui, quatre siècles auparavant, partaient du palais des empereurs romains.» Pour ce qui est des lois proprement dites, p. 6 : «Nul indice d'une intervention des sujets.» P. 14 : «Cette sorte d'assentiment (des populations, leur *consensus* à la *loi*) ressemblait beaucoup plus à un engagement que prenait la population d'observer la loi du prince, qu'à une participation effective de cette population au pouvoir législatif.» Comp. p. 18 et suiv. La conclusion est que : «Si nous bornons notre regard au ixe siècle, si nous donnons aux mots le sens qu'ils avaient dans la langue du temps, si nous observons la pratique et la réalité telles qu'elles nous sont décrites par les documents si nombreux et si clairs (?) de cette époque, nous ne reconnaissons nulle part que la nation, au temps des quatre premiers Carolingiens, ait possédé ou ait seulement partagé avec ses rois la puissance législative.» L'examen de cette théorie, exigeant une discussion de détail, serait ici déplacé; en quelques traits je me permets de marquer l'impression qui se dégage de la lecture de ce travail en disant que l'auteur me paraît connaître imparfaitement le latin des sources juridiques carolingiennes; c'est au travers de l'allemand, et de l'allemand aussi ancien que possible, et non d'un latin plus ou moins classique, qu'il faut le lire pour le bien

Le manuscrit 204 *nouv. acq. lat.* de la Bibliothèque nationale contient une indication précieuse, en ce qu'elle vise directement la législation franque au temps de Louis le Pieux. Cette indication, rapprochée de quelques textes qui en précisent et complètent le sens, permet de saisir sur le vif un procédé de la législation du ix⁰ siècle ; elle amène tout naturellement à distinguer, tant par leur caractère extérieur que par leur structure intime, les divers matériaux dont la réunion constitue l'édifice juridique carolingien. On se propose donc, dans cette modeste étude, non de montrer directement l'évolution accomplie par la législation franque depuis l'époque de la rédaction des *Leges Barbarorum* jusqu'à celle de la promulgation des derniers capitulaires, mais seulement de dégager le *principe juridique* qui a présidé, au temps des Carolingiens, à la formation de deux couches distinctes de législation.

I

Le folio 20 v° du manuscrit 204 contient une *suscriptio* relatant deux événements ; on peut donc y distinguer deux parties ; voici la première :

Incipiunt capitula quæ D. Hludovicus seren. imp. imperii sui v° *cum universo cœtu* populi a deo sibi commissi, id est cum venerabilibus episcopis et abbatibus atque comitibus vel *cum reliquo populo* in Aquisgrani palatio *promulgavit* atque *legis Salicæ addere* et universis ordinibus superioris videlicet inferiorisque gradus populi imperii sui *firmiter tenere*[1] *præcepit.*

Ce texte indique que Louis le Pieux, en 818[2], dans une assemblée générale, promulgua au palais d'Aix-la-Chapelle *des chapitres*, décida d'annexer ces chapitres à la *lex Salica*, enjoi-

comprendre. En second lieu, l'auteur commet parfois, dans le choix et la citation des sources, des erreurs provenant de ce qu'il ne semble pas avoir d'orientation au milieu des textes qu'il manipule. Enfin, la législation carolingienne n'a de sens et d'intérêt pour l'historien que rapprochée de la législation qui l'a précédée chez les divers peuples germaniques.

[1] *Firmiter tenere,* c'est exactement *fest halten.* Le sens technique de *capitula* sera fixé plus loin ; je donne provisoirement à ce mot son sens primitif.

[2] Et non pas en 820 comme l'indique Pertz, *loc. cit.*

gnant en outre à tous les ordres, supérieurs et inférieurs, de son empire de les garder fidèlement. Quels sont ces chapitres? C'est ce que le manuscrit n'indique pas. Le compilateur, comme faisaient souvent ses collègues en compilation, a copié à la suite de cette *suscriptio* des dispositions qui ne s'y rapportent pas. Il est question de ces chapitres dans le document appelé par Pertz *Cap. Aquisg.* a. 820 (*Mon. Leg.* I, p. 220, c. 5).

> Generaliter omnes admonemus, ut *capitula que* præterito anno *legi Salicæ per omnium consensum addenda esse censuimus.* . . . .

Du rapprochement de ces deux textes, il résulte que *des chapitres*, d'ailleurs antérieurement rédigés et réunis en bloc, ont été promulgués, et que, en vertu du consentement unanime, l'annexion de ces chapitres à la *lex Salica* a été décidée par l'empereur dans l'assemblée générale tenue à Aix-la-Chapelle en 818.

Passons à la deuxième partie de la *suscriptio* :

> . . . ipsaque *postea* cum in Theodone villa generale conventum habuisset *ulterius capitula appellanda esse prohibuit sed tamatum* (*lis. tantum*) *lex dicenda* immoque ea firmissime ab omnibus *pro lege tenenda* cum totius optimatum suorum consilio præcepit.

Elle indique que «plus tard, dans une assemblée générale tenue à Thionville, Louis le Pieux, de concert avec les grands formant son conseil, défendit d'appeler dorénavant ces chapitres *capitula*, ordonnant de ne les plus appeler à l'avenir que *lex*, et enjoignant à tous de les tenir strictement pour *lex*,» ce que confirme, au reste, la dernière partie du c. 5 cité plus haut :

> Generaliter admonemus, ut capitula. . . *iam non ulterius capitula, sed tantum lex* dicantur, immo[1] *pro lege* teneantur.

Ces *chapitres* promulgués et annexés à la *lex Salica* en 818 à Aix-la-Chapelle, dénommés *lex* en 819 à Thionville, se trouvent dans les *Monum.* (*Leg.* I, p. 225) et ont été rédigés peut-être en 817, au plus tard en 818 ; comment et par qui? C'est ce qu'on verra plus loin.

---

[1] *lam non ulterius. . . sed tantum*, c'est exactement *nicht mehr. . . viel mehr*.

En résumé, les deux textes ci-dessus, en opposant ainsi *capitula* à *lex*, assignent à chacun des deux mots un sens juridique technique dont on avait déjà quelque peu conscience au ix° siècle[1]. Ils permettent de constater, tout d'abord, l'existence de deux éléments distincts au sein de la législation carolingienne; les caractères propres à chacun de ces éléments seront déterminés plus loin. Ils indiquent, en outre, un procédé de législation qui ne peut être bien compris que si l'on se reporte aux *Leges Barbarorum*; c'est en se faisant une idée aussi exacte que possible des conditions dans lesquelles naît et se forme la *lex* qu'on pourra seulement préciser en premier lieu le sens juridique du mot *lex*, ensuite celui du mot *capitula*.

II

Pendant des siècles la *coutume* exista à l'état latent, sous forme d'usages juridiques auxquels, au sein de l'association (*civitas* de Tacite) dont il faisait partie, le Germain de condition libre obéissait d'instinct[2]. Il n'y a pas à rechercher ici par suite de quels événements historiques, à la faveur de quelles circonstances la conscience de ces usages s'éveilla plus ou moins tardivement chez les divers peuples germaniques. Un fait constant est que la coutume, organisme juridique, apparaît et se développe suivant les procédés de tout organisme naturel. Elle n'est pas créée, en ce sens que ce n'est pas un organe particulier, — roi, conseil aristocratique ou prêtres, — qui élabore pour l'association et encore moins lui impose[3]

---

[1] Le sens primitif de *capitulum* est *point, objet, article, division, point en discussion, chef* (Littré, 130). Ici il est évidemment pris dans un sens technique, «denn selbst ein Kaiser kann nicht befehlen, dass ein Abschnitt nicht fernerhin ein Abschnitt sein soll.» (*Captk.*, p. 33.)

[2] *Germ.*, c. ix: «Plus ibi boni *mores* (usages, coutume non écrite) quam alibi bonæ *leges*.» Paulus Diac. *De Gestis Lang.* IV, 44: «... *leges* quas sola memoria et usu *retinebant.*» *Chronic. Goth.* Pertz, *Leg.* IV, p. 645: «Nam antea (avant la rédaction), per *cadarfada* (coutume non écrite) et arbitrio seu ritus finierant causationes.» Pour les Bavarois, cf. *Prolog. Leg.* III, p. 259, les Frisons, *Leg.* III, p. 668, XIV, 2, etc. Cf. Boretius, *Capitularienk.*, p. 8 et suiv.

[3] «Gehorsam war den Deutschen ein fremder Begriff.» (Waitz, *Verfas-*

les règles qui lui permettront de se maintenir et de se développer ; elle naît incessamment des rapports des membres de l'association (*Genossen*) entre eux, et s'alimente directement au fonds populaire.

L'association (*Volksgemeinde*) n'est pas en état de se livrer à un travail d'enquête sur les usages dont l'ensemble constitue la coutume non écrite, de les classer, de les ordonner sous forme de dispositions rédigées et écrites. Elle charge donc de ce travail préparatoire les chefs qu'elle s'est donnés elle-même.

Prolog. I leg. Sal. (Behrend, p. 124) : «*Gens* Francorum... juxta morum suorum qualitatem... *dictaverunt*[1] Salica lege *per* proceris[2] ipsius gentis qui... omnes causarum origines sollicite discuciendum tractandis de singulis judicibus decreverunt hoc modo.»

Que ce travail préparatoire soit fait à l'instigation de l'association, comme cela est indiqué pour les Francs Saliens ou, — comme cela est indiqué pour les autres peuples germaniques, — à l'instigation du *rex* ou du *dux* en qui se résume visiblement l'unité de l'association, il n'importe : le procédé de *législation* constamment suivi est celui-ci : des hommes choisis, connus pour leur expérience, leur habileté juridique, et recommandables par leur âge, font une enquête sur les usages existants.

Prolog. leg. Baiuw. *Leg.* III, p. 259 : «Theodericus rex Francorum... elegit *viros sapientes* qui in regno suo *legibus antiquis* (usages) eruditi erant. Ipso autem dictante iussit conscribere legem. — Hæc omnia Da-

---

sungs *Gesch.* I, p. 312.) Ceci est également vrai, appliqué aux institutions juridiques et aux institutions politiques.

[1] Sur le sens de *dictare*, v. Sickel, *Urkundenlehre*, I, p. 126.

[2] Cf. Tacitus, *Germ.*, c. XI : «De minoribus rebus principes consultant, de maioribus omnes, ita ut ea quoque, quorum *penes plebem arbitrium* est, apud *principes prætractentur.*» Le procédé indiqué par Tacite se retrouve dans Prol. I, leg. Sal. (Behrend, p. 125) : «...proceris ipsius gentis qui tunc tempore eiusdem aderant *rectores*...qui...omnes causarum origines sollicite discuciendum *tractandis* (*tractantes?*) de singulis iudicibus *decreverunt* hoc modo.» Cf. Epil. I (*ib.* p. 126) : «Sic vero Childebertus rex... *pertractavit*,» et Epil. II (p. 127) : «... et postea *cum Francis pertractavit*,» etc. Cf. Edictus domni Chilperici regis (Behrend, p. 105) : «*Pertractantes* ...cum viris... *obtimatibus* vel antrustionibus et omni populo nostro convenit,» et *passim*.

gobertus rex... per *viros* illustres et omnia vetera legum in melius transtulit et unicuique *genti scriptam* tradidit. »

Roth. Prolog. Leg. IV, p. 2 : « ... in quantum per *antiquos homines* didicimus... »

Roth. c. 386. Leg. IV, p. 89 : « ... reservantes, ut quod adhuc... tam per nosmetipsos quam per *antiquos homines* memorare potuerimus in hoc edictum subiungere debeamus [1]. »

Il en sera de même lorsque les peuples germaniques seront réunis sous le sceptre des Carolingiens.

Capit. Karoli m. a. 789, c. 62. Leg. I, p. 63 : « Primo namque diligenter discenda est *lex a sapientibus populo* composita. »

Capit. Karoli m. ital. a. 801, praef. Leg. I, p. 83 : « ... quædam (quæstiones) vero in nostri examinis arbitrium ad tempus dilata quorum iudicialis sententia *a legislatoribus* aut penitus omissa est aut a posteris oblivioni tradita... » Ce dernier point sera traité plus loin.

De cette enquête, les *legislatores* rapportent une série de dispositions qu'ils soumettent à l'assemblée de la *gens* (*Volk*). Grâce à eux, l'association a désormais conscience de ses usages juridiques; elle approuve celles de ces dispositions qui lui paraissent le mieux reproduire les traits de sa propre création; elle les reconnaît comme constituant *sa* coutume. L'instinct faisant place à la connaissance, elle déclare que c'est bien là *son* droit.

Prolog. ad leg. Burg. c. 13. Leg. III, p. 527 : « ... definitio quæ ex tractatu nostro et *communi omnium voluntate* conscripta est... »

Liutpr. prol. Leg. IV, p. 135 : « ... et cum presentaliter fuissent capitula ista relicta *omnibus placuerunt et preventes adsensum*... »

Cf. lex Alam. Leg. III, p. 45 et lex Baiuw. Leg. III, p. 269.

Tass. decreta præf. Leg. III, p. 463 : « ... *universa consentiente multitudine*... »

La coutume écrite, résidu de l'ensemble des dispositions successivement examinées, naît donc de la collaboration des *legislatores* et de l'association. Il est absolument inexact d'y voir le résultat d'un *contrat* intervenu entre les *legislatores* et l'association [2]. Ces deux facteurs n'agissent pas contradictoire-

---

[1] V. Boretius, *Kapitularienkr.* p. 8 et suiv.
[2] Dans ce sens, Löning, *Vertragsb.*, p. 1, n. 1. Dans le sens de *contrat*, Boretius, *op. cit.*, p. 11, et Beseler (*Festgaben für Homeyer*), p. 5, 6.

ment; leur activité converge vers un but final commun, la fixation de la coutume. *Legislatores* et association s'*accordent*.

Prolog. leg. Sal. II (Behrend, p. 125) : «*Placuit atque convenit inter*[1] Francos et eorum proceres...»

De là le nom de *pactus*, terme technique qui désigne la coutume fixée, dans les plus anciens documents :

Cod. Bibl. nat. 4404 : «...incipiunt capitula in *pacto* Salicæ.»
Prolog. leg. Sal. I (Behrend, p. 125) : «...et quod minus in *pactum* habebatur idoneo.»
Leg. III, p. 34 : «...Incipit *pactus* lex Alamannorum. Et sic convenit.»
Prolog. ad leg. Burgund. c. 13. Leg. III, p. 527 : «... etiam per posteros custodita perpetuæ *pactionis* teneat firmitatem.»

Cet *accord* se manifeste et s'affirme dans des formes qui varient avec les divers peuples germaniques. On retrouve en elles les formes de la vie juridique ordinaire.

Roth. c. 386. Leg. IV, p. 90 : «... et *per gairethinx secundum ritus gentis nostræ confirmantes* ut sit hæc lex firma et stabilis.»
Prolog. ad leg. Burg. c. 13. Leg. III, p. 527 : «Constitutionis vero nostræ seriem placuit etiam *adiecta* comitum *subscriptione firmari ut definitio* quæ ex *tractatu nostro et communi omnium voluntate conscripta* est, etiam per posteros custodita perpetuæ pactionis teneat *firmitatem.*»

Telles étaient encore l'*acclamation*, suivie probablement de certains actes solennels et, peu à peu, l'*écriture*. L'assentiment et l'acclamation d'où résulte l'*accord* manifesté sont marqués par les expressions suivantes, revenant à chaque instant dans les *leges* : «adsensum *praebere*, — *asistente* omni populo, — universa *consentiente* multitudine, — ex communi omnium voluntate, — per suggestione iudicum *omniumque consensu.*» Il importe de se bien pénétrer tout d'abord que la *lex* naît d'un *accord* et non pas d'un contrat, si l'on veut juridiquement distinguer entre elles les sources de la législation carolingienne.

En principe et tant que l'empire des Franks n'est pas encore constitué tel qu'il le sera sous la deuxième race, le

---

[1] *Inter* a ici le sens copulatif de *zwischen*. Cf. Leg. III. p. 45 ; «...una cum proceribus suis...vel cetero populo adunato...» et *ib.*, p. 269 ; «... *apud* (avec) regem et principibus eius et *apud* cuncto populo...»

peuple attribue la même autorité à sa coutume écrite et à sa coutume non écrite. Il faut toutefois et il suffit que la coutume non écrite soit constatée pour chaque cas particulier non prévu dans la *lex*, par les juges du tribunal. La raison en est que, dans l'une et dans l'autre, l'association (*gens, Volk*) reconnaît également sa création, la norme qu'elle a elle-même élaborée. Aussi le mot *lex* (anc. germ. *ewa, eoa*, « ce qui lie »), qui ne désignera plus dans la législation de la seconde race que la coutume *écrite*, est-il souvent employé dans les *leges* au sens de coutume *non* écrite mais observée, dont l'association a conscience :

Lex Fris. XIV, 2. Leg. IV, p. 668 : « Haec *lex* inter Laubachi et Flehum *custoditur*. Cæterum inter Flehum et Sincfalam *talis est consuetudo*... »

Edict. Roth. c. 386. Leg. IV, p. 89 : « ... antiquas *legis* ... *quæ scriptæ* non erant... » Cf. Prol. Baiuw., p. 259.

Au VIII° siècle, l'une et l'autre sont nettement distinguées.

Pippini lt. reg. cap. *circa* 790, c. 10. Leg. I, p. 47 : « ...ubi *lex* est præcellat *consuetudinem* et nulla *consuetudo* superponatur *legi*.

La coutume écrite, *lex*, est encore désignée par les mots *edictum, decretum, constitutio*, qui, pour peu qu'on soit sollicité par le souvenir des procédés de la législation romaine, semblent indiquer dans la législation germanique une évolution qui attribuerait au *rex* ou au *dux* un rôle de premier ordre. Ils marquent simplement que, dans la confection de la *lex* ou mieux dans la *fixation* de la coutume, le *rex* ou le *dux*, en qui se personnifie l'association, attache son nom à l'œuvre de l'association elle-même [1]; sa coopération n'ajoute rien aux caractères propres de la *lex*, mais elle lui est en somme favorable, en ce sens que le *rex* ou le *dux* est mieux placé que l'association, groupe complexe et inhabile à agir, pour voir à quel moment il est opportun de fixer la coutume ou d'ajouter des dispositions (*capitula*) nouvelles aux dispositions déjà fixées [2].

---

[1] Prolog. leg. Baiuw. Leg. III, p. 259 : « Dagobertus *unicuique genti* scriptam tradidit. » Cf. Einhardi Vita Karoli, c. XXIX, script. II, p. 458, et *passim*.

[2] C'est ce qui résulte directement des textes et du rapprochement de

Il résulte de l'analyse qui précède que la *lex* tire d'elle-même son principe d'autorité et que, chez les Germains, dans la *lex* se manifeste spontanément la fonction juridique de l'association, c'est-à-dire du *peuple* considéré comme un *organisme social*. Le caractère *essentiel* de la *lex* est d'être *populaire*.

Tass. decreta ad leg. Baiuw. Leg. III, p. 464 : «De *popularibus legibus*.»

De ce caractère populaire de la *lex* découle, par voie de conséquences, une série de *propriétés* que les textes permettent d'ailleurs de constater directement.

1° La *lex* est *personnelle*.

a) Au sein du royaume, de l'empire des Franks, la *lex* est particulière à chaque élément constitutif de cet empire, c'est-à-dire à chaque peuple ; elle est la *lex* de ce peuple, comme l'idiome germanique qu'il parle est *sa* langue. De là les expressions *lex Salica*, *lex Franc. Chamavorum*, *Alamannorum*, *Baiuwariorum*, *Langobardorum*, etc. Et comme, sur le territoire de l'empire, chaque peuple occupe une circonscription déterminée

---

edictum et de *dictare*, de *decretum* et de *decreverunt*. V. d'une part Prolog. I Leg. Sal. (plus haut, p. 142 et n. 2) et d'autre part *Edict.* Roth. Leg. IV, p. 89: « Præsentem *edictum* quem... inquirentes et rememorantes antiquas *legis*... quæ scriptæ non erant condedimus. » Cf. p. 155, Lex Baiuw. Leg. III, p. 269 : «... *hoc decretum* apud regem et principibus *eius* et apud cuncto populo... » Les *proceres*, *principes* de l'association, de la *gens* (*civitas* de Tacite) sont devenus les *proceres*, *judices*, *principes*, etc., du *rex* ou du *dux* ; ceci marque une évolution politique sans doute, mais non une modification, encore moins une altération des caractères essentiels de la coutume. Quant à *constitutio*, ce mot signifie simplement action de *fixer*, *d'arrêter* (*statuere*), comme il est facile de s'en convaincre par la glosse malbergique (Lex Salica, XLIII) «seoland *stadio*.» Voy. Kern, *Malb. Gloss.*, p. 27 : « *Stadian* ist stellen oder *statuere*, bestimmen. » *Constitutio*, au sens concret, est donc tout d'abord l'ensemble des dispositions fixées, tout comme *lex*, coutume écrite. Les précautions prises pour s'assurer du sens d'un terme juridique et des nuances de ce sens pourront paraître exagérées, et la lecture de ces citations sera peut-être fatigante ; c'est qu'à mon avis on ne saurait trop se défier de l'enveloppe latine qui, dans les textes spéciaux, recouvre l'idée juridique ; d'autre part, cette idée elle-même, chez les Germains, ne se présente jamais complète et précise dans un seul mot, et l'on ne peut, en conséquence, arriver à la saisir tout entière qu'après une série de retouches et de tâtonnements.

(*provincia, patria*), elle est la *lex* de cette circonscription (sans être pour cela territoriale).

Lex Franc. Chamav. (Gaupp. p. 3o) : «Notitia vel commemoratio de illa euua, *quæ se ad Amorem habet.*» Cf. *ib.* xxvi, xxviii.

Pippini capitulare, a. 768, c. 14. Leg. II, p. 14 : «... et si de *alia provincia* advenerit, secundum *legem* ipsius *patriæ* vivat.»

b) Partout où réside ou s'établit l'individu sur toute l'étendue de l'empire des Franks, sa *lex* le suit, parce que la *lex* est la propriété de l'individu (*lex sua*). Elle fait partie de son être (*lex qua vivit*). Il ne peut pas ne pas l'invoquer, tout comme il ne peut pas ne pas parler l'idiome qu'il parle.

Pippini capit. *l. c.* : «Ut *omnes homines eorum legis habeant*, tam Romani quam et Salici, et si de alia provincia advenerit, secundum legem ipsius patriæ vivat.» (V. p. 145, note 1.)

Le *rex* lui-même n'est pas au-dessus ou en dehors de la *lex*; individu d'origine franque (salique ou ripuaire), lombarde, etc., il vit d'après la *lex Salica*, *Ribuaria*, etc. C'est ainsi que Clovis observe la *lex Franc.* en fiançant Clotilde par le *sou et le denier*.

Fredeg. epit. Greg. Tur. 18 : «*Legati offerentes solidum et denarium, ut mos* erat *Francorum*, eam *partibus Chlodovœi sponsant.*» — Cf. *Form. de Roz.* 229 : «... *per solidum et denarium secundum legem Salicam et antiquam consuetudinem sponsare.*» Ib. 230.

Les Carolingiens vivaient d'après leur *lex* d'origine, c'est-à-dire la *lex Ribuaria*.

Divisio imperii a. 817, c. 16. Leg. I, p. 200 : «Si vero alicui illorum (filiorum) contigerit nobis decedentibus ad annos legitimos *iuxta Ribuariam legem* nondum pervenisse...»

Un texte intéressant, cité déjà par M. Boretius (*Kap.* p. 14), indique qu'«il en coûta le trône au roi des Lombards, Ratchis, pour avoir, entre autres violations de la *lex Langobardorum*, réglé, vis-à-vis de sa femme Tassia, les dispositions matrimoniales, quant aux biens, d'après le droit romain et non pas d'après sa *lex* personnelle[1].»

---

[1] Chronic. Benedic. Script. III, p. 702. Voy. encore le récit intéressant rapporté par Grégoire de Tours, *Hist. Franc.*, III, 27. Cf. Sohm, *Recht der Eheschliessung*, p. 77, n. 3.

c) C'est précisément parce que la *lex* est personnelle, c'est-à-dire qu'elle est la propriété de chaque peuple et aussi de chaque individu, que les autres peuples ou individus (et aussi le *rex*) ont le devoir de la respecter, de même qu'ils ont le droit de faire respecter la leur.

Greg. Hist. IX, 3o : « ... *similiter* et ille [Charibert] cum iuramento promisit, ut leges consuetudinesque novas populo non infligeret. sed in *illo* quo quondam patris dominatione *statu vixerant, in ipso* hic eos deinceps *retineret.* »
Pipp. lt. regis capit. c. 15. Leg. I, p. 104 : «Volumus ut *sicut nos omnibus legem observamus*, ita *et omnes nobis legem observare debeant.* »
Karoli II jusjur. a. 876. Leg. I, p. 529 : «... Ego *unicuique competentem legem* et *iustitiam conservabo.* » — Cf. *Form.* de Roz. 7 : «... et eos recto tramite *secundum lege* et *consuetudine eorum regas.* »

2° La *lex* est *illimitée dans sa durée;* elle se transforme incessamment, et dans ses transformations se reflètent les vicissitudes historiques du peuple dont elle émane[1]. Fixée à un certain moment de sa durée par le procédé que nous avons vu, elle ne pourrait être abolie en bloc, *effacée* que par le procédé inverse. L'organe social qui, sous les deux premières races, est le dépositaire du pouvoir, le *rex*, ne peut pas plus, par ordre, abroger la *lex* d'un peuple, qu'il ne peut, par ordre, anéantir sa langue et la remplacer par une autre. Il peut toutefois agir sur la *lex*, mais indirectement et dans des limites restreintes. Même dans ces limites, il ne peut agir sur elle que si, par voie de modifications insensibles, il sait en élaguer les dispositions tombées en désuétude. Ces dispositions sont, en effet, des éléments que l'organisme juridique ne nourrit plus. Quant aux dispositions en vigueur, dont l'association vit encore, il n'y peut pas toucher.

Prolog. leg. Baiuw. Leg. III, p. 259 : «Et quicquid Theodericus rex propter vetustissimam paganorum consuetudinem *emendare* non *potuit*, post hæc Hildebertus rex *inchoavit*, sed Lotharius rex *perfecit.* »

---

[1] Il suffit de rappeler l'influence considérable qu'exercèrent : 1° la *lex Salica* sur les *leges* de quelques autres peuples germaniques, en particulier sur la *lex Ribuaria;* cf. Sohm, *Zeitschrift für Rechtsgeschichte*, V, p. 394 et suiv.; 2° après la fondation de l'empire frank, les *leges Francorum* sur les *leges* des autres peuples. La lutte pour l'existence ou la prééminence s'établit ou se poursuivit entre les divers organismes juridiques ou *leges*.

Liutpr. c. cxviii. Leg. IV, p. 156 : «... *sed propter consuetudinem gentis nostræ Langobardorum legem ipsam vetare* [1] *non possumus.* »

3° La *lex*, dans les diverses phases *constatées* de son développement, emploie le *procédé* qu'elle a employé pour se fixer tout d'abord. Ceci pourrait être considéré comme une conséquence de ce qui précède; c'est d'ailleurs ce qui résulte directement, pour la période mérovingienne, des Épilogues I et II (Behrend, p. 126 et 127). Cf. Edictus domni Chilperici regis (*ib.* p. 105), c. 1, et les nombreux textes cités plus haut[2]. Pour la période carolingienne, voir plus loin.

4° La *lex* règle ou du moins tend à régler les rapports que la vie *civile* fait naître entre les membres libres de l'association (*civitas, natio, gens, populus*), et ne règle que ceux-là. C'est pour cela que les *leges* sont avant tout des recueils de procédure et de tarifs. Le droit civil y est également représenté, mais en action, mêlé à la procédure, parce que l'association, encore incapable de la puissance d'abstraction nécessaire pour distinguer entre elles les grandes divisions du droit, s'est proposé de rédiger un recueil utile et non un recueil systématique et savant de dispositions juridiques[3].

Les *leges* contiennent, en outre, plus ou moins de dispositions réglant, par quelque côté, la situation civile des étrangers au sein de chaque association.

---

[1] Var. *mutare*. Le chapitre est trop long pour être reproduit ici; il faut le lire en entier dans Pertz, *loc. cit.*

[2] Les *leges*, pour se mettre d'accord avec les coutumes non écrites, procèdent tantôt par additions successives, tantôt par remaniements plus ou moins habiles, tantôt enfin à la fois par additions et remaniements de détail. Pour bien constater ces additions, il faut évidemment avoir les textes sous les yeux. Dans la période mérovingienne et en s'en tenant à la *lex Salica*, comp. : 1° Behrend, p. 98, c. 1 «*De agsoniis* (des essoines ou excuses légales). Secundum *legem Salicam hoc convenit* observari...» et *lex Salica*, I : «De mannire» (de l'assignation au tribunal); 2° Edictus Chilp. (Behrend, p. 105) : «Pertractantes in Dei nomen cum viris magnificentissimis... et omni populo nostro *convenit*,» etc. c. 2 : «Similiter convenit ut *reibus*...» et *lex Sal.*, xliv : «De reipus.» *Ib.* Edict. Chilp. c. 3 et *lex Sal.*, lix : «De alodis,» et *passim*.

[3] La proportion entre ces éléments divers, droit privé, procédure, tarifs, varie du reste avec les différentes *leges*; ce quatrième point, fort important, ne peut être examiné que dans une histoire de la législation franque.

En résumé, la *lex* émane du peuple et s'alimente directement à la source populaire; de là son procédé de formation et de développement. Elle est personnelle. Elle est illimitée dans sa durée, parce qu'elle satisfait à des besoins qui sans cesse se renouvellent.

III

A côté de ces besoins, nés spontanément des rapports des individus entre eux au sein de chaque association (quod ad *singulorum utilitatem* pertinet), se développèrent, assez faibles d'abord, puis plus grands à mesure que l'empire des Franks prit plus de consistance, des besoins nés de la vie *politique*, commune aux populations germaniques et romanes réunies sous le sceptre des rois, puis des empereurs Franks (quod ad *utilitatem publicam* ou encore *ad utilitatem dominicam* seu *regiam* pertinet). Le *pouvoir* royal, en réunissant ainsi ces populations, les avait, en effet, par cela même initiées à la culture politique générale[1]; lui seul était en état de trouver les moyens les mieux appropriés au maintien et au progrès de son œuvre. Les moyens avec lesquels les rois gouvernèrent et administrèrent l'empire sont, dans l'ordre juridique, les dispositions législatives connues sous le nom de *capitulaires*.

En embrassant le christianisme, les peuples germaniques vécurent désormais d'une vie religieuse commune, qu'avaient déjà organisée, avant leur conversion, les décrets des conciles et les règlements disciplinaires des synodes ou autres assemblées ecclésiastiques. L'Église toutefois ne pouvait assurer l'exécution de ses volontés, là où elle procédait par ordres ou injonctions, qu'au moyen de peines *canoniques*, telles que l'excommunication, les pénitences ecclésiastiques, les amendes, etc. Les Carolingiens lui prêtèrent l'appui de leur pouvoir séculier, en reprenant les dispositions élaborées par elle, sous la forme

---

[1] Cette initiation à la vie politique générale fut d'ailleurs imposée aux populations plutôt que volontairement acceptée par elles; c'est ce que démontrent, juridiquement, l'existence du *bannus*, sanction pénale qui nécessairement appuie toute disposition émanant du pouvoir royal, et, historiquement, la fragilité et l'effondrement rapide de l'édifice politique carolingien.

de dispositions législatives, également connues sous le nom de *capitulaires,* dont l'exécution fut, à l'occasion, assurée par le *bannus,* c'est-à-dire par une sanction pénale d'origine royale.

Sous les Carolingiens, l'unité politique, qui, au temps des Mérovingiens, se personnifiait dans le *rex* ou le *dux*, prit corps, pour tous les peuples soumis à l'empire des Franks, en la personne de l'empereur. Ce fut au pouvoir impérial qu'incomba désormais la tâche, non pas de développer les *leges,* — on peut dire maintenant le droit *civil,* — mais de donner au droit civil l'occasion de se développer en saisissant le moment précis où il devait se mettre à la hauteur des exigences nouvelles. Ces exigences étaient dues à l'action exercée par la vie politique, la vie économique et la vie religieuse sur la vie civile générale. La part de ces exigences, en tant qu'elles modifiaient dans le même sens *l'ensemble des leges,* c'est-à-dire les parties du droit civil communes aux divers peuples de l'empire, fut faite au moyen de dispositions qui nous sont également parvenues sous le nom de *capitulaires.*

Enfin, les instructions écrites données par les rois ou les empereurs à leurs agents, d'abord provisoires, puis permanents (*missi*), pour l'exécution des capitulaires, la levée des contingents militaires, l'application des dispositions administratives, etc., dans chaque grande circonscription territoriale (*missaticum*) de l'empire, étaient aussi des *capitulaires.*

Le cadre restreint de ce travail ne permet pas d'examiner chacune de ces catégories de *capitula* et de marquer directement, d'après les textes mêmes, ce qui distingue juridiquement, quant à leur contenu, les *capitula* proprement dits (au sens technique de la législation carolingienne), qu'on a appelés aussi *capitula per se scribenda,* des *capitula legibus addita.* Quant à l'objet différent auquel ils s'appliquent, ou mieux leur distinction extérieure, elle a été dès longtemps faite en Allemagne par Eichhorn, Biener et Waitz, et, bien avant ces historiens, par notre Montesquieu[1], « le créateur de l'histoire du

---

[1] *Esprit des lois,* XXVIII, 10, éd. Laboulaye, p. 278 : « Les capitulaires étaient de plusieurs espèces. Les uns avaient du rapport au gouvernement politique, d'autres au gouvernement économique, la plupart au gouvernement ecclésiastique, *quelques-uns* au gouvernement *civil.* Ceux de cette dernière espèce furent ajoutés à la loi civile, c'est-à-dire aux *lois person-*

droit en France,» bien qu'elle n'ait été scientifiquement démontrée que tout dernièrement par M. Boretius. Envisagés comme manifestations de l'activité législative des Carolingiens, comme sources juridiques, les *capitula* (*per se scribenda*) constituent la plus grande partie de la législation des vIII[e] et IXe siècles; ils ont en vue l'*utilitas publica* ou encore *dominica seu regia*; ils se rapportent « au gouvernement économique et politique »; ils émanent directement de l'empereur, secondé par ses *consiliarii*. Les populations, soit directement, soit par des délégués (*judices*, *legislatores*), ne prennent aucune part à leur confection et ne sont point admises à donner leur adhésion aux *capitula* (*per se scribenda*), après leur composition et avant leur promulgation. Il suit de là :

1° Que ces *capitula* constituent le droit *territorial* des populations faisant partie de l'empire frank (*sub regimine imperatoris degentes*);

2° Que ce droit est *officiel*, c'est-à-dire que, né de l'*autorité* impériale, il est artificiel et voulu, tandis que la *lex* est le droit populaire, organique et inconscient;

3° Que, par leur nature même, les *capitula* sont limités dans leur durée. Auxiliaires indispensables de l'idée politique qui tend à se réaliser dans l'empire carolingien, les dispositions qu'ils contiennent ne sont plus appliquées dès que cette réalisation n'est plus possible. A l'époque même où l'empire carolingien paraît solide, les *capitula* contiennent en eux-mêmes un principe de mort. Sans aller jusqu'à affirmer que les *capitula* (*per se scribenda*) n'avaient force de loi que durant le règne de l'empereur qui les avait créés et promulgués, ce qu'aucun texte n'indique positivement, il est permis de voir, dans le grand nombre de ces *capitula* revenant sur les mêmes sujets à de fréquents intervalles, ainsi que dans le soin que mettait chaque empereur à s'autoriser des *capitula* de ses pré-

---

nelles de chaque nation. Mais *ces* capitulaires, ajoutés aux lois personnelles, firent, je crois, *négliger le corps* même des capitulaires. Dans des temps d'ignorance, l'abrégé d'un ouvrage faisait souvent tomber l'ouvrage même. » Si le corps même des capitulaires (les *capitula per se scribenda*, capit. proprement dits) fut «négligé», ce n'est point par la raison toute superficielle que donne Montesquieu; cela tient, comme on le voit, à des causes organiques. Cf. *ib.*, p. 415, n. 1.

décesseurs, les traces des efforts que firent les Carolingiens pour soutenir leur œuvre politique et lui assurer quelque durée.

Quant aux *capitula* qui se rapportaient au gouvernement civil (*singulorum utilitas*), ils doivent leur formation au même procédé législatif que les *leges*, dont ils ont les caractères lorsqu'ils sont incorporés à une *lex* particulière. La mise en lumière de ce dernier point nous ramène à l'objet direct de cette étude.

IV

1° Les *capitula quæ de partibus Saxoniæ constituta sunt*, an. 785 ou 782 (Waitz, *Gelehrte Gött. Anz.*, 1869, p. 27; Pertz, *Leg.* I, p. 48), auxquels il faut joindre le *Capitulare Saxonicum* (Pertz, *Leg.* I, p. 75), ont le caractère *populaire* d'une *lex*, ce qui est d'autant plus intéressant que Charlemagne, tout en faisant entrer de force les Saxons dans la vie politique et dans la vie religieuse de son empire, respecta, bien inconsciemment sans doute, les manifestations de leur vie civile.

Suscriptio... simulque congregatis Saxonibus de diversis pagis, tam de Westfalahis et Angrariis, quam et de Ostfalahis, *omnes unianimiter consenserunt et aptificaverunt.*
C. 2 : «Omnes *statuerunt* et *aptificaverunt...*»
C. 3 : «Item *placuit omnibus Saxonibus...*»
C. 4 : «Hoc etiam *statuerunt...*» et *passim.* Cf. Cap. Paderb. cit.

2° Les diverses phases par lesquelles nous avons vu la coutume non écrite passer, avant d'arriver à l'état de *lex*, sont indiquées pour les dispositions qui devaient être ajoutées à une *lex*.

Voici en effet une instruction donnée par l'empereur à ses *missi*.

Cap. missorum 823, c. 19 (*Leges*, I, p. 115) : «Ut *populus interrogetur* de capitulis quæ in lege *mittenda*[1] sunt. Et postquam *omnes consenserint, subscriptiones* et *manufirmationes* in suis capitulis faciant.»

Ce que confirme, au reste, la *suscriptio* des *capitula quæ in lege Salica mittenda sunt* (Pertz, I, p. 112) :

In Christi nomine incipiunt capitula legis imperatoris Karoli nuper in-

---

[1] D'après les manuscrits 4613 et 4632, Paris. Les éditions portent : «... in lege noviter *addita* sunt.» Voy. Boret. *op. cit.*, p. 56, n. 1.

venta anno tertio domini nostri Karoli augusti. Sub ipso anno hæc facta capitula sunt et consignata Stephano comiti, ut hæc *manifesta fecisset* in civitate Parisius mallo pubplico, et *ipsa legere* fecisset coram illis scabineis; quod ita et fecit. Et *omnes in uno consenserunt* quod ipsi voluissent omni tempore observare usque in posterum; etiam omnes scabinei episcopi abbatis comitis manu propria *subter firmaverunt*.

On peut comprendre maintenant le texte du ms. 204, non-seulement dans sa lettre, mais, ce qui est plus important, dans son esprit. Les *capitula* en question sont les chapitres qu'ont rédigés les *judices franks*, après les avoir soumis à l'examen et à la discussion du peuple dans les assemblées judiciaires. En se reportant à la *lex Salica*, il est facile d'y suivre chacun des titres auxquels chaque chapitre, pris isolément, renvoie. Ce titre est de la sorte revisé, corrigé ou augmenté. L'examen, la discussion et enfin le consentement du peuple sont marqués par les expressions habituelles.

> Pertz, I, p. 225 : «De hoc capitulo *iudicatum est*...»
> C. 2 : «De hoc capite *iudicatum est ab omnibus*...»

Le consentement est constaté par la *subterfirmatio* que faisaient ceux qui savaient écrire. Les *capitula* rédigés sont portés à l'assemblée générale à Aix en 818, dans laquelle Louis le Pieux *déclare* qu'en vertu du consentement de tous ils doivent être ajoutés et incorporés à la *lex Salica*; l'année suivante il défend d'appeler ces dispositions *capitula* au sens technique indiqué plus haut, il ordonne de les appeler *lex*. Si l'on tient compte de la nature de ces *capitula*, il est facile de voir qu'ils étaient nés *lex*, et que la défense de Louis le Pieux n'ajoutait rien à leur caractère juridique. L'acte de Louis le Pieux, comme nous dirions de nos jours, est un acte *déclaratif* et non *constitutif*. C'est encore ce qui résulte d'un capitulaire de Charles le Chauve en 873. Pertz, I, p. 521, c. 8 :

> Propterea per capitula avi et patris nostri, quæ *Franci pro lege tenenda* judicaverunt et *fideles* nostri in generali placito nostro (?) conservanda *decreverunt* discernendum est.

On voit maintenant comment il faut interpréter la phrase « quoniam lex fit consensu populi et constitutione regis[1]. »

---

[1] Karoli II edict. Pist. a. 864, c. 6 (Pertz, *Leg.* p. 490). Au point de vue juridique, on ne s'explique d'ailleurs pas la présence de cette déclaration de principe dans le chapitre 6; elle satisfaisait probablement à ce

Outre les *capitula* incorporés à une *lex* particulière, qu'il n'est pas d'ailleurs facile de distinguer, grâce aux fastidieuses compilations réunies par Baluze et Pertz, il y avait encore des *capitula* ajoutés à l'ensemble des *leges* ou seulement à quelques-unes d'entre elles; c'étaient donc, à ne considérer que les lignes générales, des dispositions de droit international privé (*natio*, au sens des textes des viii° et ix° siècles). Le procédé qui leur donna naissance me paraît tenir à la fois du procédé de formation des *leges* et de celui des *capitula* (*per se scribenda*); de là le caractère mixte des *capitula legibus addenda*. L'étude de cette catégorie de *capitula* ne tenant pas directement au sujet, il me suffira, je pense, d'avoir fixé le sens juridique de *lex* et de *capitula* et d'avoir marqué les caractères propres à chacune de ces deux sources de la législation carolingienne.

Bien loin que les princes aient pu « transformer leurs *capitulaires* en *lois* par leur seule volonté, » c'est à peine s'ils purent en assurer l'exécution. Ils s'efforcèrent, d'instinct, il est vrai, de procurer à une catégorie restreinte de ces *capitula* (les *legibus addita*) quelque chance de durée en appliquant à leur confection, autant que possible, les procédés *naturels* de la *lex*. Leur œuvre législative propre fut donc, en somme, artificielle; elle n'était qu'un mécanisme, tandis que la *lex* est un organisme. Le mécanisme se disloqua du jour où le moteur, c'est-à-dire l'idée politique des Carolingiens, qui le faisait marcher, ne l'anima plus. Ce n'est pas qu'il n'ait rien survécu de l'œuvre législative des empereurs franks, mais il n'en survécut précisément que ce que les populations purent s'assimiler. Les *capitula*, que n'invoquent du reste jamais les documents dans lesquels se reflète la pratique judiciaire des viii°, ix° et x° siècles, étaient depuis longtemps oubliés, que les *leges*, retournées à l'état de coutumes non écrites, continuaient à être invoquées par leur nom propre, et cela jusqu'en plein moyen âge. C'est enfin sur la souche antique et toujours vivace des *leges* que viendront se greffer les vieilles coutumes de l'ancienne France, avant l'importation savante du droit romain, lorsque, après avoir longtemps germé au sein de la *patria* qui fit jadis partie de l'empire de Charlemagne, elles trouvèrent des circonstances historiques favorables à leur éclosion.

besoin de phraséologie vide et fastidieuse dont les capitulaires offrent de nombreux exemples.

QUELQUES NOTES

SUR

LA GUERRE DE BAR KÔZÊBÂ

ET SES SUITES,

PAR J. DERENBOURG.

I. L'agitateur qui, sous l'empereur Hadrien, a tenu tête pendant trois ans et demi (131 à 135) aux armées romaines, conduites par un général aussi habile que Jules Sévère, s'appelait-il Bar Kôzêbâ ou Bar Kochbâ? Nous ne savons rien sur son propre nom[1], et peut-être, comme nous allons le voir, pas davantage sur le nom de son père. Son surnom véritable était, à notre avis, Bar Kôzîbâ ou Bar Kôzêbâ[2]. R. Akîbâ, plein d'enthousiasme pour son héros et désireux de lui appliquer le verset *Nomb.* xxiv, 17, changeait ce nom en celui de Bar Kôchbâ « le fils de l'étoile » (כוכבא pour כוזבא), et la nation, vaincue et désabusée, lui rendit son ancien nom, en y ajoutant le sens de la racine *kâzab* « mentir ». Kôzêbâ est le nom d'une localité mentionnée I *Chron.* iv, 22, probablement identique avec l'ancien *Kĕzîb* (*Gen.* xxxviii, 5), dont c'est la forme araméenne. Le texte samaritain porte, dans ce dernier verset, éga-

---

[1] Le nom de Siméon ne se trouve que sur les monnaies appartenant à cette époque. Mais Bar Kôzêbâ se serait-il appelé נשיא ישראל « prince d'Israël »? Ce titre était porté, à cette époque, exclusivement par les patriarches de la maison de Hillêl, et, Gamliêl II étant mort à l'époque de la révolte, son fils Siméon avait droit à cette dignité, bien qu'il fût encore jeune et qu'il ne paraisse pas avoir pris une part active à la lutte engagée avec les Romains. Voy. du reste M. A. Lévy, *Jüd. Münzen*, p. 124 et suiv. et mon *Essai*, p. 424, note 1.

[2] C'est aussi l'opinion du Dr Lebrecht dans le *Magazin für d. Wissensch. des Judenthums*, III, p. 36.

lement *Kôzêbâ*, et la version samaritaine le rend par *Kôdêbâ*, ce qui explique l'Εκδίππα d'Eusèbe et Jérôme dans l'Onomastique. Bar Kôzêbâ signifie « originaire de Kôzêbâ[1]. » Kôzêbâ était située entre Tyr et Ptolémaïs ou *Accô*, comme le dit Eusèbe, et les docteurs s'y rendaient souvent en venant d'Accô ou de Tyr. Ainsi, R. Iôsê arrive à cette dernière ville en partant de Kězîb (*Siphrê* sur *Deut.* § 354); R. Gamliêl s'y rend, accompagné de son serviteur Tabi et en se promenant, venant d'Accô (*Midrasch rabbâh* sur *Lévit.* XXXVII, 208ᶜ, et b. *Eroûbín*, 64ᵇ). Nous trouvons même, ce qui est significatif, les disciples de R. Akîbâ en route vers Kězîb, où ils sont rencontrés par des brigands qui les interrogent sur le but de leur voyage, et qu'ils dépistent en leur indiquant comme lieu de leur destination Accô, et en les lâchant, une fois arrivés à Kězîb (b. *Abôdâh zârâh*, 25ᵇ). Ce n'est pas là une question que des voleurs de grands chemins adressent aux voyageurs. Mais on nomme brigands (לסטים), dans les temps troublés, selon le parti auquel on appartient, les conspirateurs ou ceux qui surveillent leurs secrètes démarches. Nous savons, d'autre part, que l'agitation était grande alors « depuis Accô jusqu'à Antioche » (*Essai*, 416-417). Kězîb, qui est sur ce parcours et où habitait le chef désigné de l'insurrection, pouvait donc être le centre où se rendaient, pour tenir conseil, ceux qui devaient être les principaux meneurs de l'action qu'on préparait. La ville était importante et avait, du temps de R. Gamliêl II, une synagogue, dont le chef portait le nom de Scipion, שגביון (tos. *Teroumôt*, II, 13). Elle est la dernière de la Galilée du côté nord-ouest (cf. m. *Demaï*, 1, 3).

Il serait, du reste, peu probable que les monnaies frappées pendant l'insurrection eussent porté le nom de מעות כוזביות « monnaies cozbiennes », si le nom de Kôzêbâ n'avait été qu'un sobriquet déshonorant (b. *Bâbâ Kammâ*, 97ᵇ).

II. On connaît la déclaration de R. Akîbâ, qui, en voyant Bar Kôzêbâ, s'écriait : Voici le roi Messie (voy. *Essai*, p. 425,

[1] Il est superflu de démontrer que *bar* ou *ben* s'emploie dans ce sens. Nous verrons plus loin (p. 161, note 1) les *Běnê Betêrâh*, qui tiraient leur origine de la ville de Battyra. Il était dans l'intérêt de celui qui se croyait ou se disait le Messie de dissimuler son véritable nom et celui de sa famille.

note 1). Mais R. Ḥanînâ ben Teradiôn, un des martyrs de l'insurrection, croyait les temps messianiques si bien venus, qu'il se croyait autorisé à reprendre l'usage de « prononcer le tétragramme tel qu'il est écrit » שהיה הוגה את השם באותיותיו (b. *Abôdâh zârâh*, 18ᵇ). Depuis la mort de Siméon le Juste, « un des derniers débris de la Grande Synagogue » (m. *Abôt*, I, 2), les prêtres mêmes s'abstenaient de bénir le peuple en articulant le nom de Jéhova (tosefta *Sôtah*, XIII, 2, et b. *Iômâ*, 39ᵇ). C'est là le sens du Midrasch sur les *Psaumes*, ch. XXXVI, où il est dit : « Deux époques se sont servies du tétragramme, celle des hommes de la Grande Synagogue et celle du *schemad* » (שמד « destruction »). Cette dernière expression s'applique au temps de l'insurrection aussi bien qu'à celui des persécutions qui en étaient la fatale conséquence. Il nous paraît impossible de supposer avec M. Grætz (*Geschichte der Juden*, IV, 458) qu'ici l'époque du *schemad* désigne l'époque qui a suivi la guerre. On n'aurait jamais osé prononcer encore le tétragramme après la défaite, lorsque les événements avaient trop bien prouvé qu'Akîbâ et les autres docteurs s'étaient trompés, puisque l'opinion s'était répandue que R. Ḥanînâ avait souffert et mérité la mort par le feu, parce qu'il avait enfreint la loi qui défendait de « prononcer le nom de Dieu tel qu'il est écrit. »

M. Geiger (*Lehrb. der Mischnah*, II, 3) s'est trompé lorsqu'il a voulu voir dans la m. *Berâchôt*, IX, 5, une recommandation de prononcer le tétragramme, dans le salut, « Que Dieu te bénisse » (והתקינו שיהא אדם שואל את שלום חבירו בשם). Ce paragraphe de la Mischnâh est, dans tous les cas, incomplet. Le mot *hitḳinou* suppose toujours un état de choses antérieur, indiqué par בראשונה « autrefois », qu'on a dû changer à la suite de certaines circonstances ou des événements survenus. (Cf. m. *Rôsch haschânâh*, II, 1 et 2.) Ici, on ne mentionne ni l'habitude ancienne, ni le fait qui en a amené l'abolition. Quoi qu'il en soit, M. Geiger paraît avoir deviné juste, lorsqu'il pense que la mesure prise par les docteurs devait aller à l'encontre des Samaritains[1]. Nous savons que ceux-ci remplaçaient

---

[1] M. Geiger est revenu plusieurs fois sur ce sujet. Voir *Lehrbuch der Mischnah*, II, 3, son article dans le recueil hébreu intitulé *Ôzar Nechmad*, III, 117 (Vienne, 1860), et, sur l'usage du tétragramme en général, *Urschrift*, p. 261 et suiv.

le tétragramme par le mot *élôhîm*, et ne se servaient dans aucun cas du terme *âdônaï*, comme les Juifs. (Voy. S. de Sacy, *Chrest. arabe*, II, 334.) Tous ceux qui sont initiés aux écrits talmudiques savent que les rapports entre les Juifs et les Samaritains variaient continuellement. Depuis le retour de l'exil de Babylone, les Samaritains, tantôt recherchaient l'amitié des Juifs, tantôt leur étaient hostiles; et les Juifs, de leur côté, tantôt les accueillaient, tantôt les repoussaient. Dans la Mischnâh, il s'agissait, selon nous, d'un moment où l'on se proposait d'établir une distinction entre les Cuthéens (כותים) et les Juifs; on voulait, en s'abordant, pouvoir reconnaître à quel parti appartenait la personne qu'on rencontrait. Le salut pouvait être fait avec la formule : « Paix sur toi », שלום עליך, ou, dans le langage vulgaire, שלם עלך, et c'était là probablement l'usage établi depuis longtemps (voy. Gesenius, *Thesaurus*, 1324[b]). En revenant à un salut qui se lit déjà *Ruth*, II, 4, et en y introduisant le nom de Dieu, on savait immédiatement à qui l'on avait affaire. Le Juif disait : יברכך השם, ou אדני י׳, tandis que le Samaritain employait la formule אלהים י׳.

III. On n'a pas encore pu s'accorder sur la situation de la ville de Bettar, où la nationalité juive a été écrasée, pour ne plus jamais se relever. Les auteurs romains n'aiment pas à raconter les efforts qu'il fallut faire pour étouffer cette lutte tentée par un petit peuple qu'on méprisait, et qui n'était redoutable que par l'ardeur de ses convictions et l'attachement à sa religion. Aussi ne mentionnent-ils pas même le nom de la ville où la guerre prit fin. Dion s'était arrêté à raconter cette guerre, qui ne dura pas moins de trois ans et demi; mais, pour le soixante-neuvième livre de son histoire, nous sommes réduits aux maigres extraits de Xiphilin. Ce sont donc les rares passages des Pères de l'Église, tels qu'Eusèbe et Jérôme, puis des docteurs juifs dans le Talmud et les Midraschim, qu'il faut consulter, et enfin il y a les récits des voyageurs modernes, dont il s'agit de contrôler et de juger les assertions.

En premier lieu, il faut remarquer que le nom même de la ville est devenu une cause de confusion pour son identification. Le sens de ce nom, dérivé de בית תר ou בי תר « maison ou lieu d'exploration », a fait que bien des lieux montagneux propres à l'établissement d'un poste militaire, et dominant par leur hauteur les plaines environnantes, ont pu recevoir le nom de Bettar ou *Bêttôr*. L'Écriture connaît, pour la même raison, un certain nombre de *Râmâh* (élévation), *Gébaʿ* ou *Gibʿâh* (colline), *Mispâh* (donjon), etc. Ainsi, lorsque Hérode établit Zamaris (זמרי) en Batanée, afin de rassurer ce pays contre les incursions des brigands, celui-ci construisit une citadelle qu'il nomme *Bathyra* (Jos. *A. J.* XVII, 11, 1); or בתירה est égal à בית תירה ou בי תירה, comme בעשתרה (*Jos.* XXI, 27) est un composé de בית עשתרה, et תירה n'est qu'une autre forme dérivée de la racine תור « explorer[1] ».

On a essayé, dans ces derniers temps, d'expliquer le nom de Bettar par *vetera castra*, et par l'ellipse du mot *castra*, qui est également retranché dans *æstiva* et *hiberna*. Bettar est, dans ce cas, la traduction latine de *Castra hayyeschâna de Sepphoris* (קסטרא [קצרא] הישנה של צפורי), mentionné m. *Arâkin*, IX, 6, et *Sifrâ* (éd. Weiss), 108ᶜ, et cette forteresse, située sur les hauteurs près de Sepphoris, aurait été le dernier rempart de l'indépendance nationale. M. Lebrecht, qui est l'auteur de cette nouvelle hypothèse, la soutient avec beaucoup de savoir et de talent[2]. Malheureusement, elle ne paraît pas pouvoir être admise. D'abord, des ellipses comme l'ellipse du mot *castra* ne

---

[1] Les *Bĕnê Betêrâh*, appelés aussi les *Anciens de Betêrâh* (זקני בתירה), qu'on trouve sous Hérode à la tête du Sanhédrin et qui cèdent ensuite la place à Hillêl, étaient sans doute originaires de cette ville. Hérode n'aimait pas les Palestiniens, qui ne lui pardonnaient pas son origine iduméenne. De même qu'il avait fait venir les grands prêtres de Babylone et d'Alexandrie, il remplaça les chefs du Sanhédrin par des docteurs de la ville qu'il avait fondée, et qui, à côté des cavaliers et archers, renfermait certainement une école, fréquentée par des Babyloniens. Seulement ces Babyloniens, éloignés du sanctuaire de Jérusalem, ignoraient les traditions relatives aux sacrifices, et Hérode devait remplacer pour le sacerdoce Hananêl par la famille de Boêthos, parce que l'Égypte avait également son temple; les Bathyriens ne purent pas davantage se maintenir à la tête des écoles. Plus tard des membres de cette famille paraissent être retournés en Mésopotamie, où ils vécurent honorés et respectés à Nisibe. Deux hommes du nom de *Iehoudâ ben Bĕtêrâ*, ou de la famille de *Bĕtêrâ*, l'un vivant avant la destruction du temple, et l'autre, contemporain de R. Josué, fils de Hananiâ, sont mentionnés dans le *Talmud*. (Voy. Frankel, *Hodogetica*, p. 97.)

[2] *Magazin*, III, 77 et suiv.

peuvent être admises que lorsqu'elles sont attestées par les auteurs latins: ni *vetera* ni *nova* n'ont été ainsi employés[1]. Qu'en hébreu on connaisse une ville de la tribu de Juda nommée simplement חדשה «la nouvelle» (*Jos.* xv, 37), et une autre, appartenant à la même tribu, appelée ישנה «la vieille» (II *Chron.* xiii, 19), cela ne prouve rien pour un nom transcrit du latin, où, en outre, on n'aurait pas négligé d'ajouter la terminaison *â* (ביתרה), qui lui aurait donné l'empreinte d'un mot sémitique. On l'a bien fait pour *castra*, qu'on ne rend jamais par קצר, mais par קצרה ou קצרא. Une autre difficulté bien grave provient de ce qu'une guerre aussi longue aurait été désastreuse pour la ville de Sepphoris. Mais cette ville était très-florissante après la chute de Bettar. Plusieurs docteurs paraissent s'y être réfugiés, pour se soustraire à la vengeance des Romains (*Essai*, p. 421, note 3). R. Ḥalaftâ et son fils R. Iôsê y étaient établis (voy. entre autres j. *Berâchôt*, iii, 2, et j. *Ta‘anît*, 16^b). Rabbi, le rédacteur de la Mischnâh, y séjourna pendant dix-sept ans (j. *Kilaïm*, ix, 4). Elle ne fut détruite que dans l'année 339, et à cette époque les docteurs l'avaient désertée depuis longtemps pour se fixer à Tibériade[2]. En der-

---

[1] Les exemples tirés des noms de villes, comme *Colonia Agrippina*, dont on n'a conservé dans la dénomination moderne que le premier mot Cologne, ne sont d'aucune valeur.

[2] A. Neubauer, *Géographie du Talmud*, p. 194. — Grætz, *Gesch. d. Juden*, IV, p. 338 et suiv. et note 30, p. 490 et 491. — R. Ḥalaftâ, qui était le collègue de R. Ḥanînâ ben Teradiôn (voy. Frankel, *Hodog.* p. 132), vivait tranquillement à Sepphoris, tandis que celui-ci se compromettait par sa participation à la révolte (voy. ci-dessus, p. 158). Son fils R. Iôsê, entraîné par son imagination, va jusqu'à raconter que l'état de la ville dans les temps anciens était tellement florissant qu'il s'y trouvait jusqu'à 180,000 boutiques de marchands d'ingrédients de cuisine (b. *Bâbâ batrâ*, 75^b), et encore traduisons-nous le mot שוקים par *boutiques*, tandis qu'il pourrait signifier *marchés*. Ce docteur prétend sans doute parler de l'époque où Hérode Antipas et Agrippa II déployaient à Sepphoris leur goût effréné pour les constructions magnifiques. Après la chute de Bettar, sous R. Ismaël, fils de R. Iôsê, la ville reçut la visite d'un grand personnage romain, שלטון, et les maisons furent tendues de toiles en son honneur (j. *Eroubîn*, viii, 8, 25^b; cf. b. *Succah*, 16^b). On parle de deux marchés, «le marché supérieur,» שוק העליון, qui était probablement situé hors de la ville (j. *Berâchôt*, iv, 6, 8^c), et «le marché inférieur,» שוק התחתון (b. *Eroubîn*, 54^b). On y mentionne une académie (b. *Mô‘ed ḳâṭôn*, 21^a, et *passim*) et une synagogue

nier lieu, nous ne pensons pas que le théâtre de la guerre ait été la province de la Galilée. Malgré la guerre contre les Parde Babyloniens, près de laquelle R. Iehoudâ I (*Berêschit rabbâh*, xxiii, 36 ᵇ) et plus tard R. Iôhânân (j. *Berâchôt*, v, 1; cf. *Megillâh*, iv, 4, et *Sabbat*, vi, 2) enseignaient la Loi; elle est probablement identique avec la synagogue et l'académie, ou *bê midráschâ* de R. Banâyâh (ר׳ בנייה), nommée ailleurs (j. *Bâbâ meṣiʿâ*, ii, 11, j. *Hôraiôt*, iii, fin). Une autre synagogue portait le nom de *Kenischtâ de Gofnâ* (j. *Berâchôt*, 6ª), ou peut-être de *Goftâ* (גופתא), comme on appelait une localité qui se trouvait aux portes de la ville (voy. surtout j. *Schekâlîm*, vii, 2, et Lévy, *Neuhebr. u. chald. Wörterb.* 308ᵇ). Là était probablement, sur une hauteur (גופתא = גובכתא), le marché supérieur.

Les environs de la ville, seize milles à la ronde, étaient d'une fertilité exceptionnelle (j. *Bikkourîm*, 1, 12, 64ᵇ), et, entre autres, les olives d'un tel rendement, que R. Iôsê, ayant un jour ordonné à son fils d'en chercher au grenier, celui-ci trouva le grenier inondé d'huile (*Sifrê*, v, § 316). Le caractère des Juifs de Sepphoris paraît avoir été difficile et irascible. Ils possédaient d'anciens registres contenant leurs généalogies et déposés dans les archives de la ville (m. *Kiddouschin*, iv, 4; cf. *Bamidbar rabbâh*, ix, 228ᵈ); de là naissaient des querelles de préséance continuelles dans certaines cérémonies religieuses, et surtout lorsqu'il s'agissait, après un enterrement, de former sur le cimetière les rangs des assistants qui devaient adresser leurs condoléances aux parents en deuil. R. Iôsê fut forcé de changer les anciennes dispositions, afin de rétablir la paix (j. *Berâchôt*, iii, 2). Peut-être faut-il attribuer à la même raison l'étendue considérable que «les juges de Sepphoris» (דייני צפורי) exigeaient pour l'emplacement de ces rangs sur le cimetière (m. *Bâbâ batrâ*, vi, 7). Une autre prétention des Juifs de Sepphoris se voit b. *Taʿănit*, 16ᵇ. Lors de la maladie de R. Iehoudâ I, le peuple menaça de mort celui qui lui annoncerait le décès du Nâsî, et le spirituel Bar Kappôrâ dut se servir d'une ruse pour ne pas exaspérer par la mauvaise nouvelle la foule attroupée dans les rues (j. *Pêâh*, vii, 3, et ailleurs). La peste ayant sévi dans la ville, le peuple s'irrita de ce que la rue habitée par R. Hanînâ ben Hâmâ et ses voisins n'était pas atteinte par la maladie (j. *Taʿanit*, iii, 4). Le même docteur, lors d'une sécheresse, voyant ses prières rester sans effet, tandis que, dans une autre ville, les prières de R. Iosué ben Lévi avaient été exaucées, dit : «Les habitants de Dârôm ont le caractère doux et s'humilient lorsqu'ils entendent les paroles de l'Écriture; ceux de Sepphoris sont d'un caractère revêche et ne s'humilient pas» (*ibid.*). (Cf. b. *Taʿănît*, 25ª, qui se rapporte sans doute au même fait, et où, dans les mots אפשר דתברי ציבורא לביהו, il semble qu'on a remplacé ציפוראי par ציבורא.) Aussi les docteurs se retiraient-ils peu à peu de Sepphoris pour se fixer à Tibériade. Les étrangers étaient mal accueillis à Sepphoris, et on ne les saluait pas (j. *Schĕbiʿit*, ix, 5, 39ª). Quelle figure ces gens devaient-ils faire aux Romains, qui ne leur épargnaient pas les vexations de tout thes, les forteresses de cette province n'étaient pas assez dégarnies pour que les Juifs eussent pu s'en emparer par de hardis coups de main. C'est dans la Judée qu'il faut chercher « la montagne royale » טור מלכא ou הר המלך[1], ainsi que Bettar.

La chaîne de montagnes qui s'étend du sud au nord depuis l'Idumée jusqu'à la Samarie, en envoyant des ramifications à l'est et à l'ouest, était particulièrement favorable à une guerre de partisans. Les rois Asmonéens et les Hérodiens avaient construit dans ces montagnes les châteaux et places fortes qui permirent aux Zélotes de résister encore aux armes romaines après la prise de Jérusalem. Après les conciliabules de Kĕzîb et les nombreux voyages des chefs de la conspiration dans tous les districts où habitaient des Juifs, on pouvait se réunir dans ces solitudes sans être aperçu. Là on pouvait obtenir les premiers succès qui donnent du courage à des soldats improvisés et décident les soulèvements des masses. De ce côté se trouvait Bettar.

---

genre? Ainsi, pendant les jours de fête, les habitants des villages environnants se rendaient à la ville; or «il ne se passait pas de fête sans qu'une escouade d'espions romains (בולשא) descendît dans la ville» (b. *Sabbat*, 145ᵇ). Un employé de la communauté, chargé d'inspecter les boîtes attachées aux portes (*mezouzôt*) des maisons situées au marché supérieur, fut rencontré par un questeur (קסדור), qui lui enleva mille zouz (b. *Iômâ*, 11ᵃ). Sous l'empereur Gallus, le légat Ursicinus (קינסאדם) forçait les Juifs de Sepphoris à cuire du pain pour les légions et à le porter au marché pour le vendre au jour du Sabbat (j. *Schebi̇̂ît*, IV, 1, 35ᵃ; *Bêṣâ*, 1, 7). Ce sont ces actes de contrainte religieuse qui poussèrent les habitants de Sepphoris à l'émeute et aux massacres dont parlent les Pères de l'Église, et qui déterminèrent la destruction entière de la ville (voy. Reland, *Palæstina*, p. 1000). Les sources talmudiques ne disent rien de cette dernière catastrophe. On y raconte seulement que «dans les temps d'Ursicinus, on recherchait des habitants de Sepphoris; ceux-ci s'étaient mis des emplâtres sur le nez (והוון יהבין סיפלוני על נחיריהון) pour ne pas être reconnus. Mais ils finirent par être trahis par une méchante langue et furent tous faits prisonniers.» (J. *Iebâmôt*, XVI, 3, 15ᶜ). — Cf. ma lettre dans Geiger, *Jüd. Zeitschrift*, III, 296.

[1] Voir mon *Essai*, p. 427 et suiv. La montagne tire probablement son nom des constructions que des rois comme Jannée, Alexandre, Hérode et ses successeurs y élevèrent. Le nombre des villages appartenant au roi Jannée est porté à deux mille par les uns et à soixante myriades par les autres. Malgré toutes ces exagérations, ces contrées avaient été très peuplées. Cf., sur la *Montagne de Siméon*, Neubauer, *Géogr. du Talmud*, p. 267.

Déjà, au commencement du xiv° siècle, Estori Parhi, juif provençal, chassé de son pays natal par les lois de Philippe le Bel, et qui, après bien des pérégrinations, s'établit à Jérusalem, avait retrouvé Bettar à trois heures de marche environ, dans la direction sud-ouest, de Jérusalem [1]. Tobler, dans son troisième voyage en Palestine [2], a également visité *Bettîr* (بتّير), située dans un *wâdî* de ce nom, au pied d'une montagne assez raide, portant des ruines que les indigènes désignent par le nom de *Khirbat el-Jehoûd* «ruines des Juifs». Enfin M. Guérin a examiné minutieusement la vallée et ce qui reste encore de l'ancienne forteresse, et se décide aussi pour leur identité avec le Bettar de Bar Kôzêbâ [3]. M. Guérin cite à cette occasion, selon son habitude, tous les passages des Septante et des Pères, en négligeant quelque peu les auteurs modernes. Pour la distance et la direction, «à sept milles à l'O. S. O. de Jérusalem,» il est d'accord avec Parhi. On peut donc espérer qu'on finira par se décider en faveur de cette localité, qui, par sa proximité de la ville sainte, permettait d'observer les agissements des Romains, si, en effet, comme le prétend Dion ou son épitomateur Xiphilin, l'exécution du projet de transformer Jérusalem en ville païenne avait été une des causes de la guerre, au lieu d'en être la conséquence. Enfin la circonstance que les malheureux prisonniers furent traînés au marché d'esclaves dans les environs de Hebrôn paraît, d'après M. Guérin, prouver que Bettar était située dans les montagnes de la Judée. Nous sommes parfaitement de son avis, et la tradition juive ne s'y oppose nullement.

IV. La Judée soumise, les villes dépeuplées, les prisonniers vendus sur les marchés d'esclaves, le pays dévasté, Hadrien ne fut pas encore satisfait. Les pertes des Romains avaient été si considérables que l'empereur, qui n'aimait pas

---

[1] *Kaftôr weferâh*, éd. Berlin (1852), 48ª : למערב ירושלם דרומי כשלש שעות הוא בתר. Voy. Zunz dans *Benjamin of Tudela*, éd. Asher, II, p. 438, et *Gesammelte Schriften*, II (1876), p. 297. L'orthographe *Bâter*, dont Parhi se sert, provient probablement de ce qu'il se rappelait le verset de *Cantique*, ii, 17.

[2] *Dritte Wanderung* (1859), p. 101-104.

[3] *Description de la Palestine, Judée*, II, p. 387-395.

les bruyantes solennités, en prit prétexte pour renoncer au triomphe. Puis Hadrien sentit que, pour assurer la victoire d'une manière décisive, il fallait s'attaquer à la religion elle-même, qui avait fanatisé ce petit peuple et l'avait poussé à la lutte. Il eut recours aux moyens qu'autrefois avait employés Antiochus Épiphane; il renouvela et aggrava les édits que le roi de Syrie avait rendus.

Après avoir fait raser l'aire du temple, après avoir démoli et fait enlever les derniers restes du sanctuaire brûlé par Titus et dont chaque pierre avait été encore un objet de vénération pour les vaincus, il fit traîner la charrue sur l'emplacement du temple et peut-être de la ville de Jérusalem[1]. Un temple de Jupiter Capitolin étala ses magnificences sur la montagne sainte; une nouvelle cité, divisée en sept quartiers, fut construite sur les collines de la ville de David; le nom de Jérusalem dut disparaître devant celui d'Ælia, dont l'accès, dit-on, fut interdit aux Juifs[2]. On défendit en même temps la célé-

---

[1] m. Taʿănit, IV, 7 : נלכדה ביתר ונחרשה העיר «la ville de Bettar fut prise, et la charrue traînée sur la ville.» Mais j. Taʿănit, 69ᵇ : חרש רופוס שחיק עצמות את ההיכל «Rufus, que ses os soient broyés, traîna la charrue sur le temple.» Jérôme est d'accord avec cette dernière version; il dit : «*Capta urbs Bether,* ad quam multa millia confugerant Judæorum, *aratum templum* in ignominiam gentis oppressæ a Turannio Rufo» (*Comment. in Zachariam,* ad VIII, 16-17, ed. Vallars. VI, 852). Les mots que nous avons soulignés reproduisent, à part la différence que nous venons de signaler, textuellement les paroles de la Mischnâh, commentées par Jérôme. Le Père de l'Église tenait, du reste, son récit de son rabbin; cela se voit d'abord par la date, le mois d'*Ab*, qu'il assigne à l'événement, puis par le nom de Turannius qu'il donne au général romain, qui s'appelait Titus Annius, et que les Juifs appelaient, par un jeu de mot facile, τύραννος, טורנם. M. Graetz (*Gesch. d. Juden,* IV, 451) pense avec raison qu'on avait traîné la charrue sur l'emplacement de Jérusalem, pour construire la nouvelle ville d'Ælia; nous avons déjà indiqué que les mots : «in ignominiam,» etc., étaient l'explication personnelle de Jérôme.

[2] Nous ne savons pas quelle créance donner aux assertions de Justin Martyr et d'Eusèbe, qui parlent d'une interdiction formelle «de monter vers Jérusalem» ascendere in Hierosolymam, ἐπιβαίνειν εἰς τὴν Ἰερουσαλήμ, en face des preuves incontestables, fournies par les écrivains talmudiques, que R. Iôsê (b. Berâchôt, 3ᵃ), son fils Ismaël (*ib.* 60ᵃ, et *Berêschît rabbâh,* LXXXI, fol. 90ᵈ), contemporains de Justin, étaient allés prier dans la ville sainte. Nous supposons que la défense, si elle a eu lieu, concernait les pèlerinages en masse, qui, après la destruction du temple,

bration du Sabbat et des fêtes; on considéra la circoncision comme une sorte de castration, sévèrement punie par les lois romaines; les écoles furent fermées, et toute étude de la loi juive, toute discussion sur les cérémonies religieuses, toute prédication publique fut poursuivie rigoureusement.

Trois siècles auparavant, lorsque le temple était debout et que tout le culte se concentrait dans la capitale, il suffisait à Antiochus de souiller l'autel de Jéhova et d'arrêter à la source même les eaux vivifiantes de la Loi, pour concevoir l'espérance d'en finir avec le judaïsme. Sous Hadrien, il n'y avait plus de point central. Le Sanhédrin et le Nâsî siégeaient bien à Iabneh, mais il y avait des écoles partout. Les disciples affluaient à Lôd, à Benî Berak, à Bekî'în et à dix autres endroits, où un

---

n'avaient pas complètement cessé. Le mot ἐπιβαινεῖν = עלה a particulièrement le sens de monter en pèlerinage. M. Graetz (ib. p. 462) donne lui-même un passage d'où il résulte qu'au IIIe siècle on allait de nouveau manger la seconde dîme à Jérusalem. Individuellement on se rendait impunément à la ville, bien qu'on se sentît peu de goût à se trouver en face des emblèmes du paganisme, et qu'on dût s'exposer sans doute à des vexations de tout genre de la part des soldats et des nouveaux habitants. La plainte attribuée à ceux qui se rendaient pendant les fêtes à Jérusalem (Midrasch Êchâ, I, 17, fol. 69ᵃ) : «Autrefois nous montions en pèlerinage par grandes foules, et maintenant nous montons en secret et nous revenons en secret,» confirme cette manière de voir. Voici du reste ce qui précède cette plainte : «Vespasien Caesar établit des gardiens ou des postes militaires (שומרים. φύλακες) à une distance de dix-huit milles d'Emmaüs, qui demandaient à ceux qui se rendaient à Jérusalem : A quel parti appartenez-vous? Ceux-ci répondaient : Au parti de Vespasien, Trajan, Hadrien.» Ces trois noms réunis indiquent brièvement que les pèlerins éprouvaient les mêmes difficultés sous chacun de ces trois empereurs. Nous avons devant nous un résumé de trois histoires, dont la première commençait par le nom de Vespasien, la seconde par celui de Trajan et la troisième par celui de Hadrien. Mais la question adressée aux pèlerins exclut l'interdiction absolue. Le mot hébreu פומעים ou פומעוס paraît une erreur pour אומעוס, ville, dont l'orthographe varie tant en grec et dans le Talmud. (Voy. Neubauer, Géogr. du Talmud, p. 100.) — En concevant ainsi l'édit de l'empereur, on comprend également que, sans un ordre exprès de Rome, les gardiens se soient peu à peu relâchés de leur consigne et aient fini par accorder à une société de plusieurs individus ce qu'au début ils n'avaient accordé qu'à une ou deux personnes. Sous Constantin, enfin, on défendit de nouveau aux Juifs de demeurer à Jérusalem, et même de passer par la ville (ولا جوز بها. Ibn-Batrik, Annal. I, 466).

docteur avait pu répandre la renommée de sa science [1]. Les écoles fermées, chaque maison où deux Juifs instruits se rencontraient devenait un asile pour l'étude de l'Écriture. La célébration des fêtes ne provoquait plus de pèlerinage à Jérusalem, où jadis la nation se réunissait trois fois par an; elle était devenue une affaire de chaque famille; et la Pâque, comme le Sabbat, était sanctifiée par le chef de la maison au milieu des siens. Comment empêcher ces agapes, comment saisir les contrevenants?

La circoncision, ce signe de l'alliance entre le Juif et son Dieu, était un acte unique dans l'existence de chacun; comment en prévenir l'accomplissement?

Pour assurer l'exécution d'une telle série de lois vexatoires, il fallait l'organisation d'une police active, taquine et inquisitoriale. L'empire romain connut depuis Auguste tout ce dont le despotisme ombrageux a besoin pour maintenir son pouvoir: police secrète, espionnage, délation, agents provocateurs. « Par une confiance irréfléchie, dit Épictète, les imprudents se laissent prendre à Rome par les soldats. Un militaire habillé en civil s'assied à côté de toi et commence à dire du mal de l'Empereur; tu t'imagines avoir ainsi obtenu un gage de la sûreté de ton interlocuteur, qui le premier a dit des choses offensantes, et tu te prononces à ton tour selon tes pensées. Mais aussitôt tu es mis aux fers et conduit en prison. » M. Friedlænder[2], à qui nous empruntons cette citation, poursuit: « Ceci a été probablement écrit sous Hadrien, qui, comme tout le monde sait, avait créé un corps d'armée spécial, les *frumentarii*, des gendarmes qu'on employait pour des affaires de police, et surtout de police secrète dans l'acception la plus large du mot, et cette destination leur est restée également plus tard. » Eh bien, nous connaissons déjà les noms par lesquels on nommait ces agents d'un nouveau genre. A Këzîb, nous les avons rencontrés en face des disciples de R. Akîbâ, qu'ils interrogent sur le but de leur voyage, et où ils sont appelés *lisṭîm*, λῃσταί, brigands, nom qu'on donne facilement, en pays

---

[1] Voy. *Essai*, p. 306.
[2] *Sittengeschichte Roms*, Leipzig, 1865, 1, 287. Il faut, du reste, lire tout ce paragraphe, de la page 285 à 289; les passages tirés de Martial sont particulièrement instructifs.

ennemi, aux soldats réquisitionnaires. A Sepphoris, ils sont appelés *ballêschet* ou *belôschâ*, d'une racine *belasch* « inquirere [1] ». Enfin le mot qui, dans les écrits rabbiniques, désigne les espions, est pris du latin, « delatores », דלטורין *delatôrîn*. Le Talmud de Babylone (*Sabbat*, 33[b]) raconte une histoire arrivée après la guerre de Bettar, et qui, toute confuse qu'elle est, est néanmoins instructive pour les dangers qui menaçaient constamment les Juifs. « R. Iehoudâ (bar Ilaʿî), R. Iôsê (bar Halaftâ) et R. Siméon (bar Iohaï) étaient réunis, et Iehoudâ ben Guêrìm était assis avec eux. R. Iehoudâ commença et dit : Combien les travaux de cette nation sont beaux ! ils établissent des marchés, ils établissent des ponts, ils établissent des bains. — R. Iôsê se tut. Mais R. Siméon prit la parole et dit : Ils ont établi toutes ces choses pour leur propre utilité : les marchés pour y entretenir des lieux de débauche ; les bains pour s'y distraire ; les ponts pour en toucher le péage. Iehoudâ ben Guêrîm raconta cet entretien, qui parvint jusqu'aux oreilles du gouverneur. On rendit l'arrêt suivant : Iehoudâ, qui a exalté Rome, sera exalté ; Iôsê, qui s'est tu, s'exilera à Sepphoris [2] ; Siméon, qui a dit des injures, sera mis à mort. » On rattache ensuite à cet arrêt la fuite de R. Siméon et de son fils, qui se cachèrent pendant de longues années dans une caverne. Après avoir lu ce récit, on se demande involontairement lequel des deux Iehoudâ avait fait l'éloge de Rome, et si cet éloge, bien étrange à cette époque dans la bouche d'un Juif, s'il était sincère, n'avait pas le but de provoquer le blâme. Puis

---

[1] בלש répond à l'hébreu חפש. Il se trouve souvent dans le Targoum pour ce mot. La racine ne paraît pas exister en syriaque ; M. Payne-Smith ne cite qu'un exemple de ܒܠܫܐ, qu'il traduit par «fures». La Mischnâh (*Kêlîm*, xv, 4) parle du מקל הבלשין, c'est-à-dire du bâton dont se servait le perquisiteur (*ballâsch*) chargé de remuer la paille pour voir si l'on n'avait pas caché du blé dessous. Ce bâton avait, à ce qu'il paraît, une forme particulière ; on attachait à sa tête un anneau (תלוי «appendix») où l'on introduisait la main afin de mieux le manier.

[2] Cet entretien eut lieu probablement à Iabneh, comme on le voit par ce qui précède. Iôsê fut donc interné dans sa ville natale, et on n'aura pas besoin de changer לצפורי en מצפורי. Mais il ne paraît pas que le séjour à Sepphoris ait paru assez sûr à R. Iôsê, car il s'échappa et se rendit à Laodicée, probablement en Lydie, où se trouvait aussi la ville d'Asie que les docteurs conseillaient à Ismaël, le fils de R. Iôsê, de choisir comme refuge. (Voyez Grætz, *ibid.* p. 471.)

on parle des récompenses promises à l'un des deux Iehoudâ, et cependant l'autre est présenté bien plutôt comme un bavard imprudent que comme un agent provocateur[1]. Quoi qu'il en soit, on voit combien il était dangereux de dire alors sa pensée, même dans une conversation intime entre amis.

Des disciples de R. Akîbâ, il n'en était resté que six qui fussent capables de continuer l'enseignement doctrinal. Mais aucun d'eux n'était ordiné, et l'ordination était rigoureusement défendue par Hadrien. R. Iehoudâ ben Bâbâ, un vieillard vénérable et pieux, les réunit dans une vallée de la Galilée, entre Uscha et Schefar'am, et leur imposa les mains. Au même moment survinrent les Romains. Iehoudâ eut juste le temps de pousser les nouveaux docteurs à la fuite et tomba seul, victime de son dévouement à sa foi, *criblé* de trois cents coups de lance, selon l'expression du Talmud (b. *Abôdâh zârâh*, 8ᵃ). Ailleurs nous lisons : « Lorsque R. Iôsé ben Kismâ tomba malade, R. Ḥanînâ ben Teradiôn vint le voir. Mon frère Ḥanînâ, lui dit le malade, ne sais-tu pas que cette nation (romaine) tient son pouvoir du Ciel? Elle a détruit le temple de Dieu, brûlé son sanctuaire, égorgé ses dévots, exterminé les bons, et cependant elle dure, et toi, d'après ce que j'entends dire, tu es assis occupé de la Loi, tu tiens des réunions et tu portes le livre de la Loi sur toi! — Le Ciel aura pitié, répondit Ḥanînâ. — Comment, reprit l'autre, je te parle raison, et tu me répliques : Le Ciel aura pitié? Je ne serais pas étonné si l'on te brûlait avec le livre de la Loi. » (*Abôdâh zârâh*, 18ᵃ.) On sait déjà que la prédiction de R. Iôsé se réalisa[2].

Il y avait alors, comme sous Vespasien, parmi les docteurs, des hommes prudents, qui ne croyaient pas devoir braver le pouvoir et se livrer follement à une mort certaine. Mais le plus grand nombre cherchait à échapper aux rigueurs de la loi en entourant les pratiques religieuses du plus grand mystère. On changeait jusqu'à la dénomination des cérémonies; on ne parlait pas de circoncision, on l'appelait שבוע הבן « la semaine du fils », et on l'annonçait par le bruit des moulins

---

[1] Voy. les *Tôsafôt*, sur *Sabbat*, 33ᵇ. *initio*.
[2] Ci-dessus, p. 158.

à bras. La célébration d'un mariage était désignée par משתה « repas », et le signal était donné par une lumière, placée probablement d'une certaine façon[1]. Le jour pour cette cérémonie n'était plus le mercredi ou le jeudi, mais le mardi[2]. Ceci devait dérouter les autorités romaines, qui avaient interdit aux Juifs d'avoir recours à leurs docteurs pour les affaires civiles, dont les engagements matrimoniaux faisaient partie[3]. On croyait pouvoir dissimuler les phylactères en changeant leur forme carrée, qui est la forme légale, en une boule ronde[4];

---

[1] Le mot biblique, qui ne se lit que *Cantique*, III, 11, est חתנה *hătounnâh*. — Cependant on rencontre déjà ces nouveaux termes, avant la destruction du temple, dans la bouche d'un docteur de cette époque. Voy. tos. *Meguillâh*, IV, 15. — Il est intéressant de voir, en général, comment, à une certaine époque, qui est difficile à déterminer, mais qui, dans aucun cas, n'est postérieure au deuxième siècle, les termes techniques de la Bible ont complètement disparu pour faire place à des termes tout à fait nouveaux. La lettre de divorce ne s'appelle plus ספר כריתת (*Deut.* XXIV, 1), mais גט; le gage se nomme משכון, à la place de ערבון (*Gen.* XXXVIII, 20); ספר המקנה (*Jér.* XXXII, 11) cède la place à שטר מכירה, etc.

[2] Graetz, *l. c.* p. 465, où les passages talmudiques sont cités.

[3] Nous ne pensons pas, avec M. Graetz, *l. c.* p. 471, qu'il y ait eu une loi nouvelle, rendue par Antonin le Pieux, qui enleva aux Juifs la justice civile. Nous croyons plutôt que, lorsque les lois vexatoires contre les cérémonies religieuses et l'étude de la loi furent abolies par cet empereur, l'interdiction prononcée par Hadrien contre la justice civile resta en vigueur. Ce n'était pas une nouvelle décision amenée par une révolte sous Antonin, que M. Graetz lui-même juge impossible et invraisemblable. Certes, il est malaisé de ne voir dans les mots «Judæos rebellantes contudit» de Capitolin (*Antoninus Pius*, V, 4) autre chose que la fermeté avec laquelle cet empereur contint les Juifs, toujours remuants et enclins à enfreindre la loi. Mais le simple bon sens exige cette interprétation, et le coupable est ici Capitolin, qui a exagéré les choses et mal choisi ses termes. Cette expression nous paraît avoir son pendant dans le «judaicus triumphus», décerné par le sénat à Caracalla (Spartiani *Severus*, XVI, 7). Seulement ici l'exagération n'incombe pas à l'auteur, mais au sénat. Nos sources talmudiques ne portent la trace d'une insurrection sous aucun des Antonins. Les docteurs déploient pendant ce temps dans le domaine religieux une activité surprenante, qui n'aurait pu se concilier en aucune façon avec une agitation politique. Nous pensons que la juridiction civile fut rendue aux Juifs au plus tard sous R. Iehoudâ I, qui avait un Antonin, probablement Lucius Verus, pour ami, et certes cette faveur ne leur aurait pas été accordée si l'on ne s'était pas montré calme et soumis.

[4] m. *Meguillâh*, IV, 8.

on ne plaçait pas les boîtes des *mezouzôt* au poteau d'entrée en vue de tout le monde, comme il est prescrit, mais derrière la porte[1].

D'après le Talmud, des Juifs étaient quelquefois obligés de prêter à l'ennemi leurs services contre leurs frères. On mentionne R. Ismaêl ben Iôsê et R. Éliézer ben Siméon, qui étaient chargés de rechercher et de livrer à l'autorité les voleurs et les brigands juifs (לתפוס גנבים ולסטים)[2]. On nomme à cette époque aussi Élisée ben Abouyyâ, un des hommes les plus instruits de la Palestine, qui aurait fourni aux Romains les indications les plus minutieuses, pour qu'ils pussent distinguer un acte religieux, qui était interdit, d'une action indifférente et permise. « Ainsi les Romains ayant obligé les Juifs à porter des charges le jour du Sabbat, ceux-ci cherchaient à les porter à deux, parce que le péché devenait moindre en n'exécutant pas le travail seul. Élisée conseillait alors aux Romains de faire toujours faire l'ouvrage par un seul individu. » (j. *Haguîgâh*, II, 1, 77^{b3}.)

Mais toute cette histoire d'Élisée ben Abouyyâ a pris dans le Talmud un caractère légendaire, et M. Weiss[4] s'est efforcé de démontrer qu'Élisée avait été seulement imbu des doctrines des gnostiques, et s'était attiré par là la haine des rabbins de son époque, profondément irrités contre tous ceux qui s'occupaient des questions de métaphysique, ou, comme ils disaient, de ce qui concerne *le char d'Ezéchiel* (מעשה מרכבה). Élisée, paraît-il, était en outre non-seulement opposé aux agissements politiques de R. Akîbâ, mais aussi à sa méthode

---

[1] Voy. tosef. *Meguillâh*, IV, 30. Les mots סכנה ואין בה מצוה, qui sont employés dans les deux passages, veulent dire qu'en agissant ainsi on s'expose à un danger sans cependant remplir le précepte.

[2] j. *Ma'âserôt*, III, 8; b. *Bâbâ meṣi'â*, 83^b. Au reproche qui est adressé à R. Ismaêl du métier qu'il fait, il répond : « Que puis-je faire? c'est l'ordre du gouvernement » (הרמנא דמלכא).

[3] Grætz, *Gesch. d. Juden*, IV, 172 et suiv.

[4] *Zur Gesch. d. jüd. Tradition* (hébreu), II, p. 139-144. — M. Weiss résume et complète dans ces pages les travaux de ses prédécesseurs, tels que Daubes, Smolenski et autres. Il croit que les ספרי הטועין « livres des égarés », que, selon le *Talmud*, Élisée portait en grand nombre sur lui, étaient en réalité les ספרי היודעים « livres de ceux qui savent », ou des gnostiques, dont les docteurs juifs ont changé le nom, pour flétrir ces ouvrages en même temps que celui qui les étudiait.

d'enseignement et à ses doctrines talmudiques. Il se peut alors qu'il se soit aussi relâché de l'accomplissement rigoureux de tous les préceptes, aggravés par ce chef d'école. Plus la science de ce docteur était grande, plus le danger d'une telle opposition devenait menaçant à un moment où le christianisme achevait sa constitution puissante par l'union entre les deux grandes fractions des judéo-chrétiens et des païens convertis, union à laquelle la guerre de Bar Kôzêbâ avait fortement contribué. Et cependant, tel paraît avoir été le prestige de cet homme, qu'on se contenta de lui infliger un sobriquet, celui de *Ahêr,* homme *transformé;* mais on ne parle d'aucune excommunication contre lui, et R. Mêîr continuait à vivre dans sa société, et même à s'instruire à ses côtés. On se vengea de son importance en l'attaquant après sa mort et en ramassant sur sa tête toutes les ignominies, et aussi la honte d'avoir été un instrument de persécution entre les mains des ennemis séculaires de ses coreligionnaires. C'est là l'histoire éternelle de toutes les querelles religieuses. La réhabilitation tentée par M. Weiss paraît mériter d'être prise en sérieuse considération.

NOTE

SUR

LES FORTIFICATIONS DE CARTHAGE

À L'ÉPOQUE DE LA TROISIÈME GUERRE PUNIQUE [1],

PAR CHARLES GRAUX.

Polybe, en racontant avec détail le siège de Carthage, avait dû décrire les fortifications de cette place. Le témoignage d'un aussi excellent observateur, qui avait assisté, aux côtés de Scipion Émilien, sinon aux premières opérations (ce que j'ignore), au moins à la seconde partie du siège et à la prise [2], serait pour nous de la plus grande valeur. Malheureusement, il ne nous reste, en fait d'extraits textuels de son récit du siège, que deux ou trois morceaux presque entièrement dépourvus d'intérêt au point de vue militaire. Nous sommes obligés de nous rabattre sur les *Puniques* d'Appien. Les données que nous rencontrons chez ce dernier auteur doivent avoir été empruntées à Polybe. Mais, étudiée de près, la narration d'Appien ne paraît ni complète comme ensemble, ni exacte dans toutes ses parties. Des explications indispensables pour faire comprendre les opérations, et que Polybe avait sûrement données, ont été passées sous silence : les développements déclamatoires que l'écrivain de l'époque des Antonins s'est complu à coudre à la place ne fournissent aucune espèce de compensation. En changeant les expressions dont s'était servi Polybe et remaniant à sa mode la rédaction, il touche, sans s'en

---

[1] Le plan de Carthage joint à cette note est la reproduction pure et simple de celui qu'a dressé Dureau de la Malle dans ses *Recherches sur la topographie de Carthage* (Paris, 1835).

[2] Plutarque, *Apophthegmes hégémoniques*, p. 200 A-B; Appien, *Puniques*, § 122 (fin).

apercevoir, au fond des choses, et là est, à n'en pas douter, l'origine de plusieurs difficultés que les chercheurs modernes ne parviennent pas à résoudre.

Un petit nombre de textes fort courts et pour la plupart assez peu significatifs, — ou au contraire formels, mais suspects, — ont été, en outre, recueillis de côté et d'autre chez les auteurs [1]. Puis, plusieurs points de la topographie de l'ancienne Carthage ont été mis hors de discussion à la suite des diverses fouilles qui ont été entreprises dans ce siècle par les archéologues sur l'emplacement de la grande cité disparue. Mais, tout compte fait, on ne peut encore appuyer que sur d'assez médiocres et faibles bases l'étude du siège et la restauration des fortifications de Carthage.

Prenons le texte d'Appien : peut-être réussirons-nous à jeter un peu de jour sur quelques-uns des points obscurs qui s'y rencontrent. A propos de Carthage ont été composées de nos jours beaucoup de belles pages, dont les auteurs ne s'entendent guère entre eux; dans l'exposé de tant de différents systèmes, on trouve rarement faite la part de ce qui est certain et de ce qui ne l'est pas. Nous tâcherons d'éviter une pareille confusion. Et pour que cette étude gagne en précision, hypothèses inutilement hasardées et erreurs commises par nos devanciers ne seront généralement point relevées [2].

---

[1] On les trouvera cités notamment chez Dureau de la Malle, *Recherches*, etc.

[2] Voyez, pour la bibliographie de la question jusqu'à 1861, Beulé, *Fouilles à Carthage* (Paris, 1861). Deux ouvrages importants ont paru depuis le livre de Beulé; ce sont : 1° N. Davis, *Carthage and her remains* (Londres, 1861), et 2° A. Daux, *Recherches sur l'origine et l'emplacement des emporia phéniciens dans le Zeugis et le Byzacium* (Paris, 1869). Il est extrêmement regrettable que le second volume de ce dernier ouvrage n'ait pas été imprimé; M. Daux devait y annexer un plan de Carthage, dont M. le capitaine Hennebert notamment (voy. son *Histoire d'Annibal*, t. I, Paris, 1870) a obtenu communication, et qui passe pour beaucoup plus fidèle que tous ceux qui ont été jusqu'ici répandus dans le public : sur ce plan, il paraît que M. Daux a essayé de restaurer, aussi exactement qu'il lui a été possible, le tracé des remparts. Mentionnons encore ces publications de M. E. de Sainte-Marie : *Les ruines de Carthage*, extrait du journal *l'Explorateur* (Paris, 1876); *Bibliographie carthaginoise*, extrait du Bulletin de la Société archéologique de Constantine (1875), et *Sur la topographie de la première guerre punique*, dans le recueil des notices et

NOTE SUR LES FORTIFICATIONS DE CARTHAGE. 177

Polybe décrit la situation de Carthage au livre I de son Histoire (§ 73, 4) :

Ἡ γὰρ Καρχηδὼν αὐτὴ μὲν ἐν κόλπῳ κεῖται, προτείνουσα καὶ χερρονησίζουσα τῇ θέσει, τὸ μέν τι θαλάττῃ τὸ δέ τι καὶ λίμνῃ περιεχομένη κατὰ τὸ πλεῖστον, ὁ δὲ συνάπτων ἰσθμὸς αὐτὴν τῇ Λιβύῃ τὸ πλάτος ὡς εἴκοσι καὶ πέντε σταδίων ἐστί.

Appien (*Puniques*, § 95) reproduit, à ce qu'il semble, en prétendant la compléter, cette description dans les termes suivants :

Ἦν δὲ ἡ πόλις ἐν μυχῷ κόλπου μεγίστου, χερρονήσῳ τι μάλιστα προσεοικυῖα[1]. Αὐχὴν γὰρ αὐτὴν ἀπὸ τῆς ἠπείρου διεῖργεν, εὖρος ὢν πέντε καὶ εἴκοσι σταδίων· ἀπὸ δὲ τοῦ αὐχένος ταινία στενὴ καὶ ἐπιμήκης, ἡμισταδίου μάλιστα τὸ πλάτος, ἐπὶ δυσμὰς ἐχώρει, μέση λίμνης τε καὶ τῆς θαλάσσης..... (Ici, dans les manuscrits, une lacune évidente, que Schweighæuser a signalée le premier.)

Ainsi, Carthage (voy. le plan) était bâtie dans une sorte de presqu'île qui se dessinait sur le bord Ouest du *sinus Carthaginiensis* (golfe de Tunis). La presqu'île ne tenait au continent que par un isthme (ἰσθμός, Pol.; αὐχήν, App.) large de vingt-cinq stades (4 ½ kilomètres), enserré entre le *lac de Tunis* au Sud et le *lac de Soukra* (ou *Sebka*) au Nord, pour nous servir des dénominations de la carte actuelle. Mais au second siècle avant J. C. le lac de Soukra n'existait pas encore, à ce qu'il semble, en tant que lac; la languette de terre qui le sépare de la mer est formée d'alluvions très-modernes, et il faut se représenter que la mer venait battre librement les rives actuelles Sud et Est de ce lac, qui n'était encore qu'un golfe, ou plutôt même qu'elle recouvrait au delà des bords actuels, dans ces deux di-

---

mémoires de la même Société, 2ᵉ série, VIIIᵉ volume. Enfin, il a paru, à la date du 5 juillet 1877, un grand plan de Carthage «dressé par Ph. Caillat, ancien ingénieur de S. A. le Bey de Tunis, d'après ses levés, le plan de M. Falbe et les travaux de MM. Dureau de la Malle et Beulé,» dédié à Mᵍʳ Lavigerie, évêque d'Alger.

[1] Les mots πόλις ... χερρονήσῳ τι μάλιστα προσεοικυῖα forment une expression bien peu naturelle. Une ville ne ressemble pas à une presqu'île; mais Carthage était *située dans* une sorte de presqu'île. De toute façon, Appien nous semble avoir remplacé l'expression χερρονησίζουσα de Polybe par la paraphrase χερρονήσῳ προσεοικυῖα. Avait-il écrit, à l'imitation de Polybe : χερρονήσῳ τῇ ‹θέσει› μάλιστα προσεοικυῖα?

rections, un large ruban du sol aujourd'hui émergé. La raison de ces changements dans la configuration du rivage est que vers ces parages débouchait jadis dans la mer le Bagrada (*oued Medjerda*), torrent qui charrie beaucoup de limon, et le même qui ensuite ensabla, un peu plus vers le Nord, le port d'Utique[1]. Quant au *lac de Tunis*, qu'on ne trouvera jamais désigné dans le récit d'Appien que par le nom générique de λίμνη, ce n'est pas un lac à proprement parler, puisqu'il communique avec la mer par une passe, des plus étroites, il est vrai, située près du lieu dit actuellement *la Goulette*. Cette passe existait-elle dès l'antiquité? C'est probable *a priori*; et on en a presque la preuve. Lorsque les consuls M. Manilius et L. Marcius Censorinus[2] essayèrent, en vain, de s'emparer de Carthage, qu'ils avaient perfidement amenée à leur livrer toutes ses armes quelques jours auparavant, voici comment ils s'étaient partagé les rôles : Manilius donnait l'assaut à la muraille qui regardait l'isthme, tandis que Censorinus dressait des échelles, ἔκ τε γῆς καὶ νεῶν (App., § 97), contre la partie de l'enceinte qui confinait au lac de Tunis : la flotte était donc entrée dans le lac. Puis, plus tard, au moment des chaleurs caniculaires, comme une épidémie sévissait dans l'armée de Censorinus stationnée sur ce lac aux émanations peu salubres (§ 99 : τὸ Κενσωρίνου στρατόπεδον ἐνόσει, σταθμεῦον ἐπὶ λίμνῃ σταθεροῦ καὶ βαρέος ὕδατος κτλ.), le consul fit repasser sa flotte dans la pleine mer (*ibid.* : ὅθεν ὁ Κενσωρῖνος ἐς τὴν θάλασσαν ἀπὸ τῆς λίμνης μετεστρατοπέδευσεν). S'il n'y avait pas eu de communication entre le lac et la mer, il aurait donc fallu transporter les vaisseaux par-dessus la bande de sable qui les eût séparés : une telle opération présentant quelque chose d'insolite et de mémorable, un écrivain comme Appien, qui cherche l'effet, n'eût pas manqué de nous en conserver le souvenir.

[1] Voy. Daux, *Emporia phéniciens*, p. 126. Cf. la planche II de l'atlas de Falbe, *Recherches sur l'emplacement de Carthage;* et la planche XXIII de l'atlas annexé au tome I des *Geographi græci minores*, édit. Charles Müller. Par exemple, Utique, port de mer du temps de César, est aujourd'hui enfoncée à deux lieues dans l'intérieur des terres.

[2] Chez Zonaras, IX, 26 (t. I, p. 463 A, éd. de Paris), on lit Λούκιος Μάρκιος καὶ Μάρκος Μανίλιος; les éditeurs auraient pu corriger sans scrupule Μάρκος en Μάνιος.

Par les mots ἀπὸ δὲ τοῦ αὐχένος ταινία..... ἐπὶ δυσμὰς ἐχώρει, Appien décrit fort mal la situation des lieux. De la pointe Sud-Est de la presqu'île, — et non pas de l'isthme (ἀπὸ τοῦ αὐχένος), — partait la langue de terre très-mince dont on vient de s'occuper déjà, et qui s'appelait proprement *la Langue*, γλῶσσα (App., § 121), formant l'unique séparation du *Lac* et de la mer. Elle ne se dirige pas vers l'Ouest, comme le dit l'historien (ἐπὶ δυσμάς), mais bien vers le Sud, en inclinant peu à peu légèrement vers l'Ouest. Plaçons-nous à l'endroit où cette inclinaison est le plus prononcée, — car la Langue présente la forme d'une ligne courbe, — on pourra tout au plus dire qu'elle tend à se diriger vers le couchant d'hiver. Appien aurait-il par hasard eu sous les yeux une carte de cette région mal tracée et mal orientée? Une telle supposition semblerait assez plausible. Cette bande de sable, étroite et basse, n'offre encore aujourd'hui au Sud-Ouest de *la Goulette* que la largeur mentionnée par Appien[1]. Cependant, il est peu croyable qu'elle eût moins de 100 mètres de large dans toute la longueur de son développement. L'expression ἡμισ7αδίου μάλισ7α τὸ πλάτος ne s'applique évidemment qu'à l'endroit où elle se trouvait le plus rétrécie.

Puisqu'on disait sans plus « le Lac » et « la Langue », nous ne pouvons nous refuser à croire qu'il n'y avait qu'*une* langue et qu'*un* lac aux environs de l'ancienne Carthage; et cette simple observation suffirait déjà à prouver que le lac de Soukra était mer au temps de la troisième guerre punique.

Quel était le tracé des fortifications de Carthage et comment étaient-elles construites? Nous sommes plus en mesure de répondre à la seconde qu'à la première question.

A la fin de la lacune qui se présente dans le texte d'Appien, on se trouve en pleine description de fortifications :

..... ἁπλῷ τείχει περίκρημνα ὄντα, τὰ δὲ πρὸς μεσημβρίαν ἐς ἤπειρον, ἔνθα καὶ ἡ Βύρσα ἦν ἐπὶ τοῦ αὐχένος, τριπλῷ τείχει.

Schweighæuser suppose que l'origine de la lacune doit être cherchée dans la répétition du mot θαλάσσης dans le texte à quelques mots de distance, et pense qu'on lisait, avant la faute,

---

[1] Falbe, *Recherches*, p. 15-16.

quelque chose comme : θαλάσσης<. Καὶ περιτετείχιστο (ou περιείληπτο) τῆς πόλεως τὰ μὲν πρὸς τῆς θαλάσσης>ἁπλῷ τείχει κτλ. Cette conjecture est fort bonne. Cependant, la lacune est peut-être plus considérable que ne dit le savant éditeur. Examinons les difficultés de ce texte une à une. D'abord πρὸς μεσημβρίαν ἐς ἤπειρον est une leçon impossible. Le côté de la ville qui regarde l'isthme n'est pas le Sud, mais l'Ouest, et Appien, si mal orienté fût-il, n'aurait pas pu commettre une telle erreur, précisément en sens inverse de celle qu'on a relevée chez lui tout à l'heure. Si l'on conserve πρὸς μεσημβρίαν, il faudra ajouter καί devant ἐς ἤπειρον et admettre que la triple enceinte régnait, non-seulement à l'Ouest, mais aussi au Sud, ce qui n'a rien d'inacceptable. Ainsi, il serait question, dans la fin de la phrase, des parties Ouest et Sud de l'enceinte. Les mots περίκρημνα ὄντα désignent, comme l'a bien vu Schweighæuser, le rivage, c'est-à-dire le côté Est. Il est donc bien possible qu'Appien eût, dans la partie perdue du texte, parlé de la muraille du Nord, à moins que, au lieu de καί seulement, il ne se soit perdu dans son texte, après μεσημβρίαν, <καὶ βορέαν καί>. Il faut que la mention des fortifications septentrionales ait disparu des manuscrits par accident, ou bien Appien serait encore, sur ce point, à taxer de négligence.

A vrai dire, aucun texte exprès ne nous apprend quelles fortifications protégeaient la ville du côté Nord. Mais on peut espérer de le deviner en gros, rien qu'à étudier le premier épisode de la seconde période du siège, à savoir la prise par Scipion du faubourg de *Mégara*. Transportons-nous donc au moment où Scipion vient de prendre en main la conduite des opérations. Il a établi son camp non loin de Carthage (οὐ μακρὰν τῆς Καρχηδόνος, App., § 114). Les Carthaginois se retranchent en face de lui à cinq stades en dehors des murs (οἱ δὲ Καρχηδόνιοι τῶν τειχῶν ἐς πέντε σταδίους προελθόντες ἀντήγειραν αὐτῷ χάρακα). Les camps ne barrent point l'isthme, puisque les Carthaginois reçoivent dans leurs retranchements six mille fantassins et mille chevaux d'Asdrubal et de Bithyas, qui, jusque-là, avaient tenu la campagne. D'autre part, les Carthaginois conservaient leurs communications assurées avec la ville, puisque nous les voyons, lors de la panique que produisit dans leurs rangs la prise nocturne du quartier de Mégara, se réfugier dans la ville sans être même inquiétés par l'ennemi (§ 117). Ainsi, représentons-nous le camp carthaginois appuyé sur le lac de Tunis, et celui de Scipion longeant la rive du lac de Soukra.

«Scipion, dit Appien (§ 117), fit une tentative nocturne contre le quartier dit de Mégara, l'attaquant par surprise de deux côtés à la fois. Mégara est un vaste emplacement dans la ville, contigu à la muraille» (χωρίον δ' ἐσ]ὶν εὐμέγεθες ἐν τῇ πόλει τὰ Μέγαρα, τῷ τείχει παρεζευγμένον). Reste à savoir s'il faut entendre contigu *intérieurement* ou *extérieurement* à la muraille principale; les mots ἐν τῇ πόλει, à mon sens, ne décident point. Un faubourg situé hors de l'enceinte principale, mais entouré lui-même d'un mur qui se rattache au système général de défense, peut être considéré comme faisant partie de la ville elle-même.

Scipion dirige donc deux colonnes d'attaque contre Mégara, envoyant l'une dans une certaine direction en contournant le quartier, s'avançant lui-même à la tête de l'autre division vers un autre point de l'enceinte, avec des haches, des échelles et des leviers, et gardant le plus profond silence : il marche ainsi pendant vingt stades (près de 4 kilomètres) (ἐς ὃ τῇ μὲν ἑτέρους περιέπεμπε, τῇ δ' αὐτὸς σὺν πελέκεσι καὶ κλίμαξι καὶ μοχλοῖς ἐβάδιζε σ]αδίους εἴκοσι ἀψοφητί, μετὰ σιγῆς βαθυτάτης). Dans l'ignorance où nous sommes de la position exacte et du mur de Mégara et du camp de Scipion, la donnée précise de vingt stades ne nous est d'aucun secours. Lorsque Scipion atteint le pied du rempart, les sentinelles s'aperçoivent de sa présence et donnent l'éveil du haut du mur. À ce cri répondent par des cris formidables Scipion et les siens, puis la colonne qui faisait diversion à quelque distance de là : les Carthaginois sont saisis de terreur, se sentant attaqués à l'improviste, la nuit, par tant de troupes et en flanc (τοσούτων ἐχθρῶν ἐν πλευραῖς ἄφνω νυκτὸς ἐπιγενομένων). Scipion ne réussit pourtant point à enlever d'emblée la muraille; mais, avisant une tour déserte, qui appartenait à un particulier, située en dehors et près de l'enceinte, de même hauteur que le mur, il y fait monter de jeunes et hardis soldats (ἐς δέ τινος ἰδιώτου πύργον ἔρημον ἐκτὸς ὄντα τοῦ τείχους καὶ τὸ ὕψος ἴσον ὄντα τῷ τείχει, νεανίας ἀνεβίβασεν εὐτόλμους). Ceux-ci, accablant de projectiles les créneaux, les ont bientôt dégarnis de leurs défenseurs ; alors, lançant de leur tour un pont volant, ils passent sur le rempart, sautent à l'intérieur de la ville, enfoncent une porte et font entrer Scipion. Le général romain jette quatre mille hommes dans le quartier de Mégara ; les Carthaginois s'enfuient à toutes jambes «jusque dans Byrsa» (ἐς τὴν Βύρσαν), comme si le reste de la ville était pris.

Où était situé ce quartier par rapport au reste de Carthage ? En l'absence de tout autre indice, il faut interroger avec attention la narration d'Appien. Il semble évident que l'action qu'on vient de retracer se passa vers l'angle Nord-Ouest des fortifications. Si l'une quelconque des deux colonnes d'attaque eût été dirigée beaucoup au Sud de cet angle, elle se fût engagée entre la ville et le camp carthaginois, ce qui devait être évité, et le fut, comme on le voit dans le récit. Puis, le front Ouest des fortifications se développait, abstraction faite des saillants et des rentrants, suivant une ligne qui allait depuis le Lac au Sud jusque vers la mer (lac de Soukra) au Nord, en barrant l'isthme sur presque toute sa largeur ; or quelle valeur donner à l'expression περιέπεμπε, si la colonne de fausse attaque n'opère pas son mouvement en manœuvrant autour de l'angle, plus ou moins arrondi ou tronqué, que faisait nécessairement la ligne de défense au Nord-Ouest ? L'expression ἐν πλευραῖς suppose encore que les Carthaginois qui faisaient face à l'une quelconque des attaques avaient l'autre sur leur flanc, ce qui ne peut avoir lieu qu'aux alentours d'un angle. Il nous serait difficile de pousser plus loin l'examen et de déterminer, — ce qui est heureusement d'une importance secondaire, — si la diversion était placée sur le flanc droit ou gauche de l'attaque principale. Toujours est-il, à notre sens, que les deux points de Mégara attaqués par les Romains ne peuvent être cherchés que dans les parages Nord-Ouest de la ville.

Ce quartier était vaste (εὐμέγεθες) ; il était rempli de jardins potagers, séparés par des haies vives d'arbustes épineux, coupés de beaucoup de canaux profonds et pleins d'eau. Scipion craignit d'engager pendant la nuit sur un terrain aussi dangereux des troupes qui n'en connaissaient pas les passages (ἐν ἀγνωσίᾳ μάλιστα διόδων), de les exposer à donner dans quelque embuscade. Il ne les laissa donc pas poursuivre les

Carthaginois. Il ne s'en trouvait pas moins maître, quand le soleil se leva, d'un quartier tout entier et, comme on le voit, d'un immense quartier de Carthage. Comment se fait-il que nous ne le voyions pas s'avancer au cœur de la ville, pousser jusqu'au pied de la citadelle, en préparer l'assaut? Plus tard, lorsqu'au prix de prodigieux efforts il réussit à faire brèche à la muraille de mer et à pénétrer dans le port militaire, puis dans le forum, il ne recula point devant le combat des rues; est-ce là l'obstacle qui l'arrêta au matin qui suivit la prise de Mégara? Que se dresse-t-il donc devant lui? «On sait que rien n'était plus commun dans l'antiquité que de voir des villes divisées en plusieurs quartiers munis chacun d'une enceinte fortifiée. Antioche en avait quatre (Strabon, XVI, 11, 4, p. 750), Syracuse, cinq [1], » etc. Mégara ne devait être qu'un faubourg fortifié de Carthage. Quant au rempart qu'avait forcé Scipion, c'était une bagatelle. Que l'on compare les obstacles contre lesquels s'était heurté précédemment le consul Manilius (§ 97), lorsqu'il s'avisa de vouloir escalader la triple enceinte du côté de l'Ouest; il ne parvint pas seulement à approcher des ὑψηλὰ τείχη ou rempart principal. Et ce même consul se serait frotté de gaieté de cœur à une aussi puissante défense, s'il n'avait eu, pour se dire maître de Carthage, qu'à s'emparer, comme Scipion, de cette médiocre muraille qui enveloppait Mégara? Ces considérations nous forcent à conclure que Mégara était un faubourg *extérieur* à l'enceinte principale de Carthage; et, ce qui arrêtait Scipion venant de Mégara, comme jadis Manilius arrivant directement par l'Ouest, ce ne pouvait être que le τριπλοῦν τεῖχος. Cette formidable triple enceinte, dont on verra plus bas la description, régnait donc, non-seulement à l'Ouest, et, selon ce qui nous a semblé plus haut (p. 180), aussi au Sud, mais encore, vraisemblablement, au

---

[1] A. de Rochas d'Aiglun, *Traité de fortification, d'attaque et de défense des places par Philon de Byzance* (traduit pour la première fois en français), p. 82. Cf. Philon, p. 92-93; ch. III, § 14 et suiv. Rochas : Καὶ τοῖς ἀμφόδοις ἑκατέρωθεν πύλας κατασκευαστέον κτλ..... Δημοσίᾳ τε εἰς ἕκαστον ἄμφοδον δοτέον ἐστὶ λιθοβόλον δέκα μνῶν καὶ καταπάλτας δύο τρισπιθάμους..... Καὶ τοῖς ἀμφοδάρχαις συνθήματα καὶ παρασυνθήματα ὑπὸ (ὑποσυνθήματα παρὰ mss.) τῶν στρατηγῶν δίδοσθαι δεῖ... Δεῖ δὲ καὶ κλείεσθαι τὰς πύλας καθάπερ [καὶ] τὰς τῆς πόλεως καὶ τὰς τῶν ἀμφόδων κτλ. (Dans tous ces textes, ἄμφοδος veut dire *quartier*.)

Nord de la ville proprement dite. Quant à essayer de fixer les points par lesquels passait le tracé du τριπλοῦν τεῖχος, à défaut de renseignements précis sur les fondations qui pourraient être cachées dans le sol même, nous n'y songeons ni pour le Nord, ni pour le Sud, ni même pour l'Ouest.

Seul, si les déductions qui précèdent ont quelque valeur, le côté Est de la ville, bordé par la mer, n'était défendu que par un mur simple. Les hautes falaises au pied desquelles brisaient les vagues et l'état perpétuellement agité de la mer le long de cette dangereuse côte constituaient une protection naturelle qui paraissait déjà presque suffisante. C'est à cette partie de l'enceinte, comme cela a été indiqué plus haut, que font allusion ces mots du texte d'Appien conservés intacts : ..... ἁπλῷ τείχει περίκρημνα ὄντα. Il n'y a point de doute possible à cet égard. Appien explique pourquoi la flotte de Scipion qui croisait devant Carthage ne pouvait former un cordon continu et serré, infranchissable, et ne parvenait pas, par suite, à empêcher les légers bâtiments frétés par Bithyas de débarquer, lorsqu'il soufflait un bon vent du large[1], des provisions dans la ville assiégée. § 120 : Περιφέρων δὲ (Βιθύας) τὴν ἀγορὰν ἐς τὰ πόρρω διὰ μακροῦ ναυσὶν ἐσέπεμπεν, ἐφορμουσῶν μὲν τῇ Καρχηδόνι νεῶν τοῦ Σκιπίωνος· ἀλλ' οὔτε διηνεκῶς οὔτε πυκναὶ συνεισήκεσαν ὡς ἐν ἀλιμένῳ καὶ περικρήμνῳ θαλάσσῃ, παρά τε τὴν πόλιν αὐτὴν οὐκ ἐδύναντο ἀνακωχεύειν, τῶν Καρχηδονίων τοῖς τείχεσιν ἐφεστώτων, καὶ τοῦ κύματος ἐκεῖ μάλιστα διὰ τὰς πέτρας ταρασσομένου κτλ. Sous

---

[1] Puisqu'on fait tant que de relever les inexactitudes dont fourmille ce fragment du texte d'Appien, signalons encore la suivante, en nous fondant sur le témoignage de Falbe, auteur digne de la confiance la plus absolue. Les bâtiments de Bithyas attendaient, sur la côte du golfe de Tunis opposée à Carthage, qu'il soufflât un bon vent du large, et c'est alors qu'ils tentaient de forcer la croisière. Mais cela n'arrivait que rarement, assure Appien (Σπανίως μὲν οὖν ἐγίγνετο, καὶ μόνον ὅτε βίαιον εἴη πνεῦμα ἐκ πόντου). Or voici ce que dit à ce sujet Falbe (p. 23, note 1) : « Les vents de Nord et de N. E. sont très-fréquents sur toute cette côte, et particulièrement dans la belle saison; on leur donne le nom d'*Imbatto* ou brise du large, qui s'élève à dix heures du matin et rafraîchit l'air pendant le jour. Ce n'est donc pas à ce vent qu'on pourrait appliquer la qualification de *rare* dont se sert Appien. »

Calpurnius Pison, qui fut consul et dirigea les opérations du siège immédiatement avant Scipion, le lieutenant préposé au commandement de la croisière, Lucius Mancinus, se signala par un exploit aussi vain que téméraire. Observant de son bord une partie de l'enceinte qui était mal gardée, à cause des rochers d'un accès difficile qui faisaient considérer le rempart comme inexpugnable en cet endroit, il tente de l'escalader. Les Carthaginois font une sortie contre lui; il les repousse dans la ville, y entre à leur suite et s'établit dans une position assez forte au dedans des murs. § 113 : Μαγκῖνος ἐφορμῶν Καρχηδόνι, μέρος τι τοῦ τείχους ἀμελούμενον ἰδὼν, οὗ κρημνοὶ προὔκειντο συνεχεῖς καὶ δύσβατοι, — καὶ παρ' αὐτὸ ἦν καὶ ἀμελούμενον, — ἤλπισε λαθὼν κλίμακας ἐποίσειν ἐπὶ τὸ τεῖχος..... Οἱ Καρχηδόνιοι δὲ... ἀνέῳξαν πύλην ἐς τοὺς κρημνοὺς ἐκφέρουσαν κτλ. Le lendemain, l'ennemi revient l'attaquer en force; Mancinus est sur le point d'être culbuté du haut du rempart dans les précipices qui en bordaient le pied (συνωθούμενος ἐπὶ τὸ τεῖχος ἤδη κατεκρημνίζετο). Par bonheur, Scipion parut alors avec des renforts, et, protégeant la retraite de Mancinus, le tira d'affaire.

Si nous prenons l'excellente carte du capitaine danois Falbe, il nous sera aisé de nous rendre compte que le rivage, qui, à la hauteur du port militaire, n'était qu'à 7 ou 8 mètres au-dessus du niveau de la mer[1], se relève en prenant un aspect de plus en plus abrupte, à mesure qu'on s'avance vers le cap Carthage; c'est évidemment aux environs de ce promontoire que dut se passer cet aventureux coup de main.

Il demeure donc constaté que toute la défense de cette partie de la ville consistait, ainsi que le dit Appien, dans la force naturelle de la position et dans une seule enceinte. Il paraît, du reste, que « la chemise organisée le long du rivage, » pour employer les termes mêmes du capitaine Hennebert[2], « aurait été garnie de tours, dont les bases se voient encore sous l'eau. »

Mais un mur unique était-il un obstacle capable de tenir l'assiégeant en respect dans la partie de la côte qui, moins

---

[1] Falbe, *Recherches*, p. 21.
[2] *Histoire d'Annibal*, t. I. Cette assertion est empruntée à la partie inédite de l'ouvrage de Daux.

montagneuse et moins escarpée, s'étendait depuis l'entrée du port marchand jusqu'à un point situé un peu au Nord du port militaire? Selon le témoignage de Falbe, qui vient déjà d'être partiellement cité, « le terrain qui borde le rivage entre la mer et les bassins (c'est-à-dire les ports) est élevé (actuellement) de vingt à vingt-cinq pieds. » Là régnaient de grands quais, dont les substructions, encore visibles sous l'eau, ont permis à Daux de mesurer les dimensions qu'ils devaient jadis présenter. L'entrée des ports, tournée vers le Sud, était couverte par un puissant môle (qu'on peut voir sur le plan). Ce môle se prolongeait le long du rivage, en remontant vers le Nord, par un premier quai, auquel Daux[1] assigne 135 mètres de large sur 420 mètres de long. « En continuation, dit-il, était un autre quai, extérieur également à la ville et aux ports, ayant 60 mètres de large près du premier et 70 mètres à l'autre extrémité, sur 460 mètres de long. » Du haut de ces quais on pouvait combattre contre les vaisseaux ennemis avec quelque avantage (cf. § 123). Du reste, si le mur de la ville en avant duquel les quais étaient construits était bien pourvu de machines, non-seulement le quai de 60 ou 70 mètres, mais même l'autre quai de 135 mètres de large, à supposer qu'un corps assaillant eût pu, à un instant donné, y prendre pied, eût été une position intenable.

Retraçons rapidement les faits qui se sont passés pendant le siège dans la région du môle et des quais. Scipion, partant de la Langue, conduit jusqu'au môle une digue bâtie en quartiers de roche dure, mesurant vingt-quatre pieds de large au-dessus de l'eau et qui ferme absolument l'entrée des ports (§ 121). La base de cette digue artificielle se voit encore au fond de la mer; elle est figurée sur le plan. Appien prétend que, au début de cette entreprise grandiose, les Carthaginois s'en moquèrent, estimant que Scipion ne pourrait la mener à bonne fin (τοῖς δὲ Καρχηδονίοις ἀρχομένου μὲν τοῦδε τοῦ ἔργου καταφρόνησις ἦν ὡς χρονίου τε καὶ μακροῦ καὶ ἴσως ἀδυνάτου). Plus tard, quand ils virent cette œuvre inouïe s'exécuter et, grâce au concours d'une nombreuse armée qui y travaillait tout entière sans aucun relâche, marcher rapidement vers son

---

[1] *Emporia phéniciens*, p. 306.

achèvement, ils craignirent, dit l'historien, et creusèrent une autre entrée à leur port vers la pleine mer[1]. Appien en sait bien long sur les sentiments des Carthaginois. Je me défie pour ma part des assertions des rhéteurs en pareille matière. Je vois seulement deux faits qui subsistent : la digue de Scipion, la nouvelle sortie en mer creusée par les assiégés. L'une et l'autre entreprise était gigantesque. Capables de concevoir une pareille riposte à l'idée si étonnamment hardie de Scipion, les Carthaginois ne durent pas être assez simples pour se méprendre, ne fût-ce qu'un instant, sur la grandeur du danger qu'ils couraient. Aussi semble-t-il qu'ils ne perdirent pas de temps pour tâcher de gagner Scipion de vitesse. Scipion n'avait pas, comme cela se répète, pour seul et unique but, en construisant la fameuse digue, de fermer l'entrée des ports. Comprenant l'importance de la position du môle pour conduire de là l'attaque des ports (καὶ γὰρ ἦν τὸ χῶμα εὔκαιρον ἐπιτείχισμα τοῦ λιμένος, App., § 124), il avait formé le projet de s'y établir. La digue, qui était sur le point d'y aboutir et de le relier ainsi par une large communication à la terre ferme, lui en fournirait bientôt le moyen. C'est alors que les Carthaginois, ayant achevé la percée nouvelle du port, sortirent avec une flotte considérable, qui avait été construite dans le plus grand secret et sans que, même par les prisonniers, les Romains en eussent rien appris[2].

---

[1] Τὸ στόμα ἀνέῳξαν περὶ ἕω (App., § 121). Il me semble qu'il faudrait corriger πρὸς ἕω. Le sens est, d'ailleurs, évident.

[2] Ici se remarque encore un détail suspect dans le récit d'Appien. La percée terminée, la flotte carthaginoise, forte de cinquante vaisseaux à trois rangs de rames, outre une grande quantité de petits vaisseaux, sort uniquement en vue de faire une démonstration et en quelque sorte de narguer les Romains. Quant à ceux-ci, ils sont frappés de stupeur en présence d'un événement aussi inattendu. Leurs vaisseaux ne sont pas armés pour le combat; pas un rameur, pas un matelot à bord. Si les Carthaginois les avaient attaqués, ils se seraient aisément rendus maîtres de la flotte entière. Mais il fallait, dit Appien, que Carthage fût prise : les Carthaginois rentrèrent dans leur port sans avoir rien fait. Quand ils vinrent offrir la bataille trois jours plus tard, les Romains avaient eu le temps de se préparer. Cette façon de raconter les événements n'est pas sans couleur dramatique, et le rôle que le rhéteur assigne au destin fait songer involontairement aux tragédies athéniennes. Mais est-il croyable que les Carthaginois, qui, surtout à ce moment du siège, font preuve

Si les Carthaginois avaient pu redevenir les maîtres de la mer, tous les plans de Scipion croulaient par la base; car, non-seulement le ravitaillement de la ville était désormais assuré, mais aussi tout établissement de l'assiégeant sur le môle était rendu impraticable, puisqu'il se serait par là placé, comme on dirait aujourd'hui, entre deux feux, sous le tir du rempart, de face, et, de dos, sous celui de la flotte. Après avoir combattu toute la journée sans désavantage, comme aussi sans avantage bien marqué, les Carthaginois prirent le parti, à l'approche du soir, de se retirer dans leur port. Les petits bâtiments battirent en retraite les premiers. Pendant qu'ils se pressaient autour du goulet, trop étroit pour livrer passage à tant de voiles à la fois, les grands vaisseaux de guerre vinrent se réfugier sous la protection du môle. « Ce môle, dit Appien, formait *en avant du rempart* une vaste plate-forme, qui depuis bien longtemps avait toujours servi aux commerçants de marché pour la vente de leurs marchandises » (ἐς τὸ χῶμα κατέφυγον ὃ πρὸ τοῦ τείχους εὐρύχωρον ἐμπόροις ἐς διάθεσιν φορτίων

d'une indomptable énergie et d'une admirable décision, aient été dans cette seule occasion indécis et mous? Il faut chercher quelque raison matérielle qui ait contenu leur ardeur. Or, on ne crève pas en quelques heures une jetée de plus de 70 mètres de large, dépassant de 7 à 8 mètres le niveau de l'eau, sur une ouverture et une profondeur capables de donner passage à une flotte considérable, formée de grands navires. Je me représente que, sitôt qu'il y eut un canal de creusé entre le port et la mer, les Carthaginois firent sortir triomphalement les vaisseaux qu'énumère Appien; mais ce canal, encore bien étroit, — nous ne voyons pas sortir ce jour-là, en même temps que les trirèmes, les quinquérèmes nouvellement construites, — devait être considérablement élargi avant qu'on pût le considérer comme un débouché suffisant. Les Carthaginois, y faisant travailler un nombre immense de bras, l'agrandirent trois jours durant. C'est seulement alors qu'ils crurent pouvoir risquer la bataille. Encore voyez ce qui arriva. La lutte s'était prolongée, sans que la victoire se décidât pour l'une ou pour l'autre flotte, jusqu'aux approches du soir. Les Carthaginois jugèrent à propos de battre en retraite. Mais l'entrée du port, encore trop étroite, fut bientôt encombrée par la foule des petits bâtiments, et les grands vaisseaux durent aller se ranger en ligne, proue vers l'ennemi, contre le môle, et, dans cette position, se défendirent de leur mieux, appuyés par les troupes établies sur le môle même. Ensuite, à la faveur de la nuit, les restes de la flotte rentrèrent à leur tour au port. Trois jours plus tôt, il n'y avait pas, en cas d'échec, de retraite possible.

ἐγεγένητο ἐκ πολλοῦ, § 123). « Dans cette guerre on y avait élevé une ligne avancée de défense, basse, destinée à empêcher que l'ennemi ne pût, sur cette plate-forme spacieuse, établir un camp » (καὶ παρατείχισμα ἐπ' αὐτοῦ βραχὺ ἐν τῷδε τῷ πολέμῳ ἐπεποίητο, ἵνα μὴ ὡς ἐν εὐρυχώρῳ σ]ρατοπεδεύσειάν ποτε οἱ πολέμιοι). Cette ligne de défense additionnelle, appelée par Appien, tantôt παρατείχισμα (comme dans le passage cité et au début du § 124), tantôt διατείχισμα (§§ 123 et 125), est tout simplement un avant-mur ordinaire, προτείχισμα, bien qu'il reçoive ici des noms spéciaux, considéré, en tant que bordant le rivage (à une certaine distance[1]), comme παρατείχισμα, en tant que traversant la plate-forme du môle de part en part, comme διατείχισμα.

À la tombée de la nuit, les vaisseaux carthaginois rentrèrent au port. Dès le lendemain, Scipion, dont la digue, à ce qu'il semble, venait justement d'être achevée, procède à l'attaque du môle. Il approche de nombreuses tours de charpente, bat le mur avec des béliers et y fait brèche (κριοῖς οὖν τὸ παρατείχισμα τύπτων καὶ μηχανήματα πολλὰ ἐπάγων μέρος αὐτοῦ κατέβαλεν, § 124). La nuit suivante, les assiégés opèrent une sortie dans des conditions bien particulières. « Ils ne sortent pas par terre, dit Appien, car ils n'avaient pas de passages (οὐ κατὰ γῆν, — οὐ γὰρ ἦν δίοδος); ni sur leurs vaisseaux, car la mer n'avait pas assez de fond (οὐδὲ ναυσὶν, — ἀλιτενὴς γὰρ ἦν ἡ θάλασσα); ils arrivent par la mer, d'un côté par où l'on ne se serait pas attendu qu'ils pussent venir, les uns marchant dans l'eau jusqu'à la poitrine, les autres nageant » (ἐς δὲ τὴν θάλασσαν ἐμβάντες ᾗ μή τις ἂν προσεδόκησεν, οἱ μὲν ἄχρι τῶν μασ]ῶν βρεχόμενοι διεβάδιζον, οἱ δὲ καὶ διένεον). Ils ne sont pas armés : ils ne portent rien que des torches, qu'ils allument au dernier moment. Ils perdent énormément de monde. Cependant leur audace inouïe finit par jeter le désordre dans le camp romain; les machines de l'assiégeant sont

---

[1] Voyez, en effet, la situation décrite par Appien dans le combat naval livré près du môle : Καὶ τοὺς ἐχθροὺς ἐπιπλέοντας οἱ μὲν ἀπ' αὐτῶν τῶν νεῶν, οἱ δ' ἀπὸ τοῦ χώματος, οἱ δ' ἐκ τοῦ διατειχίσματος ἀπεμάχοντο (§ 123). Les Carthaginois postés sur le διατείχισμα avaient en avant d'eux ceux qui combattaient du haut du quai et ils tiraient par-dessus leurs têtes.

incendiées. Ceux qui survivent rentrent dans la ville comme ils en étaient venus, en nageant (τὰς μηχανὰς ἐμπρήσαντες ἐξένεον αὖθις ἐς τὰ οἰκεῖα). Ce passage d'Appien a besoin d'un commentaire. On comprend bien que la sortie n'ait pas été effectuée par la brèche même, qui, naturellement, était fortement surveillée, et l'on peut bien admettre, Appien l'affirmant, et vu la situation sur le bord de la mer, qu'il n'y eût pas de passages (διόδους[1]) ménagés dans le παρατείχισμα en vue de sorties. Mais la mer, au pied du môle, du côté de l'Est, était profonde et accessible même à des navires d'un grand tirant d'eau; la preuve en est que, le soir de la bataille navale, les grands vaisseaux de guerre des Carthaginois se rangèrent précisément le long de ce môle : ce n'est certes pas cette partie de la mer qu'Appien peut qualifier par l'épithète ἀλιτενής. Sans doute il faut rapporter à ce moment du siège un mot de Scipion que Plutarque a emprunté, on est presque en droit de l'affirmer, à Polybe lui-même, et qu'il a heureusement fait précéder de quelques explications propres, jusqu'à un certain point, à jeter un peu de jour sur la situation respective des combattants. « Scipion avait déjà pénétré dans l'enceinte (Mégara), et les Carthaginois se défendaient du haut du promontoire (il s'agit évidemment de la pointe du môle)[2] : Polybe,

---

[1] Philon l'Ingénieur attache la plus grande importance à la question des communications de la place avec les dehors : Κατασκευασ7έον δὲ καὶ παρόδους καὶ διόδους ἀσφαλεῖς ἐπὶ τὰς παραβοηθείας τοῦ χάρακος, ἵνα μὴ οἱ πολέμιοι ἐπὶ τὰ χείλη σ7ήσαντες τῆς τάφρου τοὺς πετροβόλους ἐρύματι χρῶνται καὶ τοῖς πολεμίοις [μὴ] ᾖ χρήσιμος ἡμῖν δὲ <μὴ> ἡ ταφρεία. (*Vet. Mathem.*, p. 85, *s. fin.*, ou ch. i, §§ 53-54, trad. A. de Rochas.) Mais ces fossés et palissades, qui jouent un rôle si important dans le système de Philon, en permettant d'entraver et de retarder les travaux d'approche de l'ennemi, nous ne pouvons guère nous attendre à les trouver ici, au môle de Carthage : dans le cas présent, nous avons autour du παρατείχισμα, en guise de fossés, la mer elle-même. Partant, pas de δίοδοι.

[2] Bien que, dans la pensée de Plutarque, les mots ἐκ τῆς ἄκρας veuillent peut-être dire « du haut de l'acropole », il paraît évident que, dans la source à laquelle l'anecdote a été puisée, le mot ἄκρα devait désigner la pointe du môle. La suite de la phrase l'indique. Mais Plutarque n'aura pas pris la peine de se rendre compte de la situation; les mots κατειληφότας τὰ τείχη καὶ τῆς πόλεως ἐντὸς ὄντας, — que nous rapportons, sauf erreur, à la prise de Mégara, — l'auront particulièrement frappé : de là le début, ἐπεὶ δὲ παρελθὼν εἰς τὸ τεῖχος, qui ne laisse pas, au

NOTE SUR LES FORTIFICATIONS DE CARTHAGE.   191

ayant observé que la portion de mer qui le séparait de l'ennemi n'était pas très-profonde, lui conseilla d'y semer des chausse-trapes en fer et d'installer au fond de la mer des planches garnies de clous, afin d'empêcher l'ennemi de s'avancer par là et de venir attaquer les chaussées. Mais Scipion répondit que ce serait ridicule, après avoir forcé les murailles et lorsqu'on se trouvait déjà dans la ville (allusion à la prise de Mégara), de faire en sorte de ne pas avoir à se mesurer avec l'ennemi. » Ἐπεὶ δὲ παρελθὼν εἰς τὸ τεῖχος, τῶν Καρχηδονίων ἐκ τῆς ἄκρας ἀμυνομένων, εἰς τὴν διὰ μέσου θάλασσαν οὐ πάνυ βαθεῖαν οὖσαν τοῦ Πολυβίου συμβουλεύοντος αὐτῷ κατασπεῖραι τριβόλους σιδηροῦς ἢ σανίδας ἐμβάλλειν κεντρωτὰς [1], ὅπως μὴ διαβαίνοντες οἱ πολέμιοι προσμάχωνται τοῖς χώμασιν, ἔφη γελοῖον εἶναι κατειληφότας τὰ τείχη καὶ τῆς πόλεως ἐντὸς ὄντας, εἶτα πράτ]ειν ὅπως οὐ μαχοῦνται τοῖς πολεμίοις. (*Apophthegmes hégémoniques*, p. 200 A-B.) Je me figure que Scipion attaquait l'extrémité Sud du môle, à laquelle sa digue aboutissait; que la sortie déboucha par l'entrée ancienne des ports; que la mer qui, on le sait, n'était pas profonde naturellement sur cette partie du rivage, avait été partiellement comblée par les matériaux éboulés le long des talus sous-marins pendant la construction de la digue.

Le lendemain, les assiégés, n'étant plus inquiétés par les machines des Romains qu'ils avaient ainsi détruites à force d'audace et de bravoure, relevèrent la portion du mur qui était abattue et la garnirent de tours de distance en distance (καὶ πύργους ἐν αὐτῷ πολλοὺς ἐποίουν ἐκ διαστήματος, § 125). Ces tours, comme il arrivait fréquemment dans les sièges, durent être construites en bois. Scipion refit des machines, amena des remblais contre le front des tours (χώματα ἤγειρεν ἀντιμέτωπα τοῖς πύργοις), réussit à mettre le feu à plusieurs d'entre

---

premier instant, que de dépayser. Mais, en y regardant à deux fois, on s'aperçoit qu'il n'y a plus de mer entre les Romains et les Carthaginois (τὴν διὰ μέσου θάλασσαν), après que ces derniers se sont renfermés dans l'acropole. — Valère-Maxime (III, 7, 2) raconte le même épisode en l'altérant encore davantage.

[1] Cf. Philon, p. 94, ch. III, § 28 : Ἐὰν δ'ἐκ (au lieu de δ'ἐκ, les mss. ont δὲ καὶ) θαλάσσης ἡ προσαγωγὴ συντελῆται, κατὰ τὰς ἀποβάσεις θύρας τε κρυπ]ὰς ἥλους ἐχούσας δεῖ τιθέναι, καὶ τριβόλους καὶ σιδηροῦς καὶ πυξίνους διασπείρειν.

elles. Les Carthaginois ne purent tenir plus longtemps. Scipion, maître du παρατείχισμα, établit 4,000 hommes sur le môle dans de solides retranchements, et éleva, à peu de distance du rempart de la ville, un mur en briques, de la même hauteur que le rempart, et du haut duquel ses soldats harcelaient par des projectiles habilement lancés l'ennemi qui garnissait les créneaux d'en face. L'été touchait alors à sa fin : Scipion en resta là pour la saison.

Ce παρατείχισμα, qui créa tant d'embarras aux Romains, ne faisait pas partie des fortifications permanentes de Carthage; il avait été construit au moment du danger. On voit qu'en somme, dans toute l'étendue du rivage, devant les ports comme vers les hauteurs du cap Carthage, la ville ne possédait comme défense permanente vers l'Est qu'un rempart simple.

Au contraire, l'Ouest de Carthage, le côté qui regardait l'isthme, et peut-être aussi les côtés Nord et Sud, étaient défendus par une triple fortification, sur laquelle Appien nous a transmis des détails assez circonstanciés. Il pourra être intéressant d'en contrôler l'exactitude. Nous ne chercherons pas, nous le répétons, à retrouver le tracé de cette partie de l'enceinte, mais nous nous occuperons de déterminer en quoi devait consister exactement et comment devait être construit ce triple rempart.

Appien, § 95 : ... τριπλῷ τείχει. Τούτων δ᾽ ἕκαστον ἦν ὕψος μὲν πηχῶν λ', χωρὶς ἐπάλξεών τε καὶ πύργων, οἳ ἐκ διπλέθρου διαστήματος αὐτοῖς τετρώροφοι περιέκειντο, βάθος δὲ ποδῶν λ'· διώροφον δ᾽ ἦν ἑκάστου τείχους τὸ ὕψος, καὶ ἐν αὐτῷ κοίλῳ τε ὄντι καὶ στεγανῷ κάτω μὲν ἐστάθμευον ἐλέφαντες τ᾽ καὶ θησαυροὶ παρέκειντο αὐτοῖς τῶν τροφῶν, ἱπποστάσια δ᾽ ὑπὲρ αὐτοὺς ἦν δ᾽ ἵπποις, καὶ ταμιεῖα χιλοῦ τε καὶ κριθῆς, ἀνδράσι τε καταγωγαὶ πεζοῖς μὲν ἐς κ, ἱππεῦσι δὲ ἐς δ. Τοσήδε παρασκευὴ πολέμου διετέτακτο σταθμεύειν ἐν τοῖς τείχεσι μόνοις.

Ainsi voilà qui est entendu : selon Appien, il y avait, à une certaine distance en avant l'un de l'autre, trois murs identiques. Chacun de ces murs aurait eu 30 coudées (près de 14 mètres) de hauteur sous les créneaux, sur 30 pieds (9 mètres) d'épaisseur. Philon l'Ingénieur prescrit dans le système ordinaire de fortification 20 coudées seulement ($9^m,20$), et dans le système à courtines cintrées, 6 orgyes (un peu moins de 11 mètres) pour la hauteur du rempart; pour l'épaisseur, 10 coudées ($4^m,60$) dans le système ordinaire et dans la construction rhodienne, 12 coudées ($5^m,50$) dans le système à courtines cintrées. (*Vet. Mathem.*, p. 80 et 83, ou trad. Rochas, ch. 1, §§ 9, 11, 15 et 33.) Le rempart d'Utique devait avoir, d'après les mesurages de Daux (*Emporia phéniciens*, p. 253), $6^m,60$ d'épaisseur. C'est dire que les murs de Carthage présentaient des dimensions qui sortaient de l'ordinaire. Mais il n'y a rien là qui doive étonner; et ces chiffres d'Appien sont admissibles.

A l'intérieur de chacun des trois murs, qui étaient creux et à deux étages, on trouvait, selon notre auteur, le logement : 1° de 300 éléphants, et, au-dessus d'eux, 2° de 4,000 chevaux, 3° de 24,000 hommes; ce qui faisait en tout, à notre compte, pour les trois murs : 900 éléphants, 12,000 chevaux et 72,000 hommes. En outre, on y avait ménagé de vastes magasins contenant une grande quantité de vivres pour ces nombreux éléphants, des fourrages et de l'orge pour toute cette cavalerie. Je suppose qu'Appien loge les éléphants au rez-de-chaussée. Quant aux chevaux, il n'y a pas à dire, et le texte est formel, il les fait monter, ainsi que les hommes, au premier étage ($ἱπποστάσια\ δ'\ ὑπὲρ\ αὐτούς$). A raison de deux étages dans une hauteur de 14 mètres, le niveau du premier serait à 7 mètres d'élévation au-dessus du sol. Voilà des chevaux bien haut perchés! Et comment expliquera-t-on, — si le $τριπλοῦν\ τεῖχος$ règne sur plusieurs côtés de la ville, — que trois enceintes concentriques successives fussent égales entre elles en longueur et, à épaisseur constante, égales en superficie? Il faut être logique : si la plus intérieure est capable de contenir un nombre donné d'éléphants, de chevaux et d'hommes, la seconde et surtout la plus extérieure des enceintes, à épaisseur et hauteur égales, en contiendront davantage. Mais Appien n'a pas songé à tout cela.

Ne prenons qu'une enceinte à la fois, et commençons par la plus intérieure. Voici comment la muraille devait être construite. Comme le pied du mur est exposé aux coups du bélier, il présentera d'abord à l'ennemi un massif de maçonnerie assez épais pour défier les efforts de l'assiégeant. Philon (*l. l.*) prescrit pour cela une épaisseur maximum de $5^m,50$, qui, déduits des 9 mètres de l'épaisseur totale donnée par Appien, nous laissent un espace de 3ᵐ,50, en arrière du massif, pour construire les loges des éléphants, espace sur lequel on devra prendre encore l'épaisseur du mur qui ferme ces loges du côté de la ville : voilà pour les éléphants. Quant aux écuries et aux chevaux, nous serions vivement tenté de les placer aussi au rez-de-chaussée. L'expression ὑπὲρ αὐτούς serait alors considérée comme provenant de quelque méprise d'Appien. Après les autres bévues qu'on a relevées chez cet auteur, y aurait-il donc tant de témérité à prétendre le trouver encore ici en défaut? Dans l'épaisseur de mur que je revendique pour cette double destination, je logerais très-commodément les 300 éléphants et les 4,000 chevaux en question, pourvu que le mur présentât seulement un développement de près de 6 kilomètres; or, il y a si peu d'exagération à admettre pour le τριπλοῦν τεῖχος une telle étendue, que cette évaluation n'approche sans doute même pas de la réalité.

Les anciens se prémunissaient contre le choc du bélier sur une hauteur, à partir du sol, d'environ 6 mètres; cela, du moins, semble ressortir d'un passage, malheureusement fort altéré, de Philon l'Ingénieur. Le mur ayant 14 mètres sous créneaux, il nous resterait 4 mètres pour chacun des deux étages dont il s'agit dans le texte d'Appien, ce qui est on ne peut plus conforme à l'usage général des anciens en matière de fortifications. Que ces deux étages fussent voûtés ou couverts par des planchers, les voûtes ou bien les poutrelles qui portaient les planchers prenaient sans doute leurs points d'appui sur le mur qui faisait face à l'ennemi et sur le mur parallèle à celui-ci. Dans ces deux étages devaient loger les 24,000 hommes. Cette construction ne différait de celle qu'on semble pouvoir deviner au travers de ces lignes mutilées de Philon, que parce que, à Carthage, la disposition décrite par Philon se trouvait répétée à deux étages successifs.

Τὸ δὲ πρὸς τοὺς πολεμίους καθῆκον τοιχόκρανον δεῖ μείουρον διπλοῦν κατασκευάζειν...[1] ἵνα ὑπὸ τῶν λιθοβόλων τυπ]όμενοι

---

[1] Lacune? Des deux murs dont sera composé le τοιχόκρανον, ou partie supérieure du mur, il faudra que celui qui regarde l'ennemi soit assez résistant pour n'avoir rien à craindre des coups de pétroboles; ces deux murs seront à 8 coudées de distance l'un de l'autre (qui, retranchées d

μηδὲν πάσχῃ, ἀπέχον θάτερον θατέρου πήχεις ὀκτὼ, ἐπ' ἔλαττον δὲ δώδεκα¹... ἄνωθεν εἰς ψαλίδας συγκλεισθέντων ἢ δοκῶν ἐπιτεθεισῶν οἰκοδομεῖται φυλακτήρια². (Philon, *Vet. Math.*, p. 83; ch. 1, § 33, Rochas³.)

Les magasins de vivres avaient été pratiqués, vraisemblablement, dans la partie de la muraille qui recouvrait les loges à éléphants et les écuries. Il nous est impossible de décider la question de savoir si ces magasins ou greniers régnaient encore à la hauteur des étages habités par les soldats.

l'épaisseur totale de 12 coudées, laissent 4 coudées à répartir entre les deux murs).

¹ «M. Egger suppose ici une lacune après le mot δώδεκα. Le sens général de la phrase indique suffisamment comment on doit la combler; il faut lire que le double mur qui termine supérieurement la courtine doit commencer à douze coudées au moins au-dessus du sol extérieur; de cette façon, en effet, la base, qui est massive, peut résister au choc du bélier.» (A. de Rochas d'Aiglun, *Traité de fortification...* par Philon, p. 47, note 2.)

² «... en jetant au-dessus des voûtes ou des poutrelles on construira des corps de garde.» (Trad. de Rochas.)

³ Rien ne prouve, à vrai dire, absolument qu'on n'avait pas adopté, à Carthage, une autre disposition pour soutenir les voûtes ou les poutrelles. On aurait pu, par exemple, les appuyer sur des cloisons transversales, formant ainsi une série de chambres au lieu d'un immense couloir. C'eût été même une disposition préférable à celle que nous pensons avoir été adoptée, en ce sens que la chute du mur exposé à l'ennemi n'entraîne pas alors la chute de l'étage supérieur et du couronnement. D'après Philon, ce dernier mode de construction avait été appliqué à Rhodes. On suppose, comme toujours, la base du mur massive. Puis, à partir d'une certaine hauteur, dont Philon ne parle pas, on avait construit une série de voûtes cylindriques dont les axes étaient perpendiculaires au tracé; sous ces voûtes on avait des corps de garde, et par-dessus régnait le chemin de ronde. Philon donne les dimensions de toutes ces parties. *Vet. Mathem.* p. 80 (*s. fin.*), ou ch. 1, § 15, Roch.: Τινὰ δὲ (τῶν μεταπυργίων συντελεῖται), καθάπερ ἐν Ῥόδῳ, εἰς ψαλίδας συγκλειόμενα· πλάτη τε ἔχουσιν αἱ πάροδοι (les chemins de ronde) ἑπταπήχη· καὶ κάτωθεν φυλακτήρια ἐπίκλινα (sur la valeur de la κλίνη considérée comme une unité de mesure pour les surfaces, cf. une note que j'ai insérée dans la *Revue critique* du 14 juillet 1877, t. IV, p. 7 et suiv.), ὧν οἱ τοῖχοι οἱ μὲν ὀρθοὶ ἔσονται δεκαπήχεις τῷ τε μήκει καὶ τῷ πάχει, οἱ δὲ πλάγιοι μῆκος μὲν ἔχουσιν τὸ ἴσον τοῖς ὀρθοῖς, πλάτος δὲ τρίπηχυ. Dans ce système il faut réserver un corridor en arrière des chambres, ou percer des portes dans les murs transversaux, pour les communications.

Pour achever la *restitution* de ce rempart, il reste à dire deux mots de la partie souterraine et aussi du couronnement. En faisant des fouilles sur l'emplacement de Byrsa, la citadelle de Carthage, Beulé découvrit, dans le pied des murs et au-dessous du sol naturel, une série de cellules ou chambres uniformes, qui depuis ont paru à Daux « représenter, non les chambres de la garnison, comme l'admet l'explorateur (il avait tort en effet), mais bien des *citernes* communiquant entre elles par un corridor commun. — Des citernes exactement pareilles se trouvent également sous terre à Hadrumète, à Utique, à Thapsus, à Thysdrus, etc., partout enfin où il y a eu de grandes fortifications phéniciennes[1]. » En conséquence, Daux n'hésite pas à restituer des citernes semblables sous les murs de la triple enceinte de Carthage. Ce ne serait pas une raison parce qu'Appien ne souffle mot des citernes, pour douter de la justesse de cette restitution de Daux; cependant des citernes paraîtront peut-être mal situées sous des écuries. Si elles ont réellement existé, l'eau qui tombait sur le vaste espace occupé par les courtines et par les tours suffisait sans peine à les alimenter.

Au-dessus des créneaux régnait un toit (ἐν τῷ τείχει κοίλῳ τε ὄντι καὶ στεγανῷ, App., § 95). Cf. Philon (p. 80 des *Vet. Mathem.* ou ch. 1, § 13, Roch.) : « On couvrira les courtines d'un toit, et on les munira de créneaux, là où ce sera utile. » Ποιεῖται τὰ μὲν (τῶν μεταπυργίων) κατάστεγα καὶ ἐπάλξεις ἔχοντα οὗ (οἷα mss.) ἂν συμφέρῃ. Telles étaient les fortifications d'Athènes à l'époque de Démosthène : voyez pour preuve, dans la seconde dissertation *De munimentis Athenarum* (Gœttingue, 1836), la restitution d'Ottfried Müller, très-exacte en ce qui concerne les créneaux et la façon de supporter la charpente du toit.

L'enceinte intérieure se trouve ainsi restituée, tant bien que mal, d'après les données probables combinées avec quelques renseignements authentiques. En avant de cette enceinte, les Carthaginois en avaient-ils établi deux autres toutes pareilles ? Appien dit oui[2], mais il est dans l'erreur. Supposons, en effet, qu'il en eût été ainsi. A moins d'avoir espacé les lignes de dé-

---

[1] *Emporia phéniciens*, pp. 190 et suivantes.
[2] § 95 : ... τριπλῷ τείχει. Τούτων δ' ἕκαστον ἦν ὕψος πηχῶν τριάκοντα κτλ... Διώροφον δ' ἦν ἑκάστου τείχους τὸ ὕψος κτλ.

fense de 200 à 300 mètres, — ce qui était, autant qu'on en peut juger, la portée maximum effective des machines de guerre généralement en usage dans les sièges au second siècle avant notre ère, — une triple enceinte ainsi conçue, surtout en terrain plat, comme à Carthage du côté de l'isthme, eût procuré plus de désavantage que de profit à la défense. La première enceinte une fois prise eût certes fourni à l'assiégeant un établissement excellent pour battre la seconde, et de même ensuite la seconde pour réduire la troisième. Le résultat qu'on cherchait à atteindre dans les sièges antiques au moyen de gigantesques tours de charpente et des *hélépoles*, savoir d'établir ses batteries à une altitude au moins égale à celle des créneaux de la défense, on l'eût obtenu d'emblée par la prise de la première enceinte; dès lors, enlever les deux autres n'eût plus été qu'un jeu. Or, selon le rapport de Daux, les trois enceintes fortifiées de Thapsus et d'Hadrumète, villes dont les fortifications semblent avoir eu la plus grande analogie avec celles de Carthage, leur voisine, ne sont espacées l'une de l'autre que de 30 à 40 mètres. La triple enceinte de ces deux villes et de Carthage n'était point sans doute ce qu'a cru Appien.

Nous nous adresserons, en premier lieu, pour résoudre cette difficulté, au seul et unique livre didactique qui nous ait été conservé de l'antiquité en matière de fortification, c'est-à-dire au *Manuel de fortification, d'attaque et de défense des places*, par Philon l'Ingénieur (*vulgo* « Philonis Byzantii liber quintus »), le même ouvrage auquel on a déjà eu recours plus d'une fois dans les pages précédentes[1]. Il a été rédigé, selon les uns, au IIIe, d'autres disent au second siècle avant Jésus-Christ. Le livre du célèbre ingénieur contenait d'importantes

---

[1] Nous devons avertir, une fois pour toutes, le lecteur que le texte de Philon que nous reproduisons dans les fragments cités au cours de ce travail s'écarte notablement par places de celui qu'on trouvera imprimé dans l'unique édition de cet auteur, moins consulté qu'il ne mérite de l'être, dans les *Veteres Mathematici* (Paris. Imprimerie royale, 1693, 1 vol. in-fol.). Notre texte, examen fait de tous les manuscrits jusqu'ici signalés et de quelques autres qui étaient restés ignorés, a été constitué à l'aide des trois seuls manuscrits, de nous connus, qui comptent, à savoir les *Parisinus* 2442, *Vaticanus* 1164 et *Escorialensis* Υ-III-11, respectivement du $XI-XII^e$ siècle, du XIe et de la fin du Xe.

recommandations, peut-être énoncées alors par écrit pour la première fois, en tout cas d'une application facile même à un vieux système de défense. Elles n'avaient pas dû être négligées par les Carthaginois dans un temps où ils vivaient sous le coup d'une perpétuelle menace de destruction. Nous ne voulons pas dire que le « génie » carthaginois se soit mis à améliorer les défenses de Carthage le livre de Philon à la main; car si cela ne paraît pas impossible, du moins n'en savons-nous rien. Mais l'admission dans le *Manuel de fortification* des principes auxquels nous faisons allusion ne faisait, à ce qu'on peut présumer, qu'enregistrer et consacrer une pratique plus ou moins longue, datant peut-être déjà d'un demi-siècle ou de plus haut encore [1], et qui, en raison des excellents résultats qu'elle avait dû produire, se trouvait enfin reconnue et recommandée comme d'une indiscutable utilité. Or voici dans quels termes, brefs et clairs, Philon résume ces principes, qui sont ce qu'il y a de plus essentiel dans sa méthode de fortification :

« Il faut s'occuper surtout de l'avant-mur, des fossés et des palissades; car, avec des pétroboles et des portiques [2], on emporte facilement de simples murailles » (des murailles non protégées par des défenses extérieures). Les manuscrits ajoutent : « Il faut donc déployer tout son zèle pour faire aussi forts que possible les avant-murs et les palissades, aussi *larges* et aussi profonds que possible les fossés. Si ces défenses ont été organisées comme il faut, la place n'a pas grand'chose à craindre. »

---

[1] On constate l'usage de défenses en terre extérieures au rempart déjà au temps de Démosthène; ces ouvrages, il est vrai, ne devaient être encore à cette époque que rudimentaires. Après Chéronée, on remit en état de défense Athènes et le Pirée; on lit à ce propos chez Lycurgue, *Contre Léocrate*, § 44 : ... ἐπεμελοῦντο γὰρ οἱ μὲν τῆς τῶν τειχῶν κατασκευῆς, οἱ δὲ τῆς τῶν τάφρων, οἱ δὲ τῆς χαρακώσεως. C'est dans cette occasion que Démosthène fit creuser à ses frais *deux fossés* autour du Pirée (*Vies des dix orateurs*, p. 275, dans une loi. Cf. Démosthène, *Couronne*, p. 325).

[2] On dit encore aujourd'hui : « *C'est par les tranchées et le canon que se prennent les places.* » (A. de Rochas, *Traité de fortification*, par Philon, p. 57, note 4.) *Pétrobole* ou *baliste*, machine de guerre qui lançait des pierres ou d'autres masses pesantes; *portiques*, allées couvertes en charpente, à l'abri desquelles l'assiégeant cheminait vers la place sous le tir des remparts.

Vet. Mathem., p. 85-86, ou chap. ɪ, § 54, trad. de Rochas : Σπουδαστέον¹ δ'ἐστὶν ὡς μάλιστα περὶ τὰ προτειχίσματα καὶ τὰς τάφρους καὶ τὰς χαρακώσεις· ὑπὸ γὰρ τῶν λιθοβόλων καὶ στοῶν ῥᾳδίως ἁλίσκεται τὰ τείχη. [Περὶ οὖν ταῦτα φιλοτιμητέον ἐστί, ἵνα ὡς ἰσχυρότατα <ᾖ τὰ> προτειχίσματα² καὶ αἱ χαρακώσεις, καὶ αἱ τάφροι ὡς εὐρύταται³ καὶ βαθύταται γίνωνται· τούτων γὰρ ἁρμοζομένων, οὐθὲν ἂν πάθοι δεινὸν ἡ πόλις.]

En conséquence, Philon (*Vet. Mathem.*, p. 84-85, ou chap. ɪ, §§ 44 et suiv., trad. de Rochas) prescrit de creuser trois fossés, quel que soit le système de fortification, en avant

---

¹ Afin qu'on puisse juger de l'état dans lequel se trouve le texte imprimé de Philon, nous transcrivons ici les deux phrases citées par nous : 1° page 190, note 1, et 2° ci-dessus, dans le texte (la seconde de ces phrases fait immédiatement suite à l'autre), telles qu'on les lit dans les *Vet. Mathem.* : Κατασκευαστέον δὲ καὶ παρόδους καὶ διόδους ἀσφαλεῖς ἐπὶ τὰς παραβοηθείας τοῦ χάρακος, ἵνα μὴ οἱ πολέμιοι ἐπὶ τὰ χείλη στήσαντες τῆς τάφρου τοὺς πετροβόλους ἐρύματι χρῶνται καὶ τοῖς πολεμίοις μὴ ἢ χρησίμως· ἡμῖν δὲ ἡ ταφρεία σπουδαστέα ἐστὶν ὡς μάλιστα περὶ τὰ προτειχίσματα, καὶ τάφρους καὶ τὰς χαρακώσεις (*nos vero diligenter et accurate humum fodere oportet, præcipue circa propugnacula antemurana, et circa fossas et vallationes*)· ὑπὸ γὰρ τῶν λιθοβόλων καὶ στοῶν ῥᾳδίως ἁλίσκεται τὰ τείχη. Περὶ οὖν ταῦτα φιλοτιμητέον ἐστίν, ἵνα ὦσιν ἰσχυρότατα προτειχίσματα καὶ αἱ χαρακώσεις καὶ αἱ τάφροι ὦσι πλεῖσται, καὶ βαθύταται γίγνωνται· τούτων γὰρ ἁρμοζομένων οὐδὲν ἂν πάθοι δεινὸν ἡ πόλις.

² Ἵνα ὦσιν ἰσχυρώτατα προτειχίσματα. Paris. Vatic. Escor. (Voy. p. 197, note 1.)

³ Ὡς εὐρύταται] ὡσεὶ πλεῖσται. Paris. Vatic. Escor. Cette correction que nous avons admise dans le texte est rendue probable par des passages comme les suivants : *Vet. Mathem.*, p. 97, ou ch. ɪᴠ, § 11, Roch., Ἐὰν δὲ μὴ δύνῃ χῶσαι (τὰς τάφρους) διὰ τὸ βαθείας καὶ εὐρείας εἶναι, et surtout, p. 85, ou ɪ, § 44, Ποιητέον δ'ἐστὶ τὰς τάφρους ὡς βαθυτάτας καὶ μὴ ἔλαττον τὸ εὖρος ἑβδομήκοντα πηχῶν. Nous ne nous dissimulons pas, cependant, que la leçon des manuscrits, πλεῖσται, trouvera des défenseurs, à cause du texte que voici : Ὀρυκτέαι (ὀρυκταὶ mss.) δ'εἰσὶν ἐν πάσαις ταῖς τειχοποιίαις οὐκ ἐλάττους τριῶν τάφρων (p. 84, *s. fin.*, ou ɪ, § 42). Mais, selon nous, le contexte indique suffisamment que Philon a en vue la construction de *trois* fossés et non d'un plus grand nombre. Au surplus, toute discussion relative à cette dernière partie du texte pourrait bien rouler περὶ ὄνου σκιᾶς, comme dit le proverbe; car la phrase : Περὶ οὖν ταῦτα — δεινὸν ἡ πόλις présente, à nos yeux du moins, tous les caractères d'une de ces notes récapitulatives, comme on en mettait aux marges des manuscrits.

du rempart, savoir : le premier, à un plèthre (environ 30 mètres du rempart ; le suivant, à 40 coudées (18^m,50) du premier, et le plus extérieur, à la même distance du second. Chacun de ces fossés est aussi profond que possible et large de 70 coudées au moins (plus de 32 mètres). La terre retirée du premier fossé sert à faire une levée en avant du rempart[1] ; la terre qui vient des autres est rejetée sur les deux intervalles qui séparent les trois fossés, ou, pour employer l'expression technique, sur les deux *brayes*, afin que ces brayes, en s'élevant, protègent l'avant-mur et le rempart. En avant des deux fossés intérieurs[2], on élève des palissadements sans avant-mur. Philon détaille mille précautions qu'il convient en outre de prendre, pour rendre à l'assiégeant l'approche des machines d'attaque impossible ou au moins très-pénible dans une zone de plus de 160 mètres tout autour du rempart. Au delà du fossé extérieur, on enfouit des poteries debout et vides, l'ouverture fermée avec des algues seulement : les hommes peuvent passer sur ces endroits sans danger, mais sous le poids des tortues et des tours de charpente le sol s'effondre. On creuse des mares autour desquelles on plante des épines, etc. Tant que l'assiégeant est retenu au delà du fossé le plus extérieur, ses pétroboles d'un talent, c'est-à-dire des balistes lançant des projectiles du poids de 26 kilogrammes, sont hors de portée pour endommager un rempart construit dans les con-

---

[1] Philon, § 46 : Ὀρύτ]οντας δὲ δεῖ τὰς τάφρους τῆς μὲν πρώτης τὴν ἀναβολὴν ποιεῖσθαι τοῦ χοῦ (τοῦ τοίχου sic mss. : τοῦ χοῦ, marge des *Vet. Mathem.*) πρὸ τοῦ τείχους, τῶν δὲ ἄλλων εἰς τὰ διαστήματα ἀνὰ μέσον, ἵνα ὅ τε χάραξ ἀσφαλῶς τίθηται (τίθεται mss.) καὶ ὕψος λαμβάνοντα τὰ διαστήματα ἀσφάλειαν παρέχηται τῷ προτειχίσματι καὶ τῷ τείχει.

[2] Philon, § 47. Les manuscrits donnent (ce texte fait immédiatement suite à celui qui est cité dans la note précédente) : Θετέον δέ ἐστι πρὸ τῆς δευτέρας καὶ τῆς τρίτης ἄνευ προτειχισμάτων ὁ χάραξ. Le sens veut, non pas «en avant du *deuxième* et du *troisième* fossé», mais «en arrière» (de ces deux mêmes fossés), ou, ce qui revient au même : «en avant du *premier* et du *deuxième*.» C'est un point qui n'est pas douteux. La correction qui nous paraît la plus vraisemblable est la suivante : πρὸ τῆς δευτέρας καὶ τῆς πρώτης. La preuve que Philon, après avoir compté les fossés du dedans vers le dehors, ne les numérote pas, en cet endroit, dans l'ordre inverse, ce sont les mots qui commencent la phrase suivante : Πρὸ δὲ τῆς ἐσχάτης τάφρου (§ 47), où il s'agit incontestablement du fossé le plus extérieur.

ditions normales. Vient-il à s'emparer du premier fossé et de
la simple levée de terre palissadée qui le défend, il trouve devant lui un terrain dans lequel on a enfoncé des piquets,
creusé des coupures, planté des épines, un terrain impraticable pour ses machines. Il comble le fossé et nivelle les terrains conquis. Les mêmes obstacles doivent être surmontés
encore une fois, puis il parvient au dernier fossé. Cette fois,
il ne s'agit plus de franchir une palissade : on se heurte contre
un mur, moins élevé que le rempart principal, mais déjà très-fort. Cet avant-mur (comme sans doute aussi les palissades
et les fossés antérieurs) suit le tracé du rempart, auquel il
reste parallèle[1]; on peut déduire de l'examen attentif du texte
de Philon (qu'on paraphrase ici), qu'il se composait d'une
levée de terre revêtue, du côté de l'ennemi, et peut-être aussi
à l'intérieur, de parements en pierres de taille ou en maçonnerie[2]. Derrière ce boulevard sont installées des batteries de
machines, qui, vu leur élévation, tirent par-dessus l'avant-mur[3]; dans le chemin couvert, large d'une trentaine de mètres,

---

[1] Philon, p. 83 (s. fin.), 1, § 35 : Δεῖ δὲ (ἔδει mss.) τὰ προτειχίσματα αὐτῶν ὡς ἰσχυρότατα ποιεῖν, τὸν αὐτὸν τρόπον τοῖς τείχεσι οἰκοδομοῦντας. L'interprétation que nous proposons de ce texte nous paraît la seule raisonnable.

[2] Philon, §§ 46-47, cité aux notes 1 et 2 de la page 200. Les deux brayes qui séparent les trois fossés protègent en s'élevant *l'avant-mur*; ces deux brayes sont défendues par des palissades, *sans avant-mur*; la terre retirée du fossé le plus intérieur est rejetée *en avant du rempart*; il est évident que c'est cette dernière banquette qui, fortifiée par un mur, ou, comme c'était le cas à Thapsus, «fortement damée entre deux murs» (voy. ci-dessous, p. 204, l. 15), formait le προτείχισμα.

[3] Philon, p. 82, 1, § 24 : Καὶ κάτωθεν τῶν τειχῶν καὶ τῶν προτειχισμάτων τοῖς μεγίστοις καὶ πλείστοις βέλεσιν (on sait que βέλη signifie *machines de guerre* aussi bien que *projectiles*) αἱ βελοστάσεις κατασκευάζονται αἱ μὲν ὀρυκταὶ [les manuscrits ajoutent ici : ἐπίπεδοι καὶ κατώρυχοι] αἱ δὲ ἐπίγειοι (ὑπόγειοι mss.) πρὸς τὸ τοὺς ἀφιέντας μὴ τιτρώσκεσθαι καὶ αὐτοὺς ἀδήλους τοὺς ἐναντίους τραυματίζειν, καὶ εὐρυχωρίαν ἔχειν πολλὴν καὶ (ces quatre derniers mots sont placés, dans le manuscrit, immédiatement après πρὸς τὸ) ὅταν οἱ πολέμιοι πλησιάζωσι (πλησιάζουσι mss.) μὴ ἀχρείους γίνεσθαι τοὺς καταπαλτάφετας (καταπελταφέτας mss.) ἀδυνατοῦντας περιστρέφειν (καταστρέφειν mss.).

«Au pied (et en arrière) des murs et des *avant-murs*, on construira,
pour la plupart des machines et spécialement pour les plus grandes, des
batteries, les unes creusées dans le sol, les autres à fleur de terre, met-

qui règne entre l'avant-mur et le rempart, sont rangées les troupes dont dispose la défense, toujours prêtes à donner, et pouvant se porter rapidement partout où besoin sera [1]. Philon ne conçoit pas une place forte sans ces deux lignes de défenses extérieures : 1° l'avant-mur avec son fossé [2], et 2° les retranchements, ou palissades précédées de leurs fossés. Je ne considère les retranchements, bien qu'ils soient doubles, que comme une seule ligne de défense. La lutte, en réalité, passe par trois phases : attaque des retranchements, qui sont défendus pied à pied; attaque de l'avant-mur, qui doit s'écrouler sous le choc du bélier; attaque du rempart, pour laquelle on met en œuvre tout le matériel de siège.

Toute place forte présentant à l'assiégeant cette triple ligne d'obstacles que décrit le *Traité de fortification* est, selon moi, pourvue d'un τριπλοῦν τεῖχος. C'était le cas de Carthage. Nous ne le supposons pas seulement, nous en avons la preuve. Par Polybe nous savons déjà l'existence du retranchement, sans qu'aucun indice d'ailleurs ne nous permette de deviner s'il était simple ou, ainsi que le veut Philon, double. Dans le cours de la seconde période du siège, Asdrubal, le commandant de Carthage, eut une entrevue avec Golosse, roi des Numides, qui combattait dans les rangs des Romains. Il s'avança à vingt pas en avant de son escorte, et, s'arrêtant *derrière le retranchement*, il fit signe à Golosse d'approcher (καὶ προβεβλημένος τάφρον καὶ χάρακα κατένευε τῷ βασιλεῖ προσιέναι πρὸς αὐτόν). Mais Appien nous fournit, sans y avoir fait lui-même attention, des données précises pour réfuter son système des trois enceintes identiques.

---

tant ainsi les artilleurs à l'abri et faisant qu'ils atteignent l'ennemi en restant eux-mêmes invisibles, leur ménageant une large place libre et évitant, si l'assiégeant s'approche, qu'ils ne deviennent inutiles, faute de pouvoir faire converser leurs machines. »

[1] Philon, p. 94, III, § 25 : Ἐν δὲ ταῖς ἐμπρήσεσι τῶν μηχανημάτων καὶ τῶν χελωνῶν ταῖς συμβαινούσαις ἐπιθέσεσι δεῖ τοὺς ὁπλίτας καὶ τοὺς ψιλοὺς, ὅσοι ἂν μὴ ἐπὶ τῶν τειχῶν ὦσι χρήσιμοι, πάντας (sic *Vet. Mathem.* : mss. πάντες) διεσκεδασμένους ἐν τῷ προτειχίσματι ἑτοίμους (sic *Vet. Mathem.*; ἕτοιμοι et ἕτοιμον mss.) εἶναι, ἵνα ταχὺ καὶ εὐτάκτως ποιῶσι τὸ προσταττόμενον τῷ στρατηγῷ.

[2] Cf. encore Philon, p. 84, I, § 41; p. 88, II, § 12; p. 90, III, § 5, etc.

Tout au début du siège, quand les consuls Manilius et Censorinus livrent le premier assaut, « Manilius, dit Appien (§ 97), s'avança contre les murs du côté du continent, directement en venant de l'isthme; il devait combler le fossé, forcer le petit mur qui se rencontre ensuite et, après cet avant-mur, les grandes murailles. » Μανίλιος μὲν (ἤει ἐπὶ τοὺς πολεμίους) ἀπὸ τῆς ἠπείρου κατὰ τὸν αὐχένα, ἐγχώσων τε τὴν τάφρον καὶ βραχὺ προτείχισμα (ἐπιτείχισμα mss. et edd.[1]) τὸ ἐπ' αὐτῇ βιασόμενος, καὶ ἐπ' ἐκείνῳ τὰ ὑψηλὰ τείχη. Voilà bien les trois enceintes qui protégeaient Carthage. Nous ne pensons pas qu'il soit nécessaire d'insister sur la démonstration. Le pluriel τὰ ὑψηλὰ τείχη ne donne lieu à aucune objection. On disait en grec indifféremment τὸ τεῖχος et τὰ τείχη, comme en français *le rempart* ou *les remparts,* en parlant d'une seule et unique ligne de murs; de même, τὰ προτειχίσματα est à chaque instant l'équivalent de τὸ προτείχισμα.

Manilius, deux fois repoussé, sans avoir pu même, à ce qu'il semble, atteindre l'avant-mur, établit un camp dans l'isthme même, sur la route de Carthage au continent, ἐν τῷ αὐχένι τῆς ἐς τὴν ἤπειρον ὁδοῦ (phrase dans laquelle il faut corriger, ce me semble : ἐν τῷ αὐχένι <ἐπὶ> τῆς κτλ.). Plus tard, il tenta un nouvel effort et réussit seulement à pratiquer une petite brèche à l'avant-mur (Μανίλιος μὲν οὖν μικρὸν ἔτι προσκαμὼν καὶ μόλις τι τοῦ προτειχίσματος καταβαλὼν ἀπέγνω μηδὲ ἐπιχειρεῖν ἔτι ταύτῃ). Il renonça définitivement à diriger de nouvelles attaques contre cette partie de la ville, et cette résolution était, il faut le croire, bien motivée, puisque plus tard Scipion lui-même n'essaya pas de nouveau de forcer le τριπλοῦν τεῖχος.

---

[1] Ἐπιτείχισμα a un sens bien déterminé, qui ne convient nullement ici. Ce terme désigne une fortification élevée, non dans un but défensif, mais offensif. Cf. § 120, en parlant du camp de Scipion qui intercepte entièrement l'isthme de Carthage : Καὶ ἦν αὐτῷ τοῦτο στρατόπεδόν τε ὁμοῦ καὶ κατὰ τῶν ἐχθρῶν ἐπιτείχισμα ἐπίμηκες, ὅθεν ὁρμώμενος τὴν ἀγορὰν ἀφῃρεῖτο Καρχηδονίοις ὅση κατὰ γῆν αὐτοῖς ἐφέρετο. De même, § 124, à propos du môle : Σκιπίων δὲ ... ἐπεχείρει τῷ χώματι· καὶ γὰρ ἦν εὔκαιρον ἐπιτείχισμα τοῦ λιμένος. — Quant à la correction que nous proposons, elle est d'ailleurs justifiée par cet autre passage (une vingtaine de lignes plus bas, § 97, *s. fin.*), où le même mur est appelé cette fois προτείχισμα.

Quoique suffisamment édifié maintenant sur ce qu'il faut entendre par la triple enceinte de Carthage, nous ne voulons point passer sous silence une dernière preuve, indirecte, mais qui ne laisse pas d'avoir sa valeur : d'autres villes, voisines de Carthage et contemporaines de sa gloire et de sa chute, étaient entourées de fortifications toutes semblables. Voici le rapport très-net de Daux, qui, sur ce point, semble mériter toute confiance :

« La deuxième ligne de fortifications, généralement distante de 30 à 40 mètres en avant des grands murs, se composait d'un large fossé, derrière lequel s'élevait une banquette. Le mur extérieur de cette banquette faisant face à l'ennemi avait, au-dessus du fossé, de 4 à 5 mètres de haut et était crénelé. Derrière ces créneaux, la courtine continue était un remblai de terre fortement damé entre deux murs » (cf. ci-dessus, p. 201, note 2)... « La largeur de cette première fortification avancée était la même que celle du pied des grands murs, 6^m,50. Dessous, en substruction, étaient de petites citernes par séries continues, pareilles à celles qui étaient sous les grandes murailles.

« *J'ai vu ces détails à Hadrumète et à Thapsus.* Cette deuxième ligne faisait, comme les grands murs, le tour de la place.

« La troisième ligne de fortifications était simplement un fossé précédant une banquette en terre palissadée, fortification passagère, comme celle des camps retranchés, et se développant à 30 ou 40 mètres environ en avant de la deuxième ligne.

« *Il en reste encore des parties considérables à Thapsus.* » (*Emporia phéniciens*, p. 258-259.)

Ce serait téméraire à nous de prétendre dire au juste comment Carthage était défendue du côté du Sud. Un système général qui nous paraît réunir beaucoup de probabilités peut être du moins exposé en peu de mots de la façon suivante :

Ce qu'on appelait la ville de Carthage devait être la réunion de la ville proprement dite et de divers faubourgs, tels que celui de Mégara, dont on s'est occupé plus haut. La ville proprement dite aurait été ceinte du τριπλοῦν τεῖχος sur tout son pourtour, excepté le long de la mer. Aucune donnée certaine, à notre connaissance, ne permet d'en restituer le tracé. On sait seulement, s'il faut faire quelque fond sur le témoignage d'Orose, qu'au Sud la triple enceinte venait longer le pied de l'acropole : « Ex una parte murus communis erat urbis et Byrsæ, imminens mari, quod mare stagnum vocabant, quoniam objectu protentæ linguæ tranquillatur. » D'autre part, le port militaire, dit *le Cothon*, était entouré, dit Appien, d'une double fortification (τεῖχός τε γὰρ τοῖς νεωρίοις διπλοῦν περιέκειτο). Je me figure que la triple enceinte venait, en quittant le pied de l'acropole, se réunir à ce διπλοῦν τεῖχος. Quand Scipion s'est rendu maître du Cothon, il se répand sans obstacle dans le forum et dans le cœur de la ville; il ne lui reste plus qu'un seul mur à conquérir, c'est celui qui couronne la colline de l'acropole (§§ 127-128). Cette partie centrale de la ville, la vieille ville, comprise entre le Cothon, le τριπλοῦν τεῖχος et le rivage, et renfermant l'acropole, était, à ce que nous pensons, désignée par le nom de Byrsa. « Byrsa, dit Beulé, c'est l'acropole et rien que l'acropole. » Le nom de Byrsa, au contraire, doit signifier, tantôt proprement l'acropole, tantôt tout ce vieux quartier qui entoure l'acropole. Voici pourquoi nous le pensons. Lorsque le faubourg de Mégara fut enlevé par Scipion (§ 117), les Carthaginois de ce quartier s'enfuirent précipitamment *à Byrsa,* comme si tout le reste de la ville était pris (φυγὴ ταχεῖα τῶν Καρχηδονίων ἐς τὴν Βύρσαν ἦν ὡς τῆς ἄλλης πόλεως ἁλούσης). La panique gagne le corps d'armée qui campait à 5 stades en dehors des murs, près du lac de Tunis; ils abandonnent leurs retranchements et courent s'enfermer avec les autres *dans Byrsa* (καὶ ἐς τὴν Βύρσαν ὁμοῦ τοῖς ἄλλοις ἀναδραμεῖν). Si l'on entend dans ces deux phrases Byrsa de l'acropole même, on admettra donc que le τριπλοῦν τεῖχος fut laissé, dans cette occasion, à la merci de l'ennemi, qui, heureusement, à la faveur de la nuit, ne s'en serait pas aperçu; puis, le premier moment de terreur passé, le τριπλοῦν τεῖχος aurait retrouvé ses défenseurs. Rien de tout cela n'aurait l'ombre de la vraisemblance. La peur livra à Scipion un faubourg et un camp situés *extra muros;* mais, derrière la triple enceinte, les fuyards carthaginois durent retrouver leur sang-froid : là, ils se sentaient parfaitement en sûreté. La preuve qu'on ne s'était point sauvé jusque dans l'acropole, mais seulement dans la vieille ville, nous la rencontrons dans la première phrase du § 119 : Ὁ δὲ Σκιπίων τὸν μὲν χάρακα τῶν ἐχθρῶν, ὃν τῇ προτέρᾳ καταλελοίπεσαν ἐς τὸ ἄστυ φεύγοντες, ἐνέπρησεν. D'où il résulte que ἐς τὴν Βύρσαν et ἐς τὸ ἄστυ sont ici deux expressions synonymes. La mince autorité de Zonaras vient encore donner quelque appui à notre conclusion. Racontant, un peu à sa manière, les mêmes événements dont il s'agit ici, il emploie les expressions que voici : Τὴν μὲν ἄλλην πόλιν ἐξέλιπον, εἰς δὲ τὸν Κώθωνα τήν τε Βύρσαν κατέφυγον. Or, on ne peut admettre que les assiégés se réfugièrent dans le Cothon et dans Byrsa qu'à condition de prendre Byrsa comme le nom de la ville centrale; car, sans cela, le port et l'acropole n'ont point de communications.

Un passage de Strabon fournit encore un argument dans le même sens. « Les Carthaginois, dit-il (XVII, 15, p. 832), après s'être réfugiés dans Byrsa, construisirent, dans l'espace de deux mois, une flotte de 120 vaisseaux pontés et, voyant l'entrée de leur port bouchée, creusèrent une autre entrée » (τότε καίπερ ἤδη συμπεφευγότες εἰς τὴν Βύρσαν, ἐν διμήνῳ κατεσκευάσαντο ναῦς ἑκατὸν εἴκοσι καταφράκτους, καὶ τοῦ στόματος τοῦ Κώθωνος φρουρουμένου διώρυξαν ἄλλο στόμα). Il est évident que Byrsa ne signifie pas ici l'acropole. En considérant ce résultat comme acquis, on peut se rendre compte d'une expression d'Appien qu'on serait tenté, dans le premier moment, de condamner comme inexacte : Τὰ δὲ πρὸς μεσημβρίαν ⟨καὶ ἐς⟩ ἤπειρον, ἔνθα καὶ ἡ Βύρσα ἦν ἐπὶ τοῦ αὐχένος, τριπλῷ τείχει (§ 95). Byrsa, la vieille ville, devait être bornée, en effet, du côté du continent, vers l'isthme, par la triple enceinte; on n'en pourrait pas dire autant de Byrsa acropole, qui était située à peu de distance du rivage de l'Est, et pas du tout ἐπὶ τοῦ αὐχένος[1].

Dans le système que nous présentons, — à titre, du reste, purement hypothétique, — nous aurons, au Sud du τριπλοῦν τεῖχος et à l'Ouest des ports, un faubourg assez considérable, enfermé dans une enceinte qui se reliait à celle du port mar-

[1] Cf. encore Servius, in *Aeneid.*, I, 368 : « Carthago antea speciem habuit duplicis oppidi, quasi aliud alterum complecteretur; cujus interior pars *Byrsa* dicebatur, exterior *Magalia*. Hujus rei testis est Cornelius Nepos. in eo libro qui Vita illustrium inscribitur. » (*Magalia* = Μέγαρα.)

chand. Cette enceinte se composait d'un simple mur, faible et bas, selon Appien, qui se détachait (nous ne saurions dire en quel endroit) de la triple enceinte, en formant un angle. Il est supposable qu'elle suivait, dans une partie de son développement, ce pli de terrain qu'on voit marqué sur le plan, à peu près dans la direction N. O.–S. E., et qui commence un peu au-dessus de *Douar-el-Schat,* se dirigeant presque en ligne droite vers l'entrée du port marchand. Le lac de Tunis devait s'étendre, à cette époque, bien au delà, vers le Nord, de ses limites actuelles, et mouiller tout du long le pied de ce mur, et, par suite, la langue commencer beaucoup plus au Nord que maintenant, à la hauteur de la partie méridionale du port marchand. Si tel était vraiment l'état des lieux, 1° la description suivante, jusqu'ici incomprise, devient intelligible : Γωνία δ'ἡ παρὰ τὴν γλῶσσαν ἐκ τοῦδε τοῦ τείχους ἐπὶ τοὺς λιμένας περιέκαμπ7εν, ἀσθενὴς ἦν μόνη καὶ ταπεινὴ, καὶ ἠμέλητο ἐξ ἀρχῆς (App., § 95, *s. fin.*); 2° rien de plus clair que l'exposé suivant (§ 99) : Κυνὸς δ'ἦν ἐπιτολὴ, καὶ τὸ Κενσωρίνου σ7ρατόπεδον ἐνόσει, σ7αθμεῦον ἐπὶ λίμνῃ σ7αθεροῦ καὶ βαρέος ὕδατος καὶ ὑπὸ τείχεσι μεγίσ7οις, οὐ καταπνεόμενον ἐκ τῆς θαλάσσης. « C'était l'époque de la canicule; une épidémie régnait dans l'armée de Censorinus, par suite de son stationnement sur un lac d'eau stagnante et aux exhalaisons malsaines, au pied de hautes murailles qui empêchaient la brise de mer de souffler sur la flotte. » On chercherait vainement à concilier avec ces deux textes l'hypothèse que le lac de Tunis n'a pas été refoulé vers le Sud depuis l'an 146 avant J. C.

On n'a rien de nouveau à dire sur l'acropole de Carthage, bien décrite par Beulé. Beulé a restauré aussi, à la suite de ses fouilles, les ports de Carthage; Jal[1] et Daux[2] ont parfaitement montré l'impossibilité de sa restauration. Il ne paraît pas y avoir de doute sur l'emplacement qui est assigné au Cothon sur les plans modernes de Carthage. En dehors de cela, on sait qu'il n'était pas entièrement rond, et qu'il avait une partie carrée : Ὁ δὲ Ἀσδρούβας νυκτὸς ἐνεπίμπρη τὸ μέρος τοῦ

---

[1] *Dictionnaire critique de biographie et d'histoire,* art. CARTHAGE (L'antique port de).
[2] *Emporia phéniciens,* pp. 188 et 300.

Κώθωνος τὸ τετράγωνον. Ἐλπίσας δ᾽ἔτι τὸν Σκιπίωνα ἐπιθήσεσθαι, καὶ πρὸς τόδε τῶν Καρχηδονίων ἐπεσ]ραμμένων, ἔλαθε Λαίλιος ἐπὶ θάτερα τοῦ Κώθωνος ἐς τὸ περιφερὲς αὐτοῦ μέρος ἀνελθών (App., § 127). Il faudrait se décider à ne plus tracer, jusqu'à nouvel ordre, les contours du Cothon sur les plans qu'on publiera de Carthage.

Le lecteur, nous le craignons, ne quittera pas ce trop long et laborieux mémoire sans éprouver quelque désappointement. Il désirerait peut-être nous voir donner maintenant un corps à nos déductions en dessinant à notre tour sur la carte quelque tracé des fortifications de la Carthage punique. N'en est-il donc aucun que nous considérions comme plus particulièrement d'accord avec les textes et les fouilles, comme pouvant être restitué avec l'espoir de s'approcher dans quelque mesure de la vérité? Peut-être saurions-nous, après tout, comme un autre, imaginer un tracé élégant, *possible*, d'un développement égal à celui que tel ou tel des anciens attribuait aux murs de Carthage[1]. Nous n'avons eu garde de céder à une aussi dangereuse tentation. A peine est-on assuré de bien connaître l'orientation générale de ces murs; quant à des points de départ fixes, où en a-t-on? Il n'est que sage, en pareil cas, de s'abstenir de paraître trop bien renseigné. Dureau de la Malle (voy. le plan) semblerait, à première vue, avoir retrouvé toutes les diverses enceintes dont était munie la capitale punique : fondations romaines ou byzantines lui servent, sans qu'il s'en doute, de points de repère; il interprète les textes à sa manière, qui n'est pas toujours la bonne; enfin, le désir de bien faire aidant, il restaure une fortification des plus compliquées, logique peut-être, certainement de fantaisie. Elle a été souvent reproduite et copiée fidèlement jusqu'à ces derniers jours[2], et l'on nous dit que nous avons là les fortifications restaurées de Carthage. Il faut se défier d'un pareil tracé : il n'a rien d'authentique; et, pour notre part, nous sommes d'avis qu'il faut détruire cette Carthage-là.

[1] Les anciens ne s'accordaient pas sur le périmètre de Carthage. Voy. les textes chez Dureau de la Malle, *Recherches sur la topographie de Carthage*, p. 38 et suiv.
[2] Voy. par exemple le plan Caillat.

PLAN DE CARTHAGE ET DE LA PENINSULE.

NOTICE

SUR UN TRAITÉ DU MOYEN ÂGE

INTITULÉ

DE COLORIBUS ET ARTIBUS ROMANORUM,

PAR A. GIRY.

Le traité dont nous allons parler n'est point inconnu. Dès longtemps, les savants ont été attirés par son titre; beaucoup ont pensé, avec Lessing, qu'on pouvait y trouver des renseignements nouveaux sur les arts de l'antiquité; mais cette illusion n'a pas résisté à la lecture. Quelques centaines d'hexamètres obscurs relatifs à la fabrication des couleurs, à l'application d'émaux sur les poteries et les verreries, à la gravure et à la taille du verre et des pierres précieuses, à la fabrication des pierres fausses et à la dorure, suivis d'une soixantaine de recettes en prose, les unes paraphrasant les précédentes, les autres concernant la calligraphie, l'enluminure, la peinture sur bois, sur mur ou sur verre, la verrerie, la céramique, le travail des métaux et de l'ivoire et la niellure, le tout très-visiblement du moyen âge, c'est un assez maigre régal pour qui a été mis en éveil par les mots *Artes Romanorum*.

Du moins, la connaissance de la technique des arts du moyen âge et par conséquent la critique des monuments de cette époque peuvent faire leur profit de l'étude de ce petit traité. Par cela seul il mérite qu'on recherche soigneusement à quelle époque, dans quel pays, par qui il fut écrit, qu'on se rende un compte exact des procédés qu'il expose, qu'on étudie la trace de l'application de ses recettes dans les monuments qui les expliquent, qu'on en suive le développement ou la confirmation chez les écrivains postérieurs, et surtout qu'on en recherche avec le plus grand soin toutes les sources. On se tromperait si, de ce qu'un pareil traité a été fait au moyen âge et pour des artisans de cette époque, on se hâtait de conclure que la connaissance de l'industrie de l'antiquité ne saurait aussi trouver son compte à un pareil travail. On ne rencontre pas, en comparant la main-d'œuvre et les procédés du moyen âge à ceux de l'antiquité, les mêmes différences qu'entre le style et les arts des deux époques; la pratique du moyen âge presque tout entière lui est venue des anciens, soit par une tradition de plusieurs siècles non interrompue, soit par suite d'emprunts faits aux Grecs du Bas-Empire. N'est-il pas intéressant de prendre sur le fait cette tradition ou ces emprunts, qui touchent à la grosse question de l'influence byzantine? N'est-il pas possible même de demander à des recueils de recettes de cette nature des éclaircissements sur l'industrie des anciens?

Ces réflexions n'ont pas échappé aux nombreux érudits qui, depuis le siècle dernier, ont étudié les recueils de procédés ou les manuels d'artisans du moyen âge. On sait l'importance de l'ouvrage composé par le moine Théophile; tous les traités n'ont pas l'intérêt de la *Schedula diversarum artium*; tous du moins, ceux qui sont plus modernes comme ceux qui sont plus anciens, méritent d'être comparés entre eux et étudiés avec soin; des travaux de ce genre, on n'en saurait douter, accroîtraient dans une bonne mesure les notions encore si peu précises que l'on possède sur l'histoire de la technologie.

Pour en revenir à l'ouvrage auquel est consacrée la présente notice, disons tout d'abord qu'il a été déjà publié trois fois et traduit deux fois. L'Anglais Raspe, à la fin du siècle dernier, a donné le texte d'un manuscrit qui se trouvait alors à Cambridge [1]; mistress Merrifield, en 1849, en a publié, avec une traduction anglaise, une nouvelle édition bien meilleure, d'après le même manuscrit et un manuscrit de Paris, dans sa collection de traités originaux sur les arts du moyen âge [2]. Enfin, il y a quelques années, M. Ilg, de Vienne, a reproduit l'édition de Mrs. Merrifield, en y joignant une traduction allemande, dans les *Quellenschriften für Kunstgeschichte und Kunsttechnik des*

---

[1] *A critical essay on oil painting*, London, 1781, in-4°, p. 99-119.
[2] *Original Treatises on the arts of painting in oil, miniature, mosaic, and on glass, of gilding, dyeing, and the preparation of colours and artificials gems*, London, 1849, in-8°, t. I, p. 166-257.

Mittelalters, publiées à Vienne sous la direction du professeur Eitelberger[1]. Aucun des éditeurs n'a utilisé tous les manuscrits de ce traité qui nous sont parvenus, et, quoique chacun d'eux ait fait précéder ou suivre son édition d'études ou d'éclaircissements, aucun n'a connu toutes ses sources, aucun n'a recherché ses recettes dans les compilations postérieures où elles ont passé. Il n'est donc pas sans utilité de reprendre à nouveau l'examen de ce texte, en profitant des recherches et des découvertes dues à chacun des trois éditeurs, ainsi qu'à quelques autres savants.

Trois manuscrits, à ma connaissance, nous ont conservé le texte à peu près complet de cet ouvrage.

Le plus ancien et le plus correct est du XII° siècle et n'a encore été employé par aucun éditeur. Il provient de l'abbaye de Saint-Amand, et fait aujourd'hui partie de la bibliothèque de Valenciennes, où il porte le n° 145. C'est un ms. in-folio en parchemin, dont les pages ont 380 millimètres de hauteur sur 260 de largeur; il se compose de 179 feuillets; chaque page est écrite sur deux colonnes de 44 lignes chacune, en belle minuscule. Notre traité se trouve au feuillet 178; il occupe, avec quelques autres pièces de vers, — parmi lesquelles le poème sur les pierres précieuses (*Evax rex Arabum*, etc.....) qui y est attribué à Hildebert, — les six derniers feuillets du manuscrit. Le commencement contient les quinze premiers livres de la Cité de Dieu de saint Augustin. Dans ce manuscrit, notre traité ne porte aucun titre, non plus que ses divers chapitres, qui sont cependant séparés les uns des autres et dont le commencement est indiqué par des initiales alternativement rouges et vertes. Il se compose de 208 vers hexamètres. La partie en prose, qui fait suite aux vers dans les autres manuscrits, ne s'y trouve pas. La présence de ces vers dans ce manuscrit a été signalée par M. Waitz (Pertz, *Archiv*, VIII, 436) et, plus tard, par M. Mangeart (*Catalogue des manuscrits de Valenciennes*); ni l'un ni l'autre ne savaient à qui les attribuer. Le dernier éditeur, M. Ilg, n'en a été avisé qu'après avoir imprimé son texte.

Un second manuscrit est au Musée britannique (Egerton

---

[1] *Heraclius, Von den Farben und Künsten der Römer*, Vienne, 1873, in-8°.

840, A). Il a fait autrefois partie de la bibliothèque du collège de la Trinité de Cambridge, où Raspe l'a étudié en 1779 [1]. De là il passa, je ne sais comment, dans la collection de James Orchard Halliwell, ainsi qu'en témoigne le timbre humide qu'on voit au folio 25 v°, et qui porte la mention *Bibliotheca Halliwelliana*. Il est entré dans la collection Egerton en 1840 [2]. Mrs. Merrifield en a donné une description [3]. M. Albert Ilg en a parlé aussi dans la préface de son édition; mais, malgré les termes équivoques de sa notice, il paraît certain qu'il n'en a pas fait une étude personnelle. Enfin Hendrie, dans son édition de Théophile [4], et Eastlake, dans son livre sur la peinture à l'huile [5], l'ont tous deux mentionné, mais ne semblent pas l'avoir connu.

Ce ms. est un volume de très-petit format, dont les feuillets, de parchemin, ont 145 millimètres de hauteur sur 106 de largeur. Il débute par un fragment de cinq feuillets d'un ouvrage théologique qui ne faisait pas autrefois partie du même volume. Les folios 6 à 16 v° sont occupés par les trente-sept premiers chapitres du manuel du moine Théophile, qui y sont intitulés : *Tractatus Lumbardicus qualiter temperantur colores*. Notre traité commence à la suite de Théophile, à la huitième ligne du feuillet 16 v° et va jusqu'au recto du feuillet 25 et dernier. Le titre en rubrique est en haut du folio 16, avant les sept dernières lignes de Théophile : *Hic inferius incipit liber Eraclii sapientissimi viri de coloribus et de artibus Romanorum*. Il est répété à la huitième ligne : *Incipit liber Eraclii sapientissimi viri*, etc. Le *Catalogus manuscriptorum Angliæ*, dans la notice consacrée à ce manuscrit, lui donne pour titre : *Gratsius, de artibus Romanorum*. Il n'est pas inutile de relever cette faute de lecture, qui a été plusieurs fois reproduite.

Les feuillets 6 à 25, qui contiennent Théophile et Éraclius, ont dû faire partie anciennement d'un manuscrit beaucoup

---

[1] *A critical essay*, etc., p. 41.

[2] La mention : *Purchased of J. Row. 11 aug. 1840*, se trouve sur l'un des feuillets de garde.

[3] *Original Treatises*, I, p. 66.

[4] *An essay upon various arts... by Theophilus... Translated with notes by* Robert Hendrie, London, 1847, in-8°, p. 21.

[5] *Materials for a history of oil painting*, London, 1847, in-8°, p. 33.

plus considérable, car plusieurs d'entre eux, dont la marge a été moins écourtée, conservent la trace d'une ancienne pagination du xv⁰ siècle, dans laquelle le folio 9 portait le n° 228. Les 40 pages qui contiennent les deux traités ont en moyenne 29 lignes chacune, d'une minuscule gothique très-fine, très-chargée d'abréviations. Raspe l'attribuait au xiii⁰ siècle, Mrs. Merrifield, à la seconde moitié du même siècle; il me semble qu'on peut la reculer jusque vers 1240 ou 1250. Il n'y a de rubriques que pour les titres des traités; ceux des chapitres sont soulignés d'un trait rouge; pour la partie en vers, dans laquelle les vers sont séparés, les titres sont à la marge de droite dans un cadre formé par quatre traits noirs. Le copiste semble avoir été assez négligent, mais un correcteur contemporain a soigneusement exponctué les mots répétés et a essayé, sans avoir de manuscrit pour le guider, de restituer les mots omis, de corriger les phrases et les mots altérés. Quelques mots d'une orthographe plus archaïque que ne l'est en général celle du manuscrit, tels que *karissime, habundanter, parcamena, nichil,* semblent indiquer que le texte qui a servi à cette copie était notablement plus ancien. Le traité d'Éraclius, dans ce manuscrit, comprend, outre les 21 chapitres en vers, 25 chapitres en prose.

Un troisième texte de ce même document se trouve dans un recueil manuscrit qu'un curieux du xv⁰ siècle, connu par une traduction de l'histoire de la première guerre punique de Léonard Arétin[1], auteur de divers inventaires royaux et en particulier d'un inventaire de la bibliothèque du roi Charles VI[2], M⁰ Jean le Bègue, notaire et greffier de la Chambre des comptes de Paris, écrivit en entier de sa main en 1431[3].

---

[1] Delisle, *Cabinet des manuscrits*, I, 73.
[2] *Ibid.*, p. 24
[3] Au fol. 92 de son manuscrit, Jean le Bègue, parlant d'une addition qu'il y fait, s'exprime ainsi: «fuit addita per me Johannem le Begue licenciatum in legibus qui presens opus seu capitula in hac (*sic*) volumine aggregata propria manu. licet non assuetus, scripsi, anno Domini M°CCCC°XXXI°, etatis vero mee LXIII°.» — A la fin (f. 101 v°), il a ajouté: «Compositus est liber iste a magistro Johanne le Begue, greffario generalium magistrorum monete regis, Parisius.» Né en 1368, Jean le Bègue mourut en 1457, à l'âge de 89 ans. Consulter sur lui de Boislisle, *Chambre des comptes de Paris*, notice préliminaire, p. 14.

Ce manuscrit est un petit in-4°, composé de 101 feuillets de papier; l'écriture est courante, ferme et très-lisible; chaque page, écrite à longues lignes, avec rubriques et initiales alternativement rouges et bleues, a 220 millimètres de haut sur 147 de large, et contient une trentaine de lignes. Ce volume fut possédé au XVIe siècle par un amateur rouennais, Louis Martel, dont l'*ex-libris* se trouve sur un feuillet de garde; c'est lui qui a écrit la table des matières qui se trouve sur le premier feuillet, à la fin de laquelle est la devise : *Illustra Deus oculum* (anagramme de Ludovicus Martellus). De la bibliothèque de Martel, il passa dans la bibliothèque formée à Rouen, au commencement du XVIIe siècle, par Jean Bigot, dont les armoiries sont encore collées sur le verso du premier feuillet de garde; de là, avec les autres manuscrits des Bigot, il passa dans la bibliothèque du roi; il est aujourd'hui à la Bibliothèque nationale, où il porte la cote lat. 6741.

C'est un très-curieux recueil de recettes relatives à la peinture. On y trouve, outre notre traité, des glossaires de noms de couleurs, le premier livre du moine Théophile, le traité sur les couleurs de Pierre de Saint-Omer, des recettes qu'un certain Jean Aucher avait reçues en communication de divers artistes et, entre autres, d'un peintre flamand nommé Jacques Conan, d'un enlumineur nommé Antoine de Compiègne, d'un calligraphe de Milan, Alberto Porzello, des peintres Jean de Modène, Michelino de Vesucio, Pierre de Vérone; d'autres qu'il était allé chercher en Italie, particulièrement en Lombardie, à Venise et à Bologne; d'autres enfin que Jean le Bègue lui-même y avait ajoutées.

Le traité attribué à Éraclius commence au feuillet 64 v° : *Incipit primus et metricus liber Eraclii sapientissimi viri de coloribus et de artibus Romanorum*, et se termine au fol. 86 v°. Il y est divisé en trois livres, les deux premiers en vers et le troisième en prose; celui-ci contient un chapitre de moins et 23 chapitres de plus que le même livre du précédent manuscrit, et, en outre, tous les chapitres de ce troisième livre y sont disposés dans un ordre tout différent.

Mrs. Merrifield a publié ce manuscrit en 1849, moins ce qu'il contient de Théophile; mais, pour le traité d'Éraclius, elle a adopté de préférence les leçons du manuscrit du Musée britannique; elle a suivi de même l'ordre donné par ce dernier manuscrit pour les chapitres du IIIe livre, et classé à la suite, en ordre méthodique, les 23 chapitres nouveaux fournis par le manuscrit de Paris. M. Ilg, malgré la description qu'il en donne, n'a pas plus connu ce manuscrit que le précédent.

Outre ces trois manuscrits, qui contiennent le texte plus ou moins complet du traité d'Éraclius, il en est beaucoup d'autres qui n'en contiennent que des fragments. Ils n'en sont pas moins importants à connaître, parce qu'ils peuvent contribuer non-seulement à établir le texte, mais encore servir à montrer combien cet ouvrage a été répandu au moyen âge et comment se formaient les recueils de recettes qui nous sont parvenus. Ces fragments sont, en outre, un élément important pour déterminer l'âge de cette composition et pour aider à retrouver les différentes sources auxquelles l'auteur a emprunté ses procédés. Nous allons les passer en revue, en examinant d'abord ceux qui contiennent les recettes en vers, ensuite ceux qui contiennent les chapitres en prose.

Le manuscrit du Musée britannique (Harleian 3915), de la fin du XIIe siècle, qui contient le traité de Théophile avec beaucoup d'additions, et qui a été la base de l'édition publiée par Hendrie, contient, dans ses additions, les chapitres en vers d'Éraclius relatifs à l'écriture en lettres d'or (VII), à la fabrication des couleurs végétales (II), à la gravure du verre et des pierres précieuses (IV, VI), et à l'émaillage des poteries (III), chapitres qui ont été publiés par Hendrie[1].

Un autre manuscrit du Musée britannique (Harleian 273), recueil de la fin du XIIIe siècle, contenant un grand nombre de recettes de toutes sortes, compte parmi elles le chapitre relatif à l'émaillage des poteries (fol. 211 v°).

Le ms. n° 277 de la bibliothèque de l'École de médecine de Montpellier contient, dans la copie du XIVe siècle d'une compilation extrêmement curieuse, intitulée, comme celle de Théophile, *Liber diversarum artium*, et publiée par Libri à la suite du catalogue des manuscrits de cette bibliothèque, le chapitre d'Éraclius relatif à l'écriture en lettres d'or[2].

---

[1] *Théophile*, éd. Hendrie, p. 392, 396, 398, 402.
[2] *Catalogue général des manuscrits*, t. I. p. 785.

Trois de ces chapitres versifiés sont transcrits dans le ms. de la Bibl. nat. lat. 3343, au folio 145. Ce manuscrit, écrit tout d'une même main, dans la seconde moitié du xv° siècle, est un très-curieux recueil de récits pieux, d'énigmes, d'épitaphes, d'extraits de classiques latins, de poésies françaises et latines, de fragments de traductions, etc. Plusieurs de ces pièces ont été, d'après le copiste, empruntées à des ouvrages ou peut-être à des recueils analogues de Jean le Bègue, comme en témoigne en particulier une note du rédacteur, qui, dans une espèce de catalogue de travaux historiques, mentionne un extrait de la fin de la première décade de Tite-Live «penes J. le Bègue» (fol. 105), et un autre passage où il reproduit deux petites pièces de deux distiques chacune, qu'il a trouvées «in fine rhetorice magistri Jo. le Begue» (fol. 146). Comme nos trois chapitres sont de tous points semblables à ceux qui se trouvent dans le ms. 6741, il n'y a aucun doute qu'il n'aient été empruntés au recueil de recettes formé par Jean le Bègue.

Enfin, le texte des chapitres II et VII se retrouve, mais très-défiguré, dans une compilation intitulée: *De coloribus faciendis*, contenue dans un ms. du xv° siècle de la bibliothèque impériale de Vienne (n° 5512, fol. 175).

Les chapitres en prose se retrouvent dans plus de manuscrits encore. Le chapitre XXIII (j'accepte l'ordre des chapitres de l'édition de Mrs. Merrifield), sur l'essai des matières d'or et d'argent, est contenu dans un grand nombre; les plus anciens sont le ms. de la Bibliothèque nationale lat. 12292 (fol. 1), le ms. n° 334 de la bibliothèque de l'École de médecine de Montpellier, qui sont du IX° siècle, et le ms. n° 235 de la bibliothèque d'Avranches, du XI° siècle.

Les chapitres IX, XVII, XVIII, XIX, XXIII, LVI, LVII, LVIII, relatifs aux procédés pour couper le verre et les pierres fines, à la dorure sur métal, au travail de l'ivoire, à l'essai des métaux précieux, aux règles du mélange des couleurs, sont empruntés à un curieux traité intitulé: *Mappæ clavicula*, publié en 1846 par A. Way[1], d'après un ms. du XII° siècle,

---

[1] *Archæologia or miscellaneous tracts... published by the Society of antiquaries of London*, t. XXXI, p. 183-244.

acheté en 1824, par feu sir Thos. Phillips, au curé de Saint-Eustache de Paris. J'ai retrouvé, au mois d'août 1877, dans la bibliothèque de la ville de Schlestadt, un ms. de cet ouvrage, que le rédacteur du Catalogue des manuscrits publié au t. III du *Catalogue général des manuscrits des départements* n'avait pas connu, et qui est beaucoup plus ancien que celui de Thos. Phillips. C'est un petit in-4° qui a été possédé au XVI° siècle par un évêque de Worms; il n'est pas paginé; ses feuillets de parchemin ont 180 millimètres de haut sur 130 de large; il porte dans la bibliothèque le numéro provisoire 1153 *bis*. Il est écrit en belle minuscule du x° siècle et contient, outre le *Mappæ clavicula*, par lequel commence le manuscrit, un Vitruve complet qu'aucun éditeur n'a jamais connu, et le petit traité abrégé d'architecture que l'on trouve, sans nom d'auteur, dans la plupart des manuscrits de Vitruve, mais qui, ici, est sous le nom de M. Cetus Faventinus, nom qu'un fragment de la bibliothèque de Vienne, publié en 1871 dans les comptes rendus de l'Académie[1], avait déjà fait connaître. La compilation désignée sous le nom de *Mappæ clavicula*, telle qu'elle se trouve dans ce ms., est très-différente de celle du ms. de Thos. Phillips. Elle contient quelques chapitres de moins et quelques chapitres de plus; l'ordre dans lequel ils sont disposés n'est pas le même, enfin les différences de rédaction et les variantes d'orthographe sont très-nombreuses. La principale source de ce recueil est un traité de plusieurs siècles antérieurs, publié par Muratori[2], et dont on possède un ms. de l'époque de Charlemagne, tout entier en onciales, que j'ai pu collationner, au mois de septembre dernier, dans la bibliothèque des chanoines de Lucques. Les chapitres du III° livre d'Éraclius IX, XVII, XVIII, XIX, XXIII, ne se trouvent que dans le ms. de Thos. Phillips; les chapitres LVI, LVII, LVIII sont dans le ms. de Thos. Phillips et dans celui de Schlestadt; aucun d'eux n'a été emprunté au ms. de Lucques.

Le chapitre XXXVIII, sur la fabrication de la couleur verte, a été emprunté à la *Schedula* de Théophile (livre I, chap. XLII).

[1] *Sitzüngsberichte der Akademie der Wissenschaften*, 1871, octobre, p. 31.
[2] *Antiquitates Italicæ*, t. II, p. 346.

Les chapitres XL, XLI, XLII et XLIII, sur la préparation de l'orpiment et diverses applications de la dorure, ont passé dans un curieux recueil de recettes de toutes sortes, écrit en Angleterre vers la fin du XIIIe ou le commencement du XIVe siècle, et qui se trouve aujourd'hui au Musée britannique (Sloane 1754. *Liber de coloribus illuminatorum sive pictorum*, fol. 142 à 149.) Il en est de même des chapitres LVI, LVII, LVIII, relatifs au mélange des couleurs. Mrs. Merrifield a utilisé ce manuscrit pour son édition d'Éraclius.

Ces trois derniers chapitres sont, du reste, ceux de tout le livre qui ont été les plus répandus. Nous avons déjà dit qu'ils se trouvent dans la *Mappæ clavicula*; il n'est guère de recueil de recettes où ils n'aient passé; je me contenterai de citer les suivants : le manuscrit de Théophile reproduit par Hendrie (Harl. 3995), dont il a été question plus haut[1]; le recueil du Musée britannique (Harl. 273), qui a été également cité[2]; le *Liber diversarum artium* du manuscrit de Montpellier[3], un traité du XIVe siècle : *Varia experimenta de coloribus* (Brit. Mus. Cottonian. Julius D. VIII, fol. 86 v°); enfin, un recueil italien du XVIe siècle (Bibl. nat. lat. 18515, fol. 15 v°).

Les manuscrits n'ont pas été les seuls à reproduire certaines parties de ce recueil; dès le XVIe siècle, la plupart des recettes en vers ont été imprimées. Les chapitres II, III, IV, VI, IX, X, XII, XIII, XVIII, XIX, XX, XXI, ont été, les uns attribués alors à un alchimiste de la fin du XIIIe siècle, Arnaud de Villeneuve, les autres mis sous le nom de Marcellus Palingenius (Manzelli, écrivain de Ferrare du XVIe siècle). Ce fut avec ces attributions qu'ils passèrent dans les *Secreti* de Don Alessio (publiés à Lucques en 1557) et de là dans le *de Secretis* de J. J. Wecker, ou du moins dans l'édition publiée à Bâle en 1598, qui n'est qu'une reproduction des *Secreti* de Don Alessio (pages 428, 449, 643-645). Les très-nombreuses éditions de cet ouvrage sont toutes très-différentes les unes des autres pour le contenu[4].

Parmi les modernes, Lessing, le premier, en 1774, dans

---

[1] *Théophile*, éd. Hendrie, p. 414.
[2] Fol. 211 v°.
[3] *Catalogue général des manuscrits*, t. I, p. 768.
[4] Voyez à ce sujet Merrifield, *ouv. cité*, I, p. 168.

ses recherches sur l'ancienneté de la peinture à l'huile, a désigné à l'attention le traité d'Éraclius, qu'il ne connaissait que par la notice du manuscrit latin 6741, que donne le catalogue des manuscrits de la bibliothèque du roi de 1744; les expressions dont il se sert indiquent qu'il espérait qu'on y trouverait des renseignements sur l'art antique [1].

En 1781, Raspe, nous l'avons dit, publia, d'une manière très-défectueuse, le fragment de Théophile et le traité d'Éraclius, que contenait le manuscrit du collège de la Trinité de Cambridge. Naturellement, il chercha à résoudre les divers problèmes que soulève le traité d'Éraclius. Suivant lui, ce nom grec a dû être porté par un écrivain vivant dans la partie de l'Italie soumise aux empereurs d'Orient; la désignation *vir sapientissimus* que lui donne le titre indique que ce devait être un personnage revêtu d'une dignité ecclésiastique; il émet, tout en la déclarant peu acceptable, la conjecture que ce singulier poëme pourrait bien être une mauvaise traduction latine d'un ouvrage grec; dans tous les cas, Éraclius n'était qu'un charlatan ignare (*an ignorant quack*); sa langue, sa crédulité, la pauvreté de ses recettes, prouvent qu'il a vécu à une époque de grande barbarie. Raspe ne saurait guère préciser davantage; de ce qu'Éraclius cite Isidore, il conclut seulement qu'il a dû vivre entre le VIIe et le XIIIe siècle, époque où fut écrit le manuscrit qu'il publie.

Éméric David dans son *Discours historique sur la peinture moderne*, écrit en 1811, a consacré à Éraclius une note judicieuse[2]. Suivant lui, cet auteur a dû vivre après l'époque de Charles le Chauve, puisqu'il mentionne la peinture sur verre; les désordres qui affligeaient Rome de son temps et le mépris où les arts étaient tombés alors doivent correspondre aux pontificats de Jean XI, Jean XIII, Grégoire V, ou bien à ceux de

---

[1] Voici la phrase de Lessing : «Es könnte leicht kommen, dass er unter andern das *vierte* Stück ebenso wichtig und interessant fände, als ich den Theophilus gefunden habe. Mir scheint wenigstens der Titel, ich weiss nicht was zu versprechen : *De artibus Romanorum*. Und wenn auch dieser Heraclius nur so alt wäre als Theophilus; auch dann könnten sehr viel Nachrichten darin stehen, nach welchen wir uns ietzt vergebens um sehen.» (*Vom Alter der Oelmalerei*, note K.)

[2] Voy. cet ouvrage réimprimé sous ce titre : *Histoire de la peinture au moyen âge*, éd. de 1842, p. 83.

Jean XIX ou de Benoît IX, c'est-à-dire à la fin du x° ou au commencement du xi° siècle.

Eastlake, dans ses études sur l'histoire de la peinture à l'huile publiées en 1847[1], a été naturellement conduit à étudier divers passages du traité d'Éraclius, qu'il fait un peu plus ancien que celui de Théophile, daté par lui de la fin du xii° siècle. Certains indices lui font conjecturer que c'est en Angleterre que l'ouvrage a été composé. Hendrie, dans la préface de son édition de Théophile qu'il publia la même année, le place au milieu du x° siècle par les mêmes raisons qui avaient déterminé l'opinion d'Éméric David[2].

La véritable étude critique de ce texte a été faite par Mrs. Merrifield, dont l'édition avec traduction anglaise a paru en 1849[3]. Comme nous l'avons dit, elle a utilisé les deux manuscrits de Londres et de Paris; elle a retrouvé divers chapitres dans le manuscrit Sloane 1754, et dans les recettes publiées par Wecker, elle a connu les sources de plusieurs autres, et principalement la compilation connue sous le nom de *Mappæ clavicula*. La première, elle a distingué la partie versifiée de la partie en prose et émis l'opinion que les vers seuls formaient un tout et constituaient l'œuvre d'Éraclius; le livre en prose est, suivant elle, une addition postérieure, composée de paraphrases des chapitres des deux premiers livres, de recettes puisées dans Pline, Vitruve et Isidore de Séville, de traductions de procédés grecs et byzantins et de notes empruntées à la pratique d'artistes contemporains, et particulièrement de Français. Tandis qu'elle suppose qu'Éraclius était un Lombard du duché de Bénévent, qui vécut entre le viii° et le x° siècle, elle pense que son continuateur doit avoir écrit au xii° ou au xiii° siècle dans la France du Nord, ainsi qu'en témoignent les allusions à des arts ou à des usages qui sont de cette époque et de ce pays. Nous aurons occasion de revenir sur plusieurs des remarques fines et judicieuses dont elle a appuyé son argumentation.

Le dernier éditeur, M. Ilg, de Vienne, a consacré à Éraclius

---

[1] *Materials for a history of oil painting*, p. 32, 38, 53.
[2] *An Essay upon various arts*, London, p. 13.
[3] *Original Treatises on the arts of painting*, p. 166-257.

un fascicule de l'intéressante collection des *Quellenschriften*[1]. Son texte n'est que la reproduction page pour page, mais non toujours correcte, de celui donné par Mrs. Merrifield; M. Ilg a conservé le même mode d'indiquer les variantes, a reproduit chapitre par chapitre les mêmes notes; et, bien que sa préface contienne la description des deux manuscrits connus de Mrs. Merrifield, il n'a vu, on pourrait le prouver, ni l'un ni l'autre; il n'a lu que très-légèrement le livre de Raspe, et semble bien n'avoir connu les sources d'Éraclius et la plupart des autres autorités qu'il cite que par sa devancière. Une bonne partie de sa préface reprend à son compte les arguments de Mrs. Merrifield, ce qui n'empêche pas qu'il ne lui reproche en terminant de manquer de critique. Il y a cependant du nouveau dans cette préface, et en particulier une vue ingénieuse et originale sur la personnalité d'Éraclius, qui lui a été suggérée par la publication de Massmann[2]. Selon lui, ce nom ne saurait s'appliquer à un personnage; ce n'est pas l'auteur qui s'est nommé dans le titre, car il n'aurait point osé s'appeler lui-même *vir sapientissimus;* le nom d'Éraclius est dû à une légende. Herakleos (Ἡρακλέια λίθος), dans l'antiquité, c'est la pierre de touche, la pierre à aiguiser, l'aimant, l'ardoise[3], toutes pierres douées de propriétés extraordinaires, que l'imagination orientale a métamorphosées en homme, et qui ont fourni le thème d'un conte indo-européen que l'on rencontre dans les *Mille et une Nuits*, et que l'on retrouve en Occident au xiie siècle, en particulier dans Gautier d'Arras, qui en a fait l'épisode par lequel débute son poème sur l'empereur Éracle.

Il s'agit toujours d'un enfant merveilleux, nommé Éraclius, vendu à l'empereur de Rome. Entre autres dons, cet enfant a celui de connaître admirablement les pierres précieuses, de distinguer les fausses des vraies. Il est :

> Li miouldres counisieres,
> Qi onkes fust, de bonnes pieres.

---

[1] *Heraclius, Von den Farben und Künsten der Römer.*

[2] Massmann, *Eraclius. Deutsches und französisches Gedicht des zwölften Jahrhunderts... nebst mittelhochdeutschen, griechischen, lateinischen Anhängen und geschichtlicher Untersuchung.* Leipzig, 1842, in-8°. Voy. surtout la note C, Seine Steinkunde, p. 468-473.

[3] Pline, *Hist. nat.* XXXVI, 25.

Pour l'éprouver, l'empereur fait apporter sur le marché toutes les pierres des bourgeois de Rome. L'enfant les déclare toutes fausses, à l'exception d'une seule, de peu d'apparence. L'empereur se croit trompé et veut noyer Éraclius,

> Sa bonne piere au col li met.

Mais celle-ci le fait surnager au-dessus des flots et prouve sa science. Dès le XIIe siècle, ce merveilleux connaisseur de pierres s'était confondu dans la légende avec l'empereur de Constantinople Éraclius, fameux au moyen âge, à cause de la conquête de la vraie croix.

Si l'on songe au goût du moyen âge pour les pierres précieuses, à l'espèce de vénération qu'il a manifestée pour les camées et les intailles antiques, auxquelles il attribuait toutes sortes de vertus magiques, quoi d'étonnant qu'un traité contenant des recettes pour polir et tailler les pierres, pour fabriquer des pierres fausses et pour teindre des verroteries, ait été attribué au merveilleux connaisseur de pierres de la légende, à cet Éraclius qui, dans la version allemande d'Otte, s'irrite de ne trouver sur la place de Rome que des pierres falsifiées? (Cf. le chap. XIV du livre I d'Éraclius.)

On ne saurait refuser à cette ingénieuse conjecture une certaine vraisemblance. Il s'en faut malheureusement qu'elle se puisse prouver. Ce n'est point, comme le croit M. Ilg, le manuscrit de Paris seul qui attribue à Éraclius le traité en question; le manuscrit de Londres porte exactement le même titre; le *Catalogus manuscriptorum Angliæ* seul a lu *Gratsius*, au lieu d'Éraclius, qui est très-lisible, et c'est gratuitement que M. Ilg attribue à Raspe la reproduction de cette erreur, qu'il a au contraire rectifiée. Ce n'est que la moindre partie du traité mis sous ce nom qui a trait aux pierres précieuses; il n'en est pas question dans le prologue, et six chapitres seulement sur vingt et un qui composent la partie ancienne parlent de pierreries vraies ou imitées. N'y a-t-il pas apparence en outre que, si le nom d'Éraclius placé en tête de cet ouvrage venait de la légende, le titre ferait quelque allusion aux chapitres qui sont relatifs aux pierres? Le moyen âge nous a laissé de nombreux *Lapidaires*, uniquement consacrés à célébrer les vertus des pierres; comment expliquer qu'il ait choisi pour le mettre sous ce nom caractéristique d'Éraclius un ouvrage dont les passages relatifs aux pierres forment la moindre partie, ne font aucune allusion à leurs propriétés merveilleuses et n'enseignent pas non plus à reconnaître les fausses des vraies ou les bonnes des mauvaises?

Qu'y a-t-il d'invraisemblable à ce qu'un certain Éraclius, que nous ne connaîtrons probablement jamais que par là, ait écrit ce livre, et ait été gratifié, par quelque copiste admirateur de son œuvre, de l'épithète *sapientissimus*? Qu'on veuille y voir un Gréco-Romain avec Mrs. Merrifield, cela est d'autant plus naturel que son livre, comme l'art italien de son époque, est tout imprégné de l'influence byzantine. Son nom, cependant, ne saurait suffire à le faire croire un Grec réfugié; car il n'est point aussi rare en Occident que semblent le croire ses éditeurs, témoin, pour n'en citer qu'un exemple, l'évêque de Liège, Éraclius, qui vivait précisément au IXe siècle et auquel la tradition attribue diverses œuvres d'art.

Nous n'avons pas à examiner ici les intéressants éclaircissements qui donnent une réelle valeur à l'édition de M. Ilg; ils visent particulièrement l'interprétation du texte, et nous ne voulons pas en faire ici une étude particulière.

L'examen que nous venons de faire des différentes éditions du traité d'Éraclius peut faire pressentir nos conclusions à son égard. La revue des manuscrits suffit à démontrer que, suivant le sentiment de Mrs. Merrifield, les vingt et un chapitres en vers forment à eux seuls un traité complet, dû à un seul écrivain et antérieur à la compilation de recettes en prose qui forme le IIIe livre dans deux des manuscrits d'Éraclius. Il n'est donc pas légitime d'interroger ces additions pour déterminer l'époque et le pays où a vécu l'auteur du poème. Il faut essayer de ne résoudre ce problème qu'à l'aide des recettes contenues dans ses deux cents vers.

Remarquons tout d'abord que ce sont les Byzantins, et particulièrement les Grecs, établis en Italie après la lutte des iconoclastes, qui ont exercé au moyen âge plusieurs des arts industriels, la glyptique, l'émaillerie sur verre et sur poterie et la dorure, dont il est question dans ces recettes. Outre les monuments qui nous ont été conservés et qui appuient cette opinion, nous avons sur ce point des témoignages anciens. Le moine Théophile, dont on doit placer l'existence vers le milieu du xii° siècle, dit, dans sa préface, qu'on trouvera dans son livre des indications sur l'emploi des couleurs et leurs mélanges que pratique la Grèce (*quicquid in diversorum colorum generibus et mixturis habet Grecia*); et, de fait, c'est à des Grecs que l'on doit de nombreux manuels de *Chrysographie*[1]; le traité contenu dans un manuscrit de Lucques, du viii° ou du ix° siècle, dont il a été question plus haut, écrit dans un mélange de latin et de grec latinisé, qui a certainement pour auteur un grec d'Italie, donne de nombreux détails sur la fabrication des couleurs, particulièrement des couleurs végétales, et sur l'application des ors à la peinture sur mur, sur bois, sur cuir ou sur parchemin. On retrouve ses recettes versifiées dans les chapitres d'Éraclius, expliquées et précisées dans la *Schedula* de Théophile et dans les autres compilations.

Théophile dit encore qu'il enseignera les diverses fabrications de vases, la sculpture des pierres fines et de l'os et leur ornementation avec de l'or, que l'on pratique en Italie (*quicquid in vasorum diversitate, seu gemmarum ossiumve sculptura auro decorat Italia*); ailleurs, cependant, il attribue aux Grecs les émaux dorés appliqués sur des vases de verre (liv. II, ch. xiii et xiv), la fabrication des cubes dorés des mosaïques (*ibid.* ch. xv) et les émaux qui décorent les poteries et les verreries (*ibid.* ch. xvi); il dit que ce sont les Grecs qui fabriquent le verre qui sert de fondant dans ces opérations, et le nomme *vitrum grecum*; c'est le même verre qui est nommé à diverses reprises verre romain (*vitrum romanum*) dans Éraclius; il reçoit le même nom dans une recette qui a trouvé place dans le *Liber diversarum artium* du ms. de Montpellier, où il est dit que la fabrication de l'émail sur poterie, qu'elle enseigne, est un travail grec (*opus quod nunc magis amat Grecia*)[2]. On voit combien l'art grec et l'art italien se sont trouvés confondus pendant le moyen âge. On sait en outre qu'en dépit de l'opinion soutenue par M. Labarte (*Histoire des arts industriels*, nouv.

---

[1] Voy. entre autres dans le ms. grec 2275 de la Bibl. nat. des recettes pour colorer des pâtes de verre, de faïence et de porcelaine avec des oxydes métalliques. Cet écrit est à peu près du viii° siècle, et présente des analogies nombreuses avec celui du ms. de Lucques.

[2] *Catalogue général des manuscrits*, t. I, p. 804.

édition, t. I, p. 197), qui prétend qu'Éraclius n'a parlé que d'objets anciens qui ne se fabriquaient plus de son temps, l'art de la glyptique s'est perpétué en Occident au moyen âge, et que les produits italiens ont une grande supériorité sur les rares monuments présumés français, quelques signets[1], qui nous sont parvenus. Le titre du traité d'Éraclius n'est donc pas menteur, et c'est de l'art italien perpétuant au x° siècle la pratique de l'antiquité à peu près, qu'il nous livre les secrets.

Et maintenant, qu'était cet Éraclius? On comprendra que nous n'ayons pu songer à reconstituer, à l'aide de documents, la personnalité d'un personnage aussi ancien, et que nous en soyons réduit à son œuvre pour apprécier ce qu'il a dû être. En dépit de sa prétention d'avoir expérimenté ou découvert les recettes dont il donne les formules rythmées (*nil tibi scribo quidem quod non prius ipse probassem*) et des *velut ipse probavi* qui lui fournissent des fins de vers, nous ne le croirons pas sur parole[2]. S'il avait été un artisan gréco-romain, il n'eût point écrit en vers; un bon spécimen d'une œuvre de praticien est la langue barbare et si curieuse du traité du ms. de Lucques. C'est bien plutôt dans le cerveau d'un moine qui avait plus ou moins fréquenté les artisans, qui l'était peut-être un peu lui-même, que pouvait germer l'idée de réduire en formules versifiées des recettes de technologie. Il a payé largement son tribut à la crédulité; certes, l'urine et le sang de bouc, s'il s'en est servi, ne lui ont point facilité la taille des pierres fines, et l'on ne saurait appliquer l'expérience à la recherche des procédés qu'il expose. Il ne faudrait pourtant point se hâter de juger légèrement toutes ses recettes parce qu'elles sont obscures, bizarres ou incomplètes. Pour les expliquer, il faut re-

---

[1] Voy. le mémoire sur les *Pierres gravées employées dans les sceaux du moyen âge* que M. Demay a publié dans son *Inventaire des sceaux de l'Artois et de la Picardie*, Paris, 1877. M. Demay ne s'est pas prononcé sur la question de l'abandon de la glyptique, mais vingt-cinq intailles qu'il a trouvées dans les sceaux lui paraissent devoir être attribuées au moyen âge. Deux de ces pierres font partie de sceaux du x° siècle et trois de sceaux du xii°. — Au commencement du xi° siècle, le moine Foulques, de l'abbaye de Saint-Hubert, passait pour très-habile *in incisionibus lapidum*. (*Documents inédits de Belgique*, t. VII, p. 246.)

[2] *Omnia probata habemus*, dit de même et sans plus de raison l'auteur de la *Mappæ clavicula*. (*Archæologia*, XXXI, p. 213.)

chercher à quelles sources il les a puisées, il faut les comparer aux paraphrases des mêmes recettes qu'a données le compilateur du III⁰ livre, aux recettes analogues que donnent Théophile, Pierre de Saint-Omer, d'autres encore. La forme adoptée par Éraclius ne prête guère à la précision; d'autres, heureusement, ont ajouté à ces formules ce qui leur manquait, et c'est en les comparant que nous pourrons en essayer l'interprétation. Alors aussi, en interrogeant Pline, Vitruve, Dioscoride et les monuments, nous pourrons voir ce que l'on peut, dans ces procédés, rapporter légitimement à la technique de l'antiquité. Mais nous sommes forcé d'ajourner l'exposition des résultats de cette étude à l'époque, peu éloignée, nous l'espérons, où nous donnerons une édition et une traduction nouvelles de ces différents textes.

L'emphase avec laquelle Éraclius parle du temps où les arts étaient florissants à Rome, le soin qu'il met à rappeler des souvenirs romains empruntés à Pline, qu'il cite du reste (*Plinius auctor, artes qui scripsit quas plebs romana probavit*), nous confirment dans la pensée qu'il était certainement Romain, et qu'il ne manquait pas d'une certaine culture classique. Les allusions à la décadence profonde au milieu de laquelle il vit s'ajoutent à ce que nous indiquent les procédés qu'il expose, pour nous le faire placer au x⁰ siècle. L'étude de sa langue, qui est loin du latin classique, mais qui n'est pas non plus, à proprement parler, la basse latinité, l'examen de sa versification, où l'on commence seulement à sentir les rimes et les formes qu'affectionnera le moyen âge[1], conduisent à la même conclusion.

Quant au troisième livre, c'est une compilation qui s'est augmentée à diverses reprises. Elle contient des recettes de valeur très-inégale, quelques-unes plus anciennes, la plupart bien plus récentes que les précédentes. Il est probable que tout d'abord ce troisième livre n'a contenu que les chapitres qui expliquent ou paraphrasent les chapitres en vers (ch. I, II, IV, IX, X, XI) et quelques anecdotes empruntées à des auteurs anciens, telles que l'histoire de la découverte du verre d'après

---

[1] Voy. éd. de Ilg, préf. p. XII. M. Ilg a relevé les rimes que l'on rencontre et compté ses vers léonins.

Isidore (ch. v), l'histoire de l'artisan décapité par Tibère pour avoir inventé le verre incassable (ch. vi), empruntée à Pline (XXXVI, 66), et, en outre, quelques recettes plus anciennes. C'est à peu près tout ce que contient cette continuation dans le manuscrit du Musée britannique, où je ne trouve de recette originale que celle, si importante, relative à la glaçure plombifère des poteries (ch. iii) et le petit traité de fabrication du verre qui forme le chapitre vii, traité qui a été récemment publié de nouveau et ingénieusement traduit, ainsi que le *Manuel* de Théophile, par un verrier, M. Georges Bontemps[1]. Toute cette première partie a pu être ajoutée vers le xiie siècle et en Italie. Depuis, comme tous les recueils de ce genre, la compilation s'est grossie, probablement à plusieurs reprises encore, avant de nous parvenir telle qu'elle est dans le manuscrit de Jean le Bègue, et plusieurs des chapitres dont elle s'est augmentée ainsi n'ont pu y être ajoutés, ainsi que l'a très-bien vu Mrs. Merrifield et par les raisons qu'elle a exposées, que dans la France du Nord et vers la fin du xiiie siècle.

---

[1] *Deuxième livre de l'Essai sur divers arts par Théophile, prêtre et moine,* traduit par Georges Bontemps. Paris, 1876.

SUR UN TEXTE

DE

LA COMPILATION DITE DE FRÉDÉGAIRE

RELATIF

A L'ÉTABLISSEMENT DES BURGUNDIONS

DANS L'EMPIRE ROMAIN,

PAR G. MONOD.

L'auteur de la compilation dite *de Frédégaire*[1], qui était probablement un moine de Saint-Marcel de Chalon-sur-Saône et qui écrivait entre 660 et 663[2], en transcrivant dans son recueil la chronique de saint Jérôme, y a intercalé quelques passages empruntés à des sources perdues, les uns d'un caractère fabuleux, tels que le récit sur l'origine des Franks (dans Canisius, *Lectiones antiquæ*, édit. Basnage, t. II. l. II, ch. III), les autres d'un caractère plus historique et puisés dans des chroniques ou des annales plus anciennes[3]. Parmi ces

---

[1] Cette compilation comprend : 1° une série de notices chronologiques connues sous le titre de *Liber generationis;* 2° la chronique de saint Jérôme; 3° la chronique d'Idace, suivie de quelques légendes sur Aétius, Théodoric, Clovis, Justinien, etc.; 4° la chronique d'Isidore de Séville; 5° un abrégé des six premiers livres de Grégoire de Tours, connu sous le nom d'*Historia Epitomata;* 6° une chronique originale s'étendant de 584 à 641. Plus tard d'autres chroniqueurs ont continué cette œuvre jusqu'en 768.

[2] Voy. Brosien, *Kritische Untersuchung der Quellen der Geschichte des frœnkischen Kœnigs Dagobert I;* Gœttingen, 1868. — *Revue critique*, 1873, t. II, p. 257. — G. Monod, *Du lieu d'origine de la chronique dite de Frédégaire*, dans le *Jahrbuch für Schweizer Geschichte*, t. III, 1878, p. 139 à 163. Le nom de Frédégaire n'offre aucune certitude.

[3] Fondation de Lyon (dans Canisius, II, ch. XXXII); mort d'Archélaüs

derniers, le plus important est celui qui se rapporte à l'établissement des Burgundions dans la Gaule.

A l'année 372 (9ᵉ année de Valentinien), là où saint Jérôme avait écrit : « Burgundionum LXXX ferme milia, quod nunquam ante, ad Rhenum descenderunt[1], » le compilateur a mis :

« Qui superfuerunt illo tempore Burgundionum octoginta « fere millia, quot numquam antea nec nominabantur, ad « Rhenum descenderunt, et ubi (*ms. de Berne* ibi) castra posue- « runt, quasi Burgo vocetaverunt, ob hoc nomen (*ibid.* nomine) « acceperunt Burgundiones (*ibid.* Burgundionis); ibique nihil « aliud præsumebant (*le ms. de Berne omet ce mot*), nisi quan- « tum pretium ementis (*ibid.* ementes) a Germanis eorum sti- « pendia accipiebant. Et cum ibidem duobus annis (*ibid.* duos « annos) resedissent, per legatos (*ibid.* licati sunt) invitati Ro- « manis[2] vel Gallis qui Lugdunensium provinciam (*ibid.* pro- « vintia) et Gallea Comata (*ibid.* domata), Gallea Domata et « Gallea Cisalpina[3] manebant (*ibid.* commanebant), ut tributarii « *publicæ*[4] (*ibid.* publice) potuissent renuere, ibi[5] cum uxo- « res et liberes (*ibid.* uxoribus et liberis) visi sunt consedisse. »

Tel est du moins le texte donné par D. Ruinart et par D. Bouquet[6].

La première partie de ce texte, jusqu'à *descenderunt*, est empruntée au passage de saint Jérôme que nous avons cité plus haut. L'étymologie fantaisiste du nom de Burgundions, jusqu'à *nomen acceperunt Burgundiones*, est tirée, avec quelques modifications, du chapitre XXXII du livre VII d'Orose, qui lui-même copiait la phrase de saint Jérôme, mais en la défigu-

---

à Vienne sous Tibère (ch. XXXIII); fondation d'Avenche sous Vespasien et Titus (ch. XXXVI); dévastation d'Avenche par les Alamans (ch. XL); établissement des Burgundions en Gaule (ch. XLVI).

[1] Cf. Jahn, *Die Geschichte der Burgundionen*, I, p. 241.
[2] *Ms. de Berne et Canisius :* « a Romanis. »
[3] *Canisius :* « provinciæ et Galliæ domita cisalpina ut tributarii. » *Jahn :* « provincia et Gallia comata et Gallia cisalpina commanebant. »
[4] *Can. et Jahn :* « publice. »
[5] *Can. et Jahn :* « ibique. »
[6] Ruinart, *Gregorii Turonensis opera*, p. 707; *Historiens de France*, II, p. 462.

rant et sans la comprendre[1]. La fin de la phrase, très-obscure d'ailleurs, ne peut pas, comme l'a supposé M. Binding[2], avoir pour origine un passage de Socrate dans son *Histoire ecclésiastique*[3], mais se rattache peut-être au passage correspondant de l'*Histoire Tripartite*[4]. Il semble en effet que ce membre de phrase signifie : « Leur seule activité consistait à vendre aux Germains et à recevoir ainsi d'eux de quoi vivre. »

Enfin la dernière partie du texte de Frédégaire est tirée d'une source inconnue, car c'est par une étrange erreur de critique que M. Binding y voit une paraphrase d'un passage d'Orose, où cet auteur parle des Romains réfugiés chez les barbares pour fuir les impôts impériaux[5]. Un compilateur du viie siècle eût été complètement incapable d'inventer le fait précis qui est ici rapporté, d'après un passage d'Orose qui ne concerne même pas les Burgundions, mais les Goths et les populations romaines d'Espagne, et qui relate d'ailleurs un fait tout différent et pour ainsi dire opposé, bien que pro-

---

[1] « Burgundionum quoque novorum hostium novum nomen, qui plus quam octoginta millia, ut ferunt, armatorum ripæ Rheni fluminis insederunt. Hos quondam subacta interiori Germania a Druso et Tiberio adoptivis filiis Cæsaris Augusti per castra dispositos, aiunt in magnam coaluisse gentem : atque ita etiam nomen ex opere præsumsisse, quia crebra per limitem habitacula constituta, Burgos vulgo vocant. » Évidemment Orose a compris que le *quod nunquam ante* de saint Jérôme voulait dire que les Burgundions étaient inconnus auparavant, et notre compilateur a reproduit l'idée d'Orose : *novorum hostium novum nomen,* en disant : *quot nunquam antea nec nominabantur,* où il se sert des termes mêmes de saint Jérôme, en les détournant de leur sens. Celui-ci avait simplement voulu dire que jusqu'alors les Burgundions n'étaient jamais venus jusqu'au Rhin.

[2] *Das Burgundisch-Romanische Kœnigreich,* p. 10, note.

[3] Liv. VII, ch. xxx : Οὗτοι (Βουργουζίωνες) βίον ἀπράγμονα ζῶσιν ἀεί· τέκτονες γὰρ σχεδὸν πάντες εἰσίν, καὶ ἐκ ταύτης μισθὸν λαμβάνοντες, ἀποτρέφονται. L'ouvrage de Socrate n'était connu en Occident au viie siècle que par l'*Histoire Tripartite* où Cassiodore l'a reproduit en latin en l'abrégeant, et en le mélangeant aux *Histoires ecclésiastiques* de Sozomène et de Théodoret.

[4] Liv. XII, ch. iv : « Isti vitam quietam agunt, et pene omnes fabri lignorum sunt, ex qua mercede pascuntur. »

[5] Liv. VII, ch. xxxii : « Quidam Romani (inveniuntur) qui malint inter barbaros pauperem libertatem, quam inter Romanos tributariam servitutem. »

duit par les mêmes causes. Il suffit d'étudier de quelle manière le compilateur a abrégé et interpolé Grégoire de Tours dans l'*Historia Epitomata*, pour réfuter l'opinion de M. Binding. Dans le texte qui nous occupe, il y a quelques mots qui sont probablement de lui : c'est d'abord l'indication chronologique, *cum ibidem duobus annis resedissent*, qui, comme nous le verrons plus bas, est certainement inexacte; et en second lieu l'énumération des provinces de la Gaule qui appellent les Burgundions : *Gallea Comata, Gallea Domata et Gallea Cisalpina*, énumération toute de fantaisie, œuvre d'un homme qui ne sait pas au juste le sens des mots qu'il emploie [1]; mais le reste du passage est certainement un texte emprunté directement à quelque source antérieure. L'auteur de la compilation dite de Frédégaire n'est ni un falsificateur ni un amplificateur de textes; il n'a ni imagination inventive, ni prétentions littéraires. Il est facile de déterminer dans son œuvre ce qu'il raconte comme témoin oculaire, ce qu'il emprunte à des sources orales [2], ce qu'il transcrit de documents antérieurs. Ces documents, en dehors des longues chroniques qu'il transcrit ou abrège, saint Jérôme, Idace, Isidore, Grégoire, sont exclusivement des annales écrites en Burgundie. Le caractère même de simplicité et de précision du passage qui nous occupe nous permet de croire qu'il faisait partie de ces sources annalis-

[1] Les Lyonnais, dont il est ici question, se trouvaient dans la *Gaule Chevelue*; aucune partie de la Gaule n'a jamais reçu le nom de *Gaule Domptée*, et les Burgundions n'ont jamais occupé aucune partie de la *Gaule Cisalpine*. On pourrait croire que le chroniqueur, songeant au royaume de Burgundie tel qu'il a existé sous Gondebaud et sous le roi Frank Gontran, appelle *Gaule Domptée* la Province romaine, *Gaule Chevelue* le pays au nord de Lyon qui fut occupé par les Burgundions jusqu'à Auxerre, et *Cisalpine* le pays entre le Rhône, la Durance et les Alpes. Au ch. IX de l'*Hist. Epit.* il traduit en effet le *trans Rhodanum habitantes* de Grégoire de Tours (II, x) par *sedentes in Cisalpinis*.

[2] Ce qu'il emprunte aux traditions orales est peu de chose, même pour les temps rapprochés de lui. Les légendes qui se trouvent dans son recueil à la suite de la chronique d'Idace avaient probablement été écrites avant lui, et le récit fabuleux sur l'origine des Franks se trouvait probablement dans le texte de la chronique de saint Jérôme qu'il avait sous les yeux. C'est pour cela que dans l'*Historia Epitomata* il dit (ch. II) : «De Francorum vero regibus beatus Hieronymus, qui jam olim fuerant, scripsit.»

tiques burgundes dont il est aisé de reconnaître la présence dans les autres parties de la compilation[1].

Voyons maintenant quel sens il faut attribuer à notre texte, qui, réduit à ses éléments essentiels, est ainsi conçu (en le citant toujours d'après les éditions suivies jusqu'ici par tous les historiens) : *per legatos invitati Romanis vel Gallis qui Lugdunensium provinciam manebant, ut tributarii publicæ potuissent renuere, ibi cum uxores et liberes visi sunt consedisse.*

M. Binding a été seul à refuser à ce texte toute importance historique, en n'y voyant, comme nous l'avons dit, qu'une paraphrase d'un passage d'Orose qui n'a nullement le même sens. Tous les autres historiens s'en sont servis, mais ils sont loin de l'avoir tous interprété de la même façon. Comme il est très-difficile de le traduire par un mot à mot exact, chacun des historiens a adopté le sens le plus conforme à la conception qu'il se faisait de l'établissement des barbares dans l'empire romain. Or, la plupart d'entre eux ont été d'avis que les Burgundions se sont établis en Gaule par suite d'un accord à l'amiable avec les Gallo-Romains, qui, écrasés d'impôts, aimaient mieux partager leurs terres avec les barbares que de continuer à subir les charges intolérables que leur imposait l'Empire. C'est l'opinion d'Adrien Valois[2], de Forel[3], de Gingins la Sarraz[4], de Valentin Smith[5], de Wietersheim[6]. Mais d'autres écrivains, Dubos[7], Würstemberger[8], et en dernier lieu M. Fustel de Coulanges[9], n'ont voulu voir dans les

---

[1] Voy. Brosien, *op. cit.*, p. 30-34. *Jahrbuch für Schw. Gesch.*, p. 151.
[2] *Rerum Francicarum* lib. III, c. II : « Quos [Burgundiones] Fredegarius ait per legatos a Romanis vel Gallis provinciæ Lugdunensis ac Galliæ Comatæ, gravium et intolerabilium tributorum onere oppressis, invitatos Rhenum transisse et in Gallia cum uxoribus et liberis consedisse. »
[3] *Regeste de documents relatifs à l'histoire de la Suisse romande.* Introd., p. XXVII.
[4] *Essai sur l'établissement des Burgundes dans la Gaule*, p. 210, dans les *Mémoires de l'Académie de Turin*, t. XL, p. 2.
[5] *Notions historiques sur les Burgundes*, p. 82, dans la *Revue du Lyonnais*, 1860.
[6] *Geschichte der Vœlkerwanderung*, t. I, p. 65.
[7] *Histoire critique de la monarchie française*, t. I, p. 161-165; II, p. 181 et suiv.
[8] *Geschichte der alten Landschaft Bern*, t. I, p. 168, 199, 201.
[9] *Hist. des Institutions anciennes de la France*, 2ᵉ édit. t. I, p. 600-601.

Burgundions que des vaincus, puis des alliés de l'Empire, établis par les empereurs mêmes sur le sol romain et soumis à des redevances d'une nature particulière. Dubos ne cite point, il est vrai, le texte qui nous occupe, n'ayant point trouvé, sans doute, le moyen d'en accommoder le sens à son système; mais M. Würstemberger, sans en donner le mot à mot, y a vu que les Burgundions étaient appelés en Gaule *ut tributarii*, comme tributaires, comme colons soumis à une redevance. M. Fustel de Coulanges a soutenu la même thèse; tout en faisant remarquer l'obscurité de la phrase, il dit qu'un seul mot en paraît certain, le mot *ut tributarii*, qui ne peut, d'après lui, se rapporter qu'aux Burgundions et non aux Romains. Il en conclut que les Burgundions étaient des colons tributaires [1].

M. Jahn, dans son ouvrage récent sur l'histoire des Burgundions, a cherché à expliquer grammaticalement cette phrase obscure [2]. Il a soutenu que, *tributarii* signifiant « ceux qui étaient soumis à l'impôt personnel (*Kopfsteuerpflichtigen*) », par opposition à ceux qui payaient l'impôt foncier (*Grundsteuerpflichtigen*), et *renuere* pouvant, d'après lui, être pris dans un sens absolu pour dire « refuser les impôts », on devait traduire : « appelés par les Gallo-Romains de la province de Lyon, soumis à l'impôt personnel, qui voulaient cesser de le payer, ils s'y établirent avec femmes et enfants. »

Malheureusement cette interprétation de M. Jahn, en dépit de ses renvois à Savigny et à Troya, et au *Glossarium nomicum* du code Théodosien [3], est bien tirée par les cheveux; et surtout

---

[1] *Loc. cit.* M. Fustel de Coulanges, qui cite M. Jahn, ne paraît pas avoir attaché d'importance aux fortes raisons par lesquelles celui-ci révoque en doute la date assignée par Frédégaire à cet appel des Gallo-Romains. Il admet qu'il eut lieu en 372. Dans sa première édition il avait donné comme tiré de D. Bouquet (II, 462) un texte dont la clarté ne laissait rien à désirer, mais qui malheureusement ne se trouve ni dans D. Bouquet, ni dans aucune édition ni aucun manuscrit : « ... per legatos invitati a Romanis vel Gallis qui Lugdunensem provinciam manebant, ut tributarii cum uxoribus et liberis consederunt. »

[2] I, 258.

[3] Ed. Ritter, t. VI, 200. Le *Glossarium* renvoie au l. XI, titre 36, où l'on trouve en effet le mot *renuere* dans le sens de refuser une dette, mais *debitum* est exprimé. et jamais *renuere* tout seul n'a signifié *refuser les impôts*.

il a été mal inspiré en repoussant comme inadmissible la correction si simple proposée par M. Binding, qui voulait lire *tributa reipublicæ* au lieu de *tributarii publice*, et en prétendant que Frédégaire n'aurait pas employé le mot *reipublicæ*, mais le mot *imperii* pour désigner l'empire romain. Ignore-t-il que du ve au viie siècle tous les écrivains latins emploient le mot *respublica* pour désigner l'*État*, et en particulier l'empire romain[1] ?

M. Binding, en proposant cette excellente et nécessaire correction, M. Jahn, avant de torturer le texte pour lui imposer un mot à mot qu'il ne comporte pas, M. Fustel de Coulanges, avant d'affirmer si péremptoirement que le mot *tributarii* est le seul mot certain de la phrase et se rapporte aux Burgundions, auraient dû recourir aux manuscrits, ou plutôt au seul manuscrit qui fasse autorité, au manuscrit 10910 du fonds latin de la Bibliothèque nationale de Paris, le plus ancien comme le plus complet et le meilleur de tous[2]. Voici ce qu'ils y auraient lu, écrit avec une netteté parfaite, au verso du folio 58 :

« In illo tempore Burgundionum octoaginta fere milia quod
« nunquam antea nec nominabantur ad Renum discenderunt
« et ubi castra posuerunt quasi burgo vocitaverunt ob hoc
« nomen acciperunt Burgundiones ; ibique nihil aliud praesu-
« mebant nisi quantum praecium ementis a Germanis eorum
« stipendia accipiebant ; et cum ibidem duobus annis resedis-
« sent per legatis invitati a Romanis vel Gallis qui Lugdunen-
« sium provinciam et Gallea comata, Gallea domata et Gallea

---

[1] Prosper, *Chronique*, Theodosio xvii et Festo. — Grégoire de Tours, II, 3. — Frédégaire, *Chronique*, ch. xxiii. Continuateur de Frédégaire, ch. cxx. — Jonas, *Vita S. Johannis*, ch. xii ; *Mirac. S. Joh.*, ch. iv. — *Vita S. Eligii*, I, 32.

[2] Les deux mss. les plus complets de Frédégaire sont : celui de Paris 10910 et celui de Berne 318. Mais celui-ci est d'un siècle et demi postérieur, il est moins complet et beaucoup plus fautif. Les leçons que nous avons données pour le passage qui nous occupe le prouvent à elles seules. M. Fustel de Coulanges parle *du manuscrit de Frédégaire* sans autre indication, comme s'il n'y en avait qu'un seul, et il s'agit, dans sa pensée, de celui de Berne. Ils sont, au contraire, assez nombreux, mais le ms. de Paris 10910 est seul presque contemporain de l'auteur de la compilation ; il date des premières années du viiie siècle.

« cesalpina manebant *ut tributa reipublicæ* potuissent rennuere,
« ibi cum uxores et liberes visi sunt consedisse. »

Le sens de la dernière partie de ce texte n'offre ici aucune difficulté : « Les Burgundions, appelés par les Gallo-Romains de la province de Lyon, qui voulaient secouer le fardeau des impôts impériaux, s'établissent dans cette province avec leurs femmes et leurs enfants. »

En faisant abstraction des indications chronologiques et géographiques ajoutées par le compilateur et des formes *uxores* et *liberes*, où se manifeste l'ignorance des flexions casuelles commune aux écrivains du VIIe siècle, cette phrase a toute l'apparence d'un texte de chronique du Ve siècle : *Per legatos invitati a Romanis vel Gallis qui Lugdunensium provinciam manebant, ut tributa reipublicae potuissent renuere, ibi cum uxoribus et liberis visi sunt consedisse.*

A quelle époque se rapporte ce texte ? M. Jahn, dans le livre que nous avons déjà cité, livre que sa confusion et sa lourdeur rendent difficile à lire, mais qui est néanmoins digne de la plus sérieuse attention par l'abondance de l'érudition et la solidité de la critique, nous paraît avoir résolu la question de la manière la plus satisfaisante.

Les Burgundions, qui se trouvaient, depuis la fin du IIIe siècle, dans la Germanie occidentale, dans le voisinage des Alamans [1], vinrent pour la première fois jusqu'au Rhin en 370, appelés par Valentinien Ier pour combattre ce peuple, qui menaçait l'empire [2]. C'est à cette expédition que se rapporte évidemment le passage de saint Jérôme que nous avons cité au début de ce travail, et qui semble signifier que les Burgundions vinrent s'établir sur la rive droite du Rhin ; mais la date est mal indiquée. Saint Jérôme place le fait à l'année 374 et à la neuvième année de Valentinien, qui est 372. Ces données ne s'accordent pas entre elles ni avec Ammien, qui doit évidemment avoir ici la préférence. Orose [3] suit Saint-Jérôme,

---

[1] Voy. Mamertin, *Panégyrique de Maximien Hercule*, ch. v. — Ammien Marcellin, XVIII, 2; XXVIII, 5.

[2] Ammien, XXVIII, 5.

[3] VII, 32; *vide supra*, p. 237.

mais il dit plus expressément que lui que les Burgundions firent un établissement sur le Rhin[1]. C'est ici que Frédégaire, après avoir reproduit saint Jérôme et Orose, ajoute le passage qui fait l'objet de notre étude et qui n'est évidemment pas à sa place, puisque aucun texte ne parle d'un établissement des Burgundions dans la Gaule au IVe siècle.

Après avoir pris part à la grande invasion de la Gaule en 407[2], les Burgundions passent en 413 sur la rive gauche du Rhin[3]. Il s'agit ici, comme l'avait déjà vu dom Bouquet (I, 625), de la partie de la première Germanie qui est le théâtre de la première partie du poème des *Niebelungen*, le pays de Worms et de Spire. Ce fut Ataulphe et Constantin qui, après avoir battu Jovin, durent établir là les Burgundions, à titre de fédérés, pour défendre le passage du Rhin. Ce n'est pas à cet établissement que peut se rapporter le passage de Frédégaire.

Les Burgundions ne tardèrent pas à vouloir étendre leur territoire; mais leur ambition fut durement réprimée, d'abord par la défaite qu'Aétius leur infligea en 435, puis par le désastre, plus complet encore, que les Huns, auxiliaires d'Aétius, leur firent éprouver en 436[4].

Aétius jugea utile de transporter la nation vaincue dans l'intérieur de la Gaule, sans doute pour ne pas la laisser en contact avec les Germains, et pour lui donner des terres à cul-

---

[1] M. Jahn (I, p. 237 et suiv.) croit qu'il n'y eut pas d'établissement, et qu'Orose a mal compris le texte de saint Jérôme quand il a écrit : *ripæ Rheni fluminis insederunt*. Pourtant, le texte de saint Jérôme : *Burgundionum LXXX ferme milia — ad Rhenum descenderunt*, semble indiquer le déplacement d'un peuple plutôt qu'une expédition militaire faite à la demande de l'empereur. L'expédition de 370 peut très-bien avoir eu pour conséquence en 372 une émigration des Burgundions vers l'Ouest. On s'étonne seulement qu'Ammien n'en eût rien dit.

[2] Saint Jérôme, *lettre* 123. Orose, VII. 38.

[3] Prosper d'Aquitaine, *Chron.* 413 : «Burgundiones partem Galliæ Rheno propinquam obtinuerunt.»

[4] Prosper d'Aq. 435 : «Gundicarium, Burgundionum regem intra Gallias habitantes, Aetius bello obtrivit pacemque ei supplicanti dedit; qua non diu potitus est. Siquidem illum Hunni cum populo suo ac stirpe deleverunt.» — *Chronicon imperiale*, dit de Prosper Tiro, 436 : «Bellum contra Burgundionum gentem memorabile exarsit, quo universa pene gens cum rege per Aetium deleta.» — Idace, *Chron.* 436-37 : «Burgundionum cæsa viginti milia.»

tiver, comme il avait fait pour les Alains en 440[1]. Il établit donc en 443 ce qui restait de la nation burgunde en *Sapaudie* (d'où *Savoie*), c'est-à-dire dans le pays montagneux qui s'étend entre le Rhône et Genève au nord jusqu'à la Durance, mais sans leur rien donner du territoire de Lyon ni de la Viennoise[2]. Il ne peut être ici question d'un appel de populations désireuses de secouer le joug de Rome; ce n'est donc pas à cet établissement en Sapaudie que peut se rapporter le texte de Frédégaire.

Les choses changèrent singulièrement en Gaule pendant les années qui suivirent. Aétius survécut peu à sa brillante campagne contre Attila, dans laquelle les Burgundions lui servirent d'auxiliaires[3]. Il mourut en 454. Valentinien III le suivit dans le tombeau le 15 mars 455. Maxime fut tué après cinq mois de règne, et Avitus se fit proclamer empereur en Gaule. Les Burgundions sortent alors du rôle subordonné qu'ils avaient joué jusque-là. Leurs rois Gundioc et Chilpéric sont les alliés de Théodoric II, roi des Wisigoths, et d'Avitus, contre le roi des Suèves Réchiaire[4]; et lorsque Avitus, abandonné par les Goths, est battu par Ricimer le 17 octobre 456, puis tué, les Burgundions profitent de l'anarchie qui éclate dans l'Empire pour étendre leur domination dans la vallée du Rhône. Marius nous dit à l'année 456 : « Eo anno Burgundiones partem Galliæ occupaverunt, terrasque cum Gallis senatoribus diviserunt; » et le continuateur de Prosper (*Cont. Havniensis*) écrit, à la date de 457 : « Gundiocus, rex Burgundionum, cum gente et omni præsidio, annuente sibi Theuderico ac Gothis, intra Galliam ad habitandum ingressus, societate et amicitia Gothorum functus. » C'est évidemment entre la défaite d'Avitus et l'avènement de Majorien, accompli seulement le 1ᵉʳ avril 457, que les Burgundions étendirent leur domination en Gaule et s'établirent dans le pays des Lyonnais, non plus avec l'aide de l'Empire, mais avec celle

---

[1] *Chronicon imperiale*, 440 : « Deserta Valentinæ urbis rura Alanis partienda traduntur. »

[2] *Chron. imp.* 443 : « Sapaudia Burgundionum reliquiis datur cum indigenis dividenda. »

[3] Jordanis, *De rebus Geticis*, ch. xxxvi. — *Lex Burgundionum*, XVII, 1.

[4] Jordanis, ch. xliv. — Idace. a. 456.

des Wisigoths et des Gallo-Romains. Aussi Majorien, quand il passe les Alpes en 458 pour faire reconnaître son autorité en Gaule, est-il obligé de commencer par soumettre la ville de Lyon révoltée[1]. Là se trouvaient en effet ces Gallo-Romains qui, lassés des impôts, avaient appelé les Burgundions. C'est à cette extension de la domination burgunde que s'applique le passage de Frédégaire. C'est le seul moment de l'histoire des Burgundions auquel il puisse s'appliquer. Ne reconnaît-on pas aisément, dans les *Galli* et *Romani* qui appellent les Burgundions pour échapper aux officiers du fisc impérial, les *sénateurs gaulois* dont parle Marius, et qui partagent leurs terres avec les barbares[2]?

A partir de ce moment d'ailleurs, bien que les Burgundions reconnaissent toujours le suprématie de Rome, leur domination change de caractère. Ils ne se tiennent plus dans la position humble et effacée qu'ils occupaient au temps d'Aétius. Chaque année, ils étendent leur territoire, au delà du Jura, dans la Viennoise et dans le bassin de la Saône. Ils deviennent bientôt des maîtres impérieux et gênants pour ces Gallo-Romains qui les avaient appelés comme des libérateurs; ils soumettent les terres à ces partages, souvent onéreux, dont nous parle la *Loi des Burgundions,* et Gondebaud se trouve plus tard obligé d'adoucir le joug que ses compatriotes, entrés sur le territoire de l'Empire en vaincus et en colons, mais bientôt devenus conquérants et dominateurs, faisaient peser sur la population indigène[3].

---

[1] Sidoine Apollinaire, *Carmina,* V, XIII. M. Fustel de Coulanges dit dans sa première édition (*Hist. des Instit.*, I, p. 358) que les Burgundions servirent avec zèle l'empereur Majorien et reçurent en récompense la province qui s'appelait première Lyonnaise. Il ne cite aucun texte à l'appui de cette affirmation, qui me paraît contredite par les dates. Dans sa seconde édition, il dit simplement que Majorien, Anthémius, Glycérius, les récompensèrent (p. 406). Dans les deux éditions, l'établissement de 456-57 est passé sous silence.

[2] Ce sont probablement les *sénateurs,* les curiales, les propriétaires fonciers, qui appelèrent les Burgundions, et non les gens du peuple soumis seulement à la capitation, comme le voudrait M. Jahn, se fondant sur le mot *tributarii*.

[3] Grégoire de Tours, II, 33 : «Mitiores leges Romanis instituit.»

DU RÔLE
DES LÉGATS DE LA COUR DE ROME

EN ORIENT ET EN OCCIDENT

DU IVᵉ AU IXᵉ SIÈCLE [1],

PAR JULES ROY.

> Rien dans l'éternelle transformation des choses ne s'improvise.
>
> V. Duruy, *Hist. des Romains*, V, 481.

Le mot *legatus*, dans le sens où nous l'entendrons ici, envoyé d'un gouvernement à un autre gouvernement, ambassadeur public, plénipotentiaire, se trouve fréquemment dans les auteurs classiques des Romains : « Legati responsa ferunt... — Legatus ubi ad fines eorum pervenit... — Dictatore Sylla legatus ad Senatum de Rhodiorum præmiis venerat [2]... »

Ce titre est donné aux ambassadeurs en général, soit à ceux que Rome envoyait dans les pays étrangers, soit à ceux que les princes étrangers envoyaient à Rome. Il est donné aussi à certains fonctionnaires, dont il est à propos de rappeler sommairement les attributions.

---

[1] Cf. *Romanorum pontificum epistolæ*, ed. Coustant, Thiel, Migne, *Patrol. lat.* — *Collections des conciles*, Mansi, Hardouin, Labbe. — Héfélé, *Histoire des conciles*. — P. de Marca, *De concordia Sacerdotii et Imperii*, lib. V. — Thomassin, *Ancienne et nouvelle discipline de l'Église*, édition française de 1679. — Paul Hinschius, *Das Kirchenrecht der Katholiken und Protestanten in Deutschland*. Erster Band : *System des katholischen Kirchenrechts mit besonderer Rücksicht auf Deutschland*, Berlin, 1870. — Ferdinand Walter, *Lehrbuch des Kirchenrechts aller christlichen Confessionen*. Vierzehnte Ausgabe, Bonn, 1871.

[2] Virg., *Æn.*, XI, v. 227. — Livius, I, 32. — Cic., *De clar. orat.*, c. XC.

Sous la République, les proconsuls des différentes provinces avaient des lieutenants qui portaient le titre de *legati proconsulis*. Sous l'Empire, les provinces furent divisées en deux classes : provinces du Sénat et provinces de l'Empereur; et, tandis que les gouverneurs des premières conservèrent le titre de proconsuls, ceux des secondes, dont l'Empereur était le véritable proconsul, ne prirent que le titre de lieutenants de l'Empereur, *legati Augusti* ou *Cæsaris*.

Il y avait dans cette organisation de précieux éléments de centralisation monarchique, qui devaient survivre à l'invasion des barbares et à la dissolution de l'empire romain. L'Église les recueillit et les appropria à son administration, comme elle sut, dans la morale et dans le culte, sauver d'autres éléments conformes à sa nature et à son esprit, et qui lui servirent à entrer au cœur des populations et à l'incliner doucement vers elle. Aussi Walafrid Strabon put-il, au IXe siècle, rapprocher les titres portés par les dignitaires de l'Église des titres portés par les dignitaires de l'Empire, comme Tertullien, saint Justin, Minucius Félix, Clément d'Alexandrie, saint Augustin, avaient si souvent rapproché, dans les siècles précédents, les principes des chrétiens des principes de la philosophie païenne [1]. Le parallèle de Walafrid Strabon mérite d'être rapporté ici, au moins dans ses traits essentiels : « Circa harum calcem rerum placet inserere quamdam sæcularium atque ecclesiasticarum comparationem dignitatum......... .... Omissis ergo incertis, quæ notiora sunt invicem comparemus, ut ostendamus ordinationes mundanæ sapientiæ in spiritalem Ecclesiæ universalis rempublicam sacris distinctionibus commutatas........... Sicut autem gens Romanorum totius orbis monarchiam tenuisse fertur, ita summus pontifex, in sede Romana vicem beati Petri gerens, totius Ecclesiæ apice sublimatur............... Similiter intelligendum de principatibus sæculi, quod quamvis in diversis orbis partibus per tempora sua fulserint, tamen ad jus Romanum, quasi unum apicem, postremo omnes pæne relati sunt [2]... » Ensuite l'auteur compare le pape à l'empereur,

---

[1] Cf. Duruy, *Histoire des Romains*, tome III, p. 222 sqq.; tome V, p. 479 sqq.

[2] *Walafr. Strab. opera*, ed. Migne, t. II, col. 963 sqq.

les patriarches aux patrices, les métropolitains aux ducs, les évêques aux comtes, en un mot tous les membres de la hiérarchie cléricale aux membres de la hiérarchie administrative de l'Empire. De ce parallèle, dont plusieurs parties sont confirmées par le témoignage des papes et des conciles et par plusieurs textes des capitulaires, il résulte que l'Église ne rêva point le brusque et violent renversement de l'ordre de choses établi au moment où elle s'organisait, qu'elle adopta le cadre de l'administration romaine, et qu'elle maintint une certaine correspondance entre les dignités civiles et les dignités ecclésiastiques, entre les provinces civiles et les provinces ecclésiastiques, entre les cités et les diocèses. C'est un point acquis à la science, et sur lequel M. Guérard[1] a accumulé les preuves les plus convaincantes; aussi je n'insiste pas, et je ne reviens à Walafrid Strabon que pour détacher de son parallèle le trait relatif au pouvoir du pape : « Summus pontifex totius Ecclesiæ apice sublimatur !... »

Cette idée de la prééminence religieuse de Rome, que Walafrid Strabon exprime dans ce passage, s'était formée et développée sous l'influence de causes diverses, et, sans songer à faire ici l'histoire de ses progrès, je me contente de rappeler qu'au ve siècle elle était acceptée des empereurs d'Occident. Un curieux rescrit de Valentinien III, rendu à l'occasion d'un conflit entre saint Hilaire et Léon le Grand, nous fait comprendre quelle était déjà la puissance du pontificat romain, jusqu'à quel point même il était maître du pouvoir civil : « Certum est et nobis et imperio nostro unicum esse præsidium in supernæ divinitatis favore, ad quem promerendum præcipue christiana fides et veneranda nobis religio suffragatur. Cum igitur sedis apostolicæ primatum sancti Petri meritum qui princeps est episcopalis coronæ, et Romanæ dignitas civitatis, sacræ etiam synodi firmarit auctoritas, ne quid præter auctoritatem sedis istius illicita præsumptio attentare nitatur; tunc enim demum ecclesiarum pax ubique servabitur, si rectorem suum agnoscat universitas... His talibus et contra imperii majestatem et contra reverentiam apostolicæ

---

[1] Guérard, *Essai sur le système des divisions territoriales de la Gaule depuis l'âge romain jusqu'à la fin de la dynastie carlovingienne.* Paris, Imprimerie Royale, 1832, in-8°.

sedis admissis per ordinem religiosi viri urbis papæ cognitione decursa certa in eum (Hilaire d'Arles) et de his quos male ordinaverat, lata sententia est. Et erat quidem ipsa sententia per Gallias etiam sine imperiali sanctione valitura. Quid enim tanti pontificis auctoritati non liceret? Sed nostram quoque præceptionem hæc ratio provocavit nec ulterius vel Hilario, quem adhuc episcopum nuncupari sola mansueti præsulis permittit humanitas, nec cuiquam alteri liceat ecclesiasticis rebus arma miscere aut præceptis Romani antistitis obviare. Ausibus enim talibus fides et reverentia nostri violatur imperii. Nec hoc solum quod est maximi criminis summovemus, verum ne levis saltem inter ecclesias turba nascatur vel in aliquo minui religionis disciplina videatur, hac perenni sanctione decernimus ne quid tam episcopis gallicanis quam aliarum provinciarum contra consuetudinem veterum liceat sine viri venerabilis papæ urbis æternæ auctoritate tentare. Sed hoc illis omnibusque pro lege sit quicquid sanxit vel sanxerit apostolicæ sedis auctoritas, ita ut quisquis episcoporum ad judicium Romani antistitis vocatus evenire neglexerit, per moderatorem ejusdem provinciæ adesse cogatur, per omnia servatis quæ divi parentes nostri Romanæ ecclesiæ detulerunt [1]... »

Bien des années avant que ce rescrit vînt consacrer la primauté de l'Église romaine en Occident, le pape avait travaillé à l'établir et à la faire reconnaître : appuyé d'une part sur le texte évangélique : *Tu es Petrus*, d'autre part sur la croyance générale parmi les chrétiens, qui plaçait à Rome et sous Néron la mort des deux principaux apôtres de la religion, il avait fait sentir son action dans les assemblées les plus solennelles de la société chrétienne, et dans plusieurs parties de l'Empire; et pour établir promptement une nouvelle suprématie romaine, il avait emprunté au gouvernement des Césars un des moyens les plus propres à fortifier l'action du pouvoir central; il envoyait des légats dans tout l'Occident comme dans tout l'Orient, et il étendait partout son influence au moyen de missions temporaires ou permanentes. Comme les Césars, il avait des représentants directs dans les diocèses de l'Empire, intermé-

---

[1] *Nov. Valentiniani III*, tit. 16, ed. Haenel, p. 172.

diaires dévoués entre le Saint-Siège et les évêques, investis d'une autorité plus ou moins considérable, préoccupés par-dessus tout de faire observer les commandements du maître qui les déléguait. Ces légats furent assurément, au moins en Occident, l'un des principaux instruments de la grandeur de l'Église romaine. Cependant ils sont loin d'avoir eu à l'origine l'influence qu'ils devaient avoir au temps de Walafrid Strabon, l'attitude d'un pouvoir incontesté telle que l'auront les légats du pape Nicolas Ier. Leur situation, pendant plusieurs siècles, ne présente rien d'uniforme, de fixe : elle est d'abord très-modeste et très-limitée; puis elle s'élève et se développe peu à peu, ainsi que la papauté elle-même, dont elle suit les vicissitudes en Orient comme en Occident.

Aussi loin que les textes historiques ou canoniques nous permettent de remonter, nous trouvons deux sortes de délégués du pape : les uns temporaires, les autres permanents; ceux-là, *missi, missi apostolicæ sedis, legati,* sont munis de pouvoirs particuliers pour chacune de leurs missions; ceux-ci, *vicarii apostolicæ sedis, apocrisiarii, responsales,* ont des attributions plus générales[1]. Dans la plupart des cas, du ive au ixe siècle, ce sont des prêtres, des diacres et des sous-diacres qui remplissent les fonctions de légats; elles sont aussi confiées à des abbés, souvent à des évêques, principalement à partir du viiie siècle; quelquefois à de grands personnages laïques, consuls, ducs, maîtres de la milice; ou à de simples employés de la Cour pontificale, clercs, notaires, bibliothécaires.

---

[1] Dans les décrétales, par conséquent dans le langage officiel, les légats sont appelés *missi, missi apostolicæ sedis;* le *Liber pontificalis* emploie les termes *missi* et *legati;* les Annales emploient surtout *legati.* Dès la fin du ixe siècle, la désignation de *legati* ou *legati sedis apostolicæ* est fréquemment employée dans les lettres des papes, et même deux fois avec l'expression *latere:* une fois par Nicolas Ier, qui, dans un concile tenu à Rome en 860, créa les deux évêques Radoald de Porto et Zacharie d'Anagni ses légats *a latere,* et les envoya à Constantinople à propos de la déposition du patriarche Ignace; une autre fois par Jean VIII : «legatos sane *e latere* nostro plene instructos direximus.» (Migne, *Patrol. lat.,* t. CXXVI, col. 919.)

I.

LÉGATS TEMPORAIRES.

Le texte des conciles le plus ancien qui confère au pape le droit d'exercer une juridiction par des légats dans les provinces ecclésiastiques est le 5ᵉ canon du concile de Sardique (343 ap. J. C.). En voici le sens : Si un évêque déposé par les autres évêques de sa province en appelle à Rome, et si le pape juge que la révision du procès est nécessaire, alors le pape doit écrire aux évêques qui sont le plus près de la province en question d'examiner toute l'affaire en détail, et de rendre un jugement conforme à la vérité. Mais si celui qui veut être jugé une deuxième fois obtient de l'évêque romain *qu'il envoie des prêtres de son entourage*, afin qu'ils forment, avec les évêques déjà indiqués, le tribunal de deuxième instance, jouissant de l'autorité qui revient à celui qui les envoie, le pape est libre d'agir ainsi[1].

Outre le droit d'appellation à Rome, ce texte concède au pape le droit non moins important d'exercer, en des cas déterminés, une juridiction par ses délégués. Les successeurs du pape Jules Iᵉʳ l'ont pratiqué et étendu ; ainsi Zosime délègue saint Augustin pour traiter quelques affaires en Mauritanie[2], c'est-à-dire hors de son diocèse et de sa province. Léon Iᵉʳ,

---

[1] C. 5 : « Placuit autem ut si quis episcopus accusatus fuerit, et judicaverint congregati episcopi regionis ipsius et de gradu suo eum dejecerint, si appellaverit is qui dejectus est, et confugerit ad episcopum Romanæ ecclesiæ et voluerit se audiri, si justum putaverit ut renovetur judicium vel discussionis examen, scribere his episcopis dignetur qui in finitima et propinqua provincia sunt, ut ipsi diligenter omnia requirant et juxta fidem veritatis definiant. Quod si is qui rogat causam suam iterum audiri deprecatione sua moverit episcopum romanum, *ut de latere suo presbyterum mittat*, erit in potestate episcopi quid velit et quid æstimet ; et si decreverit mittendos esse qui præsentes cum episcopis judicent, habentes ejus auctoritatem a quo destinati sunt, erit in suo arbitrio. Si vero crediderit episcopos sufficere ut negotio terminum imponant, faciet quod sapientissimo consilio suo judicaverit. » (Héfélé, *l. c.* I, p. 557.)

[2] « Apud Cæsaream, quo nos injuncta nobis a venerabili papa Zosimo, apostolicæ sedis episcopo, ecclesiastica necessitas traxerat. » (*Aug. op.* ed. Gaume, tome II, col. 1050.)

après le concile dit *le brigandage d'Éphèse*, envoie un évêque et un prêtre à Constantinople, et leur adjoint Anatolius, évêque de cette dernière ville, avec ordre de s'entendre pour rétablir la foi ébranlée, par suite de ce concile, à Constantinople et dans tout l'Orient[1]. Le pape Gélase accuse l'évêque de Constantinople, Acacius, d'avoir été l'auteur d'excès étranges qui s'étaient commis dans les églises patriarcales d'Alexandrie et d'Antioche, parce qu'il n'avait pas usé de *l'autorité que le Saint-Siège lui avait déléguée* pour les prévenir ou pour y remédier[2].

L'usage des légations romaines avec juridiction plus ou moins étendue était même sollicité des Orientaux, témoin saint Basile, qui, écrivant à saint Athanase à propos de l'effroyable renversement de la foi et de la discipline en Orient, lui dit : « Visum est mihi consentaneum ut scribatur episcopo Romæ, ut quæ hic geruntur consideret, et sententiam suam expromat... Ipse sua auctoritate in ista causa usus, viros eligat ad hoc accommodos ut... eos qui distorti et obliqui apud nos sunt, corrigant. » L'empereur Léon Ier demanda au pape Léon Ier d'envoyer des légats en Orient pour remédier aux excès des Eutychiens, et les évêques Domitien et Géminien lui furent délégués[3].

Le but le plus ordinaire de ces légations est de rétablir la paix religieuse, si fréquemment troublée par les nombreuses hérésies dont l'Orient était alors le théâtre, et de représenter l'évêque de Rome aux conciles œcuméniques. Cette dernière mission était la plus importante qui pût être confiée à un légat en Orient, et c'est un des points que l'on doit le plus attentivement examiner quand on veut se rendre compte de la position des papes devant les conciles dans les premiers siècles de l'Église.

---

[1] « Congruum fuit fratres meos Lucentium episcopum et Basilium presbyterum destinare quibus dilectio tua societur, ut nil in his quæ ad universalis Ecclesiæ statum pertinent, aut dubie agatur aut segniter. » (Migne, *op. cit.*, Leon. ep. 85.)

[2] « Cur tantopere cum ista gererentur, vel gerenda cognosceret, non ad sedem apostolicam, a qua sibi curam illarum regionum noverat delegatam, referre maturavit? » (Migne, *op. cit.*, Gelas. ep. 13, col. 74.)

[3] « Præceptioni vestræ in eo adnitar obedire ut aliquos de fratribus meis dirigam. » (Migne, *op. cit.*, Leon. ep. 162.)

L'histoire du concile de Nicée a suscité bien des controverses dans les pays où l'on s'est appliqué sérieusement à l'étude du droit canonique. Sans entrer dans des détails qui seraient inutiles ici, nous constatons avec tous les critiques que le concile de Nicée a été présidé par Osius, évêque de Cordoue. Osius était-il le légat du pape et a-t-il présidé en cette qualité? Un certain nombre d'érudits ne semblent pas convaincus par les raisons que l'on invoque communément pour prouver qu'il présida comme légat du pape; cependant il en est deux que l'historien de bonne foi ne peut tout à fait rejeter: 1° Osius et deux prêtres romains signent les premiers, et après eux seulement signe Alexandre, patriarche d'Alexandrie. On peut consulter à ce sujet les deux listes de signatures données par Mansi[1], de même que les deux qui sont données par Gélase de Cyzique, auteur d'une histoire du concile de Nicée[2]. Dans ces deux dernières listes, Osius signe explicitement au nom de l'Église de Rome, des Églises d'Italie, d'Espagne et des autres contrées de l'Occident; les deux prêtres romains ne paraissent là que pour lui faire cortège. Dans les deux listes de Mansi, rien n'indique, il est vrai, qu'Osius ait agi au nom du pape, mais l'on a soin de dire des deux prêtres romains qu'ils ont agi en son nom. 2° Ce témoignage est corroboré par celui de Gélase, qui dit: « Osius fut le représentant de l'évêque de Rome, et il assista au concile de Nicée avec les deux prêtres romains Vite et Vincent[3]. »

Au concile de Sardique (343), tout le monde reconnaît qu'Osius a encore présidé, mais rien ne prouve que ce soit comme légat du pape plutôt qu'au nom des empereurs Constance et Constant, qui avaient convoqué ce concile. Nous lisons simplement ce qui suit dans les signatures: « Osius ab Hispania, Julius Romæ per Archidamum et Philoxenum presbyteros. »

Le second concile œcuménique, tenu à Constantinople en 381, ne fut présidé ni par le pape, qui était alors Damase, ni par ses légats, mais par Mélétius, archevêque d'Antioche, et,

---

[1] Mansi, *Conc.*, II, 692, 697.
[2] Gelasius, volumen actorum concil. Nic. Mansi, II, 806.
[3] Héfélé, *l. c.* I, p. 41.

après sa mort, survenue presque au début du concile, par Grégoire de Naziance, archevêque de Constantinople.

Au troisième concile œcuménique, tenu à Éphèse en 431, nous retrouvons des légats, avec une position bien nette : les légats de Célestin Ier avaient reçu la mission de juger les opinions des Nestoriens et de leurs adversaires, sans se mêler à leurs disputes; Cyrille, patriarche d'Alexandrie, présidait le synode et y représentait le pape avec les deux évêques Arcadius et Projectus [1].

Léon Ier, à la demande de l'empereur Théodose II, avait envoyé des légats au deuxième concile d'Éphèse, mais l'empereur désigna Dioscore d'Alexandrie pour présider. D'après une source du vi^e siècle, les légats auraient demandé la présidence, et elle ne leur fut pas accordée : *Ecclesiæ Romanæ diaconi vices habentes papæ Leonis assidere non passi sunt, eo quod non fuerit data præsessio sanctæ sedi eorum* [2]. »

Le concile de Chalcédoine (451) fut présidé par les commissaires impériaux, bien que le pape Léon le Grand eût écrit à l'empereur Marcien qu'il avait nommé, pour le représenter à ce concile, Paschasinus, évêque de Lilybée en Sicile, et que cet évêque devait présider le synode à sa place. Les commissaires sont nommés les premiers dans les comptes rendus; ils font voter, indiquent l'ordre du jour, fixent la clôture des sessions, et remplissent ainsi toutes les fonctions qui reviennent de droit aux présidents des assemblées. Dans la sixième session, Marcien, étant présent, proposa les questions et conduisit la discussion. Dans les actes, l'empereur et ses commissaires apparaissent aussi comme les présidents, mais les légats du pape apparaissent les premiers parmi ceux qui votent [3].

---

[1] «Siquidem et instructiones quæ vobis traditæ sunt, hoc loquantur, ut interesse conventui debeatis, ad disceptationem si fuerit ventum, vos de eorum sententiis judicare debeatis, non subire certamen.» (Mansi, IV, 56.)
Actio prima conc. Ephes .... «Synodo congregata in Ephesiorum metropoli ex decreto religiosissimorum et christianissimorum imperatorum; et considentibus..... religiosissimis et sanctissimis episcopis Cyrillo Alexandriæ, qui et Cœlestini quoque, sanctissimi sacratissimique Romanæ ecclesiæ archiepiscopi, locum obtinebat.» (Mansi, IV, 1123.)
[2] Liberati archidiaconi eccl. Carthag. *Brev.*, c. 12. Mansi, IX, 678.
[3] Cf. Héfélé, *l. c.* I, 33.

Si l'on veut savoir combien le pape pouvait compter sur la soumission des Orientaux, et quelle autorité il pouvait exercer au milieu d'eux, quand leur intérêt personnel ne les ralliait plus à son parti, il faut lire le récit du cinquième concile général, tenu à Constantinople en 553. Assemblé par ordre de Justinien, il fut ouvert sans l'approbation du pape Vigile, et l'empereur, pour punir le pape de son refus d'assister au concile, ordonna que le nom de Vigile fût ôté des diptyques sacrés. Cet énorme abus de la puissance impériale n'excita pas les réclamations du concile; il laissa exécuter l'ordre césarien, et il abandonna la personne du pape, tout en déclarant qu'il restait toujours uni au siège apostolique[1]! Vigile dut acheter sa réconciliation avec l'empereur par la reconnaissance d'un concile tenu contre sa volonté.

Dans les siècles suivants, la plus mémorable des légations papales en Orient est celle qui fut envoyée au sixième concile général, convoqué à Constantinople en 680 pour la condamnation des Monothélites. Constantin Pogonat avait demandé des légats au pape et à toutes les Églises d'Occident. Agathon députa deux prêtres et un diacre, et ces légats souscrivirent les premiers. Ils eurent la même position qu'à Chalcédoine.

Au septième concile œcuménique, tenu à Nicée en 787, à la demande de l'impératrice Irène, Adrien Ier envoya des légats, qui n'eurent qu'une préséance purement honorifique; ils paraissent les premiers dans toutes les sessions, mais la direction des affaires est constamment entre les mains de Tarasius, archevêque de Constantinople.

Enfin, le huitième concile général, de Constantinople, en 869, fut, pour l'Église romaine, un triomphe passager mais brillant sur l'Église grecque, et les légats du pape Adrien II eurent la présidence. Le rang qu'y tient la papauté, l'harmonie qui existe entre elle et la cour d'Orient, s'expliquent par les troubles qui avaient agité l'Église grecque, et auxquels l'empereur Basile voulait mettre un terme. C'était aussi un résultat de l'autorité considérable que le Saint-Siège avait acquise sous le pontificat de Nicolas I[er][2].

[1] Maret. *Du concile général et de la paix religieuse*, Paris, 1869, t. I. p. 259.

[2] Cf., sur le rôle général des papes dans les conciles d'Orient, les dis-

Cette revue rapide des huit premiers conciles généraux suffit pour nous faire connaître la situation des légats temporaires en Orient; leur rôle était entièrement subordonné à la considération et au crédit dont jouissaient personnellement les papes qui les déléguaient, et ils eurent dans les conciles d'Orient d'autant plus d'autorité que les papes avaient eux-mêmes plus de prestige, et que leur concours était plus ou moins utile aux Orientaux.

En Occident, nous trouvons aussi des légats chargés, comme en Orient, de missions spéciales et passagères et exerçant une juridiction au nom du pape. Ils se rencontrent très-fréquemment en Italie, en Sicile et en Sardaigne, chargés de la conservation du patrimoine que l'Église possède dans ces provinces et de la surveillance des mœurs du clergé. Investis par le pape des plus grands pouvoirs pour les affaires ecclésiastiques, ils assemblent les conciles provinciaux, répriment les désordres du clergé, arrêtent les oppressions des laïques, font bonne et prompte police partout où le besoin s'en fait sentir. Pierre, sous-diacre romain, est le type le plus parfait de ces représentants du pape. Grégoire Ier, notifiant aux évêques de Sicile qu'il le délègue auprès d'eux, les invite à s'assembler en concile et à régler avec lui tout ce qui concerne la discipline ecclésiastique et le soulagement des pauvres. Tantôt il lui ordonne de pourvoir les églises vacantes de bons évêques ou de rassembler des religieux dispersés par l'invasion; tantôt il l'envoie en Campanie apaiser un dissentiment entre un évêque et son clergé, ou presser les habitants de Naples d'élire un évêque. Instruments de l'infatigable vigilance des grands pontifes, les légats de ce genre furent en Italie de véritables inspecteurs généraux du clergé sous le gouvernement de Grégoire I[er][1].

En Espagne, dans les Gaules, en Angleterre, où l'Église romaine n'avait point de patrimoine, comme dans les provinces les plus éloignées de l'Italie, elle n'envoyait des légats temporaires que dans des circonstances exceptionnelles. En 603,

sertations placées en tête du premier volume de l'*Histoire des conciles* d'Héfélé, et aussi Hinschius, *l. c.* p. 498.

[1] Migne, *Patrol. lat. Greg. epistolarum* lib. I. 1. 18, 41, 69; lib. II, 1, 5; lib. III. 34, 35.

Grégoire Ier délègue le défenseur Jean, pour faire une enquête judiciaire en Espagne; en 599, l'abbé Cyriac et l'évêque Syagrius, pour détruire la simonie dans l'Église franque : cette dernière délégation n'ayant pas eu d'effet, il pria Brunehaut de lui demander elle-même un légat, qui, avec l'appui de l'autorité royale, suppléerait à la négligence des évêques du royaume[1]. Quoique l'Église franque fût alors dans le plus déplorable état, les papes néanmoins n'y envoyaient de légats extraordinaires et n'y faisaient assembler des conciles qu'en s'assurant ordinairement de l'agrément des princes et des évêques, tant on était persuadé qu'on ne pouvait réformer l'Église que par un parfait accord de la puissance civile et du pouvoir ecclésiastique. Les choses changèrent dans les deux siècles suivants, et les légations se multiplièrent sur le territoire de l'ancienne Gaule, principalement sous le pontificat de Nicolas Ier, qui, de sa propre autorité, y fit convoquer plusieurs conciles au sujet du divorce de Lothaire, roi de Lorraine, de la déposition de Rothade, évêque de Soissons, de l'élévation de Photius au siège patriarcal de Constantinople[2].

L'Angleterre et l'Allemagne eurent également des légats temporaires, dont les plus célèbres furent Augustin et Boniface. En 596, Grégoire Ier envoie Augustin prêcher le christianisme en Angleterre; il y convertit un roi de Kent, dix mille Saxons idolâtres, crée plusieurs évêchés, dont il devient le métropolitain, agissant partout au nom du pape, demandant et recevant fréquemment ses conseils. En 720, sous Grégoire II, Winfrid, moine anglais, reçoit à Rome des reliques et des instructions pour aller convertir les peuples idolâtres de la Thuringe. Il échange son nom d'origine barbare contre le nom latin de Boniface, et va dans les contrées les plus sauvages de l'Allemagne prêcher

---

[1] Cf. Thomassin, *l. c.* part. II, lib. I, ch. LII.

[2] Cf. Migne, *Patrol. lat. Nicol. ep.* ad ann. 860, 862, 865. Hinschius (*loc. cit.* p. 505) fait remarquer qu'en dehors de ces envoyés, représentants du pape dans l'exercice de ses droits spirituels, il y eut aussi, au VIIIe siècle, des légats chargés de missions politiques, par exemple, de conduire des négociations entre les rois Lombards et les rois Francs. Cf. *Vita Zachar.*, *Vita Stephani III*, *Vita Stephani IV*, in *Lib. pontif.* — *Epist. Stephani III* ad Pippin. a. 756 (Jaffé, *Monum. Carol.*, p. 47, 54); a. 757 (*ibid.*, p. 66); *Pauli I ep.* ad eund. a. 758 (*ibid.*, p. 77).

l'Évangile et établir la suprématie du pape[1]. De temporaires, les légations de ces deux missionnaires sont devenues permanentes, et les lettres qui les investissent, l'un du siège de Cantorbéry, l'autre du siège de Mayence, nous montrent les papes créant et distribuant des évêchés sur les bords du Rhin et de la Tamise, et attestent l'influence considérable que les légats leur avaient assurée dans ces pays.

Les évêques d'Afrique semblent n'avoir pas favorisé le développement des légations romaines au milieu de leurs Églises, à en juger du moins par une réponse qu'ils firent à Zosime. Ce pape leur avait envoyé Faustin, évêque de Potenza, pour leur porter les canons des conciles de Nicée et de Sardique, et maintenir parmi eux le droit d'appellation au Saint-Siège. Cette mission leur déplut, et ils écrivirent au pape Célestin que les légats que le Saint-Siège envoyait dans les provinces n'étaient autorisés par aucun canon des conciles, qu'ils espéraient qu'il rappellerait au plus tôt Faustin, qu'ils le conjureraient de ne plus envoyer de ses ecclésiastiques pour exécuteurs de ses sentences, avec un faste et une terreur plus propres aux puissances séculières qu'aux ministres de Jésus-Christ. Cette réponse n'a pas besoin de commentaire[2].

II

LÉGATS PERMANENTS.

En parcourant la correspondance des papes du ve au viie siècle, nous avons remarqué que les effets des principes posés dans le canon 5 du concile de Sardique, comme dans la Novelle de Valentinien III citée plus haut, se produisirent assez vite, et que les recours au siège de Rome se multiplièrent dans des proportions assez considérables. De là l'usage des légations permanentes, pour faciliter les rapports des provinces éloignées avec le Saint-Siège et rendre sa juridiction véritablement effective. C'est ainsi qu'à partir du ve siècle, furent successivement

---

[1] Cf. Thomassin, *l. c.* part. II, liv. I, ch. vii.
[2] Cf., pour les détails de cette affaire, Thomassin, *l. c.* part. I, liv. I, ch. lvii.

fondés les vicariats apostoliques[1], et c'est ainsi que nous voyons figurer comme vicaires apostoliques un certain nombre des métropolitains de Thessalonique, d'Arles, de Reims, de Séville, de Tolède, de Mayence, de Cantorbéry, d'York. Cette dignité était d'abord toute personnelle, puis on prit l'habitude de la conférer au successeur d'un métropolitain qui en avait été investi, et quand cet usage se fut renouvelé plusieurs fois de suite pour le même siège, on considéra le titre de vicaire apostolique comme attaché à ce siège. Cela n'assura point aux titulaires la perpétuité des droits primitivement attachés à la dignité de vicaire apostolique : passé le IXe siècle, celle-ci dégénère en titre purement honorifique, car les papes préférèrent envoyer plus régulièrement des *légats a latere* ou conférer momentanément des pouvoirs extraordinaires à un évêque de la contrée où il y avait lieu d'exercer leur action.

Les pouvoirs des vicaires apostoliques se ramènent à quelques attributions assez nettement déterminées. Dans les lettres de nomination qu'ils recevaient, il leur est toujours recommandé de respecter les droits des métropolitains placés sous leur juridiction, et les formules : *Salvis privilegiis quæ metropolitanis episcopis decrevit antiquitas ; — Servatis privilegiis metropolitanorum*, se trouvent dans la plupart des lettres de ce genre. Les droits ordinaires des métropolitains réservés, le vicaire apostolique a les attributions suivantes : 1° il confirme les évêques et les métropolitains élus, avant qu'on puisse les ordonner ; 2° il termine les différends qui n'ont pu être décidés dans les conciles provinciaux ; 3° il convoque le concile des évêques de toute sa primatie ; 4° il veille sur toutes les Églises de son ressort, doit y faire exactement observer la discipline

---

[1] Thomassin (*l. c.* part. II, liv I, ch. VI) a montré que c'est de là qu'est venue la dignité de primat, et que les primaties de Séville et de Tolède, d'Arles et de Reims, n'étaient que des vicariats ou commissions du Saint-Siège. Le pape Simplicius fut le premier qui accorda cette légation apostolique à l'évêque de Séville (482). Saint Remy fut établi vicaire apostolique dans le royaume de Clovis par Hormisdas. L'évêque d'Arles disputa longtemps la qualité de métropolitain à celui de Vienne ; mais Symmaque, révoquant les décrets d'Anastase, qui étaient favorables au siège de Vienne et lui semblaient contraires à ceux de ses prédécesseurs, donna à Césaire, évêque d'Arles, un vicariat ou une légation apostolique sur toutes les Gaules.

ecclésiastique et informer le pape des désordres auxquels il ne pourrait pas remédier[1].

Tout autres étaient le caractère et les pouvoirs des apocrisiaires. Voici ce qu'en dit Du Cange : «Id porro nominis inditum legatis, quod ἀποκρίσεις seu responsa principum deferrent. Responsa enim non modo rescripta principum ad supplicantium libellos, sed etiam quævis decreta et mandata appellabant[2]. »

Thomassin fait entrer dans son explication du mot *apocrisiaire* une expression moderne qui nous permettra d'arriver à une définition assez complète : « Les apocrisiaires étaient des commissaires dont les charges se développèrent surtout au temps de saint Grégoire. C'était comme une espèce de légation ou nonciature; les nonces d'aujourd'hui ont à peu près les mêmes fonctions dans quelques royaumes. Le nom d'*apocrisiaire*, qui est grec, est rendu par le terme latin *responsalis* et il n'est pas mal exprimé par celui de *nonce*[3]. »

En rapprochant ces deux explications et en les comparant à ce que nous savons de la mission des apocrisiaires par les lettres des papes, nous pouvons définir l'apocrisiaire : le nonce ordinaire du pape résidant à la cour impériale de Constantinople. Les Grecs l'appelaient *apocrisiarius* et les Latins *responsalis*, parce qu'il n'avait pour mission que d'exposer à l'empereur les ordres qu'il avait reçus du pape, au pape les volontés de l'empereur, à l'un et à l'autre leurs réponses respectives sur les affaires ecclésiastiques en voie de négociation entre les deux cours. Ils n'avaient aucune juridiction à Constan-

---

[1] Cf., pour les attributions des vicaires apostoliques, les lettres 24, 26, 41, 42, 43 de Hormisdas (Migne, *l. c.*), et surtout la belle lettre de Léon Ier à Anastase (Migne, *l. c. ep.* 14). — L'usage de sauvegarder les droits des métropolitains ne s'est pas maintenu. Les rapports du pape Nicolas Ier avec Hincmar prouvent surabondamment qu'au ixe siècle les métropolitains avaient perdu plusieurs de leurs prérogatives. Les papes, au moins à l'origine, ne concédaient aux évêques le titre de vicaire apostolique qu'après que les évêques l'avaient demandé et fait demander par les rois. Cf. à ce sujet les lettres des papes à Césaire, Auxanien, Aurélien, Sapaudus et Virgile, qui se succédèrent sur le siège d'Arles au ve et au vi[e] siècle. Cf. aussi *Gallia christiana*, t. I, p. 537.

[2] Du Cange, *Glossarium*, verbo *Apocrisiarius*.

[3] Thomassin, part. II, liv. I, ch. L.

tinople, et il leur était même interdit de se mêler des causes qui appartenaient aux autres évêques[1], à moins qu'ils ne reçussent du pape une délégation spéciale à cet effet. Quoique représentants du pape, ils cédaient le pas aux évêques, comme on le voit en 536 au concile de Constantinople, où Pélage, apocrisiaire du pape Agapet, souscrivit après les évêques. Néanmoins leur situation était fort considérée, car plusieurs diacres, tels que Pélage, Grégoire, Boniface, Martin, etc., sont montés sur la chaire de saint Pierre, après avoir exercé les fonctions d'apocrisiaire à Constantinople.

Quant à l'époque où apparaît cette fonction, voici ce que dit Adalhard dans son traité *De ordine palatii*, rapporté par Hincmar, dans une lettre aux grands du royaume pour l'instruction du roi Carloman : « Apocrisiarii ministerium ex eo tempore sumpsit exordium, quando Constantinus magnus sedem suam in civitate sua, quæ antea Byzantium vocabatur, ædificavit. Et sic responsales tam romanæ sedis quam et aliarum præcipuarum sedium in Palatio pro ecclesiasticis negotiis excubabant. Aliquando per episcopos, aliquando vero per diaconos apostolica sedes hoc officio fungebatur[2]. »

Il est très-vraisemblable que cette institution date de Constantin, et que du jour où les empereurs furent convertis au christianisme et intervinrent dans les affaires de l'Église, les papes aient été obligés d'avoir des représentants à la cour impériale ; mais il ne faut pas en conclure que les papes se soient crus obligés de détacher dès ce jour à Constantinople des apocrisiaires choisis dans leur entourage. Nous savons positivement que les évêques de Constantinople ont été quelque temps les apocrisiaires et les agents de toute l'Église. Le pape Léon Ier n'envoya Julien, évêque de Cos, résider à la cour de l'empereur Marcien, que parce qu'Anatolius, évêque de Constantinople, négligeait étrangement les intérêts de la foi. Le pape Célestin regardait évidemment Maximien, évêque de Constantinople, comme son apocrisiaire, quand il écrivait à l'empereur Théodose le Jeune qu'il devait écouter cet évêque et lui prêter secours pour la défense de la foi orthodoxe :

---

[1] Thomassin, part. II, liv. I, ch. LI.
[2] *Recueil des Historiens des Gaules*, t. IX, p. 263.

« Huic taliter electo ad componendum ecclesiæ statum, et omne virus pravæ hæresis radicitus evellendum, obsecramus et poscimus, ut consuestis, arma præstetis¹. » Il le considérait bien encore comme son représentant quand il écrivait au peuple de Constantinople: « Nostro vobis loquitur ore collega². »

Au temps de Justinien, le patriarche de Constantinople devait encore passer pour intermédiaire naturel entre les différentes Églises et l'empereur, puisqu'une novelle de ce prince prescrit aux évêques qui viennent à Constantinople de ne point lui présenter leurs requêtes sans les avoir, au préalable, soumises au patriarche ou aux apocrisiaires: « Huc advenientes non præsumant per semetipsos se prius pronunciare ad Imperium, se primitus aut ad Deo amabilem patriarcham proficisci, aut ad uniuscujusque diœceseos ex qua sunt apocrisiarios, et cum ipsis conferant causas propter quas venerunt, et ingredi ad imperium ejus, et deinceps imperiali perfrui aspectu³. » Si nous complétons ce texte par cet autre passage de la même novelle: « per religiosos apocrisiarios cujusque diœceseos sanctissimorum patriarcharum, » nous voyons que non-seulement le pape, mais encore les patriarches devaient avoir un apocrisiaire à Constantinople pour le règlement de leurs affaires⁴. Cependant l'influence des apocrisiaires des Églises patriarcales d'Orient dut être détruite assez promptement par les apocrisiaires de Rome, à en juger du moins par les pouvoirs que ceux-ci recevaient des papes et par les affaires dont ils étaient chargés. Ainsi l'évêque de Cos, que nous avons déjà cité, a sous une forme générale des attributions qui lui permettent d'intervenir dans toutes les affaires ecclésiastiques de l'Orient. En le déléguant, Léon Ier le charge d'arrêter en Orient les progrès des hérésies nouvelles de Nestorius et d'Eu-

---

[1] Migne, *l. c. Cœlest. I ep.* 23.
[2] Cf. Thomassin, *l. c.* part. II, liv. I, ch. LI.
[3] *Nov.* VI, c. II et III.
[4] Cf. aussi ce passage, *Nov.* VI, c. II : « Sancimus itaque, ut si ecclesiastica quædam causa incidat, illa vel per eos qui negotia sanctissimarum ecclesiarum gerunt, quos apocrisiarios vocant, vel per clericos quosdam huc missos vel per œconomos imperatori vel magistratibus nostris nota reddatur atque decidatur. »
Nous savons par le *Liber diurnus* (éd. de Rozière, n° LXIII, p. 124) que les papes eurent aussi un apocrisiaire à Ravenne.

tychès, et il écrit à l'empereur Marcien pour lui faire agréer Julien, tant comme son représentant permanent à la cour impériale que comme son délégué contre les hérétiques nouveaux. Dans d'autres instructions adressées à ce même Julien, il lui est tout particulièrement recommandé de veiller à l'observation des ordres du pape en Orient et de faire exécuter par l'empereur les décisions du Saint-Siège [1]. L'hérésie renaissait sans cesse dans tout l'Orient à cette époque, et un envoyé qui avait la mission de la combattre pouvait facilement intervenir dans l'administration de chaque diocèse, ainsi que dans le règlement de chaque affaire ecclésiastique qui arrivait au palais impérial.

Dès le vi[e] siècle, nous voyons un certain nombre d'apocrisiaires romains se succéder à Constantinople: sous le pape Agapet Ier, le diacre Pélage; sous Silvère, Vigile; sous Silvère et Vigile, une seconde fois Pélage, qui assiste et souscrit au concile tenu à Constantinople par le patriarche Ménas, et qui est ensuite délégué par l'empereur lui-même pour procéder, avec plusieurs évêques, à la déposition de Paul, évêque d'Alexandrie [2]. Sous Pélage Ier, nous trouvons comme apocrisiaires les diacres Étienne, Laurent, Grégoire. Nous ne connaissons pas ceux que Jean III et Benoît Ier envoyèrent à Constantinople, mais on dut continuer à en déléguer, puisque le pape Grégoire Ier dit de celui qui avait été constitué par son prédécesseur : « QUEM JUXTA MOREM AD VESTIGIA DOMINORUM TRANSMISERAT, » et qu'il envoie lui-même Sabinien en 593 [3]. Cependant Phocas, en arrivant au pouvoir, se plaint de ne pas trouver d'apocrisiaire romain dans son palais; le pape lui répond que, par suite des rigueurs du règne précédent, personne ne veut aller remplir ces fonctions à Constantinople [4].

---

[1] Cf. Migne, *loc. cit.*, Leon. ep. 112, 113, 115, 117, 118.

[2] Libérat (*l. c.* liv. I, c. xxiii) rapporte ainsi ce fait :
« Misit imperator Pelagium diaconum et apocrisiarium primæ sedis Romæ Antiochiam cum sacris suis, quibus præcepit ut cum Ephremio, ejusdem urbis episcopo, etc..... venirent Gazam et Paulo episcopo pallium auferrent et eum deponerent. »

[3] Cf. Migne, *op. cit.* Greg. ep. lib. V, 18; lib. III, 52, 53.

[4] « Nam quod permanere in Palatio juxta antiquam consuetudinem apostolicæ sedis diaconum Vestra Serenitas non invenit, non hoc meæ negligentiæ, sed gravissimæ necessitatis fuit. » (*Greg. ep.* lib. XIII, 38.)

Il lui envoie cependant le diacre Boniface (603). Nous retrouvons ensuite, quoique à une assez longue distance l'un de l'autre, les apocrisiaires Martin, Anastase, Constantin; celui-ci envoyé à la sollicitation de Constantin Pogonat, restaurateur de la foi orthodoxe en Orient. Le pape Léon II, qui le délégua, ne voulut point accorder une complète satisfaction à l'empereur, et au lieu de la pleine légation qui avait été demandée pour l'apocrisiaire romain, Léon ne lui donna qu'une commission ordinaire, c'est-à-dire qu'il fut chargé de transmettre à l'empereur les vœux du pape, de communiquer au pape les réponses de l'empereur, et d'attendre, sur toute affaire, la décision du Saint-Siège. Si l'on se rappelle que les Orientaux furent quelquefois assez habiles pour corrompre les légats des papes, on ne sera point surpris que Léon II n'ait pas conféré à son apocrisiaire le pouvoir de décider toutes choses en son nom.

La persécution des Iconoclastes ayant de nouveau suspendu les relations entre Rome et Constantinople, les papes cessèrent d'envoyer des apocrisiaires dès le commencement du VIIIe siècle [1].

Toutefois le rôle des envoyés de la cour de Rome n'était pas fini dans cette partie du monde. Au IXe siècle, sous le pontificat de Nicolas Ier, la papauté fera un effort pour ressaisir cet Orient, qui ne s'était jamais soumis franchement à sa juridiction, et quelques légats fort habilement dirigés contribueront à rétablir son influence en Orient. Restauration bien éphémère! Le siècle qui en fut témoin devait voir se réveiller tous les sujets de discussion qui s'étaient élevés entre les deux Églises depuis le concile de Chalcédoine, et se préparer la rupture définitive de Rome et de Constantinople.

Plus heureux en Occident, les légats, permanents ou temporaires, avaient contribué à rattacher à Rome tous les peuples qui devaient jouer un rôle important dans l'histoire. En les habituant insensiblement à reconnaître l'indépendance de la papauté, sa haute suzeraineté, sa primauté absolue, ils

---

[1] Baronius en cite encore un sous Constantin Copronyme, en 743. Cf., sur les apocrisiaires ci-dessus nommés, Du Cange, *Glossarium*, verbo *Apocrisiarius*.

avaient subordonné à la juridiction romaine les Églises particulières, les évêques et les archevêques, les métropolitains et les conciles, les rois eux-mêmes. Bien avant l'an mille, ils avaient réussi à supprimer tout intermédiaire entre le pape et les simples évêques, et à établir dans les esprits l'idée que le pape est le chef de l'Église universelle [1], l'interprète de la foi, et qu'il a en tout et partout la juridiction la plus étendue. Cette idée a pris corps; elle est formée et ne fera que se développer, car elle trouvera dans les *Légats-nés,* les *Nonces apostoliques,* les *Légats a latere* de l'âge suivant, des propagateurs aussi heureux qu'habiles qui lui donneront une force nouvelle et un incomparable éclat.

[1] Cette idée revient fréquemment dans les instructions qui sont adressées aux légats par les papes. Voir dans Migne, *op. cit.,* la correspondance de Léon Ier, Grégoire Ier, Nicolas Ier. — Voir aussi la correspondance d'Hincmar, qui combattit si vaillamment pour l'indépendance des métropolitains, et ne parvint pas à la sauver.

LA LÉGENDE DE TRAJAN,

PAR GASTON PARIS.

I

LA JUSTICE DE TRAJAN.

Dans deux textes, l'un du viiie siècle, l'autre du ixe, dont nous examinerons plus tard l'origine et le rapport, mais qui ont sans doute puisé ce qu'ils contiennent à une source commune, qui était du viie siècle, nous lisons l'histoire suivante, rapportée à Trajan. J'imprime ces deux textes en regard, en laissant en blanc, dans chacun, des espaces correspondant aux passages que l'autre a seul. Les auteurs de ces textes sont pour nous, jusqu'à nouvel ordre, Paul (viiie siècle) et Jean (ixe siècle), tous deux diacres.

PAUL.	JEAN.

Cum idem orbis princeps in expeditionem circumvallatus militum cuneis pergeret, ibidem obviam habuit vetustissimam viduam, simulque dolore ac paupertate confectam, cujus lacrymis atque vocibus sic compellatur : Princeps piissime Trajane, ecce ii sunt homines qui modo mihi unicum filium, senectutis meæ scilicet baculum et solatium, occiderunt, meque cum eo volentes occidere, dedignantur mihi pro eo etiam aliquam rationem reddere.	Trajano ad imminentem belli procinctum vehementissime festinanti
	
	    vidua quædam
	
	    processit flebiliter :
	Filius meus innocens te regnante peremptus est.

Cui ille, festinato, ut res exigebat, pertransiens : Cum rediero, inquit, dicito mihi, et faciam tibi	Obsecro ut quia eum mihi reddere non vales sanguinem ejus digneris legaliter vindicare. Cumque Trajanus, si sanus reverteretur a prælio, hunc se vindicaturum per om-

omnem justitiam. Tunc illa : Domine, inquit, et si tu non redieris, ego quid faciam?

Ad quam vocem substitit, et reos coram se adduci fecit, neque, cum suggereretur a cunctis accelerare negotium, gressum a loco movit, quousque (et?) viduæ fisco quod juridicis sanctionibus decretum est persolvi præcepit; denique supplicationum precibus et fletibus super facto suo pœnitentes, viscerali clementia fixus, non tantum potestate quam precatu et lenitate vinctos prætorialibus catenis absolvit [1].

nia responderet, vidua dixit : Si tu in prælio mortuus fueris, quis mihi præstabit? Trajanus respondit : Ille qui post me imperabit. Vidua dixit : Et quid tibi proderit si alter mihi justitiam fecerit? Trajanus respondit : Utique nihil. Et vidua : Nonne, inquit, melius tibi est ut tu mihi justitiam facias et pro hoc mercedem tuam accipias, quam alteri hanc transmittas? Tum Trajanus ratione pariter et pietate commotus equo descendit, nec ante discessit quam judicium viduæ per semet imminens profligaret [2].

Il est clair que ces deux récits ne dérivent pas l'un de l'autre; mais lequel a le plus fidèlement suivi l'original commun? Il est difficile de le dire. Je suis porté à croire que presque tout ce qui se trouve dans un seul des deux textes est ajouté par le rédacteur respectif. Les additions semblent en effet s'expliquer des deux parts par le désir, suivi d'ailleurs d'un médiocre succès, d'embellir le récit. C'est ainsi que Paul ajoute à la douleur de la veuve, pour la rendre plus intéressante, une extrême vieillesse et une cruelle pauvreté, ce qui amène plus tard la mention des dommages-intérêts que lui paye le fisc. Le même auteur, voulant mettre en lumière la *clémence* de Trajan autant que sa justice, a ajouté le dénouement inutile et même ridicule de la grâce faite aux meurtriers. — Jean, de son côté, paraît avoir fait au dialogue entre la

---

[1] *AA. SS. Mart.* t. II, p. 135. Cette dernière phrase est visiblement altérée.
[2] *AA. SS. Mart.* t. II, p. 153.

veuve et Trajan l'addition malheureuse où il est question du mérite et de la récompense de l'action du prince. Outre que les pensées de ce genre sont toutes chrétiennes, et que la considération qui décide ici Trajan affaiblit beaucoup la portée de son action, il est sensible que cette addition diminue l'effet du court et énergique dialogue qui précède. Un seul trait me semble authentique, bien qu'il ne figure que dans Jean, c'est la mention du cheval sur lequel l'empereur est monté et duquel il descend pour rendre justice à la veuve. — On peut donc croire que l'anecdote, telle qu'on la racontait à Rome au vi[e] siècle, était bornée aux traits suivants : « Trajan partait pour une expédition militaire, quand une veuve l'arrêta et lui demanda justice du meurtre de son fils. Je te ferai justice, dit-il, quand je reviendrai. — Et si tu ne reviens pas? — Frappé de ces paroles, il descendit de cheval et jugea lui-même l'affaire. »

La version de Jean a passé dans plusieurs écrivains postérieurs ; nous la retrouvons, par exemple, avec de simples variations de style, dans les *Annales Magdeburgenses* (fin du xiie siècle)[1], dans la *Summa prædicantium*[2] de l'Anglais John Bromyard († 1419), et dans plusieurs autres ouvrages d'histoire et de piété[3]. La version de Paul, bien que la *Vita Gregorii* où elle se trouve ait été fort répandue, n'a pas eu le même succès. Mais une troisième version, qui paraît composée à l'aide de l'une et de l'autre, a obtenu au contraire une vogue durable et glorieuse. La voici telle qu'elle se lit dans le *Policraticus* de Jean de Salisbury, écrit en 1159[4] :

Quum [Trajanus] jam equum adscendisset ad bellum profecturus, vidua, *apprehenso pede illius*, miserabiliter lugens sibi justitiam fieri petiit

---

[1] *Mon. Germ. SS.*, t. XVI, p. 112.

[2] J., xiij, 8. La veuve, pour décider Trajan, lui cite Ézéchiel.

[3] Entre autres en abrégé dans Théodore Engelhusen (1423), cité par Massmann (*Kaiserchronik*, III, 751). — Le récit versifié de Godefroi de Viterbe (éd. Pistorius, p. 369) paraît avoir la même source, mais l'auteur, suivant son usage, y a fait quelques modifications. Il indique le lieu de la scène : *Pontis apud Tiberim properans dum transiit arcus, Obvia stat vidua*. Ces paroles offrent un remarquable rapport avec celles de Hugo d'Eteria (voy. ci-dessous, p. 290, note).

[4] Voy. Schaarschmidt, *Johannes Saresberiensis*, p. 143.

de his qui filium ejus, optimum et innocentissimum juvenem, injuste occiderant. Tu, inquit, Auguste, imperas, et ego tam atrocem injuriam patior? — Ego, ait ille, satisfaciam tibi quum rediero. — Quid, inquit illa, si non redieris? — Successor meus, ait Trajanus, satisfaciet tibi. — Et illa : Quid tibi proderit si alius bene fecerit? Tu mihi debitor es, secundum opera tua mercedem recepturus. Fraus utique est nolle reddere quod debetur. Successor tuus injuriam patientibus pro se tenebitur. Te non liberabit justitia aliena. Bene agetur cum successore tuo si liberaverit se ipsum. His verbis motus imperator descendit de equo et causam præsentialiter examinavit et condigna satisfactione viduam consolatus est [1].

Je pense que Jean de Salisbury est l'auteur de cette version, qui se retrouve textuellement dans Hélinand († 1227), reproduit par Vincent de Beauvais [2]; il n'y a rien d'étonnant à ce qu'Hélinand, simple compilateur, ait inséré dans sa mosaïque l'extrait qu'il avait fait du *Policraticus*, tandis qu'il serait tout à fait contraire aux habitudes de Jean de Salisbury d'avoir copié un écrivain plus ancien sans modifier son style. L'auteur du *Policraticus* paraît, comme je l'ai dit, avoir eu sous les yeux les deux versions anciennes : il a emprunté à Paul le nombre pluriel des meurtriers, les expressions *quum rediero* (dans Jean *si sanus reverteretur*) et *si non redieris* (dans Jean *si tu in prælio mortuus fueris*); il a pris à Jean l'épithète d'*innocent* donnée au fils, l'amplification du dialogue (qu'il a lui-même varié et allongé en partie, bien qu'en supprimant la réplique de Trajan : *utique nihil*), et enfin la mention du cheval. Il a ajouté de son chef, outre les réflexions insérées dans le dialogue, un détail pittoresque : la veuve arrête l'empereur à cheval en le saisissant par le pied.

L'auteur du poème français sur Girart de Roussillon, écrit entre 1330 et 1348, qui a pris pour base la légende latine composée au XIe siècle et a consulté aussi l'ancienne chanson de geste provençale, a inséré dans son œuvre, plus ou moins à propos, un certain nombre de récits, d'*exemples*, qui ont été étudiés et ramenés à leur source par M. Reinhold Köhler [3] :

---

[1] *Policrat.*, V, 8.

[2] Et par bien d'autres, notamment par l'auteur du *Dialogus creaturarum* (n° 68), par Arnold Geilhoven de Rotterdam († 1442) dans son *Gnotosolitos* (Bruxelles, 1476, I, XVI, 2).

[3] *Jahrbuch für romanische Literatur*, XIV, 153.

l'un de ces exemples est celui de la justice de Trajan, traduit fidèlement sur le texte d'Hélinand, c'est-à-dire de Jean de Salisbury, que l'auteur avait lu dans Vincent de Beauvais.

C'est sans doute directement du *Policraticus* que notre récit avait passé dans une compilation latine qui ne s'est pas encore retrouvée, mais dont nous possédons une traduction italienne, intitulée *Fiori di filosofi*, et attribuée sans motifs suffisants à Brunetto Latino [1]. L'auteur, qui écrivait certainement au XIII° siècle, a traduit exactement son original, ajoutant seulement quelques mots à la seconde réplique de la veuve. Trajan lui dit : « E s' io non reggio, e ti soddisfarà il successore mio. » Elle répond : « *E io come il so? E pognamo ch' elli lo faccia*, a te che fia se quell' altro farà bene? » A la fin aussi, le traducteur italien (ou peut-être déjà le compilateur latin qu'il traduisait) a cru devoir ajouter : « E poscia salio a cavallo, e andò alla battaglia e sconfisse li nimici [2]. » Le récit des *Fiori di filosofi* a servi de base à la 69° des *Cento Novelle antiche* [3], où le style seul a été changé, rendu plus populaire et plus vif. Comme dans le premier récit, on lit à la fin de celui-ci : « E poi cavalcò e sconfisse i suoi nemici, » ce qui met hors de doute la dépendance de ces deux textes l'un de l'autre [4] : le texte des *Cento Novelle* s'éloignant sensiblement plus du latin, il est sûr, ce qui était d'ailleurs probable *a priori*, que le rapport est tel que je l'ai indiqué, et non inverse [5].

---

[1] Voy. sur ce point Th. Sundby, *Brunetto Latinos Levnet og Skrifter* (Copenh., 1869), p. 54, et A. d'Ancona, *Romania*, II, 403.

[2] La même addition se remarque dans le récit latin qui sert d'inscription à la tapisserie de Berne, dont il sera parlé plus loin; mais cette inscription comprend en outre la mention de la Perse comme lieu de l'expédition projetée, et des détails sur la mort et la sépulture de Trajan qui prouvent qu'elle a emprunté sa conclusion à une des nombreuses compilations historiques qui, au moyen âge, reproduisent ces renseignements sur Trajan.

[3] Voyez le texte dans Nannucci, *Manuale della letteratura del primo secolo* (2ª edizione, 1858), p. 315. Le même recueil contient, p. 76, la version du *Novellino*. — Voy. A. d'Ancona, dans la *Romania*, III, 179.

[4] Cette ressemblance a déjà été remarquée, et M. Bartoli (*I primi due secoli della letteratura italiana*, Milano, 1873, p. 293) a reconnu que c'était le *Novellino* qui avait imité les *Fiori* et non l'inverse : la comparaison du latin met le fait hors de doute.

[5] M. A. d'Ancona (*Romania*, l. l.) a établi que le *Novellino* a été écrit,

Mais le récit des *Fiori di filosofi* mérite surtout l'attention parce qu'il a certainement inspiré les vers célèbres où Dante à son tour a raconté l'histoire de Trajan et de la veuve. Tout le monde les connaît, et cependant je ne puis les omettre. On y retrouve textuellement une phrase des *Fiori* que j'ai citée plus haut : «A te che fia se quell' altro farà bene?», ce qui ne laisse aucun doute sur la source où Dante a puisé[1]. On sait que c'est dans le *Purgatoire*, sur un mur d'enceinte, que le poète voit, sculptée d'une main divine, cette histoire avec d'autres[2]. L'ouvrier céleste avait employé un art plus merveilleux encore que celui d'Hephaistos : les figures sculptées parlaient, et on comprenait leurs paroles. C'est ce qui explique comment le poète put voir et entendre le dialogue entre Trajan et la femme qui l'implorait :

> Quivi era storiata l' alta gloria
>   Del roman prince........
> ....
> Io dico di Traiano imperatore :
>   Ed una vedovella gli era al freno[3],
>   Di lagrime atteggiata e di dolore[4].
> Dintorno a lui parea calcato e pieno
>   Di cavalieri, e l' aquile nell' oro
>   Sovr' essi in vista al vento si movieno.
> La miserella intra tutti costoro
>   Parea dicer : Signor, fammi vendetta
>   Del mio figliuol ch' è morto, ond' io m' accoro.

sans doute par un seul auteur qui puisait à des sources diverses, dans les dernières années du XIIIᵉ siècle.

[1] Cette remarque a déjà été faite par Nannucci : elle est décisive. Un autre trait aurait pu porter à croire que Dante avait suivi le *Novellino* : tandis que les *Fiori* portent «quando io reddirò..... e se tu non riedi,» le *Novellino* dit, comme Dante, «quando io tornerò..... se tu non torni;» mais il n'y a là qu'une coïncidence facilement explicable, tandis que celle qui existe entre les *Fiori* et la *Commedia* ne peut guère être due au hasard.

[2] Toutes ces histoires sont données comme des exemples d'*humilité*. En effet, l'action de Trajan, surtout dans sa forme primitive, était moins remarquable comme trait de justice que de simplicité et de bonté familière : l'empereur se laissait faire la leçon par une femme du peuple.

[3] Dante a substitué cette attitude, plus noble, au geste qu'avait imaginé Jean de Salisbury.

[4] «Piangendo molto teneramente,» disent les *Fiori*. Ce trait est supprimé dans les *Cento Novelle*.

> Ed egli a lei rispondere : Ora aspetta
> Tanto ch' io torni. E quella : Signor mio
> (Come persona in cui dolor s' affretta),
> Se tu non torni? Ed el : Chi fia dov' io
> La ti farà. Ed ella : L' altrui bene
> A te che fia, se il tuo metti in obblio?
> Ond' egli : Or ti conforta, che conviene
> Ch' io solva il mio dovere anzi ch' io muova :
> Giustizia vuole, e pietà mi ritiene [1].

Dante n'a rien ajouté au récit qu'il avait lu : il l'a au contraire abrégé et l'a d'ailleurs reproduit fidèlement et simplement; mais par la seule force du style, par le choix des mots, par la sévère allure des vers, il l'a transformé et idéalisé. Ce qu'il a fait de plus heureux a été de changer le récit en tableau : le lecteur voit, par les yeux du poète, Trajan à cheval, la *vedovella* le saisissant par le frein, et cet incomparable ondoiement de chevaux, d'armes et d'or qu'il a fait, en trois vers, resplendir dans le vent qui l'agite. Un grand peintre moderne a voulu rendre à son tour ce qu'il avait ainsi *vu*, et dans le beau tableau qui fait l'honneur du musée de Rouen, le génie de Delacroix a osé se mesurer avec celui de Dante. Au reste, c'est ici le cas de parler de ces « malentendus féconds » dont un éminent critique a si finement indiqué l'importance dans l'histoire de la pensée humaine. Dante se représentait les aigles romaines comme des figures brodées sur des étendards d'or[2], ainsi que celles de l'empire romain de son temps. De là le beau vers qui nous les montre « se mouvant au vent ». C'est cet or mobile et étincelant qui a fasciné, comme un éclair, l'imagination du peintre français; mais ce qu'il a dû mettre sur son tableau est tout autre chose que ce qu'avait pensé le poète florentin : ses

---

[1] Ces dernières paroles ont une ressemblance qui semble difficilement pouvoir être fortuite avec celles du diacre Jean : *ratione pariter et pietate commotus*. Il est donc probable que Dante a eu sous les yeux le texte latin de Jean avec le texte italien des *Fiori*.

[2] C'est ainsi qu'elles sont représentées sur la tapisserie de Berne, dont je vais parler : on porte derrière Trajan de grandes bannières où sont brodées des aigles à deux têtes. Les anciens commentateurs de Dante expliquent ses paroles de même; il s'agit, dit par exemple Fr. da Buti, d'« aquile nere nel campo ad oro, come è la insegna del romano imperio. » Aussi la leçon *nell' oro* est-elle préférable à la correction maladroite *dell' oro*.

aigles d'or se dressent hautaines et immobiles, et les bannières qu'agite le souffle du vent ne sont là que par souvenir et ne répondent à rien de précis[1].

Delacroix n'est pas le premier qui ait représenté avec le pinceau le sujet des vers de Dante, mais ses prédécesseurs avaient puisé directement aux sources latines. On conserve à Berne, parmi les dépouilles de Charles le Téméraire, une grande tapisserie représentant deux exemples de justice sévère, visiblement approuvés par Dieu; l'un d'eux[2] est emprunté à notre histoire, que l'artiste, pour atteindre son but, a complétée par une seconde scène, représentant l'exécution du meurtrier. M. Pinchart[3] et, plus récemment, M. Kinkel[4] ont démontré que cette tapisserie, dont Jubinal a donné une gravure, est la reproduction des célèbres peintures dont Roger de le Pasture (que nous avons tort d'appeler avec les Flamands Van der Weyden, puisqu'il était de langue wallone) avait décoré la salle des jugements de l'hôtel de ville de Bruxelles. Au bas de la peinture on lisait et on lit au bas de la tapisserie l'exposition en latin du sujet représenté. Cette version, dont j'ai parlé plus haut en note, se rattache à celle de Jean de Salisbury. — M. Kinkel a suivi, dans un travail fort intéressant, toute la série de ces tableaux

---

[1] Le tableau de Delacroix est d'ailleurs bien différent de celui que se représentait Dante : il est aussi mouvementé que l'autre était serein. La veuve a jeté le cadavre de son petit enfant (la tradition en faisait un jeune homme) devant les pieds du cheval de l'empereur, qui se cabre : Trajan regarde la mère, plus emportée qu'éplorée, avec une sorte d'effroi.

[2] L'autre est une histoire tirée de Césaire d'Heisterbach et dont le héros, comme l'a fort bien reconnu M. Kinkel, est un Archambaud de Bourbon. Césaire, qui écrivait vers 1225, dit l'événement arrivé deux ans avant : il ne peut donc s'appliquer ni à Archambaud VII, mort à la troisième croisade, ni à Archambaud VIII, mort vers 1242. Au reste, l'authenticité en est plus que contestable; aucun historien français n'en dit mot. Je remarque en passant que la *Moralité d'un empereur qui tua son nepveu qui avoit prins une fille à force* (*Anc. Théâtre fr.*, t. III, n° 53) n'est autre chose que cette histoire rapportée à un empereur romain.

[3] *Bull. de l'Acad. roy. de Belgique*, 2ᵉ série, t. XVII (1864), n° 1. — Le mémoire de M. Pinchart, qui soutient, à l'aide des mêmes arguments, la thèse qu'a défendue depuis M. Kinkel, est resté inconnu à celui-ci. J'en dois la connaissance à l'obligeante érudition de M. Eugène Müntz.

[4] *Mosaik zur Kunstgeschichte,* Berlin, 1876, p. 302 ss.

de justice, dont il fut de mode, dans l'Allemagne occidentale et les Pays-Bas, vers la fin du xv⁰ et le commencement du xvi⁰ siècle, de décorer les salles où l'on rendait les jugements. Il faut ajouter à sa liste la peinture qui, d'après la *Chronique de Cologne*, ornait l'hôtel de ville de Cologne et représentait, comme celle de Bruxelles, la justice de Trajan et la récompense qu'il en reçut. Cette chronique a été rédigée dans la seconde moitié du xv⁰ siècle; il n'y a donc aucune raison pour attribuer aux peintures de Cologne l'antériorité sur celles de Bruxelles et pour contester l'opinion de M. Kinkel, qui regarde le travail de Roger de le Pasture comme ayant été le point de départ de tout ce mouvement : Roger l'exécuta sans doute entre 1430 et 1440.

En se transmettant de proche en proche, souvent oralement, la légende ne se maintint pas toujours dans sa simplicité primitive. Dans un poème allemand qui remonte environ au milieu du xii⁰ siècle, la *Chronique des Empereurs,* nous trouvons le récit augmenté d'un dénouement : l'auteur de cette version, comme jadis Paul, a trouvé que le jugement rendu par l'empereur devait être raconté en détail, mais il a suivi une idée toute différente, et plus raisonnable. On recherche et on trouve le meurtrier du jeune homme; il se défend : un procès compliqué s'engage; mais finalement justice est faite, le meurtrier est décapité [1], et l'empereur fait envoyer sa tête à la veuve, qui le comble de louanges et de bénédictions [2].

Mais, à une époque qu'il ne m'est pas possible de préciser, l'anecdote qui nous occupe reçut une modification bien autrement importante, qui la fit passer tout à fait dans le domaine du roman. On supposa que le meurtrier du fils de la veuve était le fils même de l'empereur, et que cela n'arrêtait pas sa justice. Il a dû exister une forme où il le faisait réellement périr, forme qui se greffait naturellement sur celle dont la

---

[1] La *Chronique de Repgow*, citée par Massmann, *Kaiserchr.* III, 753, n'a guère fait, ici comme ailleurs, que suivre et abréger la *Kaiserchronik*.
[2] La source de la *Kaiserchronik* devait beaucoup ressembler à la légende de la tapisserie de Berne. Elle se terminait, comme elle, par des renseignements empruntés aux compilations historiques authentiques. Seulement le poète allemand, suivant son usage de tout ramener au style contemporain, appelle *Normands* les ennemis que Trajan allait combattre.

Kaiserchronik représente une version sans doute amplifiée; mais elle ne nous est pas parvenue; nous en trouvons seulement la trace en Espagne, dans ces vers de la romance n° II sur Valdovinos [1] :

> Acuerdate de Trajano
> En la justicia guardare,
> Que no dejó sin castigo
> Su único hijo carnale :
> Aunque perdonó la parte,
> El no quiso perdonare [2].

Ainsi la veuve elle-même demandait à l'empereur, dans cette version, de ne pas punir son fils de mort, et il refusait d'adoucir la peine, pour ne pas manquer à la justice.

Dans une variante de ce récit qui est certainement fort ancienne, et que nous trouvons d'abord dans diverses chroniques allemandes [3], l'empereur se rend, au contraire, aux prières de la veuve : celle-ci, en effet, quand il a condamné son fils à mort, déclare que ce n'est pas pour elle une réparation, et demande qu'au lieu de le tuer on le lui donne en échange de celui dont il l'a privée. L'empereur hésite, ne trouvant pas la peine assez forte, mais ses conseillers l'engagent à céder : il donne alors son fils à la veuve, à condition qu'il remplisse envers elle tous les devoirs d'un fils et d'un serviteur [4]. Encore ici, on a cru embellir le récit, en mêlant dans la sentence de l'empereur la justice, le sens pratique (compensation pour la veuve) et la tendresse paternelle. C'est la même histoire que rapportent en général les anciens commentateurs de Dante,

---

[1] Sur ces romances et ce personnage, voy. *Hist. poét. de Charlemagne*, p. 210.

[2] Duran, *Romancero general*, t. I, p. 213.

[3] La chronique rimée du Viennois Jansen Enenkel (vers 1250), la chronique en prose du Strasbourgeois Jacob Twinger de Königshofen (fin du XIVᵉ siècle), et la traduction allemande (XIVᵉ siècle) des *Annales Colonienses maximi* (vers 1240). Pour les citations, je renvoie à Massmann, *Kaiserchronik*, t. III. Hermann de Fritzlar, dans sa *Vie des Saints* (vers 1350), rapporte aussi, mais très-brièvement, les mêmes faits (voy. Massmann, *l. l.*).

[4] Königshofen et la chronique de Cologne disent que l'empereur le lui donna pour mari ; mais c'est sans doute une confusion causée par les deux sens du mot *man*.

qui semblent, en la racontant, croire que Dante aussi la connaissait sous cette forme[1]. Un résumé de cette version, qui est caractérisée dès le début par la circonstance que le fils de l'empereur a tué l'autre non méchamment, mais par imprudence, en lançant trop inconsidérément son cheval, qui l'a écrasé, se trouve dans la *Legenda aurea,* compilée, comme on sait, par l'archevêque de Gênes, Jacques de Varaggio († 1298). Jacques donne d'abord la forme ancienne, dans un texte qui reproduit à peu près celui de Jean, puis il ajoute notre variante comme une aventure distincte :

Fertur quoque quod cum quidam filius Trajani per urbem equitando nimis lascive discurreret, filium cujusdam viduæ interemit; quod cum vidua Trajano lacrimabiliter exponeret, ipse filium suum qui hoc fecerat viduæ loco filii sui defuncti tradidit, et magnifice ipsam dotavit[2].

Le même double emploi se retrouve dans John Bromyard, que nous avons cité plus haut parmi ceux qui reproduisent le récit de Jean; seulement, au lieu de placer la variante après le récit primitif, comme la *Légende dorée,* il la donne avant :

Scribitur quod [Trajanus] tantam in suis justitiam exercuit, quod filium proprium ad serviendum cuidam viduæ tradidit, quia filius suus indiscrete equitando viduæ filium impotentem pro matris servitio fecerat[3].

Cette version, qui a fourni le sujet d'un conte de Hans Sachs[4], a sûrement aussi existé en français: il y est fait allu-

[1] Voy. le texte de Jacopo della Lana dans l'édition de son Commentaire publiée à Bologne en 1866, et dans Zambrini, *Libro di Novelle antiche* (Bologna, 1868), n° XLIX. La même histoire se lit dans le Commentaire anonyme du XIV° siècle qu'a publié M. Fanfani (Bologna, Romagnoli, 1869, t. II, p. 175). Voyez aussi Fr. da Buti, éd. Giannini, Pisa, t. II, p. 234.

[2] *Leg. aur.,* ed. Grässe, Leipzig, 1846, p. 196. On est étonné, en présence de ces deux versions et des réflexions théologiques qui les accompagnent, de lire dans l'*Histoire de la ville de Rome* de M. Gregorovius (2° éd. p. 87): «Le livre de Jacques de Voragine, chose remarquable, n'a pas admis cette légende.» — Une forme également très-abrégée de ce récit se trouve dans Gritsch, *Quadragesimale,* XXXII, S.

[3] On pourrait croire que Bromyard fait allusion à un récit où le jeune homme était seulement blessé; mais ce n'est sans doute là qu'une négligence d'expression.

[4] Hans Sachs. *Herausgegeben von Ad. von Keller* (Stuttgart, 1870).

sion dans les vers suivants de la *Moralité ou histoire romaine d'une femme qui avoit voulu trahir la cité de Rome*; l'un des juges dit à l'autre :

> Valerius, chose piteuse
> Si peult en pitié moderer.
> N'avez vous pas ouy compter
> Que Trajan jugea son enfant
> A mort, puis le voult repiter (*éd.* repeter)?
> C'estoit empereur triomphant.
> Ha! ce fut ung cas suffisant
> Et qui estoit de noble arroy.
> Il en acquist renom bruyant
> Et si tint justice en son ploy [1].

Cette version, qui figure à la fois, comme nous l'avons vu, dans des chroniques allemandes de la première moitié du xiiie siècle, dans la *Légende dorée*, et dans des textes italiens du xive siècle, s'est en outre introduite, sans doute par transmission orale, dans la rédaction interpolée, faite au xive siècle, du livre curieux, certainement antérieur au xiie siècle dans sa forme primitive, qui, sous le nom de *Mirabilia Romæ*, a servi, pendant tout le moyen âge, de guide aux pèlerins et aux touristes qui visitaient Rome. L'altération du récit est sensible dès les premières lignes, où l'empereur (le nom de Trajan a disparu) est représenté sur son char et non à cheval; on la remarque aussi dans l'abréviation du dialogue, qui se trouve fortuitement réduit ici, à peu près, à ce qu'il était dans le récit primitif. Voici ce texte :

Cum esset imperator paratus in curru ad eundum extra pugnaturus, quædam paupercula vidua procidit ante pedes ejus, plorans et clamans: Domine, antequam vadas mihi facias rationem. Cui cum promisisset in reditu facere plenissimum jus, dixit illa : Forsitan morieris prius. Imperator hoc considerans præsiliit de curru ibique posuit consistorium.

---

t. II, p. 378. Le récit de Hans Sachs est fort maladroit : la veuve demande dès l'abord justice à l'empereur *contre son fils*, ce qui rend absurde le dialogue qui suit. Il le lui donne *en gage*, jusqu'à ce qu'il revienne; la veuve l'accepte volontiers, et on ne raconte pas ensuite que Trajan soit revenu ni qu'il ait fait justice. Hans Sachs a écrit cette faible pièce le 13 septembre 1553. Il ne dit rien de la libération de l'âme de Trajan.

[1] *Ancien Théâtre françois*, p. p. Viollet-le-Duc, t. III, p. 178.

Mulier inquit : Habebam unicum filium, qui interfectus est a quodam juvene. Ad hanc vocem sententiavit imperator : Moriatur, inquit, homicida et non vivat. — Morietur ergo filius tuus, qui ludens cum filio occidit ipsum[1]. Qui cum duceretur ad mortem, mulier ingemuit voce magna : Reddatur mihi iste moriturus in loco filii mei, et sic erit mihi recompensatio ; alioquin nunquam me fatear plenum jus accepisse. Quod et factum est, et ditata nimium ab imperatore recessit[2].

C'est sans doute aussi par la tradition orale, mais propagée bien entendu dans la langue des clercs, que notre histoire, toujours sous cette forme particulière, est venue à la connaissance de Jean, moine de Haute-Seille en Lorraine, qui écrivait dans les dernières années du XIIe siècle son curieux roman de *Dolopathos*. Le nom de Trajan manque dans son récit ; mais, comme la scène du *Dolopathos* est placée au temps d'Auguste, il était obligé de le supprimer, même s'il le trouvait dans sa source : il s'agit simplement de *rex quidam Romanorum*. Le dialogue est à peu près exactement pareil, sauf les termes, à celui que donne le diacre Jean[3], d'où il suit que notre groupe de versions se rattache directement au texte de cet auteur et n'a point passé par la rédaction de Jean de Salisbury. Nous ne nous tromperons sans doute pas de beaucoup en en plaçant la rédaction vers le milieu du XIIe siècle. — Jean de Haute-Seille, suivant son usage[4], a cru devoir remanier le conte qu'il voulait insérer dans son œuvre : il a puérilement ajouté pour la veuve, à la perte de son fils unique, la perte de son unique poule[5] ; il a transporté la scène hors de Rome, pour rendre l'action de l'empereur plus étonnante, en le faisant non-seulement s'arrêter, mais revenir à la ville pour rendre

---

[1] Dans toutes les autres dérivations de la source commune de ces récits, le fils de l'empereur *écrase* celui de la veuve : c'est encore ici une altération.

[2] Voy. Urlichs, *Codex topographicus urbis Romæ*, p. 129.

[3] Comme dans ce texte, la veuve demande à Trajan quelle récompense il recevra du bien accompli par son successeur, et il répond : « Aucune. » Cette réplique, comme nous l'avons vu plus haut, a été supprimée par Jean de Salisbury.

[4] Sur l'œuvre et les procédés littéraires de Jean de Haute-Seille, voy. *Romania*, II, 481 ss.

[5] Sur une addition du même genre, mais encore plus ridicule, faite par Jean à un autre conte, voy. *Romania*, l. l.

justice ; enfin il a donné à la mort du jeune homme un motif nouveau, qui prête au récit, à l'insu de l'auteur, un caractère tout à fait *moyen âge*. Voici ce conte, traduit sur le texte latin [1] : « Un roi des Romains marchait un jour avec son armée contre les ennemis, qui avaient envahi la plus grande partie de son royaume. Il traversa un village où habitait, avec son fils unique, dans une maisonnette, une pauvre veuve, qui de tous les biens de la terre ne possédait qu'une poule. Comme l'armée passait devant sa porte, le fils du roi, qui, suivant l'usage des jeunes nobles de son âge, portait sur son poing un épervier, le jeta sur la poule de la veuve, et l'épervier l'eut bientôt broyée sous ses ongles recourbés : le fils de la veuve, accourant au secours, frappa l'oiseau de proie de son bâton et le tua raide. Le fils du roi entra dans une violente fureur, et, pour venger son épervier, il perça de son épée le fils de la veuve. La voilà donc privée de son fils unique et dépouillée du seul bien qu'elle possédait. Que faire ? Elle courut après le roi, l'atteignit, et avec force larmes et sanglots, elle lui demanda de venger son fils injustement tué. Le roi, dont le cœur était bon et pitoyable, s'arrêta un instant, et dit doucement à la vieille d'attendre qu'il fût revenu de la guerre : Alors, dit-il, je vengerai volontiers ton fils. Mais la veuve : Et si tu es tué dans cette guerre, qui le vengera ? — Je te renvoie, dit-il, à celui qui me succédera. — Et quelle récompense en recevras-tu, dit-elle, si un autre venge celui qui a été tué sous ton règne ? — Aucune. — Fais donc toi-même ce que tu aurais laissé à un autre, pour mériter la reconnaissance des hommes et la récompense des dieux. Le roi, touché de ce discours, différa son départ et revint à la ville. Mais quand il sut que c'était son fils qui était le meurtrier : Je pense, dit-il à la mère, que ta poule est suffisamment payée par l'épervier. Quant à ton fils, pour te

---

[1] Il faut remarquer que cette histoire est racontée pour engager le roi à ne pas faire périr son fils accusé, mais à tenir compte à la fois, comme le fit Trajan, de la justice et de l'amour paternel. C'est dans une intention semblable qu'elle est rapportée (ainsi que celle de Zaleucus) dans la *Moralité* dont j'ai donné les vers plus haut. Ainsi l'esprit qui avait inspiré cette forme particulière de l'histoire s'en était presque tout à fait éloigné, depuis qu'on avait représenté l'empereur cédant aux prières de la veuve et faisant grâce à son fils de la peine capitale.

donner satisfaction, je te laisse le choix entre deux choses : ou je mettrai mon fils à mort, ou, si tu préfères qu'il vive, je te le donnerai au lieu du mort, pour t'honorer comme mère, t'adorer comme reine, te craindre comme maîtresse et te servir jusqu'à la fin de tes jours. Tu décideras. Elle, considérant qu'il lui valait mieux prendre le second parti, reçut le jeune homme comme fils; elle quitta sa cabane pour un palais; elle changea ses pauvres habits pour des robes de pourpre. Quant au roi, après avoir fait justice, il marcha contre ses ennemis[1]. »

Cette version a subi en Allemagne une nouvelle et curieuse déviation. Déjà dans les contes que nous venons de parcourir, l'esprit du récit primitif était singulièrement changé : le jugement, qui, à l'origine, était seulement indiqué, avait pris l'importance prépondérante: le merveilleux n'était plus qu'un empereur, pour rendre justice à une pauvre femme, s'arrêtât avec toute son armée déjà en marche, mais bien qu'un souverain condamnât à mort son propre fils coupable de meurtre. Dès lors, la première partie pouvait et devait tomber; la seconde était exposée à se confondre avec des récits analogues. Ce fut ce qui arriva : d'après Enenkel, le fils de Trajan avait, non pas tué le fils de la veuve, mais déshonoré sa fille; l'empereur le condamna à mort; en vain la veuve demanda sa grâce, en vain les conseillers du prince se joignirent à elle : « Rien ne doit porter atteinte, dit-il, à ma réputation de justice. Mais un homme aveugle ne peut être mis à mort; je consens à ce que mon fils soit seulement privé de la vue. » Il ajouta ensuite : « Mon fils et moi ne faisons qu'une chair; puisque le coupable doit perdre deux yeux, il est permis de partager la peine entre nous. » Et, ayant fait crever un œil à son fils, il s'infligea le même supplice. — On a depuis longtemps[2] reconnu la confusion qui s'est introduite dans ce récit : Enenkel a mêlé avec l'histoire de Trajan et de la veuve celle de Zaleucus, le législateur des Locriens, qui, ayant porté contre l'adultère la peine de l'aveuglement, ne voulut pas, malgré les prières du peuple, y sous-

---

[1] *Dolopathos*, éd. Oesterley, p. 62. — La traduction de Herbert (*Li Romans de Dolopathos*, éd. Brunet et de Montaiglon, v. 7682-7850) n'ajoute ni ne change rien d'essentiel au récit original.

[2] Massmann, *Kaiserchronik*, III, 755.

traire son fils, mais consentit à la diminuer en la partageant avec lui[1]. Un compilateur qui avait sous les yeux le récit d'Enenkel et le texte de la *Kaiserchronik*[2] a résumé le premier avant de rapporter le second[3].

Parmi les traits plus ou moins semblables à celui qu'on attribue à Trajan qui se retrouvent dans différentes littératures[4], il en est plus d'un sans doute qui a pour source l'histoire même qui nous occupe; mais l'étude de ce point nous entraînerait trop loin de notre sujet, sans nous fournir de résultats vraiment dignes d'attention[5].

[1] Voyez, sur les différents auteurs qui ont rapporté cette histoire, la note de M. Oesterley sur le n° 5o des *Gesta Romanorum*.

[2] C'est l'auteur du ms. de Gotha (xiv° s.) de la chronique de Repgow : «Trajânus was ên sô reht rihtêre dat he durch dat reht eme selven ên ôge ût brac, und sîneme sone ên» (Massmann, *Kaiserchr.* III, 755).

[3] Le rapprochement des histoires de Trajan et de Zaleucus s'est fait plus d'une fois : la *Moralité* citée plus haut mentionne le second immédiatement après le premier. On représentait volontiers, dans les salles de jugement, l'action du législateur locrien comme celle de l'empereur romain; de là la singulière confusion de Van Mander, qui, décrivant les peintures de Roger de le Pasture à Bruxelles, substitue l'une à l'autre, et prétend qu'on voit «un père et son fils, auxquels on crève un œil» (Pinchart, p. 10; Kinkel, p. 346).

[4] Massmann cite une anecdote rapportée par Nicéphore à Héraclius, une autre attribuée au comte Lédéric de Flandre, une autre dont on fait honneur à un grand vizir. Sur l'anecdote relative à Saladin, indiquée par Nannucci, *Manuale*, t. I, p. 76, voy. ci-dessous, p. 288, note 3. — L'histoire de Basanus et de son fils, racontée par Trithème dans le faux Hunibald, est certainement une simple imitation de celles de Trajan et de Zaleucus.

[5] Massmann comprend (et M. Oesterley après lui) parmi les variantes de notre histoire celle qui fait le sujet du n° 309 du *Libro de los Enxemplos*; mais il y a là une confusion manifeste : cette histoire est celle que Godefroi de Viterbe et d'autres auteurs cités par Massmann lui-même (*Kaiserchr.*, t. III, p. 1084) attribuent à Otton III, et qui n'a que très-peu de rapport avec la nôtre. Cette histoire a aussi été peinte dans des salles de justice (voy. Kinkel, p. 339). — Une autre anecdote dont Otton III est le héros (Grimm, *Deutsche Sagen*, n° 478) commence comme la nôtre, mais a un développement tout différent.

II

TRAJAN ET SAINT GRÉGOIRE.

Revenons au récit le plus simple et le plus ancien. Il ne nous est parvenu qu'enveloppé dans une autre légende. On raconte que le pape saint Grégoire le Grand (590-604), en se rappelant l'acte de justice de Trajan, fut saisi d'une profonde douleur à la pensée qu'un homme si vertueux était damné. Il pleura et pria longtemps pour lui, et une voix d'en haut lui annonça, dans une vision, que Dieu avait exaucé sa prière pour Trajan, mais qu'il se gardât bien désormais de prier pour d'autres que pour des chrétiens. Ce sont les biographes de Grégoire qui, en nous racontant cette histoire, nous font connaître le trait de la vie de Trajan qui avait tant ému le pape.

Nous possédons, en comptant celle de Bède, trois vies de saint Grégoire [1], qui ont toutes pour source principale une « légende », composée, sans doute peu de temps après sa mort, pour l'usage des Églises anglo-saxonnes, qui lui devaient leur existence. Cette légende est perdue : elle a été d'abord utilisée par Bède (735), qui a inséré dans son *Historia ecclesiastica Anglorum* une véritable biographie de saint Grégoire; l'ouvrage de Bède a fourni le fond de la *Vie* rédigée vers 760[2] par Paul, fils de Warnefrid, connu sous le nom de Paul Diacre. Enfin, vers l'an 880, un diacre romain, nommé Jean[3] et surnommé Hymonide, composa une *Vie* beaucoup plus étendue, à la prière du pape Jean VIII. Ce pape avait remarqué avec étonnement que saint Grégoire n'avait pas trouvé de biographe dans l'Église romaine, tandis que les Saxons et les Lombards,

---

[1] La *Vie* publiée par Canisius (*Lectiones antiquæ*, éd. Basnage, t. II, p. III, p. 256) ne compte pas : ce n'est qu'un sec abrégé de celle de Jean.

[2] C'est une œuvre de la jeunesse de Paul (voy. Bethmann, dans l'*Archiv* de Pertz, X, 303).

[3] C'est par suite d'une confusion que M. R. Reuss (*Rev. crit.*, 1872, t. II, p. 283) fait de Jean un moine du Mont-Cassin. La même erreur se trouve dans Gregorovius, *Geschichte der Stadt Rom*, 2ᵉ éd. t. II, p. 93,

peuples, l'un si éloigné, l'autre si ennemi de Rome, possédaient des vies du pontife romain écrites pour leurs Églises. Ce fut pour combler cette lacune que Jean composa sa vie en quatre livres ; il put puiser pour l'écrire dans les archives pontificales ; mais il n'y trouva que des lettres ou des actes de Grégoire : il ne put ajouter aucun document réellement biographique à la légende saxonne et à l'opuscule de Paul.

La légende anglaise contenait l'histoire des prières pour Trajan et du fait qui les avait provoquées. Jean le dit expressément : « Legitur penes easdem Anglorum ecclesias[1]. » Bède l'avait donc lue, mais, la jugeant sans doute fabuleuse et dangereuse, il l'a omise. Elle figure cependant dans les diverses éditions de l'ouvrage de Paul, qui n'avait d'autre source que Bède ; mais, comme l'a montré M. Bethmann[2], toute la partie où elle se trouve est une interpolation postérieure. D'où provient cette interpolation, qui remonte au moins au XIe siècle, puisqu'elle se lit dans un grand nombre de manuscrits du XIIe? Elle peut avoir deux sources : ou la légende saxonne (que Paul n'avait connue que par l'extrait de Bède), ou la *Vita* de Jean. M. Bethmann croit que c'est la légende saxonne qui en a fourni le fond, et plusieurs circonstances rendent cette opinion à peu près assurée. En ce qui concerne notre anecdote, l'ouvrage de Jean et l'interpolation pratiquée dans le livre de Paul nous offrent donc deux dérivations indépendantes de cette légende, aujourd'hui perdue. Je vais, comme je l'ai fait pour la partie relative à Trajan, donner en regard l'une de l'autre les deux rédactions qui la représentent :

PAUL.	JEAN.
Cum quadam die per forum Trajani, quod opere mirifico constat esse constructum, procederet, et insignia misericordiæ ejus conspiceret, inter cetera memorabile illud comperit quod, etc.	Gregorius per forum Trajani, quod ipse quondam pulcherrimis ædificiis venustarat, procedens, judicii ejus, quo viduam consolatus fuerat, recordatus atque memoratus est, etc.
. . . .	. . . .
Cujus rei gratia compunctus	Hujus ergo mansuetudinem ju-

---

[1] *AA. SS. Mart.*, II, 153.
[2] *Archiv* de Pertz, *l. l.*

venerabilis pontifex cœpit lacrymosis gemitibus secum inter verba precantia hæc, siquidem prophetica et evangelica, evolvere oracula : Tu, Domine, dixisti : *Judicate pupillo, defendite viduam, et venite et arguite me; dimittite et dimittetur vobis.* Ne immemor sis (quæso peccator ego indignissimus), propter nomen sanctissimæ gloriæ tuæ, (et) fidelissimæ promissionis tuæ in hujus devotissimi viri facto. Perveniensque ad sepulcrum beati Petri apostoli, ibidem diutius oravit et flevit;

atque veluti gravissimo somno correptus in extasi mentis raptus est, quo per revelationem se exauditum discit, et ne ulterius jam talia de quoquam sine baptismate sacro defuncto præsumeret petere promeruit castigari[1].

dicis asserunt Gregorium recordatum....................

...ad sancti apostoli basilicam percoluisse, ibique tam diu super errore clementissimi principis deflevisse, quousque responsum sequenti nocte cepisset:

...se pro Trajano fuisse auditum......... tantum pro nullo ulterius........ pagano...... preces effunderet[2].

Ce sont probablement les dernières paroles du texte de Paul, mal interprétées, qui ont donné lieu à un développement postérieur de la légende. D'après un manuscrit du Vatican[3], qui rapporte cette histoire sous le nom (certainement feint) du diacre Pierre, le meilleur ami de Grégoire, et d'un diacre Jean, dont le nom est sans doute emprunté au biographe plus jeune de deux siècles, Grégoire aurait raconté lui-même qu'un ange lui avait annoncé qu'en punition de son intervention indiscrète, quoique heureuse, il souffrirait dans son corps (de fièvres et de maux d'estomac) jusqu'à la fin de ses jours. Ce récit existait certainement à une époque ancienne, puisque la *Kaiserchronik,* au XII° siècle, l'a reproduit

---

[1] *AA. SS. l. l.* 135.

[2] *AA. SS. l. l.* 153.

[3] Ce ms., découvert et cité par Chacon, portait de son temps la cote *Plut.* III, n° 153. Il contenait les *Dialogues* de Grégoire, et la note censée rédigée par Pierre et Jean était écrite sur la dernière page. Baronius, qui la déclare avec raison bien postérieure au VII° siècle, n'indique pas la date de l'écriture. Cette note ne mentionne notre légende qu'en passant; elle a réellement pour but de faire croire à certains privilèges obtenus du ciel par Grégoire pour la paroisse de Saint-André.

dans son style archaïque et naïf : l'ange qui annonce à Grégoire que Dieu est prêt à exaucer son vœu le laisse encore libre d'y renoncer; s'il y persiste, il sera frappé de « sept maladies » et il mourra bientôt. Grégoire accepte de payer la rançon de Trajan; alors l'âme de l'empereur sort de la tombe où elle était chargée de liens, aux cris de fureur des démons; elle est remise à Grégoire, qui s'en fait le gardien jusqu'au jour du jugement dernier. Bientôt après, les maladies annoncées le saisissent, et il ne tarde pas à mourir. Dans la *Légende dorée*, nous retrouvons la punition de Grégoire, mais elle n'est pas facultative, non plus que dans le récit attribué à Pierre et à Jean; l'ange donne seulement au pape le choix entre deux genres de châtiment : ou un état constant de maladie jusqu'à sa mort, ou deux jours de purgatoire; il n'hésite pas à choisir la maladie [1]. Ce choix n'est pas marqué dans le récit de Godefroi de Viterbe, et la punition est autre :

> Angelico pulsu femur ejus tempore multo
> Claudicat, et pœnæ corpore signa tenet.

L'histoire de la rédemption de l'âme de Trajan par les prières de Grégoire ne nous est pas connue seulement par les deux biographies de Jean et de Paul : un autre témoignage, apparemment plus ancien, nous atteste et son antiquité et sa diffusion. L'auteur grec d'un traité attribué à tort à saint Jean Damascène, mais qui n'est sans doute pas beaucoup plus récent, nous rapporte que Grégoire adressa au Dieu miséricordieux des prières ardentes pour la rémission des péchés de Trajan, et qu'il entendit aussitôt une voix divine lui dire : « J'ai exaucé tes prières, et je pardonne à Trajan; mais garde-toi dorénavant de m'implorer pour des impies. » L'auteur ajoute : « Que ce soit là un fait réel et à l'abri de toute contestation, c'est ce qu'attestent l'Orient et l'Occident tout en-

---

[1] Ce trait se retrouve dans le *Catalogus sanctorum* de Pierre de Natalibus (III, 192) : *aut biduo in purgatorio cruciari, aut in vita sua infirmitatibus fatigari*. Il est reproduit dans les *Fiori di filosofi*, mais il n'a pas passé dans le *Novellino*; il est indiqué dans le Commentaire de Dante connu sous le nom de l'*Ottimo*. L'anonyme de Florence ne parle que d'un jour de purgatoire, Buti que d'une heure.

tier[1]. » Faut-il croire que l'auteur grec avait lu la légende saxonne? Il est beaucoup plus probable, d'après les termes mêmes dont il se sert, qu'il connaissait par la tradition l'intercession extraordinaire de Grégoire. S'il en est ainsi, il nous fournit pour cette histoire une seconde source, indépendante de la première[2].

Quoi qu'il en soit, cette histoire fut accueillie avec faveur, pendant tout le moyen âge, par les historiens et même par beaucoup de théologiens. C'est le plus souvent à propos de Grégoire le Grand qu'est raconté ce trait de la mansuétude et de la justice de Trajan, qui excita à un si haut degré son admiration et sa pitié. Sigebert de Gembloux se contente de rappeler brièvement la délivrance opérée par Grégoire; mais la plupart des auteurs que j'ai cités plus haut à propos de Trajan encadrent l'un des récits dans l'autre ou mentionnent l'un à propos de l'autre. C'est le cas pour la *Kaiserchronik*, Godefroi de Viterbe, Jean de Salisbury, les *Annales Magdeburgenses*, Hélinand, reproduit par Vincent de Beauvais, *Girart de Roussillon*, les *Fiori di filosofi*, le *Novellino*, Dante[3] et ses commentateurs, Bromyard, et sans doute beaucoup d'autres ouvrages pieux et historiques qui n'ont pas encore été cités. Quelques-uns de ces textes ajoutent diverses circonstances,

---

[1] *S. Joann. Damasc. opp.*, éd. Migne (t. XCV), col. 261. L'inauthenticité du traité *Sur ceux qui se sont endormis dans la foi* a été démontrée par Léon Allatius et, après lui, par l'auteur des *Dissertationes damascenicæ*, reproduites dans le tome XCIV de la *Patrologie grecque* de Migne.

[2] C'est probablement au prétendu Jean Damascène que l'histoire a été empruntée par l'*Euchologe grec* que cite Baronius : « De même que tu as délivré Trajan de sa peine par l'ardente intercession de ton serviteur Grégoire, écoute-nous, qui t'implorons non pour un idolâtre, » etc. Un grand nombre de passages d'écrivains grecs, réunis par Preuser dans l'ouvrage qui sera cité tout à l'heure, ont aussi pour unique base le passage du traité attribué à Jean de Damas. Hugo d'Eteria (*De anima corpore exuta*, c. xv) a, bien que Latin, emprunté cette histoire à la tradition grecque. C'est ce qui ressort de la façon dont il raconte, et surtout de ses derniers mots : *Quærite, si placet, apud Græcos; græca certe omnis testatur hæc ecclesia* (Migne, *Patr. lat.* t. CCII, p. 200). Cet écrivain a d'ailleurs vécu longtemps à Constantinople et connaissait à fond les théologiens grecs. S. Thomas aussi s'appuie sur S. Jean Damascène.

[3] « Del roman prince, lo cui gran valore mosse Gregorio alla sua gran vittoria, » dit-il dans le passage cité plus haut (Cf. ci-dessous, p. 285.)

qui nous offrent le développement à la fois logique et puéril de la donnée légendaire.

La *Chronique des Empereurs* semble déjà dire que saint Grégoire fit ouvrir le tombeau de Trajan (voyez ci-dessus): l'imagination du moyen âge devait naturellement se demander dans quel état on avait trouvé le corps[1]. D'après un récit que nous connaissons, non pas sans doute dans sa forme originale, qui était certainement latine[2], mais par la rédaction allemande de la *Chronique de Cologne* et la rédaction italienne des *Fiori di filosofi*, source de celle du *Novellino*, quand on ouvrit la tombe, « la langue, dit la *Chronique*, était encore chair et sang, » « signe, dit le texte italien, qu'il avait parlé justement : » — « mais, ajoute la *Chronique* allemande, quand elle eut été à l'air, elle redevint poussière[3]. » Cette histoire forme le sujet du second tableau relatif à notre légende, exécuté par Roger de le Pasture et reproduit sur la tapisserie de Berne : d'un côté saint Grégoire est en prières, de l'autre on trouve le crâne de Trajan, où la langue est encore pleine et fraîche. L'inscription latine s'exprime ainsi :

Cum beatus papa Gregorius rem tam difficilem a Deo suis precibus impetrare meruisset, corpus Trayani jam versum in pulverem reverenter detegens, linguam ejus quasi hominis vivi integram adinvenit, quod propter justiciam quam lingua sua persolvit pie creditur contigisse[4].

Les mêmes scènes étaient sans doute représentées à l'hôtel de ville de Cologne (voyez ci-dessus, p. 269); au-dessous, d'après la *Chronique*, était écrit ce vers que prononçait Trajan :

Justus ego baratro gentilis salvor ab atro[5].

On devait aller plus loin : du moment que Trajan avait

[1] Bien entendu on ne savait pas que le sépulcre pratiqué sous la colonne Trajane n'avait contenu que des cendres et non un cadavre. Tant le souvenir de l'antiquité avait complètement disparu!

[2] Au moins n'oserais-je pas affirmer que cette forme primitive fût celle que donne l'inscription de Berne.

[3] La *Chronique* est citée dans Massmann, *l. l.*; les deux textes italiens se trouvent dans le *Manuale* de Nannucci, *l. l.*

[4] Kinkel, p. 364.

[5] Notons que, d'après le témoignage de Salmeron et de Chacon (voy. ci-dessous), l'intercession de Grégoire était représentée sur un retable de l'église consacrée, à Rome, à ce saint.

conservé sa langue, ce devait être pour s'en servir. D'après plusieurs commentateurs de Dante, on avait par hasard[1] ouvert une tombe inconnue : on y trouva, parmi des ossements, un crâne dans lequel la langue était encore fraîche ; conjurée par le pape Grégoire, elle se mit à parler, à dire qu'elle avait appartenu à Trajan, et à raconter sa justice, en demandant au pape de prier pour lui. Telle fut, d'après cette légende, qui s'éloigne sensiblement du point de départ, l'occasion des prières du pape. « Ita fabulas, dit Baronius, fabulis addidere, ut ridiculum etiam illud demum sit superadditum de Trajani cranio cum vivida adhuc lingua reperto, qua ipse suam miseriam deplorans ad commiserationem sanctum Gregorium movit. »

L'auteur des *Annales de l'Église*, on le voit, parle avec grand mépris de ces fables du moyen âge ; il est d'ailleurs absolument hostile à la légende elle-même. Rien n'est plus naturel, et ce qui surprend, au contraire, c'est que des théologiens aient laissé passer et même répété un récit qui est directement contraires à deux dogmes fondamentaux de l'Église : l'un que les infidèles sont damnés, l'autre qu'il est défendu de prier pour les damnés. Dès les plus anciens temps, il faut le constater, des objections s'étaient produites. La légende saxonne n'en élevait aucune : elle racontait naïvement cette histoire bizarre et touchante. Mais le diacre Jean en sentait les difficultés, et la manière dont il en parle prouve que ce trait de la vie de Grégoire, profondément oublié à Rome lorsqu'il le raconta d'après la légende saxonne, y avait rencontré des doutes et des scrupules : « Tandis que personne à Rome ne doute des miracles précédents[2], dit-il, cet endroit de la légende saxonne

---

[1] C'est ce que disent Buti (éd. Giannini, t. II, p. 234) et J. della Lana (voyez ci-dessus, p. 271). D'après l'*Ottimo* (Pisa, 1826, II, 161), c'était l'empereur Maurice qui avait donné ordre d'ouvrir le tombeau. Le même conte a été inséré par Bernardino Corio dans son *Histoire de Milan* (1503), et c'est par cet ouvrage que l'a connu Chacon (voy. ci-dessous) et, à travers lui, Baronius.

[2] L'Église romaine, on l'a vu, ne possédait aucune biographie de Grégoire ; celle de Bède, qu'on connaissait à Rome par le *rifacimento* de Paul Diacre, avait supprimé tous les miracles racontés dans la légende saxonne ; en sorte que Jean, qui les reprenait dans cette légende, était le premier à les faire connaître à Rome.

où on raconte que l'âme de Trajan fut, par les prières de Grégoire, délivrée des tourments de l'enfer, n'est pas cru de tous; on fait surtout remarquer que le grand docteur enseigne au quatrième livre de ses *Dialogues* que la même raison empêchera les saints, au jugement dernier, de prier pour les damnés qui empêche aujourd'hui les fidèles de prier pour les infidèles défunts, et que celui qui parle ainsi n'aurait certainement jamais songé à prier pour un païen. On ne fait pas attention que la légende ne dit pas que Grégoire pria pour Trajan, mais seulement qu'il pleura. Or, sans qu'il ait prié, ses larmes ont pu être exaucées... Il faut encore noter que la légende ne dit pas que par les prières de Grégoire l'âme de Trajan ait été délivrée de l'enfer et mise dans le paradis, ce qui paraît absolument incroyable, puisqu'il est écrit : *A moins que l'homme ne renaisse de l'eau et de l'Esprit-Saint, il n'entrera pas dans le royaume des cieux*. On dit simplement que l'âme fut délivrée des tourments de l'enfer, ce qui peut paraître croyable. Une âme peut être dans l'enfer, et, par la grâce de Dieu, ne pas en sentir les tourments; de même dans l'enfer c'est un seul et même feu qui embrase tous les damnés, mais, par la justice de Dieu, il ne les brûle pas tous également : car autant la faute de chacun est grave, autant sa peine est douloureuse. » Des deux atténuations de Jean, la première est peu sérieuse et manque même de bonne foi : dans son texte, il est vrai, on lit simplement *flevisse*, tandis que le texte attribué à Paul, plus fidèle sans doute à la légende saxonne, porte *oravit et flevit;* mais il rapporte lui-même que l'ange avertit Grégoire « de ne plus *prier* pour un païen [1]. » Quant à l'idée que l'âme de Trajan avait obtenu par l'intercession de Grégoire non pas une grâce entière, mais une commutation de peine, elle est évidemment contraire à l'esprit de la légende, et à l'interprétation qu'elle a reçue généralement au moyen âge, mais elle peut se défendre suivant la lettre et elle a été admise par quelques auteurs. Le rédacteur des *Annales Magdeburgenses*, par exemple, l'a précisée encore plus que le diacre romain : « Je ne voudrais pas, dit-il, affirmer que cette intervention ait valu à Trajan le salut complet; je pense seu-

---

[1] D'ailleurs, comme l'ont fait remarquer plusieurs théologiens, on prie avec le cœur et non avec les lèvres.

lement que, grâce aux larmes de Grégoire, il a obtenu une peine plus douce. »

Ce ne fut pas toutefois la seule tentative qu'on fit pour conserver le récit légendaire sans porter atteinte à la pureté de la foi. « La peine de Trajan, dit l'un[1], avait dès l'origine été conditionnelle ; Grégoire n'a pas sauvé un damné, mais mis à un supplice temporaire le terme prévu. » C'est n'expliquer rien : car comment un homme non baptisé pouvait-il ne pas être damné pour l'éternité ? — « La peine de Trajan, par l'intercession de Grégoire, fut seulement suspendue jusqu'au jugement dernier. » Cette hypothèse paraît avoir été celle qu'a suivie la *Chronique des Empereurs* (voy. plus haut); elle est ingénieuse, mais elle ne résout pas la question : au jugement dernier que deviendra l'âme[2] ? — Enfin la plus heureuse, quoique la plus hardie des explications, fut donnée par un théologien inventif, Guillaume d'Auxerre († 1230) : « Nul ne peut, dit-il, être sauvé s'il n'est baptisé ; mais ce fut précisément ce que saint Grégoire obtint pour Trajan : à sa prière, il revint à la vie, son âme rentra dans son corps, Grégoire le baptisa, et l'âme, quittant de nouveau son enveloppe terrestre, monta droit au ciel[3]. » Ainsi tout était concilié. Saint Thomas d'Aquin ne s'en tint pas là : il fallait aux prières de Grégoire joindre quelque mérite personnel de Trajan, et tant qu'il était païen, il n'avait pu mériter : il admit donc que l'âme de Trajan anima un nouveau corps, qui, une fois baptisé, vécut chrétiennement et mérita le paradis[4]. Dante, qui vit l'âme de Trajan

---

[1] S. Thom. Aqu. *Quaest. disput.* VI, 6 (éd. Fretté, t. XIV, p. 463).

[2] Saint Thomas d'Aquin, auquel cette question de l'âme de Trajan a donné beaucoup de mal, et qui en a proposé des solutions contradictoires, semble bien dire à un endroit (*Ad libr. IV Sent.* XLV, 2, 2; éd. Fretté, t. XI, p. 372) qu'après le jugement dernier l'âme de Trajan sera rendue aux enfers. Ce n'était presque pas la peine d'un miracle.

[3] Voy. Chacon, p. 18. Toutes ces explications atténuantes sont réunies dans la *Légende dorée*. L'âme seule aurait été baptisée, d'après une des solutions de saint Thomas, adoptée par saint Vincent et saint Antonin.

[4] Voy. l'endroit cité dans la n. 2. C'est une opinion qui, d'après Preuser, a été admise par plusieurs théologiens. Ceux qui rejettent la légende ont fait remarquer, non sans raison, que cette résurrection et cette seconde vie de Trajan auraient fait quelque bruit à Rome, et que Grégoire lui-même en aurait sans doute parlé dans ses lettres.

formant, avec d'autres, le sourcil de l'aigle qui vole devant Jupiter (*Parad.* XX, 43), a exposé à sa manière le système du docteur angélique. Ainsi l'imagination, dirigée par la logique, indifférente à la réalité, — c'est la vraie scolastique, — s'exerça sur ce sujet pendant des siècles, et déposa autour du simple noyau primitif ses cristallisations bizarres.

Sans s'embarrasser de ces subtilités, on admit généralement, au moyen âge, que l'âme de Trajan était sauvée, par les prières de saint Grégoire[1] et en considération de sa justice [2]. Si quelque esprit réfléchi s'étonnait de la contradiction infligée par une pareille croyance à la doctrine catholique, les âmes pieuses se contentaient facilement des réflexions par lesquelles l'interpolateur de Paul termine son récit. « Le plus sûr est de voir ici un acte de la justice et de la puissance divine, qu'il faut vénérer et non pas discuter[3]. » Les Bollandistes se sont approprié ces paroles et ont respecté le mystère.

Il n'en avait pas été ainsi de la théologie du xvie siècle. Je ne sache pas que les protestants aient alors touché à la question ; ils se seraient sans doute bornés à tourner en ridicule ce qu'ils auraient traité de fable papiste : car, moins encore que les catholiques, ils pouvaient admettre le salut d'un païen, surtout obtenu par des prières[4]. Mais les organes officiels de cette

---

[1] On avait même profité de cette croyance pour l'exploiter. Ochino, dans le 23e de ses *Apologi*, nous montre un charlatan vendant une prière de Grégoire le Grand qui, chaque fois qu'on la récite, tire une âme de l'enfer, et s'appuyant pour prouver son dire sur l'histoire de l'âme de Trajan. Ce conte, mentionné par Preuser, se trouve à la page 31 de la version allemande d'Ochino par Wirsing (1559, in-4°) ; je n'ai pu voir l'original italien.

[2] Sainte Brigitte de Suède († 1373) eut une *révélation* qui lui confirma le salut de l'âme de Trajan. Une visionnaire plus ancienne, sainte Mathilde († vers 1160), avait entendu Dieu lui dire qu'il ne voulait pas révéler aux hommes le sort de cette âme, non plus que de celles de Samson, de Salomon et d'Origène. Rolewink (*Fasciculus temporum*, éd. Pistorius, p. 40) fait sur ces révélations et d'autres semblables, qu'il avait entendu raconter, des réflexions assez curieuses. Chacon cite ces témoignages comme démontrant la légende, et ils embarrassent quelque peu Baronius.

[3] Les phrases qui précèdent celle-là, sur les doutes auxquels l'histoire peut donner lieu, sont, dans le texte des Bollandistes, inintelligibles et sans doute altérées.

[4] Salmeron parle, au début de sa dissertation, des railleries des hé-

théologie à moitié rationaliste, qui marqua, vers la fin du xvɪᵉ siècle, la renaissance de l'Église romaine, se prononcèrent énergiquement contre l'authenticité du miracle attribué à saint Grégoire. Ils y furent provoqués par une tentative en sens contraire, qui sembla sans doute dangereuse : en 1576, le savant Alphonse Chacon [1], connu, entre autres travaux d'érudition, par une monographie de la colonne Trajane que l'on consulte encore avec profit, publia à Rome un livre exprès pour démontrer que l'âme de Trajan était sauvée. Chacon avait été précédé par un autre Espagnol, Salmeron, l'un des douze premiers compagnons d'Ignace de Loyola, qui, dans le tome XIV de ses *Dissertations théologiques* [2], en a une spéciale (xxvɪɪ) sur ce sujet. Salmeron et Chacon s'intéressaient à l'âme de Trajan comme à celle d'un compatriote. La thèse du premier passa inaperçue, mais le petit livre de Chacon, où pour la première fois était cité le prétendu témoignage des diacres Pierre et Jean, fit du bruit [3]. Ce fut à cause de cet écrit que Baronius se crut obligé de détruire de fond en comble la légende que le monde chrétien avait acceptée depuis près de mille ans [4]. Bellarmin ne mit pas moins d'ardeur à soutenir la même thèse, et cet accord indique qu'à Rome on était gêné par ce récit, et on voulait s'en débarrasser. Quand on a lu les deux grands théologiens du catholicisme moderne [5], quand

rétiques à ce sujet, mais il n'en cite aucun. Il est peu probable qu'il fasse allusion à l'apologue d'Ochino.

[1] Le livre de Chacon sur l'âme de Trajan, comme celui sur la colonne Trajane, ayant paru (en latin) en Italie, il est appelé sur le titre *Ciacconus*, d'où l'on a tiré le nom Ciacconi ou Ciaccone, qu'on lui donne souvent à propos de ces livres. Sa dissertation porte le titre suivant : *Historia ceu verissima a calumniis multorum vindicata, quæ refert Trajani animam precibus divi Gregorii a Tartareis cruciatibus ereptam*. Elle a 22 pages in-folio et est dédiée à Grégoire XIII.

[2] Éd. de Madrid, 1597-1602. Mais il doit y avoir une édition antérieure, Salmeron étant mort en 1585. Chacon n'a pas connu son devancier.

[3] Une traduction italienne par le camaldule Fr. Pifferi parut à Sienne en 1595 (in-8°, 88 pages). Le traducteur, sur le titre et dans le corps de l'ouvrage, appelle l'auteur original Giaccone, faute qui a été souvent reproduite.

[4] *Annales*, éd. Luc., t. XI, p. 59 ss.

[5] La *Redargutio historiæ de anima Trajani... liberata, auctore Bernardo*

on y a joint la dissertation, d'ailleurs fort érudite, du protestant P. Preuser[1], on est bien convaincu que l'âme de Trajan n'a pas été délivrée par saint Grégoire, et qu'elle subit et subira éternellement dans l'enfer la peine de son infidélité.

III

ORIGINE DE LA LÉGENDE.

On a reconnu, il y a longtemps[2], que l'histoire de la veuve et de Trajan a pour source une anecdote rapportée par Dion Cassius à Hadrien : « Un jour, il rencontra dans la rue une femme qui lui adressa une requête; il lui répondit d'abord : Je n'ai pas le temps. Elle s'écria : Alors ne règne pas! Il se retourna et lui donna audience[3]. » Ce trait devait frapper le peuple; on en conserva le souvenir, mais on l'attribua bientôt à Trajan. Rien n'est plus fréquent que les substitutions de ce genre, et celle-ci s'explique sans peine. Hadrien

Bruscho, theologo Veronense (Vérone, s. a.), n'a pas d'intérêt; c'est une simple compilation de ce qu'ont dit les théologiens antérieurs. Parmi ceux qui, après Baronius et Bellarmin, se sont encore occupés de notre légende, il faut surtout citer le théologien français Noël Alexandre, qui l'a également réfutée en forme.

[1] *De Trajano imperatore precibus Gregorii magni ex inferno liberato* (thèse soutenue à Leipzig le 12 février 1710).

[2] Je ne sais quel érudit est le premier à l'avoir fait. Chacon signale déjà ce rapprochement, mais, convaincu de l'authenticité de l'histoire relative à Trajan, il est porté à croire que c'est par confusion ou malveillance que Dion l'a transportée, en l'altérant, à Hadrien.

[3] Dion, LXIX, 6. Il est curieux qu'un trait presque identiquement pareil soit raconté de Saladin. Voici comment le rapporte Reinaud (*Bibl. des Croisades*, IV, 318) : « Une autre fois, pendant qu'il délibérait avec ses généraux. une femme lui présenta un placet; il lui fit dire d'attendre. Et pourquoi, s'écria cette femme, êtes-vous notre roi, si vous ne voulez pas être notre juge? Elle a raison, répondit le sultan. Il quitta aussitôt l'assemblée, s'approcha de cette femme, et lui accorda ce qu'elle désirait. » Reinaud ne dit pas de quel auteur il tire cette anecdote, qui ne se trouve pas dans Beha-Eddin, comme on pourrait le croire par le contexte. M. Defrémery, qui a bien voulu s'assurer pour moi de ce point, pense cependant que l'histoire est authentique et puisée dans le récit d'un auteur contemporain. Sans cela on pourrait croire à un emprunt : Saladin, ainsi que Trajan, a été considéré comme un type de souverain justicier, et on sait que les chrétiens ont essayé aussi de croire au salut de son âme.

ne fut pas aimé : il ne savait pas se rendre populaire. Trajan, au contraire, laissa un souvenir incomparable de grandeur, de justice, et surtout de bonté. « Tout concourut à perpétuer le souvenir de sa bonté. A chaque nouvel avènement, on souhaitait au prince d'être *plus heureux qu'Auguste, meilleur que Trajan*... Ce type d'un prince équitable et puissant, que l'esprit construit à l'aide de quelques grands faits bien constatés, ne saurait suffire à l'imagination populaire. Elle invente, ou elle emprunte ailleurs des traits caractéristiques... Dès le IIIe siècle, on saisit autour de la personne de Trajan les traces d'un semblable travail. Tous les traits un peu remarquables *de bonté* lui sont attribués. Alexandre Sévère tire d'un conspirateur une vengeance généreuse accompagnée, dans l'exécution, d'une certaine espièglerie (Lampride, *Sev. Alex.* 48) : on en fait honneur à Trajan. Lampride discute la version populaire et montre qu'elle n'est pas fondée, mais il ne se cache pas qu'il est trop tard pour ébranler cette tradition déjà invétérée. On relève un trait d'équité dans la vie d'Hadrien, on l'embellit... alors il devient digne de Trajan [1]. » La substitution avait dû se faire de bonne heure, peut-être aussi anciennement que celle dont pouvait se plaindre Alexandre Sévère dès l'époque de Lampride.

Mais d'où provient la transformation qui a fait changer de caractère à cette anecdote, et qui l'a rendue invraisemblable et romanesque? Pourquoi s'est-on représenté Trajan à cheval, au milieu de ses généraux, partant pour une expédition, quand la suppliante le rencontre et l'arrête? Pourquoi a-t-on fait de cette femme une veuve? Pourquoi a-t-on raconté qu'elle demandait justice de la mort de son fils? C'est ce que pourra nous indiquer l'examen attentif de nos plus anciens textes. « Grégoire, dit la légende saxonne conservée dans l'ouvrage interpolé de Paul Diacre, passait un jour par le forum de Trajan, construit, comme on sait, avec une rare magnificence ; il regardait les marques de la bonté de cet empereur, et il prit connaissance entre autres de cette mémorable action, » etc. Le texte de Jean est moins précis, mais il a cependant conservé la circonstance essentielle : ce fut en

---

[1] C. de la Berge, *Essai sur le règne de Trajan*, p. 292.

passant par le forum de Trajan que Grégoire se ressouvint du plus beau trait de la vie de ce prince [1]. La tradition d'un bas-relief vu par Grégoire paraît d'ailleurs s'être conservée, car les *Annales Magdeburgenses* disent expressément : « In ejus foro ubi cuncta Trajani insignia facta expressa sunt, inter cetera hoc quoque mira cælatura depictum est. »

Ainsi, vers la fin du vi[e] siècle, et déjà sans doute plus anciennement, on croyait voir représentée, sur un monument du forum de Trajan, l'action dont on lui faisait honneur, au préjudice d'Hadrien. Entre l'action et la représentation, il fallait qu'il y eût un point commun, qui avait motivé cette opinion : ce point commun ne pouvait être que la rencontre de Trajan et d'une femme. Les traits propres à la représentation passèrent ensuite à l'histoire le plus naturellement du monde. Trajan, sur le bas-relief, était à cheval, entouré de troupes : c'est donc qu'il partait pour une expédition militaire, et qu'il avait arrêté sa marche pour rendre justice à la pauvre femme. Cette femme était éplorée, elle était à genoux peut-être, elle semblait profondément émue : ce devait être une veuve, ce

---

[1] Les paroles du traité grec attribuées à saint Jean Damascène sont fort obscures : οὗτός ποτε ἀνὰ τὴν λίθινον πορείαν ποιούμενος, καὶ οἷας ἐξεπίτηδες. Les traducteurs latins rendent τὴν λίθινον par *locum lapidibus stratum*, ce qui ne veut pas dire grand'chose. Hugo d'Eteria, qui suivait, comme on l'a vu (p. 281, n. 2), le texte grec, dit : *Hic aliquando per lapideum pontem quem Trajanus exstruxerat gradiens modicum tardato eundi officio ex industria*. Il semble donc que quelques mots comme γέφυραν ἣν ὁ αὐτοκράτωρ Τραϊανὸς κατεσκεύακεν soient tombés entre λίθινον et πορείαν. Godefroi de Viterbe parle aussi d'un pont (voy. ci-dessus, p. 263, n. 3), ce qui indique une source commune : il est vrai que ce pont est ici la scène de l'action de Trajan et non de l'émotion de Grégoire, mais cela revient à peu près au même. Salmeron et Chacon donnent, comme texte de Jean Damascène, *cum per forum Trajani, lapidibus stratum, iter faceret*. Ces deux auteurs ont-ils suppléé *ex ingenio* les mots *forum Trajani*? C'est peu probable, car ils sont indépendants l'un de l'autre. Il faut donc qu'ils aient eu sous les yeux la même traduction latine du traité attribué à Jean de Damas, mais dans cette traduction les mots en question étaient peut-être interpolés. Le pont dont il s'agit ici paraît d'ailleurs être le pont Saint-Ange, construit par Hadrien, et peut-être le texte grec nous a-t-il conservé une forme particulière du récit, où saint Grégoire aurait songé à Trajan en passant sur ce pont : il est probable que la tradition populaire attribuait à Trajan cet ouvrage fort admiré, dépouillant encore ici son successeur à son profit.

type éternel de la faiblesse innocente et persécutée, cet objet toujours rappelé de la protection comme de la violence; et qu'avait-on pu lui faire qui la jetât dans un tel état de désespoir, et lui fît demander justice avec tant d'ardeur, si ce n'est de lui tuer sans raison son fils unique? Ainsi la légende se constitue, par des procédés simples et pour ainsi dire nécessaires; ainsi Grégoire l'avait sans doute entendu raconter dans son enfance et se la rappelait naturellement en passant dans le forum où se dressait la colonne Trajane.

Le forum de Trajan paraît avoir existé en partie jusqu'au VIIIe siècle[1] ; la bibliothèque même et la basilique, à en croire des indices, à la vérité, quelque peu contestables, servaient encore du temps de Grégoire[2]. Dans cette œuvre colossale d'Apollodore de Damas, l'art gréco-romain avait fait un suprême effort et avait atteint son apogée : la décadence commença presque aussitôt. L'imagination de ceux qui voyaient pour la première fois cet ensemble unique de monuments somptueux en était tellement frappée que plusieurs témoignages d'admiration enthousiaste sont arrivés jusqu'à nous : « Constructions gigantesques, dit Ammien Marcellin, qu'on ne peut essayer de décrire, et que les efforts des mortels ne sauraient réaliser une seconde fois[3]. » — « Même quand on le voit constamment, s'écrie Cassiodore, le forum de Trajan est une merveille[4]. » Plusieurs médailles[5] nous en ont conservé le plan : nous savons qu'on y accédait par un arc triomphal. On a cru longtemps, mais à tort, que c'était cet arc qui avait été dépouillé des bas-reliefs qui ornent aujourd'hui l'arc de Constantin près du Colisée : c'est un autre monument, élevé aussi par Trajan, qui a subi ce traitement barbare[6]. Il est donc possible que la représentation qui nous occupe figurât sur l'une des faces intérieures de l'arc

---

[1] L'anonyme d'Einsiedeln, dont le ms. est de cette époque, le mentionne (Urlichs, *Codex topogr.*, p. 74).

[2] Fortunat, *Carm.* III, 23; Gregorovius, *Geschichte der Stadt Rom*, t. II, p. 85.

[3] XVI, 10.

[4] *Var.* VII, 6. — Voyez la description de ce forum, ainsi que les témoignages des anciens et l'indication des événements dont il fut le témoin, dans C. de la Berge, *Essai sur le règne de Trajan*, p. 93.

[5] Voy. C. de la Berge, *l. l.*

[6] Voy. C. de la Berge, p. 95.

en question; cependant, à vrai dire, il semble résulter des termes de la légende que saint Grégoire, quand il s'arrêta devant cette représentation, passait sur la place et non sous l'arc. On conserve au musée de Latran un bas-relief qui représente Trajan, accompagné de licteurs, adressant une allocution à des sénateurs [1]; ce bas-relief provient du *forum Trajani* et ne se trouvait certainement pas sur l'arc de triomphe. Il formait sans doute avec d'autres le revêtement d'un des murs qui entouraient l'*area Trajani* [2]. C'est là qu'il faut aussi chercher le bas-relief devant lequel s'arrêta saint Grégoire. Et que représentait-il? Sans doute l'empereur à cheval, et devant lui une province conquise, figurée par une femme agenouillée, implorant sa clémence. C'est un symbolisme dont l'art romain nous offre plus d'un exemple [3], notamment en ce qui concerne Trajan : nous avons plusieurs médailles de lui où la Dacie est figurée comme une femme dans diverses attitudes; l'une d'elles nous la montre même à genoux [4]. Qu'on se figure sur un bas-relief une scène dans ce genre; qu'on mette Trajan à cheval; qu'on l'entoure de ses principaux officiers et de ses troupes; qu'on oppose à toute cette grandeur, à cette puissance éclatante, la figure isolée, douloureuse, prosternée de la femme suppliante, et on aura la scène qu'interprétaient comme nous l'avons vu les Romains du vi[e] siècle. Plus d'un des tableaux de la colonne Trajane pourrait, en y changeant peu de chose, donner lieu à une interprétation semblable [5].

Ce n'est pas la première fois qu'on explique à peu près comme je viens de le faire l'origine de notre légende [6], mais

---

[1] Benndorf et Schœne, *Die antiken Bildwerke des lateran. Museums* (Leipzig, 1867), n° 28.

[2] Voy. C. de la Berge, *l. l.*

[3] On a de nombreuses médailles d'Hadrien, où une province, une nation vaincue, sont à genoux devant lui.

[4] Voy. Cohen, *Médailles impériales*, Trajan, n° 355.

[5] On peut encore comparer plusieurs médailles de Trajan où le cheval qu'il monte et qui galope va fouler aux pieds un Dace suppliant.

[6] «Il racconto di Trajano e della vedova, immortalato da Dante, esisteva già prima d'esser riferito a Trajano. Probabilmente però un bassorilievo d'arco trionfale rappresentante quell' imperatore trionfante a cavallo, e dinanzi a lui la provincia sottomessa, in sembianza di donna in ginocchio, fece attribuir quel racconto a Trajano.» Je suis presque

on ne s'est pas attaché autant qu'il aurait fallu à cette circonstance essentielle que Grégoire, d'après les anciens récits, en aurait vu le sujet représenté sur un monument du *forum Trajani*. M. de Rossi, grand connaisseur assurément de Rome antique et chrétienne, est tombé à ce propos dans une erreur qui me paraît évidente : parlant du bas-relief que Dante vit dans le Purgatoire et où était représenté Trajan écoutant la veuve, il ajoute : «Ce relief n'était pas imaginaire, mais réel; il ne se trouvait pas dans l'autre monde, il était sculpté sur un arc triomphal élevé presque en face du Panthéon d'Agrippa. C'est ce que nous indique l'auteur inconnu du petit livre intitulé *Mirabilia urbis Romæ,* et il en décrit l'aspect de telle manière que ce sont pour ainsi dire ses paroles versifiées que nous lisons dans la *Divine Comédie*. La sculpture qui faisait l'ornement de cet arc représentait certainement une nation vaincue suppliante, demandant merci à l'auguste vainqueur. L'imagination ignorante des hommes du moyen âge y crut voir la fameuse légende de Trajan, tout à fait digne d'être enregistrée, avec tant d'autres contes, dans le livre barbare des *Mirabilia*[1].» Il y a dans ces paroles plusieurs erreurs ou inexactitudes : la forme de la légende qu'offrent les *Mirabilia* n'est pas celle qu'a connue Dante (voy. ci-dessus), et une différence essentielle, qui aurait dû frapper le savant antiquaire, c'est que les *Mirabilia* représentent l'empereur sur un char; Dante, au contraire, d'accord avec toute la tradition, à cheval. En second lieu, M. de Rossi aurait dû faire attention que cette histoire n'apparaît pas dans les *Mirabilia* avant les manuscrits du xive siècle, où elle a été interpolée; j'ai d'ailleurs montré plus haut qu'elle appartient à un développement de la légende relativement récent. Ce texte dit, en effet, après avoir parlé des arcs de triomphe : «Sunt præterea alii arcus qui non sunt triumphales sed memoriales, ut est arcus Pietatis ante Sanctam Mariam Rotundam, ubi cum esset imperator paratus in curru,» etc. Mais quelle valeur peut avoir ce témoignage si

---

tout à fait d'accord avec ces paroles de M. Comparetti (*Virgilio nel medio evo*, II, 68); je ferai seulement remarquer que, d'après moi, le récit n'existait pas tel quel avant d'être attribué à Trajan; en outre, je ne pense pas que la scène ait été représentée sur un arc de triomphe.

[1] *Bullettino di corrispondenza archeologica*, 1871, p. 6.

récent, et, si je ne me trompe, absolument unique[1], en faveur d'un monument que l'interpolateur paraît avoir introduit là fort gauchement, et uniquement pour servir de prétexte à l'histoire qu'il voulait raconter? Remarquons, d'ailleurs, qu'il ne dit nullement que l'entretien de l'empereur (il ne sait même pas son nom!) et de la veuve ait été représenté sur cet arc prétendu; il dit que l'arc fut élevé en souvenir de cette action. Il n'y a donc pas lieu, à mon avis, de s'arrêter à la conjecture de M. de Rossi, et de faire des fouilles devant la Rotonde avec l'espoir de retrouver des vestiges de l'arc de la Piété et peut-être même le bas-relief décrit par Dante[2].

Une autre hypothèse, présentée par un écrivain fort distingué, mais parfois peu exact, est encore moins acceptable, bien qu'elle ait le mérite de nous ramener au forum de Trajan. « Le regard de Grégoire, dit M. Gregorovius en prétendant résumer la légende du viiie siècle[3], s'arrêta sur un groupe de bronze qui représentait Trajan à cheval, et devant lui une femme à genoux[4]. » Il n'est dit un mot, ni dans Paul ni dans Jean, d'un groupe de bronze, et le spirituel historien de la ville de Rome substitue un peu trop librement son imagination aux textes[5]. Ayant ainsi préparé le terrain, il recon-

[1] M. de Rossi dit en note qu'il parlera plus en détail de cet arc à une autre occasion; c'est une promesse que jusqu'à présent il n'a pas tenue.

[2] Notons qu'en parlant de « l'imagination des hommes du moyen âge », l'auteur semble donner à la légende une date trop moderne : elle remonte au moins au vi[e] siècle.

[3] « Au temps de Paul Diacre, qui raconte la légende, ainsi au viiie siècle, » dit ailleurs l'auteur. Il n'a pas distingué les éléments qui entrent dans la *Vita Gregorii* de Paul; il aurait vu que la légende saxonne, qui sert de base à cette partie de la *Vita*, est du viie siècle, et qu'elle suppose l'existence du récit sur Trajan dès le vi[e] siècle.

[4] *Geschichte der Stadt Rom*, t. II, p. 86.

[5] Peut-être a-t-il été influencé par la discussion de Baronius avec Chacon, qui raconte en effet, comme s'il le trouvait dans ses sources, que l'action de Trajan fut, par ordre du sénat, représentée sur son forum par une statue de marbre *ou de bronze*. Le commentateur anonyme de Dante publié par M. Fanfani (voy. ci-dessus, p. 271, n. 1) dit, sans plus de fondement, que saint Grégoire vit l'histoire peinte dans un temple. Buti (voy. ci-dessus, p. 283, n. 1) rapporte que « per questa iustizia fu fatta la statua di Traiano ne la piassa, come fece iustizia a la vedova; » et c'est là, sans doute, la source plus ou moins directe de l'assertion de Chacon.

naît naturellement ce «groupe de bronze» dans la statue équestre de Trajan qui ornait le milieu du forum. Il y a à cela une première difficulté, c'est que cette statue n'était accompagnée d'aucune figure de femme à genoux. Nous en avons la représentation sur une médaille : l'empereur, comme dans la statue pédestre qui figurait au sommet de la colonne, tenait une lance de la main droite et portait dans la main gauche étendue une petite victoire [1]. Puis il est fort peu probable que la statue de Trajan ait encore orné son forum à l'époque de saint Grégoire : nous savons que, plus tard, elle se trouvait à Constantinople [2], et il est vraisemblable que, comme d'autres monuments romains, elle fut enlevée et transportée à Byzance du temps de Justinien.

Il faut donc s'en tenir à l'idée d'un bas-relief, qu'un heureux hasard fera peut-être retrouver, où se voyait une scène symbolique telle que je l'ai supposée. Cette scène, en devenant aux yeux du peuple la représentation de l'histoire de Trajan et de la solliciteuse, transforma à son tour cette histoire à son image. Que penser maintenant de l'anecdote relative à saint Grégoire? Je suis fort disposé à la croire authentique. Grégoire n'était pas un savant, tant s'en faut; il interprétait comme tout le monde alors le bas-relief devant lequel il passait souvent en allant du Latran à Saint-Pierre, et rien ne s'oppose à ce que son âme, naïve et tendre malgré son ardeur et son activité prodigieuse, ait été émue à cette terrible pensée, que tant de chrétiens ont peine à regarder en face : la damnation irrémissible des infidèles, même vertueux. Qu'il ait, sous l'empire de cette émotion, prié pour Trajan [3], qu'il ait cru, dans une vision, entendre une voix qui lui disait qu'il

---

[1] C. de la Berge, l. l.
[2] C. de la Berge, l. l.
[3] «Trajan, dit M. Pingaud (*La politique de saint Grégoire le Grand*, Paris, 1872, p. 210), était digne d'être admiré par Grégoire, et il ne faut pas s'étonner si, dans la tradition populaire, le saint pontife a demandé à Dieu pour un aussi bon prince l'entrée du ciel des chrétiens.» Baronius et Bellarmin n'en jugeaient pas ainsi; mais c'est se tromper que de croire que Grégoire ait admiré ou même connu les qualités du Trajan historique. Il est encore moins juste d'attribuer les larmes du pape à «un élan de fierté patriotique.» De semblables idées étaient bien étrangères à l'esprit des hommes d'alors et surtout de Grégoire.

était exaucé, c'est ce qui ne me semble pas plus impossible qu'aux auteurs des *Acta Sanctorum*. On objecte qu'il a enseigné lui-même qu'il ne faut pas prier pour les infidèles; on pourrait objecter aussi que cette tendresse pour l'âme d'un païen est étrange dans le cœur de l'homme qui gourmandait si sévèrement un évêque pour avoir lu et enseigné Virgile, et qui a constamment manifesté une telle aversion pour ce qui, de près ou de loin, pouvait rappeler l'époque de l'idolâtrie. Mais l'homme est plein de contradictions, et Grégoire surtout en offre plus d'une à qui étudie sa vie et son œuvre : « Esprit mystique et contemplatif, a dit un excellent critique, il s'abandonnait aux impulsions du moment, et ces impulsions étant souvent contradictoires, il en résultait un certain décousu dans sa conduite [1]. » Le même homme qu'indignait Virgile a donc pu pleurer sur Trajan. Son attendrissement dans cette circonstance rappelle celui qu'il éprouva en voyant pour la première fois des enfants angles, qu'on vendait à Rome comme esclaves : « Ce sont des anges, dit-il, et non des Angles! Hélas! quelle douleur de songer que le prince des ténèbres possède ces visages lumineux! » Et il s'occupa de convertir la Bretagne. L'impression de justice et de puissance qui se dégageait, pour son esprit, de la contemplation du bas-relief impérial le frappa d'autant plus, qu'il se sentait vivre dans un temps bien différent de celui dont les monuments magnifiques du *forum Trajani* attestaient la splendeur et la majesté. Grégoire, qui passait sa vie à défendre des violences le troupeau qui lui était confié, Grégoire, sans cesse abandonné par la protection impuissante des Césars byzantins, se prit à rêver à ce que pourrait être le monde si un Trajan unissait la soumission à l'Église à tant de gloire et de vertu. Il pleura devant Dieu et sur son temps, qui n'avait pas de Trajan, et sur Trajan, qui n'avait pas connu la vérité; il se persuada qu'il l'aurait aimée comme la justice s'il l'avait connue; il osa demander à Dieu de faire pour lui, en considération de cet acte magnanime, où il avait laissé un si bel exemple aux rois, une exception à ses décrets. Que se passa-t-il alors? Sans doute il crut entendre une voix lui dire qu'à sa prière l'âme de Trajan était délivrée, et il ne

---

[1] M. Reuss, dans la *Revue critique*, 1872, t. II, p. 285.

s'étonna pas de cette réponse divine à sa méditation et à ses pleurs. Certains traits de sa biographie nous montrent qu'autour de lui on le croyait en relations habituelles et familières avec le ciel, et il paraît n'avoir pas trop découragé cette croyance. Il est donc fort possible qu'il ait raconté à quelque témoin de ses larmes, par exemple au diacre Pierre, son confident ordinaire [1], la vision qui l'avait consolé, et que celui-ci l'ait redite à son tour, comme il raconta l'histoire de la colombe céleste qu'il avait vue dicter à Grégoire ses écrits. Mais il est possible aussi que le pape ait eu plus tard des remords de cette infraction aux lois de l'Église, qu'il en ait demandé pardon à Dieu et qu'il ait vu dans la continuité de la maladie dont il souffrait une expiation de sa témérité.

L'intérêt de l'étude qu'on vient de lire est surtout de mettre en lumière le développement d'une légende, non pas précisément dans le peuple, mais dans ce public à moitié instruit qui est seul propre à conserver et à amplifier les fables historiques. Née d'un fait réel, qui honore Hadrien, transportée à Trajan par une usurpation comme les riches, même involontairement, en commettent sur les pauvres, transformée une première fois sous l'influence d'une de ces interprétations populaires auxquelles les œuvres d'art ont si souvent donné lieu, l'histoire de la justice de Trajan, une fois que l'intérêt qu'elle avait inspiré à saint Grégoire l'eut conservée pour le moyen âge littéraire, se modifia de différentes façons, mais toujours dans une direction logique et explicable. On la rendit plus chrétienne en amplifiant le dialogue; on la rendit plus dramatique en plaçant Trajan entre son devoir de juge et son amour de père; on la confondit avec l'histoire de Zaleucus, où ces deux mobiles étaient également en lutte. L'imagination de Dante, retrouvant à son insu l'une des étapes les plus importantes qu'elle avait parcourues, s'en empara pour un tableau saisissant que Delacroix a cru reproduire en le transformant.

[1] Il lui en raconte bien d'autres dans ses *Dialogues*. Il est vrai que les miracles qui en remplissent toutes les pages ne se font pas par lui, mais par les saints dont il rapporte les vertus; mais comment l'homme qui croyait tout cela aurait-il douté que Dieu pût communiquer avec lui?

D'autre part, l'intercession de saint Grégoire, contraire au dogme rigoureux, a charmé les uns, étonné, scandalisé les autres; les théologiens l'ont adoucie, expliquée ou niée; les légendaires l'ont insensiblement travestie, jusqu'à donner à leur récit l'apparence d'un conte d'enfant. Grâce aux larmes de Grégoire, l'âme de Trajan n'a sans doute pas été tirée de l'enfer, mais sa mémoire a bien réellement été tirée des gouffres d'oubli où l'antiquité tout entière avait sombré pour le moyen âge, elle a reçu, pendant des siècles, l'admiration à laquelle elle avait droit sans qu'on le sût, et deux fois, par la lyre et le pinceau, l'hommage glorieux du génie [1].

[1] La légende de Trajan a été étudiée plus d'une fois, notamment par Massmann et par MM. A. d'Ancona, Oesterley et R. Köhler; j'ai trouvé dans leurs travaux les indications les plus utiles. — Je ne prétends pas avoir réuni ici tous les passages relatifs à notre légende dans les auteurs du moyen âge : il y en a certainement que je n'ai pas connus; il y en a (par exemple, saint Antonin, Jacques-Philippe de Bergame, etc. parmi les théologiens; Scot, Durand de Saint-Pourçain, etc. parmi les historiens) qui, vu leur date ou leur caractère, ne méritaient guère d'être cités; enfin, il y en a dont j'ai connu l'existence et que je n'ai pu vérifier (par exemple, le *Rosarium* de Bernardinus de Bustis et le *Selentroist*, cités par M. Oesterley, ou le passage d'Hugues de Saint-Victor donné par Preuser avec une fausse indication). — Je dois remercier, en terminant, MM. les employés de la Bibliothèque nationale, dont l'inépuisable obligeance m'a facilité des recherches et des vérifications souvent malaisées.

INSCRIPTION

INÉDITE

DE BEYROUTH,

PAR LÉON RENIER.

Mon savant confrère M. de Saulcy avait bien voulu me communiquer la copie d'une inscription latine découverte par un habitant de Beyrouth, *Selim Nasser,* le 30 juillet 1875, à Deyr-el-Kal'a, couvent maronite construit sur les ruines d'un temple de Baal-Marcod, près du village de Beit-Méri, à deux heures et demie de marche de Beyrouth, sur les premières pentes du Liban. Cette copie avait été prise par *Selim Nasser* lui-même, de qui M. de Saulcy l'avait reçue, et le texte qu'elle reproduisait présentait de telles particularités que je crus devoir, avant d'en entreprendre l'interprétation, prier mon confrère de tâcher de m'en procurer un estampage. Il voulut bien accueillir ma demande avec son obligeance ordinaire; il écrivit à *Selim Nasser,* et celui-ci s'empressa de lui envoyer l'estampage dont il s'agit.

Cet estampage, exécuté avec beaucoup de soin et parfaitement réussi, me permit de lire presque tout ce qui restait de l'inscription et d'en essayer une restitution, que je crus pouvoir communiquer à l'Académie des Inscriptions, dans sa séance du 25 août 1876. Cette communication, je dois le dire, souleva parmi mes confrères un certain nombre d'objections; et, quoique l'un d'eux, M. Louis Quicherat, se soit empressé de désavouer celles qu'il avait formulées, je crus devoir en rester là sur cette inscription, jusqu'à ce que M. de Saulcy eût accompli une obligeante promesse qu'il me fit alors, celle de me procurer le monument lui-même. Cette promesse, il l'a tenue : ce monument est arrivé à Paris; il se trouve aujourd'hui dans mon cabinet, et c'est sur lui qu'a été prise la photogravure qui accompagne cette notice.

On voit par cette photogravure que l'inscription a souffert dans sa partie supérieure, dans sa partie inférieure, et que le marbre sur lequel elle est gravée a été écorné à son coin supérieur du côté gauche. Mais ce qui en reste, quoique formé de caractères d'une époque assez basse, se lit très-distinctement ainsi qu'il suit :

```
         FORTVN       N·COL
         RTVNATVS·DEC·GENIVM CVM
         MNIS ET AETOMATE ET INCRVSTA
         NE ☙ MARM DE SVO FEC PRO SALVTE
SVA SVORVMQ·OMNIVM·ET·COMMV
NIS·TRICENSIMAE·V·L·A·S ☙
         MMIVS MAGNILIVS
```

Ce qui doit se lire et se restituer ainsi :

Deae] Fortun(ae) [*sacr(um) Ge*]n(ium) Col(oniae).
T. Fl(*avius*) *Fo*]rtunatus, dec(urio), Genium, cum
colu]mnis et aetomate et incrusta-
tio]ne marm(orea), de suo fec(it), pro salute
sua suorumq(ue) omnium et commu-
nis tricensimae, v(otum) l(ibenter) a(nimo) s(olvens).
..... *Mu*]mmius Magnilius [*f(aciendum) c(uravit)*].

C'est-à-dire :

Génie de la Colonie consacré à la Déesse Fortune.

Titus Flavius Fortunatus, décurion, a fait faire à ses frais ce Génie avec les colonnes, le fronton et le revêtement en marbre, pour son salut et pour celui de tous les siens et de leur trentaine commune [1], accomplissant ainsi son vœu volontairement et même avec empressement.
..... Mummius Magnilius a surveillé l'exécution du monument.

L'inscription suivante, trouvée aussi à Deyr-el-Kal'a, me paraît justifier complètement la restitution que je propose

---

[1] C'est-à-dire « du collège des trente dont lui et les siens faisaient partie. »

INSCRIPTION DE BEYROUTH

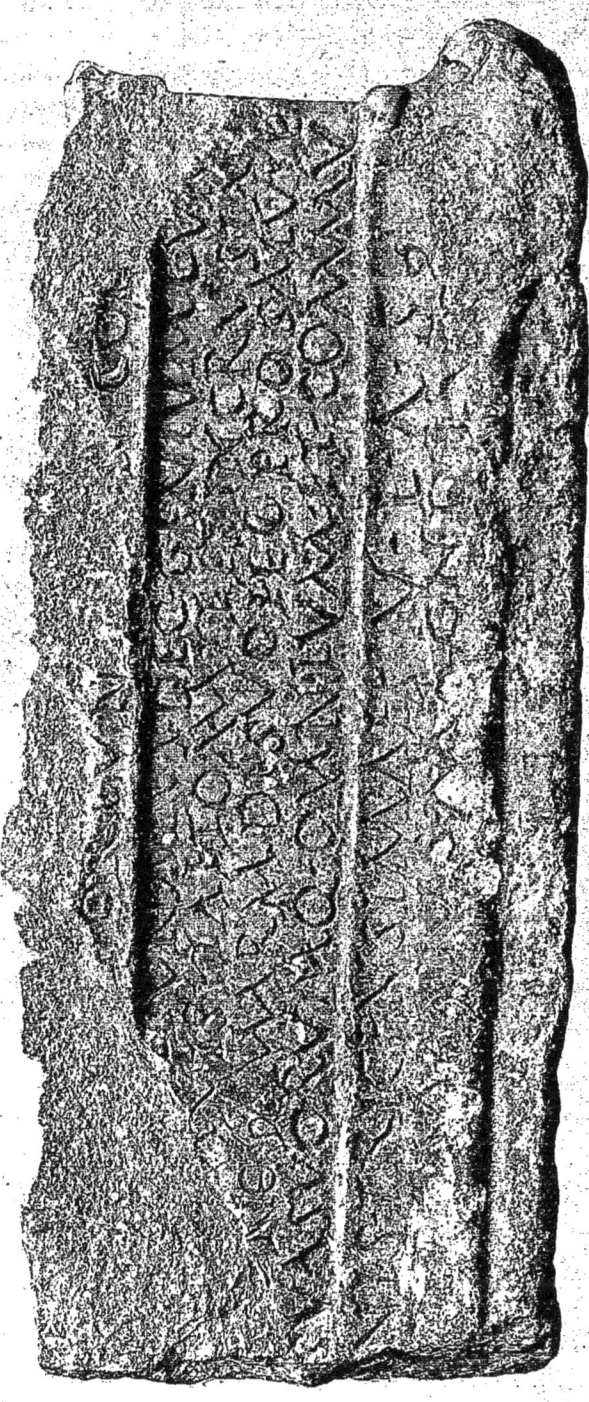

pour la première ligne de la nôtre, avec laquelle elle présente, d'ailleurs, une certaine analogie[1] :

```
    . . . V . A E . . . . . .
    GENIVM · COL ·
    ANTISTIA · VICTO
    RINA · FABARIA
5.  PRO · SALVTE · SVA
 et · C · ANTISTI · ELAINI
    ET · VICTORINI · ET · SALVI
    ET·HOTARIONIS·ET·CARAE
       ƒIL·V·S
```

On voit qu'elle rappelle également la consécration du Génie de la Colonie à la Fortune[2], pour le salut de la personne qui a fait élever le monument et pour celui de ses parents.

Beyrouth était une colonie romaine de date assez ancienne; fondée par Jules César, elle avait été agrandie par Auguste, sous le règne duquel, en l'an 14 avant notre ère, Agrippa y avait établi des vétérans des légions Ve Macédonique et VIIIe Augusta[3]; elle s'appelait *Colonia Iulia Augusta Felix Berytus*[4]. L'auteur de notre inscription, qui y était *décurion*, était donc citoyen romain, et devait, par conséquent, porter, outre son surnom *Fortunatus*, un gentilicium et un prénom. Mais il n'y a, au commencement de la seconde ligne, avant le surnom *Fortunatus*, que l'espace de deux ou trois lettres; c'est pourquoi j'ai proposé de restituer ainsi le commencement de cette ligne :

T· Fl· FoRTVNATVS,

le gentilicium *Flavius* étant celui qui s'abrège le plus fréquemment. On pourrait aussi restituer

Ti· Cl· FoRTVNATVS,

c'est-à-dire *Tiberius Claudius Fortunatus;* mais cela nous don-

---

[1] *Corp. inscr. lat.* t. III, n. 153.

[2] Il me semble, en effet, que la première ligne doit être ainsi restituée : *FortVnAE sacrum*.

[3] Strabon, l. XVI, c. II, § 19; voy. Borghesi, *OEuvres*, t. IV, p. 212.

[4] Ce sont les noms qu'elle porte dans quelques inscriptions : *Corp. inscr. lat.* t. III, 165 et 166, et sur un grand nombre de médailles : Eckhel, *D. N. V.* t. III, p. 356.

nerait une lettre de plus, et ce point n'a, d'ailleurs, que peu d'importance. Le reste de l'inscription, dont la lecture est certaine, présente, au contraire, quelques particularités d'un véritable intérêt, au point de vue surtout de la philologie.

Ainsi, c'est la première fois que le mot AETOMATE se présente dans un document latin. *Aetoma* est la transcription du grec ἀέτωμα, ἀετώματος, et il devrait être neutre, comme en grec, et faire au génitif *aetomatis*, et à l'ablatif *actomate*, comme dans notre inscription. Cependant, dans les deux seuls exemples qu'on en connaissait jusqu'ici, il est féminin, et écrit au génitif *aetomae*[1], à l'ablatif *aetoma*[2]. Ce n'est pas, du reste, le seul fait de ce genre que l'on puisse signaler, et Priscien nous apprend[3] que ce changement du genre et de la déclinaison des noms grecs terminés en α, ατος, était un usage ancien chez les auteurs latins. On conçoit, du reste, que, dans une ville comme *Berytus*, où le grec était parlé au moins autant que le latin, on ait cru devoir revenir, pour le mot dont il s'agit, à l'orthographe régulière.

On ne connaissait jusqu'ici que deux exemples du mot INCRVSTATIO, tous deux dans le *Digeste*[4]. Notre inscription est le premier texte épigraphique ou historique dans lequel il se soit rencontré.

Quant au mot TRICENSIMA, c'est évidemment la traduction du mot τριακάς, par lequel on désignait, dans les villes grecques, une subdivision de la tribu, composée ordinairement de trente familles de citoyens[5]. On sait que les citoyens des colonies romaines étaient divisés en *curies*, correspondant aux *tribus* des cités grecques. Les *tricensimae* de Berytus étaient donc des subdivisions de ses *curies*, et il n'y a pas lieu de s'étonner que cette ville ait conservé cette partie de son an-

---

[1] AD·EXTRVCTION·AETOMAE·DED·IS·N·VI, inscr. d'Apulum (*Corp. inscr. lat.* t. III, 1212; Orelli, 3296).

[2] SCHOLAM·SVAM·CVM·AETOMA·PECVNIA·SVA·FECIT, autre inscr. d'Apulum (*Corp. inscr. lat.* t. III, 1174; Henzen, 6919).

[3] *Inst. gramm.* p. 199 et suiv. ed. Keil.

[4] Lib. VIII, tit. II, § 13, et lib. L, tit. XVI, § 79.

[5] Voy. Boeckh, *Corp. inscr. gr.* note sur le n° 101, vol. I, p. 139 et 140, et les *addenda* du même volume, p. 900.

cienne constitution lorsqu'elle avait été faite colonie romaine; on pourrait citer beaucoup d'exemples analogues, surtout dans les colonies de date aussi ancienne.

Enfin, COMMVNIS ne me paraît pas pouvoir se traduire autrement que je ne l'ai fait. On a, d'ailleurs, dans une inscription de Bénévent, vue et publiée par M. Mommsen, un autre exemple de ce mot employé dans le même sens [1].

---

[1] « M. Nasellius M. f. Pal. Sabinus, et Nasellius Vitalis pater PAGANIS COMMVNIBus pagi Lucul(liani) porticum pecunia sua fecerunt, » etc. (Momms. *I. N.* 1504; Orelli, 4132 et 4433).

TABLE DES MATIÈRES.

	Pages.
Les Ligures et l'arrivée des populations celtiques au midi de la Gaule et en Espagne, par M. Alfred MAURY	1
L'histoire romaine dans le dernier tiers des Annales d'Ennius, par M. Louis HAVET	21
Les peintures des tombeaux égyptiens et la mosaïque de Palestrine, par M. Gaston MASPERO	45
Les *Tabellarii*, courriers porteurs de dépêches chez les Romains, par M. Ernest DESJARDINS (*avec une planche*)	51
La légende d'Alexandre chez les Parses, par M. James DARMESTETER	83
De l'analogie, par M. Michel BRÉAL	101
Le nom de la province romaine, par M. Abel BERGAIGNE	115
Notice sur les inscriptions latines de l'Irlande, par M. Henri GAIDOZ (*avec sept planches*)	121
Lex et *Capitula*, contribution à l'histoire de la législation carolingienne, par M. Marcel THÉVENIN	137
Quelques notes sur la guerre de Bar Kôzêbâ et ses suites, par M. Joseph DERENBOURG	157
Note sur les fortifications de Carthage à l'époque de la troisième guerre punique, par M. Charles GRAUX (*avec une planche*)	175
Notice sur un traité du moyen âge intitulé *De coloribus et artibus Romanorum*, par M. Arthur GIRY	209
Sur un texte de la compilation dite *de Frédégaire* relatif à l'établissement des Burgundions dans l'empire romain, par M. Gabriel MONOD	229
Du rôle des légats de la cour romaine en Orient et en Occident du IVe au IXe siècle, par M. Jules ROY	241
La légende de Trajan, par M. Gaston PARIS	261
Inscription inédite de Beyrouth, par M. Léon RENIER (*avec une planche*)	299

www.ingramcontent.com/pod-product-compliance
Lightning Source LLC
Chambersburg PA
CBHW060459170426
43199CB00011B/1260